Controcorrente

46

Undicesima edizione: luglio 2009

Roma, Casella postale 6214

ISBN 978-88-541-1418-0

www.newtoncompton.com

Realizzazione a cura di Corpotre, Roma
Stampato nel luglio 2009 da Puntoweb s.r.l., Ariccia (Roma)

Claudio Rendina

La santa casta della Chiesa

Duemila anni di intrighi, delitti, lussuria, inganni e mercimonio tra papi, vescovi, sacerdoti e cardinali

Newton Compton editori

Premessa

Oggi come ieri: la santa casta è figlia del suo passato. Un passato che ha visto una santa comunità accumulare proprietà, gestire catacombe, trafficare reliquie. Con tanto di guerriglia urbana per eleggere al vertice della piramide il vescovo di Roma, prologo alla doppia esistenza di papi e antipapi. Al seguito, una corte di ecclesiastici e diaconi dediti allo sfruttamento delle proprietà terriere, che si inventano la "penitenza tariffata" per la remissione dei peccati e l'obolo dei pellegrini ai luoghi santi.

La Chiesa di Roma diventa Stato facendo carte false di una donazione di Costantino, si inventa un sacro impero frammentato in Stati vassalli, fonte di benefici da gestire, con l'unzione di un sovrano *a latere*, l'imperatore, solo teoricamente difensore dei beni del vescovo definito papa. Che si qualifica sovrano temporale, e si circonda di cardinali, vescovi, presbiteri, diaconi, con un potere finanziario basato su continui lasciti, dilazioni e rendite di provenienza feudale. Ecco l'origine della santa casta.

Una casta che nel buio Medioevo vede affermarsi attorno ai suoi vertici le famiglie romane all'assalto del potere papale, con i propri membri laici amministratori del potere finanziario e i propri cardinali, tra i quali vengono eletti i papi, e tutto un *entourage* di contesse e principesse dominatrici di papi-fantoccio. Comincia così ad attuarsi un autentico stravolgimento del potere papale: la Chiesa di Roma finisce per adombrare le connotazioni religiose e assumere invece chiare finalità materiali, anche se tra i suoi membri non mancano figure di uomini e donne animate dal più puro spirito evangelico. Sono martiri che illuminano la corte di vera santità, ma non riescono a cancellarne la diavoleria.

L'avventura delle crociate impegna la Chiesa di Roma in una conquista territoriale ed economica, camuffata da missione apostolica, che è fonte di grande arricchimento per la corte pontificia, fino al raggiungimento di un fasto principesco addirittura profano, del tutto estraneo ai principi evangelici.

In epoca rinascimentale la corte pontificia si arricchisce, vede affermarsi il nepotismo, con il passaggio di cariche tra figli e nipoti di papi, si degrada nel contorno di cortigiane e piaceri mondani, s'incanaglisce nello sfruttamento dei beni della Chiesa per fini materiali, tradisce la morale evangelica tramando assassinii e congiure nel mondo politico, e sviluppa una vera e propria rete di spionaggio giustificata da falsi motivi religiosi, in collegamento a un tribunale d'inquisizione che non esita a sentenziare condanne a morte. Tutto questo si accompagna alla "vendita delle indulgenze", in vari modi durata fino ad oggi, fino al diffondersi di quelle che sono vere e proprie attività commerciali: il riciclaggio di denaro "sporco", la costituzione di istituti bancari, la compravendita di immobili, istituti e case di cura dichiaratamente "senza fine di lucro".

La casta della Santa Sede prolifica nella corte, detta più borghesemente "casa" dal *motu proprio* di Paolo VI del 28 marzo 1968 *Pontificalis Domus*, ovvero il Palazzo Apostolico stesso. E ramifica fuori della Città del Vaticano, ove è insediata dal 1929, tra prelature, comunità e associazioni laico-clericali, autentiche fonti di capitali finanziari provenienti da proprietà e donazioni. Queste risorse, destinate a impegni di carità ed evangelizzazione, in realtà confluiscono soltanto in minima parte nelle sante opere cristiane che dovrebbero invece costituire l'impegno precipuo della santa casta e l'anima della Chiesa.

Eppure in questo contesto si distinguono nobili personalità dedite allo spirito puro del cristianesimo, le frange limpide della santa casta, sempre più rare, attive in terre di missione fino al martirio, impegnate in diversi campi della società e della scienza. Personalità a volte abbandonate a se stesse o messe da parte dai vertici della Santa Sede perché "non in linea con l'ortodossia cattolica" e, in casi estremi, condannate dal Sant'Uffizio, ovvero dalla Congregazione per la Dottrina della Fede. Parallelamente, le frange profanatrici del sacro e dei puri sentimenti cristiani inseguono il dio denaro, dedicandosi ad attività illegali e a comportamenti immorali all'insegna della pedofilia e dei soprusi sessuali, spesso sotto la protezione dei vertici della casta preoccupati di nascondere l'ignominia. Intanto vengono favorite sempre più le organizzazioni autonome e perlopiù laiche create per fronteggiare i movimenti sociali non cristiani, fino a farle diventare avanguardie della Chiesa nella commercializzazione della religione.

La gestione delle finanze della Santa Sede va a interessare sempre più il tessuto politico, fino alla creazione di una associazione di laici e religiosi guidata da un prelato, parallela alla Chiesa di Roma: una prelatura personale, ovvero finanziariamente autonoma, decantata come "Opera di Dio". La sua storia è disseminata di "scandali" che peraltro non la sfiorano ormai più di tanto e sono diventati quasi un motivo ornamentale della sua esistenza.

Ripercorreremo qui tutta una varietà di eventi svoltisi nell'arco di duemila anni, lungo un excursus storico che nel bene e nel male ci permetterà infine, nella seconda parte di quest'opera, di qualificare e quantificare la santa casta nella sua gerarchia e struttura odierna. Avremo in ultima analisi un quadro completo e particolareggiato del mondo economico della Santa Sede, dei suoi movimenti all'interno delle finanze ufficiali, in strutture sbandierate come caritatevoli e "senza fini di lucro". E si comprenderà quanto questa santa casta non abbia tenuto presente l'esortazione allo stato di povertà del messaggio cristiano tramandata nel vangelo di Luca (IX, 3): «Non prendete nulla per il viaggio, né bastone, né bisaccia, né pane, né denari; parimenti non abbiate ciascuno due vesti». Un messaggio che è stato ribadito da Gregorio Magno, sei secoli prima di san Francesco: «Non abbiamo ricchezze nostre, ma ci è affidata la custodia e la distribuzione della sostanza del povero». Senza considerare il famoso ammonimento di Gesù in persona nel vangelo di Marco (XXII, 21), che è un'esplicita condanna a certi impegni politici millenari della santa casta: «Date a Cesare quel che è di Cesare e a Dio quel che è di Dio». E ancora, l'altra prescrizione di Gesù nel vangelo di Matteo (VI, 24): «Non potete servire nello stesso momento Dio e Mammona».

31 dicembre 2008

Duemila anni della santa casta

Una santa comunità tra furti, prostituzione e vendita di loculi

In principio è una santa comunità senza fissa dimora nella pagana Roma imperiale, che si raccoglie intorno alla figura del vicario di Cristo, ovvero del vescovo, e nelle catacombe, frutto di donazioni di terreni fatte dai nuovi adepti, specialmente donne, insieme a offerte e lasciti di denaro. Rappresentano il simbolo del martirio, al quale i primi cristiani sono istintivamente votati, certi della prossima fine del mondo. Un martirio per una resurrezione nel paradiso degli eletti. In alternativa al martirio c'è l'esilio in Sardegna o sul mar Nero, come per il quarto vescovo Clemente I (88-97). Che però si mette a convertire i condannati ai lavori forzati nel Chersoneso, viene scoperto in questa illegale missione apostolica e finisce con una pietra al collo in fondo al mare.

A fronte delle catacombe e, a volte, sopra di esse o al loro interno, sorgono le *domus ecclesiae*, che sono "case-chiese" ovvero piccole basiliche sotterranee, edifici nascosti, nei quali si svolgono le pie pratiche di riunioni liturgiche, dalla lettura dei testi sacri alla celebrazione delle messe e alle omelie, gestite da un presbitero, cioè dal più anziano della comunità, che proprio per la sua veneranda età ha ricevuto da un apostolo o un discepolo di Gesù, e poi da un vescovo, l'ordinazione sacerdotale. Il presbitero più anziano è in genere il vescovo di Roma, che da subito ha una sua supremazia sulle altre città dove si è diffuso il cristianesimo, da Gerusalemme ad Alessandria, da Cartagine a Corinto. Un giorno sarà chiamato sovrano pontefice, ovvero papa.

Le *domus ecclesiae* e le catacombe sono il comprensorio della più antica diocesi di Roma, in base a una divisione dei *titoli* messa a punto dal vescovo Sotero (166-175). Si tratta più che altro di embrioni di chiese, che avranno sviluppo col tempo. Una diocesi in cui va localizzata la santa comunità cristiana dei primi tre secoli dopo Cristo, diretta dal vescovo di Roma con l'aiuto dei presbiteri, che amministrano i sacramenti, e di diaconi e diaconesse, dediti alla cura di quelle proprietà sotterranee e del denaro, con l'assistenza dei didascali, in funzione di istruttori ovvero catechisti, e dei paracleti, che si occupano dell'assistenza agli infermi e ai poveri.

Singolare la presenza delle diaconesse, più numerose degli stessi presbiteri e diaconi, tra le quali restano famose Prassede e Pudenziana, figlie del senatore Prudente, che avrebbe ospitato nella sua casa l'apostolo Pietro; sono tradizionalmente indicate come sante e dedite a far colare nei pozzi delle loro case, dove saranno costruite le due chiese romane a loro dedicate, il sangue dei martiri uccisi sul colle Esquilino. Le diaconesse «scelte tra le vedove che avessero passati i sessant'anni», ha scritto lo storico Aurelio Bianchi Giovini, «istruivano le giovani catecumene; nel battesimo, che si faceva immergendo tutta la persona in un bagno, aiutavano le donne a spogliarsi e poi le vestivano coll'abito bianco; assistevano il vescovo quando le cresimava e quando amministrava l'olio santo alle inferme; lavavano le donne morte e le componevano nella bara; nei tempi di pericolo erano le messaggere del vescovo, ne portavano gli ordini, ne eseguivano le commissioni, facevano la vece de' diaconi nel distribuire le limosine [...]. Le diaconesse formavano parte del corpo ecclesiastico e ne partecipavano le rendite».

A fianco alle diaconesse ci sono le donne caritatevoli, chiamate alla greca *agàpete*, dette anche *subintroductae*, cioè "sottointrodotte" al servizio religioso. «Erano perlopiù giovani che si dedicavano gratuitamente al servizio delle persone religiose», annota sempre Bianchi Giovini, «abitavano co' preti e talvolta dormivano nello stesso letto per mettere, dicevano, a più dure prove la concupiscenza ed avere la bella gioia di vincerla. Ma si può ben credere che le cadute fossero più frequenti delle vittorie». Ci sono peraltro anche eunuchi, che sono a volte presbiteri o svolgono il servizio di sacrestani. Sono questi i gestori, al maschile e al femminile, della santa comunità cristiana che se ne sta nascosta per motivi strategici, sotto il terrore della persecuzione, ed è destinata a costituire una categoria religiosa chiusa e compatta nella difesa dei propri interessi materiali e spirituali.

Questa santa comunità ha una gestione amministrativa ignorata dal governo imperiale, all'insegna di una sorta di comunismo cristiano, che provvede a continue elargizioni a favore di poveri, vedove e orfani, mettendo in atto una organizzazione assistenziale a protezione dei propri membri più bisognosi. Anche se è stato osservato che certe elargizioni sono così abbondanti da tentare l'avidità degli stessi diaconi, alcuni dei quali finiscono per arricchirsi alle spalle di quanti dovrebbero beneficare. È la denuncia di una immoralità alla quale fa cenno anche Erma, fratello del terzo vescovo Pio I (144-155), quando nel suo trattato *Il pastore* richiama i fratelli di fede a mettere un freno al rilassamento dei costumi. L'autore consiglia a coloro che, battezzati, cadono in peccato di attenersi a una sincera penitenza. E questo perché il sacramento della confessione ancora non è stato istituito; un particolare che fa capire la condizione drammatica in cui vivono le coscienze di questi primi cristiani, che solo nel martirio possono riconquistare lo stato di santità.

Il primo storico scandalo finanziario della Chiesa di Roma si ha con Callisto. In questa storia ha un ruolo importante una *subintroducta* di nome Marcia, pronta a sacrificarsi per la causa, che è però anche una delle amanti preferite dell'imperatore Commodo. Marcia fa firmare a Commodo una lista per la liberazione di diversi membri della comunità cristiana esiliati in Sardegna. Tra di loro c'è anche Callisto, non ancora cristiano, che in effetti è finito in esilio non per motivi religiosi, ma per la sua attività di strozzino. Ha prestato del denaro a un ebreo restio a rimborsare i soldi ad usura, ed è andato a cercarlo in sinagoga, durante una cerimonia; gli ebrei hanno presentato una denuncia contro di lui per il disturbo della cerimonia e il prefetto lo ha condannato ai lavori forzati in Sardegna. Lo libera di lì proprio la lista scritta da Marcia e portata al procuratore dell'isola dall'eunuco Giacinto; e una volta a Roma il vescovo Zefirino (199-217), su indicazione di Marcia, lo nomina amministratore della comunità.

E Callisto, ormai battezzato, si mette al servizio della comunità; sovrintende alla gestione dei cimiteri con l'istituzione dei *fossores*, becchini e guardiani, e la compravendita dei loculi, dando inizio a un autentico traffico commerciale. Un luogo che era stato simbolo della sacra conservazione di martiri e reliquie diventa così una fonte di guadagno per la comunità. Non è un'operazione moralmente accettabile, e per questo la santa comunità vi si oppone per voce del prete romano Ippolito, che lancia il suo *J'accuse* e invita al puritanesimo evangelico, dal quale Callisto è accusato di essersi allontanato: «Non si devono fare spese eccessive per la sepoltura nel cimitero, perché esso appartiene a tutti i poveri; si richiederà soltanto l'onorario per il costo degli scavatori e dei mattoni, mentre i salari dei guardiani saranno pagati dal vescovo». Ippolito non è ascoltato e diventa il primo antipapa. Il riscatto di Callisto viene dal suo martirio, quando, una volta vescovo di Roma (217-222), verrà lapidato e gettato in un pozzo.

La denuncia dei costumi nella comunità cristiana torna di attualità a metà del III secolo con san Cipriano, che ci tramanda un'immagine scandalosa: «Tutti erano intenti a far incetta di beni; dimentichi di ciò che avevano fatto i cristiani al tempo degli apostoli e di ciò che essi dovevano appunto fare, ardevano di un insaziabile desiderio di ricchezza, e pensavano solo ad ammassarne. Era morta nei sacerdoti la pietà religiosa, nei ministri del culto la fedeltà e l'integrità; non più carità nella vita di cristiani, non più disciplina nei costumi; gli uomini si pettinavano la barba, le donne si imbellettavano il viso, si truccavano gli occhi, avevano cura delle proprie mani e si tingevano i capelli. Usavano sottigliezze e artifizi per ingannare i semplici; sorprendevano i fratelli con infedeltà e furbizie. Si sposavano con i pagani, prostituendo il loro corpo cristiano. Giuravano senza motivo e spergiuravano anche. Disprezzavano con orgoglio i prelati; s'ingiuriavano, si odiavano a morte. Detestavano la semplicità raccomandata dalla fede, attratti da tutto ciò che è vanità; rinunziavano al mondo a parole, ma non con i fatti; e ciascuno amava a tal punto se stesso che non si faceva amare da nessuno».

La situazione si fa drammatica nel 250, quando l'imperatore Decio, convinto che i cristiani siano una minaccia per lo Stato, emana un editto che impone a ogni suddito di presentarsi davanti a una commissione di cinque membri e offrire un sacrificio agli dèi per provare l'adesione alla religione pagana. Chi lo farà riceverà un *libellus* di garanzia. La reazione dei cristiani è in linea con la denuncia di Cipriano; numerose sono le defezioni, con veri casi di apostasia. Alcuni, per evitare la morte, cadono in sacrilegio; sono i *lapsi*, ovvero quelli "caduti" nell'idolatria, che vengono pertanto allontanati dalla comunità. Ma molti ricchi ricorrono a un espediente vigliacco: riescono a comprare dalle autorità il *libellus* e si mettono in regola con l'editto. La comunità li tiene a dito e li soprannomina "libellatici". Molti sono peraltro i martiri a Gerusalemme, Antiochia e Roma; Cipriano si rifugia nei pressi di Cartagine, mentre il vescovo Fabiano (236-250) viene condannato a morte e sepolto nel cimitero di San Callisto.

La comunità di Roma elegge vescovo Cornelio (251-253), che è favorevole al perdono verso i *lapsi* e alla loro riammissione nella comunità; gli si oppone un gentile convertito, Novaziano, che ritiene i *lapsi* indegni di essere considerati cristiani, in nome di un puritanesimo non adeguato ai tempi, e si autonomina vescovo di Roma; è il secondo antipapa della storia. Da parte sua Cornelio reagisce convocando una sessantina di vescovi nella capitale dell'impero, per quello che è il primo storico concilio di Roma; si decide per la condanna di Novaziano e della sua dottrina puritana, mentre viene approvato l'operato di carità verso i *lapsi*. Novaziano fugge in Africa, dove finisce vittima delle persecuzioni. Che seguitano più o meno per tutto il III secolo, culminando in quelle di Valeriano del 258 e dell'imperatore Diocleziano nel 303. Ad esse si accompagnerà anche la distruzione dei luoghi di culto, fatto non irrilevante considerando che, in conseguenza di queste demolizioni, si hanno per esempio seri dubbi sulla conservazione delle salme di Pietro e Paolo. Accade che nel 258 queste salme vengano traslocate dagli originari sepolcreti del Vaticano e dell'Ostiense e trasferite in località *ad Catacumbas*, nel cimitero che sarà poi detto di San Sebastiano, al riparo da eventuali profanazioni. Nel trasferimento in effetti le due salme potrebbero essere andate perdute, ovvero essere state oggetto di smembramento per la costruzione di vari reliquari, e ben poco o nulla sarebbe stato riportato nei loculi originari settant'anni dopo per una tumulazione definitiva. Sempre che un *fossor* nel frattempo non si fosse già venduto quei loculi.

Ma la frammentazione della comunità nelle varie città dell'impero determina anche il diffondersi di eresie, nonché l'affermazione della religione mitraica. Mitrei e *domus ecclesiae* si contrappongono ora in una vera e propria lotta territoriale. Infuriano così le contese sulle proprietà e sul predomino sotterraneo, senza esclusione di colpi.

La nascita della santa casta: dalla vendita di reliquie all'Obolo di San Pietro

La santa comunità è a una svolta tra il 313 e il 330, con la donazione da parte di Costantino al vescovo Milziade (311-314) della *Domus Faustae*, la prima dimora apostolica di Roma, e con la costruzione delle basiliche patriarcali. La santa comunità è riconosciuta ufficialmente dallo Stato romano e si qualifica alla luce del sole Chiesa di Roma in 25 titoli o chiese. È la prima formulazione di una casta che, partendo dal vescovo, si articola gerarchicamente nei presbiteri identificati come cardini della sua struttura, ovvero i *cardinales*, preposti alle basiliche di cui diventano i titolari. Sotto di loro sette diaconi regionali e sei diaconi, a fronte di sei vescovi suburbicari. Dalle altre città d'Italia come Milano, Napoli e Ravenna, all'Oriente, dalla Grecia alla nascente Costantinopoli, tutti i fedeli fanno capo alla Chiesa di Roma, sia pure attraverso contrasti dogmatici proprio con la Chiesa di Costantinopoli, che porteranno allo scisma d'Oriente nel 1054. Allora si parlerà di Chiesa ortodossa, e la Chiesa di Roma avrà la suprema autorità come sede del papa.

In questa casta che ormai ha diramazioni in tutto il mondo vengono maggiormente definiti i ruoli, a cominciare dal celibato degli ecclesiastici. Così lo scrittore cristiano Epifanio parla del celibato come «legge ecclesiastica del sacerdozio», anche se a fronte di forti resistenze; infatti il concilio di Nicea del 325 sostiene che il celibato non va imposto a vescovi, preti e diaconi, già sposati prima dell'ordinazione, ma solo «in virtù di un'antica tradizione della Chiesa». E lo stesso vescovo di Roma se già sposato dovrebbe mantenere la moglie. In ogni caso fino all'XI secolo anche uomini sposati saranno ordinati sacerdoti e unti vescovi.

Essere vescovo di Roma significa a questo punto anche amministrare i fondi della Chiesa, provenienti da offerte e lasciti, che vanno ad accumularsi nel *Vestiarium*, letteralmente "guardaroba", la forma più antica di "custodia del denaro" della Chiesa di Roma, localizzabile inizialmente nella *Domus Faustae*, sulla quale sorgerà la prima struttura del Patriarchio lateranese, ovvero la residenza del papa "patriarca" della Chiesa d'Occidente. Logico quindi che facilmente si verifichino contrasti tra vescovi, presbiteri e diaconi per la sua elezione. E diventa una lotta tra fazioni, come si verifica nel 366, alla morte di Liberio; vengono eletti contemporaneamente Ursino e Damaso da due gruppi di presbiteri e diaconi, che finiscono per «affrontarsi come due partiti politici», riferisce Ammiano Marcellino, «arrivando a uno scontro armato con feriti e morti; il prefetto, incapace di impedire o soffocare il tumulto, deve tenersi fuori della mischia. Damaso [366-384] ha la meglio: la vittoria, dopo molti assalti, arride al suo partito. E nella basilica di Sicinnio», ovvero di Santa Maria *ad Nivem*, sulla quale sorgerà Santa Maria Maggiore, «vengono trovati 137 morti, e passa molto tempo prima che gli animi si calmino. Non c'è comunque da meravigliarsi, considerando lo splendore di Roma, che un premio così ambito accenda il desiderio di uomini maliziosi e determini le lotte più feroci e ostinate. Una volta raggiunto quel posto, si gode in santa pace della fortuna assicurata dalle donazioni delle matrone, e si partecipa a banchetti il cui lusso supera quello della tavola imperiale».

Del resto questo malcostume ecclesiastico non è denunciato soltanto da uno scrittore pagano come Ammiano Marcellino, portato evidentemente a calcare la mano su certi avvenimenti; san Girolamo, segretario di Damaso e revisore del testo latino della Bibbia, è fonte di altri particolari che documentano la vasta degenerazione dei costumi ecclesiastici. «Pensano solo a vestirsi bene e a profumarsi di mille odori. I calzari devono essere perfetti. Si arricciano i capelli col calamistri; le dita sono sfolgoranti di anelli e per timore di sporcarsi le scarpe di fango li vedi camminare come in punta di piedi. A guardarli andare in giro in questo modo li prendi più per vagheggini che per chierici. L'operosità e la scienza di molti consiste esclusivamente nel conoscere nomi, case e tenore di vita delle matrone».

In questo contesto arrivano a Roma dall'Oriente monaci dediti all'ascetismo ma che, inseriti nella capitale dell'impero d'Occidente, finiscono per condurre anch'essi un'esistenza disordinata; affluiscono anche a Milano, dove emerge la figura di Ambrogio, vescovo della città nel 374, sostenitore dell'indipendenza della Chiesa dal potere statale. Ai suoi insegnamenti matura Agostino, e i suoi scritti contro le eresie dilaganti e l'affermazione teocratica della storia sono destinati a influenzare il comportamento della Chiesa nel Medioevo; a lui si ispirerà un ordine di mendicanti, che si qualificano eremitani, destinati a tramandare di monastero in monastero le opere classiche dell'antichità fino al sorgere della corrente filosofica neoplatonica.

Dal IV secolo la Chiesa si amplia con la consacrazione di diversi vescovi per la funzione missionaria e la gestione delle nuove chiese e dei territori recepiti in donazione nel centro d'Europa e in Anglia. Le proprietà della Chiesa sono ormai alla luce del sole, come anche le offerte in denaro che arrivano da vari strati della popolazione romana convertita. Molte di queste offerte risalgono alla penitenza imposta dal presbitero per la remissione dei peccati in confessione; una "penitenza tariffata" che, pur non essendo una tassa da pagare per ottenere il perdono, corrisponde comunque all'entità della pena da scontare per essere riammessi nella santa comunità.

A questo punto la Chiesa di Roma è costretta a creare una macchina amministrativa, sulla base di quella dell'impero romano, chiamata *Fiscus*, di cui sono responsabili i cardinali. Questa amministrazione resta ben distinta da quella governativa dell'imperatore d'Occidente e bizantina, ed è messa a dura prova dai saccheggi degli arredi delle chiese e dal pagamento di tributi a Visigoti, Unni, Vandali e Longobardi da parte del vescovo in veste di "*defensor Urbis*", come Innocenzo I (401-417), Leone Magno (440-461) e Gregorio Magno (590-604), senza che l'imperatore si preoccupi di provvedere al suo posto, militarmente e finanziariamente. È quanto appare chiaro in una lettera risentita del 593 di Gregorio Magno all'imperatrice Costanza, che aveva criticato il pagamento del tributo annuo al re Agilulfo di 500 libbre d'oro: «Non è qui il caso di elencare le somme di denaro che quotidianamente la Chiesa ha dovuto pagare perché fosse concesso ai romani di poter vivere. In parole povere basti dire che i piissimi imperatori hanno in Ravenna, presso il primo esercito d'Italia, il loro sacellario che provvede alle spese necessarie ogni giorno; qui a Roma il loro sacellario sono io. E senza contare che questa Chiesa deve anche sostenere chierici, monasteri, poveri e popolo».

A questa Chiesa di Roma, in qualche modo impegnata nella gestione di un capitale, si oppone la comunità ecclesiastica creata da Benedetto da Norcia in nome dell'ascetismo, dello studio e del lavoro manuale, con centro a Montecassino dal 529. Qui, all'insegna di *Ora et labora*, si esalta l'austerità dei costumi nel distacco dal mondo, la preghiera e il lavoro per mantenere la comunità, nell'assoluto divieto di possedere beni e denaro. Da questi Benedettini nascono Cluniacensi, Cistercensi, Camaldolesi e Vallombrosani, congregazioni di frati che costituiscono diramazioni della santa comunità, ma diversificate se non distaccate dalla Chiesa di Roma. Congregazioni che interpretano nella sua purezza il senso del cristianesimo.

Il centro del cristianesimo a Roma trova peraltro continue risorse nell'afflusso di offerte in denaro da parte dei pellegrini che arrivano, dal Nord e Sud d'Italia e d'Europa, in visita alle catacombe; queste, venuto meno il loro uso a fine cimiteriale, sono diventate oggetto di culto, in dettagliati itinerari nei quali spesso si va all'incetta di frammenti di marmo o di qualche osso. Il controllo è assegnato ai diaconi delle stesse basiliche, ma questo non serve a impedirne lo sfruttamento e ben presto questi santuari decadono a una sorta di "supermarket del sacro". Non mancano casi scandalosi.

Come quello del diacono romano Deusdona, vissuto all'inizio del IX secolo vicino alla chiesa di San Pietro in Vincoli, e probabile direttore della catacomba dei Santi Pietro e Marcellino. Deusdona mette su un ricco reliquiario dei due santi, nonché di un loro compagno, il martire Tiburzio, e ne fa smercio: tratta i "clienti" con grande professionalità, spostandosi come un commesso viaggiatore da una catacomba all'altra, con tanto di campionario ed elenco delle disponibilità nel bagaglio.

Casi del genere determinano giustamente un controllo delle offerte che affluiscono a Roma. Il primo a farsene carico è il re degli Angli Ina che, avendo abdicato, viene a Roma intorno al 720 per morirci, dedicandosi a una vita di pellegrino tra una basilica e l'altra. Fonda una casa dei pellegrini per dare assistenza ai romei angli e per questo impone la tassa di un soldo l'anno a ogni famiglia del suo ex regno. Quella tassa viene chiamata *Romscott*, cioè scotto o obolo da pagare alla Chiesa di Roma; la conferma il nuovo re Offa II e così pure Etevulvo, dopo il quale l'obolo diventa regolare. Questo re invia ogni anno a Roma 300 mangoni, che vanno così divisi: 100 per l'olio delle lampade nella basilica di San Pietro, 100 per quelle di San Paolo e 100 per l'uso personale del papa. Quest'ultima in seguito diventerà l'unica finalità di quella raccolta di elemosine che si estenderà in tutto il mondo e verrà chiamata Obolo di San Pietro.

È sempre in vigore peraltro la "penitenza tariffata", che viene camuffata con il versamento di offerte in denaro in veste di opere di carità, per la partecipazione alle spese nella costruzione di chiese e opere di pubblica utilità. Almeno per le persone che hanno disponibilità; per i poveri invece c'è la penitenza pubblica con preghiere e opere di pietà.

A fronte di questi incentivi finanziari, incrementati dalla gestione agricola delle *domus cultae* della Campagna romana, il *Fiscus* subisce un'evoluzione come *Camera Domini Papae*, termine che sostituisce il *Vestiarium*, perché indica non più solo il luogo dove si custodisce il tesoro del vescovo di Roma, da allora indicato come "papa", ma anche una sorta di banca; è infatti sotto la sorveglianza e l'amministrazione di un cardinale, il *vestararius*, e dei vescovi, da considerarsi il complesso originario degli organi di governo della Chiesa di Roma. Questa si qualifica come struttura finanziaria di uno Stato intorno al 753, quando salta fuori il *Constitutum Constantini*, il documento secondo il quale Costantino, a parte la donazione della *Domus Faustae* e la costruzione delle prime basiliche, avrebbe conferito a Silvestro I (314-335) e ai suoi successori poteri di sovranità temporale su Roma, sulle province, nonché su diverse località dell'Italia e dell'impero d'Occidente. È un falso documento, elaborato in seno alla *Camera Domini Papae*, che serve per contrattare con il re dei Franchi Pipino il Breve la costituzione di uno Stato della Chiesa all'interno del territorio di un rinnovato impero romano d'Occidente.

Lo Stato della Chiesa tra «puttane spudorate»

Lo Stato della Chiesa nasce con il vescovo Stefano II (752-757) grazie alla deposizione giurata sulla Confessione di San Pietro del documento della *Promissio Carisiaca*, ovvero della «Promessa di donazione di Pipino», con la consegna delle chiavi delle città nei territori italiani sotto il Po fino a tutta la Campagna romana. Nessun riferimento all'Italia meridionale e insulare, sulle quali gravitano in successione Longobardi, Bizantini e Arabi. È il preliminare alla proclamazione sotto il vescovo Leone III (795-816) del Sacro Romano Impero di Carlo Magno nel Natale dell'800, a difesa dello Stato Pontificio all'interno del territorio imperiale. Quest'ultimo, in base al *Constitutum Constantini,* sarebbe peraltro proprietà del papa, che però non può essere nello stesso tempo imperatore e sovrano dello Stato della Chiesa, e quindi assegna il titolo imperiale a chi ne è ritenuto degno. Il tutto è santificato nel mosaico del *triclinium* del Laterano, che esalta la *Mater Ecclesia* come assegnatrice del potere.

Da allora la Chiesa di Roma assume, e definitivamente, il suo assetto temporale, con il papa e tutta la sua corte da sovrano, il caratteristico abbigliamento e, di seguito, il corteo di parata. Processioni e solenni cerimonie all'insegna della più materiale opulenza scenografica, che nulla hanno della mistica spiritualità della originaria comunità, qualificano l'autentica gerarchia della santa casta. Il pontefice procede a cavallo indossando un ricco manto e in testa il *camaleum*, berretto di forma conica da cui poi deriverà la mitria. Lo seguono gli *statores* laici, a piedi, a sinistra e a destra, pronti ad intervenire per un improvviso imbizzarrimento del cavallo o una caduta; dietro di loro, distanziati, i chierici, ma senza i dignitari che sono raccolti in due drappelli a seguire, a cavallo e ricoperti da candidi mantelli. Il primo è costituito da diaconi, il *primicerius notariorum*, i *notari regionarii*, i *defensores regionarii* e i *suddiaconi regionarii*. Il secondo comprende i cardinali nei ruoli di *vicedominus*, *nomenclator*, *sacellarius* e *vestararius*, che è il cardinale amministratore della *Camera Domini Papae*. Quest'ultimo è un personaggio fondamentale nella temporalizzazione della Chiesa di Roma, che all'interno di uno Stato assume definitivamente l'assetto di un autentico potere finanziario.

Neanche una donna è presente in questo corteo, ma solo per ipocrita formalità; è infatti storicamente accertato che molti episcopi e presbiteri sono sposati prima di prendere i voti, e perlopiù non abbandonano moglie e figli. Con conseguenze a volte drammatiche, come accade nell'868. Il pontefice Adriano II (867-872), prima di farsi presbitero, è stato sposato con una certa Stefania, dalla quale ha avuto una figlia;

quando diventa papa, promette in sposa la figlia a un nobile romano, ma un certo Eleuterio, figlio del vescovo di Orte, Arsenio, anche questi evidentemente sposato in gioventù, si invaghisce di lei e, sobillato dal fratello, il cardinale Anastasio, la rapisce insieme alla madre, barricandosi con le due donne nella propria casa. Adriano II invoca l'aiuto dell'imperatore Ludovico II, perché invii un corpo di guardie speciali per snidare il giovane. I soldati arrivano, ma a questo punto Eleuterio si sente perduto e, in preda ad un impeto di follia, uccide la ragazza e sua madre; quando i soldati riescono a forzare le porte della casa, la tragedia si è compiuta. Eleuterio viene arrestato e decapitato.

L'episodio di cronaca nera è significativo di una degenerazione morale della santa casta; infatti a fronte del fattaccio è da segnalare che Adriano II appena eletto papa si è impegnato, peraltro con spirito di cristiana carità, in una serie di assoluzioni nei confronti di numerosi prelati scomunicati dal suo predecessore Niccolò I Magno (858-867), che si erano macchiati dei reati di lesa maestà e immoralità, vivendo con tanto di moglie. Tra questi prelati c'era anche il cardinale Anastasio. Evidentemente ha fatto male Adriano II, che infatti, un paio di mesi dopo il tragico episodio, in un sinodo rinnova la scomunica al cardinale Anastasio, come sobillatore di Eleuterio. Il prelato aveva anche in mente di impossessarsi del trono pontificio, ovvero delle ricchezze della Chiesa.

Queste non si basano solo sull'Obolo di San Pietro ma su continui lasciti, dilazioni e rendite di provenienza imperiale, tutti affluenti alla *Camera Domini Papae*, che è la "Stanza del tesoro", e destinati alla costruzione e all'arredo di chiese e conventi non solo di Roma. Tutto fino allo sgretolamento dell'impero carolingio, che per lo Stato Pontificio rappresenta una garanzia. Alla fine del IX secolo si costituiscono infatti all'interno dello Stato della Chiesa varie proprietà feudali, che si rendono indipendenti sia dal papa sia dall'imperatore, e determinano non solo un blocco delle rendite, che saranno recuperate solo a partire dal XII secolo, ma anche l'affermazione di alcune famiglie, assetate di potere, determinate a ottenere il dominio sulla città di Roma. Si assiste allora alla presa di potere dei cardinali di quelle famiglie, tra i quali vengono eletti i papi, con il contorno dei loro parenti laici in funzione di *senatores* e *duces militiae*; così la stessa amministrazione della Curia finisce in mano ai parenti laici del neoeletto.

Una famiglia all'avanguardia alla fine del IX secolo è quella degli Spoletini, che vede ai suoi vertici una donna, Ageltrude, le cui "imprese" vanno ricordate perché determinanti per offrire un'immagine precisa della Chiesa di Roma in quegli anni. Questa donna ottiene un titolo dietro l'altro sulle orme del marito Guido, duca e imperatore in San Pietro, per mano di Stefano V (885-896), con una incoronazione rinnovata nella primavera dell'892 a Ravenna da papa Formoso (891-898), al quale viene imposta anche l'incoronazione del figlio Lamberto. La fazione spoletina di Ageltrude domina in Roma e le sue truppe fanno scorrerie nei territori del Patrimonio di San Pietro, determinando scontri nella città con la fazione filogermanica, che in effetti è stata determinante per eleggere Formoso. Tanto che questo papa finisce per inviare una richiesta di aiuto ad Arnolfo di Carinzia, re di Germania, perché scenda in Italia e liberi lo Stato della Chiesa dalla «tirannia dei cattivi cristiani», accusa generica rivolta contro tutti i sovrani italiani e alcune frange della santa casta. Ma Arnolfo compie delle scorrerie solo nel Nord d'Italia per far sentire la sua presenza e non scende fino a Roma, perché sa che l'imperatore è Guido di Spoleto, e non vuole uno scontro con lui. Quando Guido muore nell'895 suo figlio Lamberto si presenta a Roma con la madre per ricevere la conferma del titolo imperiale; Ageltrude mette alle strette Formoso, che invece prende tempo e invia segretamente una nuova richiesta di aiuto ad Arnolfo con l'esplicita promessa dell'incoronazione imperiale.

Ageltrude rinvia il figlio a Spoleto perché non corra pericoli e spinge la fazione spoletina in Roma a una rivolta: il papa viene catturato e tenuto prigioniero a Castel Sant'Angelo, dove si organizza la difesa della città dall'assalto di Arnolfo. Ma Arnolfo ha un esercito forte ed entra in Roma senza colpo ferire; Ageltrude abbandona Castel Sant'Angelo liberando Formoso, ma meditando una futura vendetta. Formoso incorona in San Pietro Arnolfo nel febbraio dell'896, rinnegando apertamente Lamberto. È un grosso errore che pagherà con la morte, non appena Arnolfo un mese dopo se ne torna in Germania, impossibilitato a difendere il papa e lo stesso titolo imperiale, perché in preda alla paralisi. La fazione spoletina riprende allora il sopravvento a Roma e Formoso muore avvelenato il 4 aprile dell'896, trovando sepoltura nella basilica di San Pietro.

Non conta nulla il nuovo papa Bonifacio VI, sul trono solo 15 giorni, vittima della podagra, mentre il successivo pontefice Stefano VI (896-897) si sottomette in pieno alla furia dell'imperatrice-madre Ageltrude. Questa non solo gli impone di incoronare Lamberto, ma nel febbraio dell'897 lo costringe a istruire un grottesco processo a carico del defunto Formoso e mette in atto nella basilica di San Giovanni in Laterano quello che passerà alla storia come il "processo del cadavere", offrendo una dimensione surreale dell'odio viscerale di questa donna verso il papa che ha osato opporsi a lei. Ma il processo è ancor più una testimonianza dell'ignominiosa santa casta con la rappresentanza completa di cardinali, vescovi e dignitari ecclesiastici della Curia romana in veste di giudici del papa.

A partire dal 900, nelle varie vicissitudini di sopraffazioni da parte delle famiglie feudali sul trono pontificio e sulla santa casta, agli Spoletini si sovrappongono i Conti di Tuscolo con il capofamiglia Teofilatto in veste di *senator*, *dux et magister militum*, nonché *sacri palatii vestararius* al posto del cardinale, con l'assistenza della moglie Teodora come *senatrix* e *vestarissa*, anche lei in pratica addetta alle finanze. Si tratta di una vera depredazione della camera del tesoro del papa, ovvero dei suoi armadi e forzieri custoditi nel palazzo del Laterano. L'imperatore *defensor Ecclesiae* non sa e non vuole opporsi a questa depredazione, anche perché direttamente coinvolto con i Conti di Tuscolo, come Ludovico III di Provenza incoronato da Benedetto IV (900-903), a sua volta fatto eleggere da Teofilatto.

La santa Curia con i cardinali e i vescovi è in mano al nobile tuscolano e a sua moglie Teodora, «puttana spudorata», secondo una qualifica datale da Liutprando di Cremona, dominatrice della Curia «col solo potere degli occhi, i quali pare talvolta nuotino nel sangue»; e il vescovo di Cremona, mentre accredita una relazione della figlia di Teofilatto, Marozia, con il papa Sergio III (904-911), tanto da restare incinta, qualifica Teodora amante del cardinale Giovanni, vescovo di Ravenna, fatto eleggere da lei papa con il nome di Giovanni X (914-928) per «poterci fare l'amore più spesso che non a Ravenna».

Il caos all'interno della Chiesa di Roma e della santa casta prosegue con Marozia, dominatrice di Roma dal 928, *vestarissa* ma anche, in successione, marchesa di Spoleto, marchesa di Toscana e regina d'Italia, «puttana spudorata» autentica dominatrice dei papi, tanto da essere chiamata dal popolo *papissa*. Si attua un autentico stravolgimento del potere papale: ora il corteo papale perde la sua immagine ipocrita e si snoda spudoratamente per le strade di Roma con le donne a fianco del papa, dei cardinali, dei presbiteri, e dietro di loro fanno la comparsa i figli.

Con l'assassinio del papa Stefano VI (896-897), fatto strangolare da Marozia, inizia un periodo di anarchia che si prolunga dal 932 al 954 con il figlio di Marozia, Alberico II, in funzione di *vestararius* e *princeps* di Roma. Questi fa uccidere sua madre e governa in contemporanea ad altri papi-fantoccio, fino all'elezione sul trono pontificio del figlio di Marozia e Sergio III, Ottaviano, con il nome di Giovanni XII, che è insieme *princeps* e papa dal 954, senza che sia mai stato presbitero e cardinale. Le vicende del suo papato sono emblematiche della condizione di ignominia della Chiesa di Roma, a cominciare dalla sua sede al Laterano, dove la corte papale diventa un bordello, per come il papa si circonda di donne e ragazzi, in una vita depravata e completamente estranea alla moralità cristiana. E allora parlare di santa casta è ironico; piuttosto si deve parlare di diabolica casta.

Quando arriva a Roma l'imperatore Ottone I della casa di Sassonia, Giovanni XII fugge a Tivoli e viene processato tra il novembre e il dicembre del 963 nella basilica di San Pietro da un concilio convocato dall'imperatore: vi partecipano vescovi dell'Italia settentrionale, della Tuscia e del Ducato Romano, nonché il clero romano e rappresentanti della nobiltà di Roma. È una vera e propria rivalsa della santa casta contro l'immoralità al vertice della Chiesa di Roma, che viene giudicato colpevole, indegno di coprire la carica di papa e quindi deposto; in sua vece è eletto un laico, tale Leone, che in un solo giorno con procedimento sommario riceve i vari ordini di ostiario, lettore, accolito, suddiacono, diacono e prete, fino a essere incoronato papa come Leone VIII (963-965).

Appena l'imperatore lascia la città per soffocare una rivolta a Spoleto, anche Leone VIII è costretto ad allontanarsi da Roma per un'altra rivolta tra le fazioni urbane. Allora torna a Roma Giovanni XII. Questi, teoricamente non più papa, si vendica facendo mozzare il naso e la lingua ai vescovi che hanno partecipato al concilio; ma gode poco del suo reinsediamento sul trono papale. Nel 964 finisce scaraventato da una finestra da un marito che lo sorprende a letto con la moglie.

La casta tra antipapi e tiranni con il papa in cattedra

Dopo un papa stravagante come Giovanni XII, gli imperatori della casa di Sassonia si impongono la protezione del trono pontificio; ma è sufficiente che Ottone I sia lontano da Roma perché di nuovo torni il caos tra le fazioni in lotta per il potere. A dominare ora sono i Crescenzi. Così il papa Benedetto VI (973-983), eletto dalla fazione imperiale a gennaio del 973, viene imprigionato a maggio in seguito a una rivolta capeggiata dai Crescenzi, che elevano al trono pontificio il diacono Francone con il nome di Bonifacio VII, il quale strangola personalmente Benedetto VI. Pur essendo considerato un antipapa, Bonifacio VII è comunque un rappresentante della santa casta e governa Roma fino a quando l'imperatore invia un suo generale, il conte Sikko, per ristabilire l'ordine. E allora Bonifacio VII fugge; ripara con la marmaglia dei suoi partigiani alla volta di Costantinopoli, portandosi dietro il tesoro della Chiesa.

La santa casta si alterna allora nelle mani degli imperatori e dei Crescenzi. Così Ottone II, quando elegge papa Benedetto VII (974-983), festeggia il trono pontificio sui gradini della basilica di San Pietro con un banchetto, al quale invita proditoriamente i romani e, dopo averne decapitati alcuni, impone agli altri di seguitare a banchettare sotto la benedizione del papa. Il successivo papa Giovanni XIV (983-984) si ritrova solo per la morte di Ottone II, senza che l'imperatrice Teofano sia in grado di aiutarlo, mentre Giovanni II Crescenzi si autonomina *patricius* e impone una sua dittatura che lascia al papa solo la giurisdizione ecclesiastica. E da Costantinopoli si rifà vivo nel 984 Bonifacio VII, chiamato dal *patricius*: Giovanni XIV finisce a Castel Sant'Angelo, dove muore avvelenato, mentre Bonifacio VII spadroneggia, desideroso di vendicarsi. Questo antipapa, ai vertici della santa casta della Chiesa di Roma, compie una serie di delitti e violenze, finché dopo soli undici mesi è eliminato dallo stesso Giovanni Crescenzi, che si riscatta così agli occhi della casa imperiale. Il suo cadavere viene martoriato dalla soldataglia dei Crescenzi e gettato ai piedi del *Caballus Constantini*.

A fronte di questo susseguirsi di pontefici tutt'altro che ineccepibili secondo la morale cristiana, va tenuto presente che le frange estreme della santa casta nelle diverse Chiese d'Europa, lontane da Roma, reagiscono per quanto possono allo stato antievangelico della Santa Sede in appositi concili provinciali. È quanto testimonia nel 991 una sorta di catilinaria pronunciata contro il papato dall'arcivescovo di Orléans, Arnolfo, in un concilio episcopale a Reims, che passa in rassegna il potere papale tra il 955 e il 985 dando voce alla rivolta degli alti rappresentanti ecclesiastici contro i vertici della santa casta. Come è evidenziato nella conclusione dell'invettiva: «E dove mai sta scritto che gli innumerevoli sacerdoti di Dio, sparsi per l'orbe terrestre e provvisti di dottrina e di meriti, debbano soggiacere a tali mostri privi di sapienza umana e divina e onta dell'umanità?».

Il giovane imperatore Ottone III si precipita a Roma con la madre Teofano per ristabilire l'ordine ai vertici della santa casta e istituisce un tacito accordo tra il nuovo papa Giovanni XV (985-996) e Giovanni Crescenzi, al quale è affidata la gestione civile del territorio pontificio, che risulta particolarmente fruttifera per quanto riguarda l'amministrazione della giustizia e dei beni territoriali della Chiesa. Finché i rapporti tra i due s'incrinano, con l'ennesima rivolta del partito dei Crescenzi; e il papa fugge nella Tuscia, dove muore assassinato. Ottone III è di nuovo a Roma ed elegge papa suo cugino Brunone con il nome di Gregorio V (996-999), condannando a morte i capipopolo dei Crescenzi; graziati però dal neoeletto papa per conciliarsi gli animi. Ma resta l'odio tra la santa casta filoimperiale e Giovanni Crescenzi; e appena Ottone III va via da Roma, nel 997, scatta una congiura contro il papa, che fugge a Pavia, mentre viene eletto un antipapa nella persona di Giovanni Filagato con il nome di Giovanni XVI, difeso da Giovanni Crescenzi, il quale instaura una sua dittatura

A questo punto Ottone III nel febbraio del 998 torna a Roma con Gregorio V, recuperato strada facendo; mentre Giovanni Crescenzi è asserragliato in Castel Sant'Angelo, l'imperatore si sfoga su Giovanni XVI, verso il quale il reinsediato papa Gregorio V non ha alcuna pietà. Secondo le indicazioni del pontefice gli vengono strappati gli occhi e mozzati naso, lingua e orecchie, finché così malridotto è rinchiuso in un convento. Quando gli si rimarginano le ferite, a marzo, subisce un processo in un apposito concilio convocato dal papa in Laterano, al quale Filagato è trascinato, mutilato com'è, ma vestito con gli abiti pontifici; in piena assemblea gli viene strappato il pallio ed è posto alla gogna in giro per le strade della città in groppa e a rovescio su un asino. Invano san Nilo interviene più volte in suo favore presso il papa e l'imperatore;

non è ascoltato. E Giovanni XVI finirà rinchiuso nel monastero di Fulda, in Germania, dove morirà.

È poi la volta di Giovanni Crescenzi, asserragliato in Castel Sant'Angelo, che dopo tre mesi di assedio viene conquistato: il tiranno è decapitato insieme ad altri dodici caporioni sui merli del castello e il suo cadavere viene poi appeso ad una forca innalzata sulle falde del colle a fronte del Vaticano, il Monte della Gioia, da allora chiamato *Mons Malus*, volgarizzato poi in Monte Mario, per sottolineare l'efferatezza dell'esecuzione. Che non è stata deprecata dal papa, cosa che gli costerà la vita.

Per l'anno Mille, che la tradizione indica come la fine del mondo, Ottone III sogna invece la *renovatio imperii* e Roma capitale del mondo come sede imperiale e della Chiesa, guidata da papa Silvestro II (999-1003); auspica il rinnovo della convivenza dei due poteri, religioso e civile, la pace nel mondo e una casta che sia veramente santa. Sono solo sogni, stroncati dalla morte dell'imperatore all'età di soli ventidue anni e da quella del papa, ucciso nella basilica di Santa Croce in Gerusalemme durante una cerimonia religiosa, vittima di una congiura guidata da un altro Giovanni Crescenzi, figlio del giustiziato di Castel Sant'Angelo.

Il nuovo Giovanni Crescenzi instaura una dittatura come suo padre dal 1003 al 1012, svolgendo una politica autonoma, antimperiale, ma tollerando l'esistenza dei papi, ai quali riserva però esclusivamente la funzione religiosa, escludendoli dagli affari temporali e amministrativi. Il cambiamento si ha con il ritorno al potere dei Conti di Tuscolo, che subentrano ai Crescenzi e hanno varie connessioni nel mondo ecclesiastico. Hanno infatti fondato l'abbazia di Grottaferrata, divenuta luogo di potere religioso e culturale, e naturalmente arrivano al trono pontificio, anche se a seguito di uno scontro armato, con un Teofilatto che assume il nome di Benedetto VIII (1012-24). E grazie a lui la Santa Sede riesce a rientrare in possesso di un'amministrazione autonoma dei propri beni, con una gestione dei proventi ecclesiastici sotto la direzione di un arcidiacono, mentre il *vestararius* cura solo l'amministrazione civile di Roma. Finché i due sono sostituiti dal camerlengo, un cardinale che ha la gestione dei proventi sia ecclesiastici sia civili della Chiesa, come capo della *Camera Domini Papae*, che è la stanza del tesoro. Lo documenta una bolla del 1017 di Benedetto VIII, nella quale si esige il versamento dei redditi, che occorrono per il decoro e il mantenimento della Chiesa, nonché per alimentare l'opulenza di vescovi e cardinali, ai quali affluisce direttamente il ricavato annuale del territorio di monasteri e abbazie.

Ma quell'autonomia dura poco, perché i Conti di Tuscolo vogliono che il trono pontificio diventi un trono di famiglia, anche a costo di un'elezione simoniaca. È quanto mette in atto il capofamiglia Alberico III nel 1032, corrompendo la maggior parte degli ecclesiastici della santa Camera e facendo eleggere suo figlio Teofilatto con il nome di Benedetto IX (1032-44); contemporaneamente l'altro figlio Gregorio è eletto senatore.

Benedetto IX, secondo un suo successore, Vittore III (1086-87), è ladro e assassino; e il giudizio è confermato dal cardinale Desiderio di Montecassino. Una rivolta popolare lo caccia da Roma nel 1044 ed elegge nel 1045 Silvestro III, che resta sul trono soli ventidue giorni; è deposto dai Conti di Tuscolo, che tornano all'assalto da Grottaferrata e reinsediano Benedetto IX. Dopo appena un mese Benedetto IX abdica e vende il suo trono per 2000 libbre in denaro franco all'arciprete Giovanni Graziano, che diventa papa con il nome di Gregorio VI (1045-46). Ma l'avventura pontificia di Benedetto IX non finisce qui: nell'ottobre del 1047, alla morte di Clemente II (1046-47), succeduto a Gregorio VI, si precipita con i suoi familiari a Roma e torna sul trono pontificio per la terza volta. Viene però scacciato dall'imperatore Enrico III, nel 1048, e si ritira nel monastero di Grottaferrata, presso Frascati. È facilmente immaginabile quanto sia profana e sacrilega in questi anni la struttura della santa casta.

Finché Ildebrando di Soana, segretario di ben cinque papi dal 1049, prima di arrivare al trono pontificio egli stesso con il nome di Gregorio VII (1073-85), riporta la Chiesa al regime di purezza originario; tra l'altro nel 1050 un sinodo romano sotto Leone IX (1049-54) ordina ai sacerdoti di abbandonare la moglie e vivere in continenza. Così da Niccolò II (1059-61) con la bolla *In nomine Domini* Ildebrando fa legiferare i cardinali come unici elettori di un papa e inoltre vieta ai fedeli di assistere alle messe celebrate dai sacerdoti che si sono rifiutati di separarsi dalla moglie. Quindi fa eseguire da Alessandro II (1061-73) un cambiamento della penitenza nella confessione, eliminando la "tariffata" e riducendola al compimento di opere di pietà e pratiche religiose relative alla preghiera e alla comunione.

Quindi, una volta papa, Ildebrando decide che sacerdoti e vescovi che non abbiano abbandonato la moglie siano deposti *ipso facto*. E compie una riforma, destinata in gran parte a restare nell'impostazione generale fino a oggi, con l'istituzione di un vero e proprio collegio di cardinali assistenti del camerlengo e l'imposizione ai feudatari della penisola di inviare l'omaggio direttamente a Roma, e non attraverso l'imperatore. Perché, come dichiara nel *Dictatus papae*, ovvero la sua "prescrizione papale" del marzo 1075, «solo il papa ha diritto di emanare nuove leggi» e «la Chiesa romana non ha mai sbagliato né mai in futuro sbaglierà»; affermazione quest'ultima di grande potenza, ma quanto mai discutibile, se solo si fa riferimento ad alcuni papi dalla morale cristiana non ineccepibile, senza contare gli antipapi riconosciuti ufficialmente dal medievale *Liber pontificalis* e dal moderno *Annuario pontificio*.

Dalla seconda metà del secolo XI il dominio feudale pontificio aumenta con l'avvento dei Normanni nell'Italia meridionale e in Sicilia, un feudo che durerà più di tutti gli altri, attraverso Angioini, Aragonesi e Borbone, con tanto di vassallaggio e afflusso di ricchezze nelle casse della *Camera Domini Papae*.

Martiri e soprusi all'insegna delle crociate

A Clermont nel 1095 papa Urbano II (1088-99) lancia un appello ai cristiani e li esorta, al grido di «Dio lo vuole!», a brandire la spada contro i Turchi che impediscono l'afflusso dei pellegrini a Gerusalemme. Nascono le crociate, che in tutto saranno sette e rappresenteranno una vera e propria "guerra santa", durata fino al 1270 e risoltasi con il massacro dei Turchi e la nascita di nuovi organismi territoriali di struttura feudale. L'apice della deviazione della "guerra santa" si ha nella quarta crociata dal 1202 al 1204, che porta all'esistenza temporanea dell'impero latino d'Oriente e alla creazione di numerosi punti d'attracco commerciale per Venezia.

In difesa dei territori conquistati in Terra Santa sorgono gli ordini cavallereschi, tutti approvati dal papa con tanto di bolla, e tutti con un assetto militare teso alla conquista territoriale ed economica, camuffata con finalità apostolico-religiose. Questi ordini vanno infatti considerati delle frange della santa casta, con tanto di benedizione pontificia in forma di bolla, che accredita l'uso delle armi per uccidere l'infedele musulmano. Il primo a essere istituito, nel 1099, è l'Ordine del Santo Sepolcro di Gerusalemme, su iniziativa di Goffredo di Buglione, subito dopo la conquista di Gerusalemme, e approvato nel 1113 da papa Pasquale II (1099-1118), ordine destinato a restare un emblema della santa casta fino a oggi. Contemporaneamente sorge la Congregazione di San Giovanni Battista, base dell'Ordine Ospedaliero di San Giovanni di Gerusalemme, ben più noto in futuro come Sovrano Militare Ordine di Malta, ovvero con la sigla SMOM. Questo ordine cavalleresco avrà vita propria, fino a oggi, al di fuori della Santa Sede, con un centro fondamentale a Roma e con una gestione amministrativa autonoma, tanto che potrà battere moneta: quasi uno Stato a sé con rappresentanza perfino nel Consiglio d'Europa, presso la FAO e l'UNESCO.

Emblematico per la struttura dichiaratamente aperta a finalità finanziarie è l'Ordine dei Templari, approvato dal papa Innocenzo II nel 1139 con la bolla *Omne datum optime*, nella quale si prescrive che «i Templari possono appropriarsi dell'intero bottino sottratto ai Saraceni», «l'Ordine è esentato dalle decime canoniche e può ottenere dai vescovi la facoltà di imporre delle decime per sé», «l'Ordine può ammettere chierici e cappellani» e «costruire cappelle e oratori privati». I Templari costituiscono in sostanza una Chiesa nella Chiesa, rispondendo solo al papa, con il Maestro eletto «per volontà di Dio». Sulla base di questi principi benedetti dal papa i Templari partecipano a tutte le crociate e costituiscono una serie di basi militari e finanziarie in Terra Santa, con filiali in Europa, che fungono da centri per la circolazione di "lettere di credito" per il trasferimento di somme di denaro. I Templari diventano autentici banchieri, che difendono con le armi i propri beni.

A Roma peraltro Innocenzo II ha i suoi problemi e non si occupa più di tanto delle crociate; e così i papi che gli succedono, perché sono in continua lotta con il Comune, sorto per volere dei patrizi nel 1143, che tende a estrometterli da qualsiasi funzione temporale, costringendoli a risiedere tra Farfa, Tivoli e Viterbo. A Roma si fa vivo il monaco Arnaldo da Brescia che arringa il popolo in pubbliche assemblee, esprimendo tutto il suo zelo per la purificazione della Chiesa. Come riferisce Giovanni di Salisbury, «inveisce senza riguardi contro i cardinali dicendo che il loro collegio, a causa della loro ambizione, avarizia, ipocrisia e a causa dei loro peccati, non è un tempio del Signore, ma casa di mercanti e spelonca di ladri». E arriva a definire il papa «non un uomo apostolico e un pastore d'anime, ma un sanguinario [...] un torturatore delle chiese, un oppressore dell'innocenza», perché «il papa non segue né la dottrina né gli apostoli, e quindi non merita né rispetto né obbedienza». Tra l'altro predica la ricostruzione del Campidoglio con la reintroduzione della dignità senatoria, lasciando al papa esclusivamente il riconoscimento della competenza su questioni spirituali. E si fa così in sostanza promotore di un movimento politico-religioso, da altri definito una setta, che raccoglie seguaci tra i popolani; li chiameranno Arnaldisti. In effetti si può dire che il Comune lo assuma ufficialmente al proprio servizio, così che prende corpo l'idea di una repubblica romana indipendente sia dal papa sia dall'imperatore.

Il destino di Arnaldo, un puro rappresentante della santa casta, è segnato. Il nuovo papa Adriano IV (1154-59) invoca l'intervento a Roma di Federico Barbarossa e lancia l'interdetto sulla città; se i cittadini vogliono che sia tolto devono cacciare Arnaldo. Il monaco viene abbandonato fuori delle mura; e lo si vede vagare nella Campagna romana, da un castello all'altro, alla ricerca di ospitalità. A giugno del 1155 arriva il Barbarossa e Adriano gli chiede l'arresto di Arnaldo; il re invia delle truppe a Campagnano, dove il monaco è stato ospitato, arresta uno dei visconti e, grazie a quell'ostaggio, ottiene la consegna di Arnaldo, che affida ai legati pontifici. Il monaco è condannato a morte dal prefetto di Roma, impiccato e quindi arso sul rogo; le sue ceneri saranno sparse nel Tevere, per evitare che siano oggetto di venerazione. Così il papa, i cardinali e gli ecclesiastici della Santa Sede, non solo non dovranno più sentire le rampogne di quel monaco eretico, che resta in realtà un martire della santa casta, ma possono tornarsene tranquillamente a Roma.

Quindici anni dopo un altro nobile rappresentante della santa casta è vittima del potere. È l'arcivescovo di Canterbury Thomas Becket. Arcidiacono della cattedrale del Kent, diventa amico del re Enrico II che nel 1155 lo nomina cancelliere del regno; in tale veste, nonostante il suo stato diaconale, si mostra riluttante a difendere le prerogative della

Chiesa nei confronti dello Stato, ma quando nel 1162 diventa arcivescovo combatte apertamente per ottenere l'indipendenza del clero dall'autorità monarchica e così si attira l'odio del re. Respinta la costituzione di Clarendon nel 1164, fugge in Francia, ma sei anni dopo torna in Inghilterra, credendo che l'atteggiamento di Enrico nei suoi confronti sia mutato. Si sbaglia; oltretutto accresce l'odio verso di sé anche da parte del clero, perché appena tornato scomunica i vescovi che durante la sua assenza si sono piegati alla volontà del re. Il 29 dicembre del 1170 sopraggiungono nella cattedrale quattro cavalieri del re che gli intimano di annullare quelle scomuniche e di sottomettersi; di fronte al suo rifiuto i soldati lo uccidono. Verrà canonizzato tre anni dopo. La sua figura nel 1935 sarà immortalata nella sacra rappresentazione del poeta inglese Thomas Stearns Eliot, messa in musica da Ildebrando Pizzetti nel 1958.

Questi martiri rappresentano l'altra faccia della santa casta che all'epoca era impegnata universalmente nelle crociate. Queste erano considerate sempre più un'autentica missione del cristianesimo nel mondo, ma la loro natura era già stata stravolta dall'operato dei Templari e dallo sterminio tra i musulmani. E non solo. Un ulteriore travisamento delle crociate si ha con il papa Innocenzo III (1198-1216), che nell'ottobre del 1208 lancia l'appello alla crociata contro gli Albigesi, seguaci del movimento ereticale dei Catari nel Sud della Francia, che propugnano un ideale di povertà e moralità in opposizione alla Chiesa di Roma; l'obiettivo reale del papa è quello di impadronirsi delle loro terre e prebende. La crociata è guidata dall'abate Arnaldo Amaury di Citeaux, coadiuvato da due vescovi e dai cavalieri dell'Ordine dello Spirito Santo, istituito dallo stesso papa nel 1198 in collegamento con l'ospedale romano di Santo Spirito. L'ordine cavalleresco dovrebbe sovrintendere all'ospedale «per la cura dei bambini abbandonati, degli orfani e degli illegittimi, dando loro vitto, alloggio e una modesta istruzione». Ma ha anche una struttura militare: unito al confratello francese Ordine di Santo Spirito di Montpellier, sovrintende con inaudita ferocia alla carneficina di 20.000 Catari a Béziers, alla quale farà seguito un'autentica caccia all'uomo fino allo sterminio totale a Monségur nel 1244.

A fronte delle crociate il grande evento di un ritorno alle origini pure della Chiesa è costituito dall'istituzione dell'Ordine dei Francescani; approvato da Innocenzo III nel 1210, l'ordine esalta la rinuncia ad ogni proprietà, il divieto di accettare il denaro, la pratica delle opere di carità, che san Francesco ha messo in risalto nella sua stessa vita. Più o meno contemporaneamente nasce l'Ordine dei Domenicani, riconosciuto da Onorio III nel 1216 e sorto oltretutto per contrastare l'eresia albigese nella sua prima fase. L'insegnamento della dottrina e la predicazione attuata dal fondatore Domenico di Guzmán, unito all'osservanza della povertà evangelica, costituiscono la base di quest'ordine di frati, che finirà comunque per avere una potenza economica e politica in seno alla

Chiesa di Roma, principalmente all'interno del tribunale d'Inquisizione, che va considerato una roccaforte della santa casta.

Il Tesoro della Camera Apostolica e l'invenzione dell'Anno Santo

A metà del XII secolo la gestione amministrativa della Chiesa di Roma è diventata veramente complessa e ci si rende conto che occorre un organico vero e proprio; nasce così la Camera Apostolica, con a capo un *Camerarius*, ovvero il cardinale camerlengo, in veste di Tesoriere. Questa nuova struttura è documentata per la prima volta in una bolla del 1159, e se ne ha un'indicazione precisa nel *Liber Censuum* redatto nel 1192 da Cencio Savelli Camerario, poi papa Onorio III (1216-27). Il camerlengo esige e riceve direttamente dai sudditi il pagamento di tasse e dogane, che utilizza per l'edilizia civile e religiosa di Roma, la sanità e l'Annona, e ha facoltà di imporre la tassa annuale del *census* in base al valore delle proprietà territoriali in concessione a vescovi e feudatari laici. Il camerlengo è un vero ministro delle finanze, che riunisce *ad interim* anche i dicasteri di bilancio e tesoro, nonché una sorta di Corte dei Conti.

In aiuto del camerlengo vengono nominati i chierici di Camera, inizialmente in numero di tre, che in pratica fungono da sottosegretari e, nel giro di tre secoli, assumono più precisi incarichi. Sono il vice-camerlengo, spesso destinato a ricoprire la carica di governatore di Roma; gli uditori per il disbrigo dei vari contenziosi; e quindi il Tesoriere generale, che ha il controllo di entrate e uscite, in un autentico ministero del bilancio. Ma all'interno della Camera si fa sempre più dominante la presenza delle famiglie patrizie in gran parte legate al papa regnante, con lotte civili tra Orsini e Colonna, Savelli e Caetani, nonché di famiglie legate ai sovrani di Francia, Inghilterra e Germania. Questi casati, lontani parenti dei medievali Crescenzi e Conti di Tuscolo, sono peraltro presenti con i cardinali, autentici "principi" della Chiesa, subentrati definitivamente ai semplici vescovi nella funzione collegiale del governo. Classificati nei tre ordini di vescovi, preti e diaconi, tutti gratificati del titolo di monsignore, costituiscono un baluardo intorno alla figura del papa, al vertice della santa casta. La loro prosperità si fonda sul commercio dei privilegi e sui balzelli, in quanto autentici gestori di un potere economico, culturale e politico; raggiungono in genere un reddito di 4000 scudi d'oro e chi dimostra di essere al di sotto riceve il "piatto", un appannaggio mensile di 100 scudi a carico della Camera Apostolica.

E in conseguenza della nascita del conclave per l'elezione del papa a Viterbo, con la forzata reclusione dei cardinali nel Palazzo Apostolico tra il 1268 e il 1271, sotto la sorveglianza del capitano del popolo Raniero Gatti nasce la carica del maresciallo di Santa Romana Chiesa; è il custode del conclave, con il compito di vigilare che non ci sia alcuna comunicazione tra i conclavisti e il mondo esterno. L'incarico ufficiale è affidato al capofamiglia dei Savelli, al comando di un certo numero di soldati mercenari arruolati di volta in volta a tale scopo; i Savelli aumentano così il prestigio sulle altre famiglie patrizie all'interno della santa casta, mantenendo il maresciallato fino al 1652, quando gli subentreranno i Chigi.

Ma tra le famiglie romane si inseriscono anche gli Angioini, che hanno il loro peso politico con Carlo I d'Angiò, feudatario pontificio come re di Napoli e Sicilia, che sotto Gregorio X (1271-76) la fa da padrone a Roma in veste di senatore: batte moneta, legifera a vantaggio personale e a danno dei benefici ecclesiastici. In difesa delle famiglie nobili romane il papa Niccolò III (1277-80) emette la costituzione *Fundamenta militantis ecclesiae*, che definisce i termini della struttura politica dello Stato della Chiesa, con la signoria della città affidata al papa, coadiuvato nel suo ufficio dai cardinali, la cui elezione è riservata al papa, senza alcuna influenza dei laici. Anche se quest'ultima indicazione appare quanto mai illusoria, se non falsa, come stigmatizzerà Jacopone da Todi, in una denuncia dei vertici della santa casta accusati di arricchire i parenti del papa:

L'ordene cardenalato
posto è en basso stato;
ciaschedun suo parentato
d'arriccare ha entenzione.

È un dato di fatto che proprio Niccolò III avvantaggia i suoi parenti; in particolare riesce a far rientrare la Romagna nello Stato della Chiesa nominando i nipoti Latino Malabranca legato pontificio e Bertoldo Orsini conte. E ancora, è eletto senatore il fratello Matteo Rosso, al quale faranno seguito Giovanni Colonna e Pandolfo Savelli, a indicare la gestione tutta romana del potere laico. In generale gli Orsini sono avvantaggiati nell'affermazione in seno a quella che si può definire una santa casta allargata, arricchendosi notevolmente, come peraltro fa lo stesso papa, che non esita a procurarsi lusso e magnificenza anche a spese della Chiesa, tanto da meritarsi un posto tra i simoniaci nell'*Inferno* dantesco, dove il poeta gli fa dire (XIX, 70-72):

e veramente fui figliuol dell'orsa,
cupido sì per avanzar li orsatti,
che su l'avere, e qui me misi in borsa.

In questo contesto di materiali interessi è quanto mai difficile pensare che un «povero cristiano» come papa Celestino V, al secolo Pietro Angeleri, ovvero l'eremita Pietro del monte Morrone, possa accettare il 5 luglio 1294 di diventare papa. Accetta, ma con estrema riluttanza, prendendo consigli da Carlo II d'Angiò, il quale lo convince a eleggere cardinali sei prelati francesi e quattro dell'Italia meridionale, fino a fargli trasferire la sede della Curia a Napoli nel Castelnuovo, convinto di poterlo dominare. Ma Carlo d'Angiò ha fatto i conti senza il cardinale Benedetto Caetani, esperto di diritto canonico, al quale Celestino V sottopone il quesito sulla legittimità o meno di una rinuncia al trono pontificio. E saputo che l'abdicazione è prevista nelle decretali, il 13 dicembre 1294 in un concistoro, data lettura di una bolla sull'abdicazione pontificia appositamente stilata per l'occasione, legge la formula della propria rinuncia al trono di San Pietro. Bolla e formula sono state chiaramente compilate dal Caetani, che con la sua amorevole subdola assistenza al povero Celestino V la vede lunga sul futuro della propria candidatura al prossimo conclave.

«L'avventura» di questo «povero cristiano», come sarà qualificata da Ignazio Silone in un dramma scritto nel 1968, non ha comunque termine con la rinuncia al trono pontificio; egli sarebbe voluto tornare nell'eremo, ma il subdolo amico dei suoi ultimi giorni di pontificato, Benedetto Caetani, non glielo permette. Una volta eletto papa con il nome di Bonifacio VIII (1294-1303), questi ha timore che i propri avversari ritirino fuori il vecchio dimissionario per opporlo a lui in uno scisma; lo fa catturare il 16 maggio del 1295 dal connestabile del regno, Guglielmo l'Estendard, dopo un suo fallito tentativo di fuga verso l'Oriente. Condotto prima a Capua e da lì ad Anagni, nella residenza di Bonifacio VIII, Pietro è da questi rinchiuso nella rocca di Fumone, sopra Ferentino, dove muore il 19 maggio del 1296.

Corre subito voce che sia sato assassinato per ordine di Bonifacio VIII; e la fama di martire resta comunque legata al suo nome, come testimonia una serie di raffigurazioni iconografiche, tra le quali l'immagine a rilievo scolpita sulla campana maggiore della badia di Santo Spirito a Sulmona e un affresco del XIV secolo nell'eremo di Sant'Onofrio. Celestino V si configura così vittima del potere della Chiesa di Roma, che proprio Bonifacio VIII stigmatizza con un susseguirsi di bolle nelle quali appare chiaro come la sfera del potere ecclesiastico debba dilatarsi fino ad assorbire quello temporale dei sovrani; la sovranità papale non può conoscere limiti, essendo «*plenitudo potestatis*» per la sua origine divina. Vengono pertanto riaffermate a chiare note le dichiarazioni del *Dictatus papae* di Gregorio VII.

E il potere della Chiesa si qualifica in un potere economico come appare evidente nella bolla *Clericis laicos* del 25 febbraio 1296; viene proibito ai laici, sotto la minaccia di scomunica e interdetto, di imporre qualsiasi tassa e imposta agli ecclesiastici. Di qui nasce il concetto che la Chiesa è padrona assoluta dei suoi beni in virtù del personalissimo potere giurisdizionale, di fronte al quale gli Stati non hanno alcun diritto di esazione tributaria dalle chiese, dai conventi e dai palazzi apostolici. Una bolla che, senza essere nominata, avrà indirettamente il suo peso anche nel Duemila sulle vertenze che sorgeranno tra la Santa Sede e lo Stato italiano, relativamente al pagamento dell'ICI. Tutto questo perché la Chiesa basa la sua forza completamente sulla propria economia, in una gestione amministrativa chiusa, della quale non deve render conto a nessuno.

Ecco però che, proprio sotto il pontificato di Bonifacio VIII, si registra una crisi causata dal crollo dell'ordine cavalleresco dei Templari. Il Gran Maestro Jacques de Molay nel 1296 rifiuta un prestito di 400.000 fiorini al re di Francia Filippo il Bello, che reagisce imponendo le tasse sulle proprietà della Chiesa e proibendo al papa Bonifacio VIII di esportare oro dalla Francia a Roma. E il papa s'inventa l'Anno centesimo d'indulgenza, successivamente detto Anno Santo, con una bolla alla quale viene aggiunto il ritornello che i pellegrini dovranno cantare durante il viaggio verso Roma; vi si dice che «*Crimina laxantur, cui poenitet ista donantur*», ovvero «I peccati vengono rimessi, al pentito sono condonati», con tanto di offerta da depositare sugli altari delle due basiliche di San Pietro e San Paolo. È quello l'atto finale che devono compiere i pellegrini per ottenere l'indulgenza plenaria, dopo essersi confessati e pentiti dei propri peccati, con visita alle due basiliche per 30 giorni consecutivi, se cittadini romani, e 15 se forestieri. Peraltro Salimbene da Parma segnala che «tutte le case della via Clodia nella città e fuori, tanto i soliti alberghi e le solite taverne come le altre case, per la maggior parte ospitavano e davano cibo e vivanda per denaro e quotidianamente erano piene di uomini e di persone».

Si può ritenere che questo primo Anno Santo sia in qualche modo anche motivo di speculazione finanziaria, come peraltro avverrà con tutti gli altri. Giovanni Villani annota che «molto tesoro crebbe alla Chiesa», dando corda a quanti si divertono a modificare la frase del ritornello cantato dai pellegrini «*Crimina laxantur*» (I peccati vengono rimessi) in «*Crimina taxantur*» (I peccati vengono tassati). Giovanni Ventura testimonia inoltre che «due chierici rastrellavano giorno e notte le offerte lasciate dai pellegrini sull'altare di San Paolo». Alla chiusura del giubileo, il Natale del 1300, secondo i calcoli fatti dallo storico Ferdinand Gregorovius, nella casse della Chiesa sono entrati almeno 50.000 fiorini d'oro; e Bonifacio VIII li impiega nell'acquisto di immobili e nella fondazione del Castel Giubileo, da sfruttare come alloggio per futuri pellegrini di futuri giubilei.

Giubileo a parte, il papa reagisce al blocco dell'esportazione dell'oro dalla Francia con la scomunica di Filippo il Bello; e vano risulta il tentativo del ministro del re Guglielmo di Nogaret di imprigionare Bonifacio VIII ad Anagni nel settembre del 1303. Non molto tempo dopo il papa muore.

Alla corte di Avignone: il papa banchiere

Morto Bonifacio VIII, Filippo il Bello mette in atto, tra il 1307 e il 1314, il forzato trasferimento della curia papale ad Avignone; così ha la possibilità di gestire la manovra contro i Templari, accusandoli di attività immorali ed eretiche. Il papa Clemente V (1305-14) è un fantoccio nelle mani del re e non riesce a impedire al sovrano di arrestare tutti i cavalieri Templari, nel numero di circa 5000. A fronte del concilio del 1311, presieduto dal re, il papa è costretto a decretare lo scioglimento dell'ordine con una bolla nel 1312; il processo condanna i prigionieri, che finiscono bruciati vivi, il Gran Maestro Jacques de Molay in testa. Tutte le proprietà dei Templari sparse in Europa sono suddivise tra gli ordini cavallereschi della Terra Santa, ma su quelle francesi mette le mani lo stesso Filippo il Bello; quelle spagnole sono affidate in parte al re Dionigi del Portogallo, che costituisce l'Ordine della Milizia di Nostro Signor Gesù Cristo, approvato da una bolla del 14 marzo 1319 di Giovanni XXII (1316-34) come ideale proseguimento dei Templari, con diritto riservato al papa di nominare i cavalieri. E per questo il nuovo ordine sarebbe entrato in seguito a far parte degli Equestri Pontifici come onorificenza all'insegna di Ordine Supremo del Cristo.

Nonostante le sventure dei Templari e la sottomissione del papa al re di Francia, con lo spostamento della residenza della Santa Sede da Roma ad Avignone dal 1305 al 1388, si definisce maggiormente l'organizzazione della Curia, che si articola in quattro strutture. Dalla cancelleria, con i relativi uffici delle suppliche e dei sigilli pontifici, all'amministrazione giudiziaria guidata dal concistoro, che si svilupperà nei vari tribunali; dalla penitenzieria con il compito delle censure e dispense di matrimoni, che avrà sviluppo nella Sacra Rota, alla Camera Apostolica, sulla quale fa essenzialmente perno tutta la Curia, ridefinita su quella del 1159 ed equiparata a un ministero delle finanze della Santa Sede, con il Tesoriere che cura la gestione amministrativa e il camerario con funzioni che lo faranno gradatamente qualificare come segretario di Stato. È il centro vitale dei membri della santa casta.

Grazie a questa Camera Apostolica la Curia appare in effetti una vera e propria macchina di riscossione di emolumenti in continua evoluzione. Tale risulta registrata peraltro nel *Liber taxarum Camerae Apostolicae*, che riguardano prima di tutto le tasse prelevate ai vescovi per la loro nomina e consacrazione, nonché le gratifiche che vescovi e abati devono al personale di corte. E poi le decime, le annate, le procurazioni, i diritti di spoglia, ovvero di saccheggio della casa di un vescovo morto, i sussidi caritativi, i censi. Infatti Giovanni XXII, soprannominato "papa banchiere", con la costituzione *Ex debito* stabilisce che siano oggetto di riserva pontificia tutti i benefici perduti dai loro titolari per deposizione, privazione, rinuncia o transazione ad altro beneficio. Ai frutti di questi balzelli vanno aggiunte le rendite provenienti dai feudatari della Chiesa in Italia, come gli Este, i Della Scala, i Visconti, per un totale di 23.000 fiorini annui, nonché l'Obolo di San Pietro, imposta diretta raccolta in Inghilterra, Danimarca, Svezia, Norvegia, Polonia, Boemia, Croazia e Dalmazia.

Tutta questa ricchezza è naturalmente difficile da valutare, ma ci si può fare un'idea di quanto riesce ad accumulare nel suo pontificato Giovanni XXII che, stando a quanto riferisce il cronista Giovanni Villani, lascia alla sua morte più di 18 milioni di fiorini d'oro, oltre a 7 milioni in oggetti preziosi; ma in eccesso Galvano Fiamma parla di 22 milioni di fiorini, e in difetto Mattia di Neunburg di 17 milioni. In ogni caso cifre enormi, il cui utilizzo è finalizzato non solo alla costruzione del palazzo, ma anche all'arredo delle stanze, al vestiario e al mantenimento della vita di corte tra feste e banchetti, e non più di tanto al cerimoniale religioso e alle opere di beneficenza.

Nell'arredo del palazzo risaltano sete e broccati che ricoprono le pareti, mentre vassoi, caraffe, piatti e posate sono tutti in oro e argento, con una gara a superarsi da un papa all'altro, tanto che si passa dal vasellame del peso di 159 chili di Clemente V a quello di 196 chili di Clemente VI (1342-52). Quanto mai ricco il guardaroba, per il quale fanno testo i quaranta drappi d'oro tessuti a Damasco per Clemente VI e pagati 1278 fiorini, nonché l'abbigliamento dei familiari di Giovanni XXII rinnovato annualmente per una cifra di 7842 fiorini. Singolare l'acquisto di pellicce: Clemente VI ebbe 1080 pelli di ermellino, di cui solo 68 utilizzate per il cappuccio, 430 per la cappa e 410 per un mantello. E pensare che Giovanni XXII le adattò anche come guarnizione del proprio cuscino per il suo spazioso letto matrimoniale, finalizzato a una eccellente comodità. Senza voler ipotizzare in quel letto l'esistenza di una compagnia femminile o la compagna di una vera e propria orgia. Anche se dai registri della Camera Apostolica risulta la presenza nel palazzo pontificio di «signore della famiglia del papa», e altre annotazioni di scrittori non fanno pensare a sante presenze.

Per non parlare dei banchetti, che preannunciano quelli rinascimentali, all'insegna dell'abbondanza più che della raffinatezza. Memorabile quello offerto nel 1343 dal cardinale Annibale di Ceccano a Clemente VI. Sono serviti 27 piatti in 9 fasi, intervallate da gradite sorprese per gli ospiti. Così in una quarta pausa viene offerto al papa un cavallo bianco del valore di 400 fiorini d'oro, un anello con zaffiro e uno con topazio del valore di 150 fiorini, e un nappo del valore di 100 fiorini; ai 16 cardinali e ai 20 prelati presenti viene regalato un anello con pietre preziose, mentre ai 12 chierici della casa pontificia vanno una borsa e una cintura del valore di 25 fiorini d'oro. La settima pausa è occupata da un torneo, mentre come finale viene eseguito un concerto, al quale fanno seguito un dessert e quindi danze e recita di una farsa burlesca.

E le opere di beneficenza? Appaiono, quando ci si ricorda di farle, una sorta di penitenza sacramentale per l'esplosione di fastosità. Così alla morte di Clemente VI la Camera Apostolica dispensa 440 libbre di pani ai poveri, 700 fiorini ai monasteri e 425 agli istituti ospedalieri. Giovanni XXII istituisce uno speciale ufficio di beneficenza chiamato Pignotta, con tanto di amministratore e una decina di servitori, che riforniscono i poveri di abiti, vino e cibo, con una distribuzione settimanale di oltre 65.000 pani. Ma è un modo abbastanza semplice e di non eccessivo peso di fare ammenda per mettersi in pace con Dio e cancellare le macchie di certa vita mondana, dato che non influisce più del 6% sulle entrate della facoltosa amministrazione pontificia.

A fronte di tutto ciò resta il giudizio espresso da Francesco Petrarca su Avignone, qualificata come novella Babilonia. «Pessimo sempre [...] mi parve quel luogo [...] per l'accolta che ivi si fece delle nequizie e delle lordure del mondo intero», ricorda in una lettera all'arcivescovo di Genova, aggiungendo: «Sebbene infatti, per non parlare del resto, mai non vi trovassero albergo la fede e la carità, e di quel luogo ciò dir si possa che già fu detto di Annibale, nulla essere in esso di vero, nulla di sacro, non timore di Dio, non santità dei giuramenti, non religione».

Roma senza papa tra sante e cardinali

Mentre la Santa Sede è ad Avignone, a Roma Cola di Rienzo viene nominato Notaio della Camera Urbana. Nel 1347 Cola attua un colpo di Stato impadronendosi del Comune, ma sognando un regime imperiale; destituito e scomunicato da Clemente VI, è costretto a fuggire nel vivo di una rivolta popolare. Nel contesto di un clima d'anarchia, tra un'epidemia di peste e un terremoto, arriva a Roma come uno sospirato risanamento l'Anno Santo del 1350, illuminato dalla figura di Brigida di Svezia, che lancerà appelli vani a Innocenzo VI e Urbano V perché tornino a Roma. E l'Anno Santo è lo specchio negativo di quei tempi a Roma, perché si svolge tra i tumulti sotto la sovrintendenza del cardinale Annibale Caetani, un uomo non certo illuminato da santità, posto al vertice della santa casta in sostituzione del papa. È insediato nella torre del Vaticano «attorniato da uno stuolo di prelati [...] nella calca di quanti cercano l'assoluzione [...] e le migliaia di persone che chiedono d'esser sciolte dalla scomunica»; autoritario e borioso, «insedia e destituisce funzionari, vende, promette e rifiuta assoluzioni», e i romani odiano l'ignobile rappresentante del papa. Unica nota santa è la presenza della nobile svedese Brigida, vedova e votata alla vita monacale in forma francescana, che lancia inascoltati appelli al papa perché ritorni nella sua sede apostolica,

C'è una congiura; durante una processione alla basilica di San Paolo viene scagliata contro il cardinale Caetani una freccia, che per sua fortuna attraversa il galero. Il prelato ha una violenta reazione: fa arrestare e torturare alcune persone sospette e per otto giorni infligge l'interdetto a Roma, in pieno contrasto con l'evento giubilare. Peraltro il cardinale capisce che non è il caso di restare a Roma, e a luglio parte per Napoli; muore durante il viaggio, avvelenato, si dice, da un bicchiere di vino.

E su mandato di Innocenzo VI (1352-62) si rifà vivo a Roma nel 1354 Cola di Rienzo con il titolo di senatore, insieme al cardinale Egidio di Albornoz, che ha l'incarico di ricostruire lo Stato della Chiesa, nella prospettiva di un ritorno del papa. Mentre la seconda avventura di Cola di Rienzo finisce male, con il rinnovarsi di un governo dispotico che lo porta alla morte, vittima di un'ennesima rivolta popolare, Egidio di Albornoz mostra invece tutta la sua abilità diplomatica e militare. È una nobile figura della santa casta, ben diversa da quella ignobile del cardinale Caetani, che ha macchiato la sacralità del giubileo del 1350. È un duro, certamente, un "cardinale di ferro", come lo soprannomina il popolo, ma è in grado di ricostituire gran parte del territorio dello Stato della Chiesa; e, per ripristinare una certa legalità in Roma, emana delle leggi che rafforzino la struttura giuridico-amministratva dello Stato Pontificio. Si tratta delle *Constitutiones Sanctae Matris Ecclesiae*, dette *Constitutiones Aegidianae*, che lo qualificano come una sorta di vicepapa, tanto che le leggi resteranno in vigore fino al 1870. In particolare il cardinale, il vertice della santa casta nell'Italia di allora, tutela la creazione della Società dei Balestrieri e Pavesati, un organismo militare dotato di funzioni politiche, retto da due "banderesi" e composto di 3000 uomini; è un'organizzazione ispirata alle finalità politiche del rinnovato Stato della Chiesa, ma certo non animata da finalità apostoliche.

L'opera dell'Albornoz è determinante per avviare un ritorno del papa a Roma; il nuovo pontefice Urbano V (1362-70) è in contatto con il cardinale come il suo predecessore e si attiene a quanto gli viene suggerito su un piano legislativo. Così è per una bolla di scomunica nel 1366 contro le bande dei venturieri che infestano il territorio della Chiesa. Ma insistono per il suo ritorno a Roma Francesco Petrarca, ben visto alla corte pontificia, e santa Brigida di Svezia con le sue lettere illuminanti di profetica santità. E il papa si convince. Parte da Avignone e, via mare, arriva in Italia, sbarcando a Corneto il 3 giugno 1367. Gli viene incontro l'Albornoz, che però muore dopo pochi giorni, vittima di un'epidemia, non potendo quindi godere dell'ingresso trionfale che Urbano fa in Roma il 16 ottobre.

Lo accoglie santa Brigida, che però non riesce a rendere il papa determinato nel suo reinsediamento. La sede apostolica riprende vita, certamente, con il restauro immediato di alcune chiese, ma regna la povertà rispetto ad Avignone, anche se nell'ottobre del 1368 la sede apostolica riconferma il suo prestigio con l'incoronazione imperiale di Carlo IV di Lussemburgo e le visite della regina di Napoli Giovanna I d'Angiò e dell'imperatore d'Oriente Giovanni V Paleologo. Ma al papa manca quell'agiatezza che ha ad Avignone; la corte pontificia vive di stenti, perché avrebbe bisogno di rinnovare la gestione amministrativa a fronte del recuperato territorio. E in fondo Urbano V non sembra essere all'altezza, specie in occasione di risentimenti popolari a Viterbo e Perugia; così che comincia a pensare di tornare ad Avignone.

A nulla valgono le suppliche dei romani e l'ennesima predica di Brigida di Svezia, che con un'autentica profezia gli preannuncia la morte se lascerà Roma. Il 5 settembre 1370 il papa riparte da Corneto alla volta di Marsiglia e il 24 è già ad Avignone, dove si realizza la profezia della santa svedese; il 19 dicembre muore. Ma sul suo successore Gregorio XI (1371-78) si fanno insistenti le pressioni di un'altra donna, Caterina da Siena, nobile figura della santa casta, che sarà santa lei stessa. E le pressioni iniziano con le numerose lettere, che invia in diversi tempi al papa, mettendo a nudo la realtà delle cose, in virtù di una "provvidenziale" illuminazione. Così chiama Gregorio XI «babbo mio dolce», termine toscano tutto familiare ma allo stesso tempo rispettoso, al quale sa accompagnare fermezza e passione nel reclamare il suo ritorno («Su virilmente!... Dovete venire!») e nell'invocare misericordia e clemenza da lui a imitazione di Cristo, «come vicario suo» nei confronti dei sudditi ribelli perché, gli fa notare, «non ci vedo altro modo né altro rimedio a riavere le vostre pecorelle».

E il 18 giugno 1376 va ad Avignone come diplomatica per appianare i contrasti tra Firenze e il ricostituito Stato della Chiesa. In una serie di colloqui, per i quali le fa da interprete il suo frate confessore Raimondo da Capua, in virtù di una «provvidenziale» illuminazione nel parlare con grande efficacia affascina il papa, che resta colpito dalla sua semplicità; e allora Gregorio XI non fa più resistenza. Il 13 settembre 1376 abbandona per sempre Avignone e da Marsiglia arriva per mare a Genova, dove l'accoglie Caterina, che lo ha preceduto per preparare il suo ingresso a Roma; e la sua voce è di nuovo determinante, perché improvvisamente il papa sembra tornare sui suoi passi. S'imbarca di nuovo fino a risalire il Tevere con le galere ed essere a Roma il 17 gennaio 1377 nella sua sede apostolica.

Il papa è a Roma, ma con quanti problemi da risolvere! Caterina non può certo aiutarlo in certe cose; ci sono rivolte nello Stato della Chiesa e bisogna soffocarle nel sangue. Ci pensa con i mercenari bretoni il cardinale Roberto di Ginevra, che ha preso il posto dell'Albornoz, un prelato che ha ben poco di mistico nel sangue; a Cesena compie una carneficina, che gli vale il soprannome di "Boia di Cesena", un termine che non fa certo onore alla santa casta. I rappresentanti delle città pontificie a marzo del 1378 si riuniscono a Sarzana, sotto la presidenza di Bernabò Visconti, in un'assemblea dei vertici religiosi e laici della santa casta, per decidere il da farsi. Ma la morte del papa blocca tutto.

Banchieri e vendita di uffici nel business dell'Anno Santo

Urbano VI (1378-89), eletto a Roma, è la causa indiretta dello scisma che si verifica con la rivolta del "Boia di Cesena" Roberto di Ginevra; questi si fa eleggere dai cardinali francesi ribelli prezzolati con il nome di Clemente VII (1378-94) e se ne va ad Avignone, come antipapa, dopo aver tentato invano di superare l'esercito mercenario pontificio in battaglia. È la spaccatura della santa casta, e si ripercuote sugli stessi porporati italiani elettori di Urbano VI che infatti li tiene prigionieri, temendo che lo tradiscano, e finisce per ucciderli. Il papa si ritrova una Curia frammentata, e oltretutto senza poter disporre di molto denaro. E allora conta di incrementare le finanze con il terzo giubileo, che proclama prima del tempo, per il 1390, inventandosi un riferimento ai 33 anni di Cristo, di seguito al secondo svoltosi nel 1350, anche se in realtà da quello erano già trascorsi quei 33 anni nel 1383. Ma non è questa la caratteristica della forzata proclamazione, di cui oltretutto Urbano VI non può godere, morendo il 15 ottobre 1389, quanto la bolla *Dudum felicis recordationis* proclamata come conferma dal suo successore Bonifacio IX (1389-1404) l'11 giugno 1390. La bolla, indirizzata al legato della sede apostolica, il cardinale Bonifacio, vescovo di San Martino ai Monti, di origine genovese, estende i privilegi del giubileo anche a Genova, per 300 cittadini scelti tra gli amici del cardinale che «a motivo di grandissimi pericoli» non possano venire a Roma, facendo la visita a chiese indicate dal loro confessore, con le solite pratiche religiose vigenti. Bonifacio si raccomanda comunque che essi provvedano a trasmettere «fedelmente e senza indugio le offerte» a Roma.

Questa concessione, con la precisazione sulle offerte, è un indice della «manovra speculatoria attuata dal papa che», ha scritto il Gregorovius, «attraverso emissari che si spingono fino ai più remoti paesi, vende indulgenze all'incanto per tanto denaro quanto sarebbe costato mettersi in viaggio per Roma». In questo modo hanno l'indulgenza giubilare, tra i tanti, Riccardo II d'Inghilterra e il re Giovanni I di Portogallo, ma versando alla Chiesa di Roma il denaro che avrebbero speso per affrontare il viaggio e risiedere nella città pontificia.

Bonifacio IX considera Roma una cava di denaro, concedendo cariche ecclesiastiche a chiunque, dietro pagamento, e accogliendo suppliche solo dietro compenso; assegna a fratelli e nipoti notevoli benefici, sfruttando ogni possibile fonte di guadagno. Quindi, forse per conciliarsi l'animo dei cittadini, decide di emanare un nuovo Anno Santo, anche in ragione dei buoni frutti in fatto di denaro ottenuti da quello del 1390; e lo proclama in nome dei 50 anni, rispetto a quello celebrato nel 1350, ma la bolla d'indizione non esiste: forse non è mai stata scritta o è andata perduta. Si è conservato invece il documento del 15 marzo 1400 *Cum nonnulli*, con il quale il papa riserva alla Camera Apostolica le oblazioni elargite alle basiliche.

Forse una causa dell'eventuale scomparsa della bolla d'indizione va ricercata nello stato caotico in cui vive la città di Roma: il 15 gennaio 1400 il senatore Niccolò Colonna organizza una vera e propria rivolta contro il papa. Bonifacio IX riesce a salvarsi riparando a Castel Sant'Angelo e la rivolta finisce per andare a danno dei pellegrini, che vengono assaliti, depredati del denaro e in gran parte uccisi. La scomunica emanata dal papa il 14 maggio, con tanto di esortazione dei fedeli a una guerra santa contro i rivoltosi, richiama l'intervento a Roma del re di Napoli Ladislao, che permette un più tranquillo svolgimento dell'Anno Santo. Anche se un processo sommario ai rivoltosi determina 31 condanne a morte mediante decapitazione, che oscurano nel sangue lo spirito evangelico del giubileo.

L'Anno Santo è diventato ormai un *business*. Martino V (1417-31), di nuovo a Roma il 30 settembre 1420 dopo il concilio di Costanza, che lo ha eletto mettendo fine alla coesistenza di tre pontefici, non può esimersi dall'emanare un proprio giubileo sulla base dei 33 anni di Cristo, in riferimento al giubileo del 1390, per il 1423, ma senza emettere una bolla. Indiretta testimonianza della sua celebrazione si ha comunque nel documento *Praesenti anno Jubilaei* con il quale Martino V concede al duca di Lituania e a 15 suoi consiglieri di lucrare il giubileo nel ducato, dal momento che non sono in grado di intraprendere il viaggio fino a Roma.

Ma naturalmente si raccomanda l'invio a Roma delle offerte. E ancora, il 20 marzo 1423, con il documento *Ad hoc potissimum* prescrive al nunzio in Inghilterra di redarguire l'arcivescovo di Canterbury che, di sua iniziativa, ha indetto un giubileo con indulgenza speciale per quanti facciano visita alla cattedrale di Canterbury. E questo naturalmente perché le eventuali offerte non sarebbero mai arrivate a Roma.

In vena di purificazione Martino V non si accontenta dell'Anno Santo per liberare Roma dalle forze del Maligno che l'hanno dominata durante il periodo avignonese; nel 1427 invita a Roma il francescano Bernardino da Siena, grande predicatore contro le streghe e i loro sortilegi diabolici. E il frate lancia invettive per ottanta giorni consecutivi, arrivando a bruciare sul Campidoglio, il 25 giugno, gli emblemi del lusso e della stregoneria; durante le prediche tiene in mano e tende al bacio della folla una tavoletta di legno con inciso l'ideogramma di Cristo, IHS, entro una raggiera solare. Baciarla significa allontanare dal proprio corpo il diavolo e ogni bubbone pestilenziale in una raffigurazione destinata ad incidere profondamente nell'immaginario collettivo. Ed è "caccia alle streghe", tra una miriade di predicatori-denunciatori di atti di stregoneria e satanismo, con i quali avranno un gran da fare in tutta Europa i tribunali d'Inquisizione, una branca purificatrice della santa casta prossima a insediarsi.

Con il ritorno del papa a Roma affluiscono nella città banchieri fiorentini e lucchesi, come gli Spini, i Ricci, i Bardi e i Medici, che si insediano tra piazza Navona e Campo de' Fiori, in quella zona detta appunto dei Banchi. A metà del Quattrocento arrivano altri banchieri fiorentini, come gli Altoviti, i Portinari, e quindi i Pazzi, i Rucellai e gli Spannocchi; questi ultimi hanno la loro «*domus habitationis et banchi societatis*» nello slargo antistante ponte Sant'Angelo, popolarmente detta piazza di Ponte, e qui lavora Riccardo di Antonio Cervini, padre del futuro papa Marcello II. È questo l'unico elemento che collega la Santa Sede ai banchieri, che altrimenti hanno completamente in mano la gestione del denaro pubblico.

I banchieri hanno infatti in appalto la riscossione di gabelle e decime, che entrano nei loro forzieri in deposito e a loro l'amministrazione pontificia si rivolge per tutti i pagamenti; ai banchieri compete l'esercizio di prestito e cambio. Così durante il giubileo del 1450 bandito da Niccolò V (1447-55) viene organizzato un servizio di tesoreria, affidato al banchiere fiorentino Cosimo de' Medici, per assistenza di cambiavalute e, come scrive Vespasiano da Bisticci, il banchiere «ebbe nelle mani più di cento migliaia di fiorini della Chiesa». Oltretutto per l'occasione giubilare si ha la prima emissione di monete celebrative, che sarebbero diventate un *business* prima di quella dei francobolli; si tratta di un ducato di 10 grammi d'oro zecchino, che va a ruba, considerando che oggi se ne conoscono solo due esemplari.

Al termine di ogni esercizio finanziario i banchieri, per il loro ufficio di prestito e cambio, sono naturalmente tenuti a presentare alla Camera Apostolica i libri di entrata e uscita per una verifica; e tutto ovviamente con un tasso d'interesse notevole, oltre all'attività di prestito che immancabilmente alla fine di ogni anno si impone per coprire le spese. I banchieri compiono in effetti un intenso lavoro nel traffico della moneta. Se ne può avere un'idea dal *collector generalis* del regno di Francia che nel 1469 raccoglie a Lione ben 35.000 fiorini, 19.000 dei quali arrivano a Roma tramite la banca Pazzi e 16.000 tramite la banca Medici.

Peraltro non si tratta solo di rendite di origine religiosa, perché vanno considerati anche i proventi di dogane e pedaggi, le tasse di famiglia e quelle sul bestiame e il sale. Nonostante queste entrate, ai banchieri vengono spesso richiesti dai papi prestiti per diverse migliaia di ducati d'oro finalizzati al decoro personale. Così Paolo II (1464-71) alla sua morte lascia gemme e oro per un valore di oltre un milione di ducati e perle per 300.000 ducati, mentre il denaro liquido non arriva a 7000 ducati. E pensare che papa Barbo due mesi prima di morire si è venduto il feudo di Ferrara; Borso d'Este è arrivato a Roma con 138 muli carichi di forzieri d'oro, che sono finiti evidentemente in casa del nipote del papa, il cardinale Paolo Barbo, e quindi dei suoi parenti, che comunque alla morte di Paolo II se ne tornano nella loro terra veneta con tutto il denaro.

Nel rapporto con i banchieri sono impegnati naturalmente anche i cardinali, come il camerlengo Guillaume d'Estouteville che nel 1481 rimborsa un prestito con i relativi interessi nella misura di 3000 ducati d'oro al banchiere Francesco de' Massimi. E così anche gli enti ecclesiastici, come i canonici di San Pietro, che nel 1479 ottengono da Pietro de' Massimi un prestito di 350 ducati d'oro, per i quali arrivano a mettere in garanzia i beni della basilica, all'insegna di un'autentica profanazione del sacro.

Una voce notevole delle entrate per la Camera Apostolica è costituita nella seconda metà del Quattrocento dalla vendita degli uffici, ossia delle cariche in seno alla stessa Camera e alla corte pontificia. Gli interessati versano la somma richiesta e comperano la carica, sicuri di ricevere uno stipendio per tutta la vita; gli stipendi verranno pagati con il ricavato di tasse e tributi. Rientrano nel giro le stesse nomine cardinalizie. Così segretari, Notai, procuratori, Abbreviatori, archivisti e uscieri spuntano come funghi sotto il pontificato di Sisto IV (1471-84); vengono venduti 650 uffici e il Tesoriere vede affluire nelle casse 100.000 scudi.

Grazie a questa vendita degli uffici la santa casta con papa Riario assume nelle sue diramazioni un carattere fortemente laico, che diventa in qualche modo anche dominante; e si verifica parallelamente l'estensione della famelica ragnatela parentale, che deriva al papa da due fratelli e quattro sorelle, in una schiera di quindici nipoti. Ma per prima cosa Sisto IV si preocccupa di arricchire questa branca familiare della santa casta, facendo manbassa del tesoro accumulato dal suo predecessore Paolo II con i proventi degli Stati di mezza Europa in vista di una crociata contro i Turchi, che papa Riario si guarda bene dall'avviare.

Così ai suoi familiari arrivano almeno 400.000 ducati, pietre preziose stimate per oltre 300.000 ducati e 54 coppe d'argento tempestate di perle e brillanti. Quindi papa Riario passa alle nomine, che vedono prefetto di Roma un Giovanni, prelato di Curia un Bartolomeo, ed eletti alla porpora un Girolamo, un Giuliano (futuro papa Giulio II) e un Pietro, che è il preferito del papa. E questo nipote lo ripaga facendo di sé una figura emblematica del cardinale rinascimentale in una scenografia della *magnificentia* principesca, messa in mostra nel proprio Palazzo Apostolico adiacente alla basilica dei Santi Apostoli, di cui è titolare.

Si tratta di una profusione di oro e argento negli apparati decorativi, per un piacere dell'occhio e del palato, in una fantasmagoria di elementi gustativi, con il contorno di efebi in veste di domestici, tutti azzimati e in abiti di velluto e seta, nonché cantori, ballerini, ballerine e musici, e tanto di amante. Ovvero il cardinale mette in mostra tutta la sua *magnificentia* come principe della Chiesa alla pari di un principe laico rinascimentale, in uno stile che farà scuola nella stessa corte pontificia: si esprime in sostanza in una vita dissoluta che porta Pietro Riario alla tomba a soli 28 anni. Ma la cosa più raccapricciante è che Sisto IV esige una testimonianza duratura per i posteri con cui eternare la memoria del «nipote benemerito», come lo qualificherà nell'epitaffio del grandioso monumento funebre eretto nella basilica dei Santi Apostoli da Andrea Bregno; dove peraltro qualcosa di paganeggiante e non cristiano appare in putti e sfingi reggighirlande della cassa funebre, immortalati intorno ad un volto di donna orientaleggiante.

L'altro nipote di Sisto IV, il cardinale Girolamo, impegna lo Stato Pontificio in una rinnovata lotta contro i Turchi, con una crociata che si risolve in un fallimento. Ovviamente il mecenatismo che sospinge papa Riario determina un aumento della vendita degli uffici per ricoprire le spese, arrivando ad assegnarne 600. E c'è di nuovo crisi, specialmente in seguito al *crack* della banca dei Pazzi, in connessione alla congiura fomentata da Sisto IV stesso, e sulla quale le casse vaticane conterebbero molto per una rinascita. A questo punto non c'è altra risorsa che l'aumento delle imposte, arrivando a speculare su un impopolare rincaro del pane. Peraltro la riscossione dei tributi è assegnata alla Dataria, che viene così a costituire, accanto alla Camera Apostolica, l'altra potenza finanziaria di rilievo della Santa Sede.

Ma c'è pur sempre l'Anno Santo, che Sisto IV emana con la bolla *Quemadmopdum operosi* il 24 agosto 1473, dando inizio allo svolgimento della celebrazione giubilare ogni 25 anni. E per garantirsi un afflusso notevole di pellegrini sospende tutte le concessioni d'indulgenza fuori Roma, ad eccezione di quelle consentite a Ferdinando e Isabella di Spagna, che possono lucrare il giubileo in una chiesa spagnola, e ai cittadini di Bologna nelle chiese di San Petronio, Sant'Antonio, San Pietro e San Francesco, ma solo dal primo maggio 1475 alla chiusura del giubileo romano. Il tutto raccomandando l'afflusso delle offerte a Roma.

Il trionfo del nepotismo e il banchiere del papa

Il successore di Sisto IV, il cardinale genovese Giovanni Battista Cibo, è ricco di suo. E lo dimostra in pieno conclave, come testimonia nel suo diario il cerimoniere di corte, Giovanni Burcardo, dal quale veniamo a sapere che il Cibo il pomeriggio del 28 agosto 1484 viene eletto papa a caro prezzo. Infatti la notte seguente, prima della mezzanotte, il neoeletto firma le suppliche richiestegli dai diciassette cardinali che l'hanno votato; costituiscono in pratica il prezzo da pagare per la sua ascesa alla cattedra pontificia: una vera e propria azione simoniaca.

Il nuovo papa, che assumerà il nome di Innocenzo VIII (1484-92), firma le suppliche in ginocchio, «appoggiandosi su una specie di forziere che ha davanti a sé, mentre i cardinali tutti intorno avanzano le richieste e attendono». E c'è il commento ironico del cardinale di Siena, Francesco Todeschini Piccolomini, futuro papa per soli 26 giorni nel 1503 con il nome di Pio III: «Questo va a reverso: el papa segnando sta in ginocchione, et noi che domandiamo stiamo ritti».

Innocenzo VIII eredita comunque una situazione finanziaria disastrosa. Non ha più uffici da vendere e, per tirar fuori denaro, nell'immediato si vede costretto a impegnare la tiara, oltre a nominare cardinali in base all'offerta in denaro, mettendo su un collegio che è un'accozzaglia di porporati, come il figlio illegittimo di suo fratello e, su pressione di Lorenzo il Magnifico, il tredicenne Giovanni de' Medici, già all'età di sette anni protonotaro apostolico, con il corrispettivo di ricchi benefici e commende. Ma papa Cibo torna sul mercato inventandosi altri uffici che non servono a nulla, vendendoli al maggior offerente, fino a creare un collegio di 26 segretari, che gli fruttano 60.000 scudi.

Tutto questo porta ad affidare gran parte degli uffici dell'amministrazione curiale a persone incapaci, che cercano a loro volta soltanto il proprio vantaggio per un'avidità di denaro che diventa regola quotidiana. Tutti gli impiegati sono in realtà corrotti e il caso più lampante si ha nel collegio dei *Plumbatores* delle bolle pontificie, nel numero di 52. E si verifica quello che costituisce il primo scandalo finanziario della Santa Sede, ovvero il primo che diventa di pubblco dominio. Molti dei *Plumbatores* si mettono in proprio e, da autentici falsari, impiantano un'officina che emette bolle falsificate, in un lucroso commercio assai attivo. Finché non vengono scoperti e finiscono sul patibolo.

Innocenzo VIII oltretutto deve pensare ai figli che ha messo al mondo da cardinale, anche se, una volta papa, riconosce solo due dei sette che gli vengono accreditati, Franceschetto e Teodorina. Li mantiene nel lusso a corte e il maschio conduce una vita dispendiosa, tanto da arrivare a perdere al gioco in una sola sera 60.000 scudi con il cardinale Raffaele Riario; vincita che dal cardinale sarà messa a frutto nella costruzione del palazzo che diventerà poi la sede della Cancelleria, rientrando così indirettamente nelle casse dello Stato Pontificio. In ogni caso Franceschetto si rifà grazie al matrimonio con Maddalena de' Medici, che è chiaramente frutto della porpora data a Giovanni de'Medici, come ridicolizza un anonimo epigramma:

> Per congiunger la Medici
> al figlio Franceschetto,
> la porpora donava a un ragazzetto.

Se è ver che il Santo Spirito
fa il papa sovrumano,
in questa il Santo Spirito
l'ha fatta da mezzano.

Teodorina si assicura una buona posizione sposando il banchiere Gherardo Usodimare, che viene elevato a Tesoriere pontificio. E ricchi matrimoni si hanno anche con le figlie di Teodorina; tutto nel contesto mondano di grandi feste e banchetti, all'insegna del lusso ormai imperante nella corte pontificia. Così è in occasione del matrimonio della nipote Peretta con Alfonso del Carretto, marchese di Finale; quando, secondo il commento di un cronista, è «grave scandalo vedere il santo padre partecipare al banchetto in compagnia di alcune belle dame».

Il successore è il cardinale Rodrigo Borgia, ovvero Alessandro VI (1492-1503). La sua elezione è all'insegna della simonia, come quella del predecessore, non legata al denaro sonante, ma alle varie commende promesse in conclave e da lui distribuite appena eletto: il vicecancellierato e Subiaco al cardinale Prospero Colonna; i possedimenti di Monticelli e Soriano, la legazione della Marca al cardinale Giambattista Orsini; l'abbazia di Civita Castellana e il vescovado di Maiorca al cardinale Giovanni Battista Savelli; il vescovado di Pamplona al cardinale Antonio Pallavicini; il vescovado di Porto al cardinale Giovanni Michiel; la legazione di Avignone e la fortezza di Ronciglione al cardinale Giuliano della Rovere.

Una volta eletto, Alessandro VI nomina 80 Abbreviatori, così che nei forzieri pontifici entrano 60.000 scudi, con i quali riesce a costituire un corpo di soldati mercenari detti Cavalleggeri, armati di spada e pistola, ma con scarsa pratica militare, tanto da essere solo di pattuglia al Palazzo Apostolico. Questi militi saranno retribuiti con il soprassoldo di guerra e riceveranno regalie dall'amministrazione camerale, arrivando ad avere successivamente anche una caserma presso la Porta *de Terrionibus*, poi detta Cavalleggeri. Nulla più di questo; tutte le altre risorse finanziarie non sono destinate a guerre o crociate, e neanche a finalità artistiche, a eccezione degli affreschi nell'appartamento pontificio ad opera del Pinturicchio. Vi sono raffigurati, oltre ad Alessandro VI, le sue amanti e alcuni suoi figli, e vanno dunque considerati un'esaltazione dei Borgia. E in effetti tutte le finanze pontificie finiscono nelle tasche dei figli del papa, anche per le spese relative alle feste di corte e ai banchetti principeschi in gran parte in loro onore. Senza contare il lusso che caratterizza l'abbigliamento di questi spagnoli, riscontrabile nell'orgogliosa frase del papa-papà nei confronti della figlia: «Io voglio che fra le principesse italiane Lucrezia abbia il maggior numero di perle e le più belle».

Alessandro VI assegna illegalmente la reggenza del Palazzo Apostolico a sua figlia Lucrezia, secondo quanto ci racconta Giovanni Burcardo. Lucrezia Borgia riveste i panni di autentica papessa, le due volte che

Alessandro VI si allontana da Roma. Capita ad esempio dal 29 al 31 luglio 1501, quando il papa va a rinfrescarsi a Castel Gandolfo, Genzano e Sermoneta. Succede infatti che «prima di lasciare Roma, Sua Santità affidi la sua camera, l'intero palazzo e la gestione degli affari correnti alla figlia Lucrezia. La quale, durante tutta l'assenza del papa, ha avuto il permesso di aprire le lettere indirizzate a Sua Santità e di convocare il cardinale di Lisbona o anche tutti gli altri cardinali, qualora sorgessero problemi che richiedessero il loro consiglio».

In definitiva con papa Borgia la santa casta è in gran parte una questione di famiglia; emblematica è la figura del figlio Cesare che, non raccogliendo granché in veste di cardinale, abbandona la porpora e si appropria dei territori della Chiesa. Diventa duca di Romagna, occupa Camerino e Senigallia, dove fa assassinare i suoi principali oppositori, e conquista Città di Castello e parte dell'Umbria. Ma contemporaneamente Cesare Borgia è più che mai presente a Roma, dove la fa da padrone «sempre protetto da soldati in armi, là dove basta un suo cenno e chiunque può essere ucciso e spogliato di tutti i beni, ovunque posseduti», come scrive l'anonimo di una *Lettera a Silvio Savelli*, inviata in lettura ad Alessandro VI.

È un fatto che durante questo pontificato negli scantinati del palazzo pontificio è all'ordine del giorno predisporre volutamente la morte di un cardinale ovvero di un nobile o di una personalità politica in una sorta di guerra civile all'interno della santa casta; come armi si va dalla cantarella, a base di arsenico e visceri putrefatti, al veleno con aceto e ingredienti misteriosi per infezioni mortali a termine. Dove poi non basti il veleno, sono pronti ad intervenire validi sicari con acuminati pugnali o cappi dalle asticciole di legno per strangolare; così che il Palazzo Apostolico è in effetti anche un "covo di assassini". Senza contare che a corte papa Borgia ha la sua amante, Giulia Farnese, soprannominata «*uxor Christi*», e sono nella norma balli e feste che degenerano in oscenità con la presenza delle cortigiane, come testimonia ancora il Burcardo nel suo diario.

A fronte di Alessandro VI e della sua Famiglia Pontificia si erge la figura di Giacomo Savonarola, frate predicatore nel convento di San Marco a Firenze, che ha già bollato nel 1490 la sede pontificia sotto Innocenzo VIII perché «niente di buono è [...] dalla pianta del piede fino alla sommità non è sanità in quella». Ergendosi a paladino della Repubblica fiorentina, vessillifero dei cittadini soprannominati Piagnoni, a febbraio del 1496 il Savonarola lancia le sue invettive contro la corte papale in un'aperta denuncia di immoralità della santa casta: «Noi conduciamo li uomini alla simplicità e le donne ad onesto vivere, voi li conducete a lussuria e a pompa e a superbia, ché avete guasto il mondo e avete corrotto li uomini alla libidine, le donne alla disonestà, li fanciulli avete condotto alle sodomie e alle spurcizie e fattoli diventare come meretrici».

In agosto Alessandro VI cerca di corrompere il predicatore offrendogli la nomina a cardinale, purché ritratti le critiche alla Chiesa e se ne astenga in futuro. E il frate gli risponde: «Non voglio cappelli, non voglio mitrie grandi o piccole, voglio quello che hai dato ai tuoi santi: la morte! Un cappello rosso, ma di sangue, voglio!». È un rifiuto a entrare a far parte dei vertici della santa casta, della quale, nella purezza della sua religiosità, rappresenta un'estrema frangia. E il papa a maggio del 1497 scomunica Girolamo, accusandolo di eresia per le sue prediche.

A febbraio del 1498 il frate riprende a predicare dichiarando la non validità della scomunica papale e Alessandro VI minaccia Firenze di interdetto; a metà marzo il frate sospende le prediche per il bene della città, ma poi scoppiano tumulti e Savonarola è fatto prigioniero dai Palleschi, seguaci dei Medici. Nel processo Girolamo viene torturato e gli viene estorta una confessione di colpevolezza, in base alla quale si ha una sentenza di condanna a morte, e finiscono sul patibolo i suoi due più stretti collaboratori, i frati Domenico Buonvicini e Silvestro Maruffi. Le condanne sono eseguite in piazza della Signoria il 23 maggio; i tre vengono impiccati e quindi arsi sul rogo. Le ceneri vengono disperse nell'Arno.

A Roma Alessandro VI, liberatosi del suo diffamatore, procede alla grande nella sua corte, grazie anche a una solida amministrazione, nella quale si afferma quello che può essere considerato il primo autentico banchiere di un papa: Agostino Chigi. È lui che gestisce le finanze vaticane, elargendo una serie di ingenti prestiti di denaro alla famiglia Borgia. Frutto delle sue risorse economiche è peraltro il monopolio del grano nello Stato Pontificio, che è riuscito ad assicurarsi per quei prestiti; oltretutto il primo acquirente del grano è il papa, al quale occorre per rimpinguare l'Annona. È insomma un circolo chiuso di commercio e finanza. Ma Agostino Chigi riesce ad accaparrarsi un altro appalto, quello delle saline dello Stato Pontificio. Con il sale è impegnato a rifornire non solo le città papali, ma anche quelle degli Stati confinanti in un commercio nazionale, entrando in competizione con le saline di Comacchio degli Este. E l'attività imprenditoriale del Chigi non finisce qui; il 16 febbraio 1501 la Camera Apostolica gli dà in appalto le cave di Tolfa e Le Lumiere per l'estrazione dell'allume.

Ma papa Borgia non può farsi mancare un Anno Santo; e lo proclama il 28 marzo 1499 con la bolla *Inter multiplices* per il 1500, celebrandolo per la prima volta con la Porta Santa in tutte e quattro le basiliche patriarcali. Enorme è l'affluenza giornaliera di pellegrini, con una punta di 200.000 fedeli registrata il giorno di Pasqua per il solenne pontificale in San Pietro. La generosità nelle offerte è tale che vicino alla Porta Santa vengono poste diverse "casse ferrate" per custodirle, ma del loro contenuto si appropria il papa stesso tramite l'intervento di suo figlio Cesare. Peraltro alla chiusura del giubileo il papa ordina che siano murate nella porta di San Pietro una pietra d'oro del valore di 80 ducati e una d'argento del valore di 3 carlini, come dono personale per il prossimo giubileo; ma di queste favolose pietre in seguito non sarà trovata traccia.

Agostino Chigi porta avanti il commercio dell'allume; contemporaneamente acquista delle navi per il trasporto e lo smercio del prodotto, entrando in aperta concorrenza con i Turchi, che sono grandi produttori dell'allume. E così il banchiere arriva ad avere sotto di sé circa 20.000 dipendenti tra gli operai delle saline e delle cave di allume e gli agenti di cambio. Frutto di tutta questa imprenditoria è la fondazione nel 1502 del personalissimo Banco Chigi a Roma assieme al padre e all'amico Francesco Tommasi.

Ma è con il nuovo papa Giulio II (1503-13) che il Chigi diventa un banchiere nazionale per lo Stato Pontificio, perché viene impiegato a pieno titolo nel restauro delle finanze della Chiesa, ridotte sul lastrico dai Borgia; e il prestito in denaro alla Camera Apostolica gli torna con incrementi miliardari. Agostino viene nominato Tesoriere, Notaio e Abbreviatore della Camera Apostolica; inoltre trova con papa Della Rovere un proprio tornaconto e ha la possibilità di ampliare la propria imprenditoria. Il commercio del sale si incrementa con Giulio II, che proprio su suggerimento di Agostino entra in guerra con Alfonso d'Este per togliergli il mercato del sale di Comacchio, che il duca riesce a vendere nel Nord Italia e in Francia. E una volta assicuratosi il mercato al Settentrione della penisola, Agostino ottiene anche l'appalto delle saline del Regno di Napoli, che gli aprono il mercato nell'Italia meridionale.

Inoltre il Chigi ottiene da Giulio II un favore, che torna anche a vantaggio della Santa Sede; il papa con una bolla proibisce ai cristiani «di fabbricare, comperare o vendere allume provveduto» fuori dello Stato Pontificio, con tanto di scomunica a chi contravvenga a tale prescrizione. È un vero e proprio boicottaggio dell'allume dei Turchi, tanto che quello della Santa Sede viene chiamato «allume della Santa Crociata». Non solo; per mascherare la finalità tutta commerciale e lucrosa dell'impresa chigiana, un'ordinanza del camerlengo di Santa Romana Chiesa in data 15 settembre 1504 segnala che «i redditi dell'allume sono destinati a beneficio dei poveri e di coloro che dagli inumani Turchi sono scacciati dal patrio suolo e chiedono asilo alla Sede Apostolica». Agostino Chigi finisce per diventare un benefattore, membro laico della santa casta.

Mentre continua l'opera di questo banchiere, autentico genio della finanza pontificia rinascimentale, Giulio II da parte sua insiste con la vendita degli uffici e nomina 100 archivisti, così che nelle casse vaticane arrivano altri 750.000 scudi; serviranno per le guerre di papa Della Rovere, con il compenso dei tributi dei nuovi feudatari e l'apporto finanziario del banchiere Agostino Chigi. Giulio II recluta altri soldati mercenari, ufficialmente per la difesa della sua persona, ma da utilizzare anche in battaglia.

Si presentano a Roma in 150 dalla Svizzera, sotto il comando del condottiero Pietro von Hertenstein e del capitano Gaspare von Silinen. Avrebbero dovuto arruolarne 200, con la collaborazione del cardinale Matteo Schiner, vescovo di Sion Sitten nel Vallese, ma l'impresa risulta ardua. Gli svizzeri vanno per la maggiore sul mercato della ventura e i prezzi sono alle stelle; a certi livelli poco conta, del resto, l'onore di difendere la sede apostolica e il vicario di Cristo. E questo corpo di guardia della persona del papa diventa l'ala militare della santa casta, con il capitano destinato a far parte di diritto della corte e di quella che si chiamerà la Famiglia Pontificia.

Ma c'è il problema della costruzione della nuova basilica di San Pietro, della quale Giulio II ha posto la prima pietra il 18 aprile 1506; nonché il gravoso impegno per la decorazione della Cappella Sistina e delle Stanze di Raffaello; così le spese aumentano vertiginosamente. Nel manoscritto 61 dell'Archivio Vaticano, scoperto recentemente da monsignor Ennio Francia, compare l'elenco delle spese ordinate da Giulio II tra il 1506 e il 1513 per le guerre e le varie costruzioni in Vaticano; raggiungono la somma totale di 70.763 ducati d'oro, equivalenti a un miliardo di euro attuali. È chiaro che le risorse esistenti non sono sufficienti; e allora dal 1507 Giulio II promulga speciali indulgenze mediante un'oblazione, con delega ai vescovi per la raccolta delle "elemosine" nelle varie diocesi finalizzata ai complessi lavori della basilica più importante della Chiesa di Roma, utilizzata come manifesto di propaganda. È il cosiddetto "commercio sacro", che prenderà il nome di "vendita delle indulgenze".

La vendita delle indulgenze e la congiura dei cardinali

Leone X (1513-21), appena consacrato il 19 marzo 1513, revoca tutte le indulgenze concesse dal suo predecessore e si affida ad Agostino Chigi per regolare le finanze. Il banchiere gli procura il prestito di oltre 300.000 scudi, in parte rimborsato con la vendita di numerosi titoli cardinalizi, nonché con quella di circa 1200 uffici, che gli apportano un'entrata di 900.000 scudi a fronte di 320.000 scudi l'anno da pagare per gli stipendi. Nonostante il genio bancario del Chigi i conti dunque non tornano. E pensare che papa Medici arriva a impegnarsi i tappeti del Palazzo Apostolico, il vasellame d'argento e le gemme della tiara. Il Tesoriere registra l'entrata immediata delle somme con cui sono state pagate le cariche, ma nelle uscite aumenta la voce degli stipendi annui che regolarmente devono esser pagati a questi numerosi impiegati. Quella sorta di vitalizio è oltretutto improduttivo, perché perlopiù certe persone fanno atto di presenza, incassano lo stipendio e conducono vita di gala nelle cerimonie solenni. Al Tesoriere i conti seguitano a non tornare.

A questo punto, il 29 ottobre 1513, Leone X riprende in mano il "commercio sacro" emanato da Giulio II che aveva abolito sette mesi prima e dichiara che non va considerata tolta l'indulgenza a favore della nuova basilica di San Pietro. Il fatto è che quei sette mesi sono stati sufficienti al papa per rendersi conto che non solo la costruzione della basilica vaticana, ma anche le feste di corte e i prevedibili impegni militari richiedono denaro; di qui la conferma dell'indulgenza, a eccezione di Portogallo, Francia e Borgogna, nonché del territorio dell'impero. Ma il 29 ottobre 1514 vengono ammessi all'indulgenza anche i territori di Savoia, Delfinato, Provenza, Borgogna e Lorena, nonché le province ecclesiastiche germaniche, a eccezione del Magdeburgo e Brandeburgo. Commissionario delle indulgenze viene nominato il chierico di Curia Giovanni Angelo Arcimboldi, e i suoi poteri dal settembre del 1515 vengono estesi anche al vescovado di Meissen, dove il chierico dalla Pasqua del 1516 nomina suo rappresentante il domenicano Johann Tetzel.

Nel dicembre del 1516 l'Arcimboldi si trasferisce nel Nord della Germania e allora Johann Tetzel passa al servizio del principe elettore Albrecht di Brandeburgo, al quale fanno capo anche le province ecclesiastiche di Magonza e il vescovado di Halberstadt, che sono comunque esclusi dalla concessa indulgenza. Si registra in ogni caso un accumulo di dignità ecclesiastiche, che potrebbe essere fonte di attrito tra i principi elettori; ma il problema è risolto grazie a una vera e propria contrattazione commerciale. Leone X il 18 agosto 1514 conferma Albrecht arcivescovo di Magonza e Magdeburgo, nonché amministratore del capitolo di Halberstadt, dietro versamento delle solite competenze di acquisto del capitolo in ragione di 14.000 ducati, oltre a una "composizione" o tassa straordinaria di 10.000 ducati per gli altri due vescovadi.

Ma dove prende tutto questo denaro il principe Albrecht? Glielo presta la banca Fugger, alla quale dovrà rimborsare 29.000 fiorini. E il papa viene incontro al principe concedendogli la pubblicazione dell'indulgenza per la costruzione della basilica di San Pietro nelle province ecclesiastiche di Magonza e Magdeburgo, nel vescovado di Halbestadt e nelle terre della casa di Brandeburgo, fino ad allora escluse: metà delle entrate, detratte le spese, dovrà andare alla fabbrica di San Pietro, l'altra all'arcivescovo.

L'esecuzione di tutta la manovra ecclesiastico-commerciale ha bisogno di tempo. Solo il 31 marzo 1515 Leone X emette la bolla *Sacrosancti Salvatoris et Redemptoris*, con la quale Albrecht di Brandeburgo e Johann Tetzel vengono nominati per otto anni commissari pontifici per l'indulgenza nei territori facenti capo al principato di Brandeburgo. Alla bolla fa seguito il 15 aprile 1515 il *motu proprio* del papa al cardinale vescovo di Ostia, in qualità di direttore della Camera, e ai suoi dipendenti, che conferma l'assegnazione della pratica dell'indulgenza. A questo punto si intromette nella trattativa commerciale l'imperatore

Massimiliano, che richiede per tre anni una tassa di 1000 fiorini da utilizzare per la costruzione della nuova chiesa di San Giacomo a Innsbruck, contigua al castello imperiale. Naturalmente il principe Albrecht non si può rifiutare e l'ulteriore clausola commerciale viene confermata da un breve pontificio il 14 febbraio 1516; ma a quella data è troppo tardi per iniziare la predicazione dell'indulgenza, come fa notare il canonico di Magonza Dietrich Zobel, dovendo coincidere con l'apertura dell'anno liturgico.

È a gennaio del 1517 che Johann Tetzel inizia il suo lavoro. Va in giro di paese in paese predicando l'indulgenza che illustra con il ritornello «Come il soldino nella cassa risuona, / ecco che un'anima il purgatorio abbandona». Che è peraltro un'indicazione falsa, perché l'indulgenza non è stata emanata a suffragio delle anime del purgatorio. Gli verrà imputato anche lo sbandieramento di un tariffario in 35 articoli di sua invenzione, la cui falsità salta subito all'occhio. Un articolo dice: «I sacerdoti che volessero vivere in concubinato con i loro parenti, pagheranno 76 libbre e 1 soldo». La predicazione di Tetzel è spavaldamente all'insegna della compravendita, tanto che un suo confratello in religione, Johann Lindner, gli rimprovera da subito di essere principalmente spinto alla riscossione del denaro: «Tetzel escogita vie inaudite per ottenere denaro, fa troppo miti promozioni, erige troppo dozzinali croci in città e villaggi, per cui alla fine presso il popolo è nato lo scandalo e il disprezzo, e per l'abuso si arriva a censurarlo».

Tetzel inizia il suo viaggio da Halberstadt e in primavera arriva a Juterborg, dove accorrono molti fedeli per guadagnare l'indulgenza dalla vicina Wittenberg, città della Sassonia, principato che è fuori del territorio destinato alla giubilazione. E l'assalto contro il Tetzel si ha proprio quando il domenicano si avvicina a Wittenberg, perché in questa città si è verificato in contemporanea un clamoroso caso d'indulgenza su iniziativa del principe-elettore di Sassonia, Federico il Saggio, che ha raccolto per la chiesa del castello ben 127.999 indulgenze. È a questo punto che si assiste alla reazione del ventiquattrenne frate agostiniano Martino Lutero, professore di scienze bibliche all'università di Wittenberg, con l'affissione delle 95 tesi alle porte della chiesa della stessa città.

Lutero resisterà alla scomunica del 1521 e attuerà la sua Riforma. La sua dottrina, che contrasta con il catechismo della Chiesa romana, sarà illustrata nella *Confessione Augustana* dal suo più fedele seguace, Filippo Melantone. Nel 1531 la creazione della Lega di Smalcalda qualificherà politicamente la struttura della nuova Chiesa. La riforma luterana crea una profonda spaccatura nelle frange della santa casta in seno al cristianesimo europeo, che vede allontanarsi da Roma prelati e principi germanici, diffondendo anche una generale tendenza di opposizione al papa. Questi intanto si consola con le ricchezze, perché le attività commerciali continuano.

Nonostante questa vendita delle indulgenze, il disavanzo delle finanze della Santa Sede è dilagante, perché oltretutto non è possibile fermare i lavori della nuova basilica di San Pietro. Allora Leone X s'inventa l'istituzione dei Militi di San Pietro, detti anche Cavalieri di San Pietro, con la bolla *Sicut prudens* del 13 marzo 1520. Sono giovani patrizi romani emergenti nella santa casta, lontani progenitori della ottocentesca Guardia Nobile; costituiscono un ente morale di 401 membri, nominati dietro versamento di 1000 fiorini d'oro, somma sulla quale si garantisce un beneficio del dieci per cento. I Militi dipendono dal vice camerlengo e hanno vari incarichi: dalla vendita del ricavato delle miniere di allume al controllo dei commerci per evitarne le frodi e alla revisione dei conti con i commissari di camera.

A fronte di certi problemi finanziari Leone X se la deve vedere nel 1517 anche con una congiura di cardinali, che è un altro sintomo negativo del clima anticristiano che si respira ai vertici della santa casta. Ne è a capo il cardinale Alfonso Petrucci, che ce l'ha a morte con il papa perché ha tolto la signoria di Siena al fratello Borghese Petrucci. Ha corrotto l'archiatra, Battista da Vercelli, costringendolo ad avvelenare la medicatura per una fistola di cui soffre il papa; ma viene intercettata una lettera e il cardinale è arrestato, quindi processato e strangolato a Castel Sant'Angelo, mentre il medico viene squartato. Risultano coinvolti nella congiura ben quattro cardinali: Francesco Soderini, Adriano Castellesi, Raffaele Riario, decano del Sacro Collegio, e Bernardino Sauli. Mentre i primi due riescono a fuggire, gli altri evitano il carcere e il peggio dietro pagamento di forti somme di denaro; e il Riario perde anche il suo palazzo, che diventerà la sede della Cancelleria.

La congiura dei cardinali rappresenta l'altra faccia dei vertici della santa casta a corte, dove impazzano mascherate carnevalesche e rappresentazioni teatrali paganeggianti organizzate dal cardinal Bibbiena, un'autentica porpora erotica; infatti è l'autore della boccaccesca *Calandria* e possiede nel Palazzo Apostolico una specialissima stufetta, ovvero un bagno. È un ambiente concepito come vero e proprio nido d'amore e di piacere, dove sono disegnati nudi di Venere tra ninfe e amorini; un autentico *refugium peccatorum*, dal quale il Bibbiena trae ispirazione per i suoi sogni e i convegni d'amore. E poi banchetti luculliani, feste da ballo che si organizzano fuori del Palazzo Apostolico durante le cacce alla Magliana, con falchi in pugno e un seguito di poetastri, buffoni e cortigiane. Che non sono soltanto compagne di piacere sessuale, ma cantanti e suonatrici e donne di conversazione spiritosa, dalla "divina" Imperia alla Fornarina di Raffaello e alla enigmatica "Matrema non vuole".

Diavoli e santi della casta e lo sfruttamento degli ebrei

Adriano VI (1522-23), successore di Leone X, è deciso a eliminare la mondanità della corte pontificia, purificare il concistoro e stroncare la corruzione finanziaria; tutto all'insegna di una Riforma che circola nell'aria. Ma a causa del breve pontificato il papa germanico non ce la fa ad abolire la vendita del sacro, riuscendo solo a bloccare il fallimentare commercio delle cariche. Inoltre, di fronte alle disavventure politico-finanziarie del papa molti cardinali cambiano aria. Se avere la porpora con un incarico di prestigio a Roma significa spesso il controllo su gran parte dello stesso potere pontificio, appendere il galero a Madrid, Parigi o Londra significa avere voce nelle decisioni di governo dei grandi Stati europei, con una dedizione rimasta in alcuni casi leggendaria. «Se avessi messo al servizio di Dio la metà dello zelo messo al servizio del mio re, il Signore non mi avrebbe abbandonato alla mia età, nudo davanti ai miei nemici», dice il cardinale Thomas Wolsey quando cade in disgrazia dopo aver guidato, come lord cancelliere, la politica inglese per quindici anni. A Enrico VIII, in rotta con Clemente VII, deve cedere anche Hampton Court, proprio da lui edificata.

Ma tra tanti indegni, la porpora riesce a valorizzare qualcuno all'altezza di quel colore, simbolo di un martirio sempre ipotizzato al momento della nomina. Quelli riuniti in conclave per l'elezione di Adriano VI nel 1521 sembrano all'Aretino di ben altra pasta, immersi nei sette vizi capitali e certo senza virtù adatte a farli salire al trono pontificio. È la crema della santa casta, tra donnaioli e pedofili, crapuloni e falsari, politicanti e simoniaci:

> [...] Sempre ha moglie accanto
> questo e quel volentier tocca il garzone,
> l'altro a mensa dispùta d'un boccone
> e quel di inghiottir pesche si dà il vanto.
>
> Uno è falsario, l'altro è adulatore,
> e questo è ladro e pieno di eresia,
> e chi di Giuda è assai più traditore.
>
> Chi è di Spagna e chi di Francia spia,
> e chi ben mille volte a tutte l'ore
> Dio venderebbe per far simonia.

Clemente VII (1523-34) ripristina il commercio degli uffici, che gli torna utile in qualche modo nel 1527 durante il sacco dei Lanzichenecchi; sarà costretto a pagare 400.000 ducati per essere libero di fuggire da Roma e per questo finirà per far fondere la tiara da Benvenuto Cellini. Il sacrificio dei 147 Svizzeri morti per difendere la sua ritirata in Castel Sant'Angelo risultò inutile.

Dimostratasi inefficace la rinnovata operazione della vendita degli uffici, con Clemente VII si pensa di affiancarle la vendita dei cosiddetti "monti". Con questo termine si indica una regolare fonte di reddito, come l'imposta sulla farina o sull'olio d'oliva; la Camera Apostolica stabilisce il reddito probabile e quello diventa il prezzo del monte, con un frutto del 10% annuo. Ma i monti cosiddetti "vacabili" si estinguono con la morte dei titolari e quindi godono di un reddito più ampio; a fronte dei quali i "non vacabili" sono titoli di rendita perpetua e trasmissibili. La prima emissione di un vero e proprio "prestito pubblico" si ha nel 1526; è il Monte della Fede, titolo motivato dal fatto che dovrebbe sopperire alle spese della guerra contro i Turchi, guerra che le complicazioni politiche europee non consentono neanche di iniziare.

Si oscurano perfino i rapporti della Santa Sede con Enrico VIII d'Inghilterra, che pure vanta dal 1521 il titolo di "difensore della Fede" assegnatogli da Leone X in seguito al trattato *Assertio septem sacramentorum*, scritto a confutazione del *De captivitate babylonica Ecclesiae* di Lutero. Un titolo che verrà oltretutto usato dai sovrani inglesi fino ad oggi. Il re d'Inghilterra vuole l'annullamento del matrimonio con Caterina d'Aragona; dopo un'accesa opposizione del cardinale Thomas Wolsey, allontanato dalla carica di cancelliere e imprigionato, il re fa annullare il matrimonio da Thomas Cranmer, arcivescovo di Canterbury, così che può sposare Anna Bolena.

L'11 giugno Clemente VII reagisce cancellando la sentenza di Canterbury; dichiara non valido il matrimonio di Anna Bolena ed Enrico VIII, e pronuncia la scomunica al re. Gli lascia però la possibilità di una proroga fino a settembre, e quindi fino a novembre, mentre Francesco I si offre come intermediario di una riconciliazione, proponendo una revisione di tutta la questione in un processo ad Avignone alla presenza di Clemente VII. Non approda a nulla: il 7 novembre i delegati inglesi ad Avignone consegnano al papa la richiesta di un concilio ecumenico. È un primo passo verso lo scisma.

E arrivano le separazioni dell'Inghilterra da Roma. Il 15 gennaio 1534 il Parlamento inglese abolisce le tasse che si inviano a Roma; i vescovi saranno nominati dal re. Il potere del vescovo di Roma è considerato un'usurpazione, e la facoltà di giurisdizione sulla Chiesa inglese viene trasferita al re. Viene inoltre dichiarato non valido il matrimonio di Enrico VIII con Caterina d'Aragona, illegittima la principessa Maria Tudor e legittimi per il trono i futuri figli di Anna Bolena. E in questi frangenti ci scappa un martire; è suor Elisabeth Barton, la «santa vergine del Kent». Ha detto di aver avuto delle rivelazioni divine, nelle quali le si ordina di condannare il nuovo matrimonio del re e di aver visto un posto dell'inferno destinato a Enrico VIII. Processata e costretta a dire che le visioni sono un'impostura, viene condannata a morte «con i suoi complici» il 14 maggio 1534.

Da Roma intanto si è fatto sentire ancora Clemente VII. Che in un concistoro del 23 marzo ha dichiarato valido il matrimonio di Caterina d'Aragona con Enrico VIII e imposto al re di riprenderla come moglie. Come risposta arriva il 3 novembre dall'assemblea generale del clero inglese il riconoscimento di Enrico VIII a "capo supremo della Chiesa d'Inghilterra" e l'*Atto di supremazia* votato dal Parlamento: «In questa qualità il re ha ogni potere per esaminare, ripudiare, ordinare, correggere, reprimere, riformare errori, eresie, enormità, abusi, offese, irregolarità che possono o devono essere regolarmente fatte per mezzo dell'autorità spirituale». Fa seguito il giuramento al re da parte del clero regolare e secolare. È nata la Chiesa anglicana.

In pratica nel giro di quindici anni la santa casta ha perduto le frange di due territori come la Germania e l'Inghilterra, nonché le relative entrate finanziarie dalle varie diocesi. E il papa pensa di rimediare incrementando la vendita dei "monti"; ma per poterli vendere vengono create altre fonti di reddito, mettendo nuove tasse o dazi su beni che fino ad allora ne sono stati esenti. Ma i conti al Tesoriere non tornano lo stesso, perché le entrate triplicano solo in teoria. Infatti la maggior parte dei redditi non finisce nei forzieri pontifici, perché i "monti" sono stati già venduti agli appaltatori. Parallelamente alla struttura amministrativa che fronteggia la finanza di Stato e dei banchieri, nel 1539 ad opera di Paolo III (1534-49) sorge il Monte di Pietà, che fin dall'inizio, fornisce ai meno abbienti modeste somme a interesse contro pegni, allo scopo di combattere l'usura esercitata su vasta scala dagli ebrei. E questo Monte non è certo destinato a risolvere i bilanci dello Stato.

Un evento importante è costituito dalla fondazione della Compagnia di Gesù ad opera di Ignazio di Loyola, approvata da Paolo III con la bolla *Regimini militantis Ecclesiae* del 27 settembre 1540; l'ordine si basa su una «promessa speciale di obbedienza al papa» e diventa una sorta di esercito ecclesiastico in difesa della Santa Sede. La compagnia ha da subito una grande espansione, tanto che Ignazio nomina un provinciale per la casa che sorge in Spagna e avvia rapporti con il Portogallo, mentre fa partire missionari per l'Etiopia e il Congo; in Italia sorgono poi case a Bologna, Padova, Messina e Palermo. E il nuovo papa Giulio III (1549-55) il 21 luglio 1550 conferma la sacralità dell'ordine con la bolla *Exposcit debitum*; allora l'espansione dei Gesuiti si fa mondiale. A Goa, Ormuz, Venezia e Guipuzcoa è un fiorire di filiali.

A Roma Ignazio fonda il Collegio Romano per l'educazione dei seminaristi gesuiti nel 1551 e l'anno dopo il Collegio Germanico riservato a futuri sacerdoti tedeschi della Compagnia. Quando Ignazio muore il 31 luglio 1556 l'ordine conta 101 case in 12 province, per un complesso di oltre mille religiosi. E fuori d'Europa, nel giro di un secolo, sorgono istituti nelle Indie, in Brasile, Congo, Giappone e Abissinia. Il successo della Compagnia non ha sosta: i predicatori gesuiti sono ben presto in

Germania, in America meridionale, in Estremo Oriente e in qualunque luogo le necessità della Chiesa reclamino la loro presenza. Mitica resta in Cina la missione di Matteo Ricci tra il 1580 e il 1610, esemplare di quella capacità missionaria dell'ordine che ovunque fonda scuole e collegi, nei quali si viene formando gran parte della futura classe dirigente di ogni paese. Proprio per questo alla fine del Seicento esplode il contrasto con la cultura del razionalismo e dell'illuminismo, fortemente avversa ai principi controriformistici del sovrano pontefice, di cui i Gesuiti si fanno rappresentanti. Un contrasto che sarà anche motivato dall'azione di spionaggio intrapresa dai Gesuiti, che ne resteranno vittime.

Con Giulio III tornano in auge i banchetti e le feste a corte, con piccanti rappresentazioni teatrali. E il nepotismo è a oltranza: il fratello Baldovino del Monte è nominato governatore di Spoleto e conte di Monte San Savino; il nipote Giovanni Battista è gonfaloniere della Chiesa, ma muore in guerra; un suo figlio, Fabiano, custode delle scimmie, che Giulio III ha fatto adottare dal fratello Baldovino così da dargli il nome di Innocenzo del Monte, diventa cardinale e segretario di Stato. È uno scandalo; e il collegio cardinalizio disprezza il "cardinal Montino", come lo definisce in alternativa al soprannome di Scimmia per i suoi giovanili impegni. Costui prosegue la sua vita viziosa anche dopo la morte del papa-papà, trovandosi immischiato in risse con puttane e loro protettori, fino a quando, per l'uccisione di due di questi, finisce in carcere a Castel Sant'Angelo.

A fronte di questa ignobile figura di cardinale Roma trova un personaggio che rievoca l'aspetto genuino della Chiesa; è Filippo Neri, che sarà soprannominato "l'apostolo di Roma". Frequenta i quartieri più poveri, le carceri, gli ospedali, portando ovunque la sua arguzia fiorentina felicemente coniugata con la più amabile carità cristiana. Vive dapprima in una casupola in affitto nel rione Sant'Eustachio, poi, divenuto prete, si trasferisce in una casa in via Monserrato, sulla quale verrà in seguito costruita la chiesa di San Girolamo della Carità. Raccoglie intorno a sé numerosi e zelanti sacerdoti ed ancor più numerosi ragazzi abbandonati o bisognosi di cure. Rifiuta il titolo di cardinale e istituisce la congregazione dell'Oratorio del Divino Amore, luminoso esempio di educazione religiosa, temperata dalla serenità e dall'allegria, dal quale deriva l'Ordine dei Filippini.

Quasi a controfigura dello spirito di profonda pietà cristiana che ispira Filippo Neri si ha l'istituzione del ghetto nel 1555 da parte di Paolo IV (1555-59), al secolo Gian Pietro Carafa. E il ghetto comporta un vantaggio immediato alle finanze pontificie con l'imposizione della riduzione degli interessi al 12% per i prestatori di denaro, nonché forti limitazioni nella realizzazione dei pegni. E in più si concretizzano tasse di ogni tipo e obblighi di mantenimento delle feste dei devoti cattolici romani, come le spese per il Carnevale. E non pochi sono i lavori a cui vengono obbligati gli artigiani ebrei senza essere remunerati.

Così da una istituzione "umanitaria", secondo lo spirito apostolico del papa, ma che è in realtà un disumano domicilio coatto, decisamente non all'insegna della pietà cristiana, la Chiesa riesce a ottenere nuovi vantaggi da un punto di vista finanziario. Oltretutto, nonostante la linea dura sulla moralità cristiana imposta da papa Carafa, in linea con il suo passato di presidente del tribunale d'Inquisizione, la corte pontificia si macchia di immoralità con i suoi tre nipoti: Giovanni, gonfaloniere della Chiesa, Antonio, guardia personale del papa, e il cardinale Carlo. Sono accusati dallo zio di orge nella vigna ai confini del Borgo Vaticano, con tanto di dedizione alla omosessualità, «quel peccato così abbominevole in cui non fassi alcuna distinzione di sesso mascolino e femminino».

Le "giustizie" della santa casta e il controspionaggio politico-religioso

Il popolo le chiama "giustizie". Sono le esecuzioni capitali e le pene assegnate dai tribunali gestiti dai vertici della santa casta. E sono quanto mai complesse, con numeroso personale impegnato ad assolvere una serie di competenze a volte intricate, specialmente agli alti livelli; e si tratta comunque di una macchina spezzettata, frammentaria. Così il cardinal vicario esercita una giurisdizione ecclesiastica, ma anche mista, quando deve occuparsi di cause tra laici e sacerdoti, come pure di ebrei e cortigiane; a lui comunque rendono conto bestemmiatori, spergiuri, sodomiti, adulteri e poligami, nonché osti, tavernieri e albergatori che in tempo di quaresima vendono cibi proibiti. Ma deve anche giudicare su questioni edili e affari fiscali insieme al Tesoriere della Camera Apostolica; l'uditore della Camera giudica invece mercanti, forestieri e addetti alle varie corti; il monsignor governatore di Roma sentenzia su salari e mercedi. Ma non finisce qui; ci sono inoltre le giurisdizioni delle varie congregazioni, i tribunali del prefetto dell'Annona e del camerlengo di Ripagrande che si pronunciano sulle controversie circa le merci che sbarcano a quel porto. E cento altri magistrati particolari ecclesiastici e laici.

I giudici più importanti hanno tutti un bargello e varie carceri, con birri, aguzzini e carnefici alle dipendenze; nelle prigioni di Ripagrande, che sono di "minima" sicurezza, i carcerati non restano mai la notte successiva all'arresto e finiscono "per direttissima" in quelle del Campidoglio. Tor di Nona è il più orrido, e spesso i colpevoli vengono impiccati ai merli dell'antica torre con un cartello ai piedi che indica il motivo della condanna. Particolare giurisdizione civile e criminale ha il governatore di Borgo: dispone di un tribunale tutto suo in cui giudicare gli abitanti della Città Leonina.

E c'è poi la Corte Savella, dove il capofamiglia dei Savelli, maresciallo di Roma e custode del conclave, esercita anche giurisdizione criminale dalla metà del Quattrocento, incarico che pone la famiglia ai vertici della santa casta. Il tribunale è insediato nel palazzo proprietà di famiglia in via Monserrato 43, là dove sorgerà il Collegio inglese con la chiesa di San Tommaso di Canterbury. Qui sono le carceri e un tribunale competente a giudicare cause criminali di varia natura, a seconda della disponibilità degli altri due tribunali di Tor di Nona e del governatorato di Borgo. Il tribunale dispone di un giudice, due notari, un bargello, un custode delle carceri e un esecutore delle condanne; gli *emolumenta* che percepisce per il mantenimento delle carceri annesse al suo tribunale formano la rendita principale dei Savelli, che manterranno la responsabilità del tribunale fino alla vendita del loro feudo ai Borghese, nel 1637, con la perdita dello stato di nobiltà. Sarà il crollo del casato, che perderà anche la carica del maresciallato.

A monte di tutti questi giudici, tribunali e carceri ci sono le leggi in base alle quali sentenziare, emanate in "bandi generali" a cura del cardinale segretario di Stato, che è in pratica l'artefice primo della gerarchia delle "giustizie", un autentico spaccato della santa casta. Un campionario di queste disposizioni è quella stravagante raccolta che emette il cardinale Silvio Valenti Gonzaga, segretario di Stato dal 1740 al 1756, riunendo le vecchie leggi e inserendo le nuove. Così prescrive per le bestemmie: «Sebbene sia disdicevole e ripugnante all'uomo l'offender Dio colla Bestemmia, o nella persona di S.D.M. o de' Santi suoi, che non dovrebbe esser necessario di aversi a provvedere con alcuna legge umana: tuttavia... desiderando Sua Eminenza por freno alla perversità di costoro ordina e dispone che se alcuno bestemmia, maledirà o in qualsivoglia modo disonestamente nominerà il santissimo Nome di Dio, o del suo Unigenito Figliuolo Nostro Redentore o della Santissima Madre sempre Vergine o di qualsiviglia Santo o Santa, ecc. [...] s'intende per la prima volta ipso facto incorso nella pena di *tre tratti* di corda in pubblico; per la seconda della *pubblica frusta* e per la terza della *galera per cinque anni* [...] e si crederà ad un testimonio degno di fede col detto dell'Accusatore ad arbitrio del Giudice».

Questa invece la disposizione per un «bacio in pubblico a donna onesta»: «Chi violentemente bacerà e tenterà di baciare in pubblico alcuna donna onesta, ancorché non giunga effettivamente al bacio, ma solamente all'atto prossimo all'amplesso o altro, cada nella pena della *galera in perpetuo* da stendersi anche a quella *della vita ad arbitrio di S.E.* e della confiscazione dei beni». Numerosi sono poi i i sistemi di tortura previsti dalle "giustizie": i più diffusi sono la ruota, il cavalletto, i ferri roventi, la corda e la pece liquefatta. Singolari il supplizio della sete «procurata mediante vivande eccessivamente salate e acuita dal supplizio della vista di abbondante getto di acqua limpida negata al paziente», nonché la «applicazione sull'ombelico di topi affamati, calabroni o altri insetti imprigionati sotto campane di vetro».

E a fronte di queste "giustizie" c'è il tribunale della Romana Inquisizione, ovvero il Sant'Uffizio, istituito da Paolo III nel 1542 con la bolla *Licet ab initio*, per un'autentica caccia agli eretici, e nel quale sono confluite tutte le istanze già in atto nella "caccia alle streghe". Al Sant'Uffizio dà un assetto di estrema severità il cardinale Gian Pietro Carafa, in veste di inquisitore generale, agendo all'insegna della più bieca crudeltà. Fa ricorso al "rigoroso esame", termine subdolo che nasconde in realtà l'uso della tortura, e manda in carcere anche il cardinale Giovanni Morone, al quale oltretutto aveva fatto esaminare perfino il libro degli *Esercizi spirituali* di sant'Ignazio, perché aveva dubbi sulla loro ortodossia.

Da papa con il nome di Paolo IV punta il dito accusatore sui libri, come mezzi di diffusione delle eresie, così che nel 1559 fa pubblicare il primo *Indice dei Libri proibiti* detto "Indice Paolino"; vi sono segnalate tutte le opere di scrittori non cattolici, anche se non di carattere religioso, in ragione di 126 titoli di 117 scrittori e 332 opere anonime. Inoltre 45 edizioni "clandestine" della Bibbia, nonché l'opera di 61 tipografi svizzeri e tedeschi. Una severità in pratica tutta legata all'abbattimento di qualsiasi scrittura che non sia all'insegna del cattolicesimo, passando al vaglio di una repressione crudele. Così che alla sua morte il popolo a Roma si scatena in un furore di distruzione di tutto quello che lo ricordasse: il palazzo dell'Inquisizione viene dato alle fiamme, la sua statua di marmo in Campidoglio è demolita, trascinata per le strade e buttata nel Tevere. E il suo cadavere viene sepolto di nascosto nei sotterranei del Vaticano per essere sottratto alle ire del popolo, finché in tempi più tranquilli non gli sarà data sepoltura in Santa Maria sopra Minerva.

La commissione del Sant'Uffizio seguita ad essere attenta alle opere letterarie e un secondo elenco è redatto dopo la conclusione del concilio di Trento sotto Pio IV (1560-65), un papa più tollerante; è l'*Indice Tridentino*, che prevede la licenza di leggere libri espurgati e come tali fuori dell'Indice. Il problema dei libri è diventato fondamentale perché si rileva una diffusione della lettura, specialmente nei territori fuori dello Stato Pontificio. E per questo il duro Pio V (1566-72), al secolo Michele Ghislieri, dopo aver inaugurato nel 1566 il nuovo palazzo dell'Inquisizione, nel 1571 istituisce la *Congregazione dell'Indice*, incaricata di tenere aggiornato l'Indice e spedirlo periodicamente alle varie succursali del tribunale, con l'avvertenza di comunicarlo ai librai; viene inoltre proibita la pubblicazione di opere in volgare, che potrebbero essere lette da un maggior numero di persone diversamente da quelle in latino.

Ma nasce un'altra istituzione durante il pontificato di Pio V; nella veste di generale del Sant'Uffizio sotto la presidenza di Gian Pietro Carafa e poi in quella di presidente, mette su un corpo di monsignori e laici in veste di agenti di controspionaggio, detti "monaci neri", che s'infiltrano tra le file degli eretici e riferiscono al Consiglio della Suprema. E allora subentra l'arresto delle persone incriminate di eresia, che sono torturate e sottoposte a processo fino ad essere condannate al rogo; ma a volte gli stessi agenti, specialmente in luoghi lontani da Roma, agiscono di loro iniziativa e arrivano a uccidere l'eretico. Tutto questo perché l'anglicanesimo e il luteranesimo hanno portato alla perdita dei vari benefici derivanti da vescovadi e diocesi in Inghilterra e Germania; un'azione di spionaggio che si collega pertanto non solo al Sant'Uffizio, ma anche alla Camera Apostolica, la cui amministrazione accusa il venir meno di quelle sostanziose entrate.

In ogni caso, a proposito di entrate, su un piano non propriamente apostolico si registra ancora in piena attività l'istituzione delle indulgenze a pagamento, confermata in qualche modo anche dal concilio di Trento, che nel 1563 con il *Decretum de indulgentiis* si limita ad assegnare in esclusiva alla Chiesa di Roma la facoltà di concedere indulgenze e di regolarne la dottrina per eliminare ogni abuso. È proprio Pio V che abolisce le «indulgenze elemosine» nel 1567, stabilendo la scomunica automatica nei confronti dei trafficanti; anche se resta in vigore la possibilità da parte del fedele di fare l'elemosina per lucrare l'indulgenza, che sia ispirata però alle opere di bene espletate dalla Chiesa.

C'è da dire che papa Ghislieri, oltre a mettere al bando ogni impresa militare, è completamente estraneo al nepotismo, tanto che deve esser pregato dal Sacro Collegio perché nomini cardinale almeno suo nipote, il domenicano Michele Borelli, che lo assiste docilmente; ma contemporaneamente bandisce dallo Stato della Chiesa un altro nipote comandante delle guardie di palazzo e governatore di Borgo, perché abusa del suo potere. Naturalmente niente feste e banchetti di corte, e piuttosto obbligo di residenza per cardinali e vescovi, perché non vadano in giro bighellonando per Roma. Le cortigiane vengono cacciate e si lancia l'appello per l'ennesima crociata contro i Turchi, che porta all'affermazione di Lepanto nel 1571. Inoltre viene soppressa la nobile associazione dei Militi di San Pietro istituita da Leone X, anche perché al momento opportuno i patrizi, su un piano militare, non si sono mostrati in grado di assolvere alle loro funzioni.

Con Gregorio XIII (1572-85) l'azione di spionaggio va avanti e si concretizza con il nunzio pontificio in Spagna, Filippo Sega, al quale il cattolico inglese Humphrey Ely sottopone un piano per uccidere la regina Elisabetta. E il cardinale Tolomeo Galli, segretario di Stato, in una lettera comunica al nunzio a nome del papa questa agghiacciante risposta: «Chiunque la toglie dal mondo, al debito fine del servizio di Dio, non solo non pecca, ma si acquista un merito, soprattutto tenendo conto della sentenza lanciata contro di lei da Pio V». Si tratta di una vera e propria approvazione di un assassinio politico e la circostanza mette in luce come i monsignori infiltrati nelle file eretiche facciano capo alle nunziature, alle quali compete anche l'autorizzazione a far eseguire un delitto, a studiarne la realizzazione, a istituire quantomeno una congiura.

E ancora. L'eliminazione degli Ugonotti a Parigi nella notte tra il 23 e il 24 agosto 1572, giustificata dalla falsa voce fatta circolare presso la corte di Francia che i protestanti avessero fomentato un complotto, viene esaltata a Roma da Gregorio XIII con la recita di un *Te Deum* nella basilica di San Marco e una funzione di ringraziamento nella chiesa di San Luigi dei Francesi alla sua presenza, nonché da una medaglia commemorativa appositamente coniata e dall'affresco del Vasari nella Sala Regia del Vaticano.

Gregorio XIII, per quanto riguarda le finanze, tenta una nuova strada. Contesta l'autenticità dell'acquisto di alcuni latifondi da parte dei feudatari e ne incamera la proprietà, costringendo le nobili famiglie a riacquistarla; in questo modo affluisce nelle casse dello Stato una somma di 100.000 scudi l'anno. Ma molti feudatari rifiutano di sottostare a quella imposizione e si difendono con i briganti al loro servizio dal sequestro ordinato dal papa. E lo stato di guerriglia si placa in parte con l'avvento di Sisto V (1585-90) che, mentre stronca il brigantaggio, arriva anche a un compromesso con i feudatari.

Papa Peretti non pensa solo ai briganti; con la bolla *Immensa aeterni Dei* del 22 gennaio 1589 riorganizza anche la Congregazione dell'Indice, rendendola più determinante nella gestione della giustizia nei confronti dei cittadini, che vanno tenuti continuamente sotto torchio nel riscontro della legge religiosa come modello di vita. Allora l'Inquisizione romana diventa la prima delle quindici congregazioni romane all'insegna del Sant'Uffizio. E, a fronte di questo impegno inquisitoriale, Sisto V il 27 aprile 1587 fonda la Libreria Editrice Vaticana, mettendo una pietra miliare nella identificazione della stampa a carattere religioso con la Chiesa di Roma. È la casa editrice della Santa Sede, che rimarrà in piedi fino a oggi, specializzata nella pubblicazione di opere di carattere strettamente religioso.

Nel 1596, sotto papa Clemente VIII (1592-1605), verrà stesa una nuova redazione dell'Indice, intitolata *Indice Clementino,* nel quale saranno aggiunte opere di scrittori non italiani con una fortissima censura di testi scientifici non conformi all'interpretazione aristoletico-scolastica. E contemporaneamente nascono i processi agli eretici con il "rigoroso esame", termine dietro il quale si nasconde la tortura, mentre la sentenza include anche l'obbligo dell'abiura da parte del condannato, con il fine specifico della salvezza della sua anima; il tutto in una cerimonia che si svolge pubblicamente nella chiesa di Santa Maria sopra Minerva. Così è per Giordano Bruno, che rifiuterà l'abiura, e in pieno Anno Santo 1600 finirà arso vivo sul rogo.

Con Sisto V al soglio pontificio per le finanze vaticane è una ventata di aria nuova; suo braccio destro nell'opera di risanamento economico è un ebreo portoghese, un certo Giovanni Lopez, fuggito da Lisbona per non finire processato dal Tribunale d'Inquisizione. È un autentico genio dello strozzinaggio e Sisto V lo mette a capo della rinnovata vendita degli uffici, molti dei quali nuovi, perlopiù senza una concreta finalità, e un gran numero di nomine notarili. E tutto nel contesto della riorganizzazione degli uffici di Curia, con l'istituzione di 15 congregazioni di porporati che hanno il compito di svolgere il lavoro riservato in passato al Concistoro; così che il peso del governo amministrativo della Chiesa viene ripartito in senso più razionale, pur facendo sempre capo al papa, il vertice della Curia e della santa casta. Sei congregazioni sono addette all'amministrazione dello Stato ecclesiastico e le altre nove alle questioni riguardanti la Chiesa nel suo complesso.

Emblematica la vendita dell'ufficio di Tesoriere della Camera Apostolica. Questo ufficio è stato venduto ultimamente a 15.000 scudi; Sisto V lo assegna alla famiglia Giustiniani per 50.000 scudi, ma dopo un anno nomina cardinale il principe Giustiniani e si riprende la carica, rivendendola alla famiglia Pepoli per 72.000 scudi. E ancora, pochi mesi dopo nomina cardinale il Pepoli e costituisce con metà delle entrate di quell'ufficio, ovvero 5000 scudi l'anno, un nuovo monte che riesce a vendere per 50.000 scudi. In definitiva arriva ad incassare, in poco più di un anno e mezzo, 172.000 scudi.

Sisto V inoltre sottopone «a dazio tutti i commestibili, grano, olio, vino, carne, erbaggi, pesce», come segnala l'anticlericale Raffaello Giovagnoli nel 1879, «talché le rendite dello Stato che allorquando egli ascese al soglio assommavano a 1.746.814 scudi, lui morto, erano salite a 2.576.814, sulla fame, sulla miseria, sulla desolazione del popolo». E a forza di interessi papa Peretti accumula denaro e istituisce in Castel Sant'Angelo i forzieri del Vaticano, nei quali alla sua morte lascia 5 milioni di scudi in oro, che si è ben guardato da depositare in una banca, con tanto di raccomandazione al collegio cardinalizio di farne uso solo in casi eccezionali. È un fatto comunque che a fronte di questo contesto di statalizzazione dei depositi si verificano i fallimenti di numerosi banchieri; così per il Banco Altoviti nel 1594 in crisi per 180.000 scudi, e subito dopo per il Banco Ubaldini, fuori per 100.000 scudi. Ma quella riserva pontificia dura poco, presa d'assalto dai successori e mai ricostituita.

Forzieri a parte, il successore di Sisto V, Clemente VIII, si ritrova un debito di 12 milioni di scudi, con prospettive non esaltanti. Durante i 13 anni del suo pontificato le entrate precipitano da 500.000 scudi a 345.000; considerando che la spesa annua resta sui 450.000 scudi, il deficit annuo si aggirerà mediamente sui 100.000 scudi. Paolo V (1605-21) continua a far fronte alle necessità dello Stato con i Monti, ma il debito a fine pontificato arriverà a 18 milioni di scudi. Sotto Urbano VIII (1623-44) è il dissesto finanziario, con debiti che arrivano a 35 milioni;

e risulta piuttosto inconsistente nel 1630 la tassa del milione fissata da lui in un giulio per ciascun rubbio di grano macinato.

Neppure sotto Innocenzo X (1644-55) si ha una risoluzione, anche se, per colmare il deficit, si abbassano gli interessi di alcuni monti dal 7 al 4,5%. Innocenzo XI (1676-89), con l'abolizione di donativi ai familiari e delle franchigie doganali, nonché la riduzione degli stipendi della Curia, apporta un miglioramento; nel 1677 le spese assommano all'incirca a 2.580.000 scudi a fronte di 2.409.000, per un deficit di soli 171.000 scudi. Finché con Innocenzo XII (1691-1700) non c'è più via di sbocco; nel 1691 a fronte di 2.255.000 scudi di entrate pubbliche i debiti sono a oltre 1.270.000 scudi. Così le entrate vengono impegnate per il pagamento degli interessi dei debiti, e non resta margine per altre operazioni. Una crisi totale dell'economia statale.

La Famiglia Pontificia tra scandali e apoteosi

Oltre a tutto il traffico di compravendite di uffici, titoli e monti, nello Stato Pontificio si è venuto sempre più affermando in maniera scandalosa il nepotismo; così che la definizione di Famiglia Pontificia assegnata ad un settore della santa casta appare quanto mai appropriata. Ai parenti dei papi titoli e uffici sono assegnati tutti gratuitamente, per cui vengono meno delle entrate. Così accade dai Borgia di Alessandro VI in poi, ovvero per i Della Rovere con Giulio II, i Medici con Leone X e Clemente VII, i Farnese con Paolo III, i Del Monte con Giulio III, i Carafa con Paolo IV, i Boncompagni con Gregorio XIII fino ai Peretti con Sisto V; e con i relativi appannaggi sostanziosi. Ad esempio quest'ultimo, il «papa tosto», nomina cardinale uno dei suoi bisnipoti, assegnandogli un appannaggio di 100.000 scudi l'anno, e a un altro nipote dona i feudi di Mentana, Venafro e Celano. Clemente VIII regala ai nipoti Aldobrandini più di un milione di scudi dai forzieri creati da Sisto V, e Paolo V assegna ai nipoti Borghese 689.727 scudi liquidi, 24.000 scudi in Monti e 268.176 scudi in uffici, oltre alla proprietà di palazzi e ville a Roma con il titolo principesco di Sulmona. Tutto alla luce del sole, così che, come stigmatizza Pasquino nel 1605,

> Dopo i Carafa, i Medici e i Farnese,
> or si deve arricchir Casa Borghese.

C'è da dire che in questo contesto nepotistico delle famiglie patrizie Clemente VIII pensa anche ai rappresentanti dell'alta borghesia e lo fa istituendo innanzitutto un servizio all'Anticamera Pontificia, dove sta la Bussola, ovvero la controporta di legno foderata di panno, oggi non più esistente, con nove camerieri, che diventeranno poi dodici, chiamati appunto Bussolanti. Prestano servizio in anticamera, per introdurre le persone in visita al papa, ma anche nelle cerimonie papali per l'assegnazione di banchi e tribune, oltre ad accompagnare i diplomatici che presentano le credenziali al papa e reggere le torce accese nelle processioni. Sono i primi borghesi ad entrare a far parte della santa casta.

Contemporaneamente hanno preso definitiva consistenza in ruoli particolari i vari membri della Famiglia Pontificia, a cominciare dai Camerieri Segreti, perlopiù di estrazione patrizia, esistenti saltuariamente fin dal VI secolo, e più concretamente organizzati dalla fine del Cinquecento. In genere legati alla persona del papa fin dal suo stato precedente l'elezione al trono pontificio, sono ecclesiatici o laici, e tra di essi rientra la figura del medico, in genere un laico, detto protomedico e protofisico. È in pratica l'archiatra, onnipresente in cavalcate e cerimonie, a volte perfino alla tavola di corte, con a fianco il chirurgo, proveniente spesso dallo Studio della Sapienza.

A seguire, ecco i Sediari, spesso borghesi, che hanno l'incarico di portare il papa in sedia gestatoria o in lettiga, e i Palafrenieri, addetti al servizio della carrozza pontificia, ma che nel Cinquecento si uniranno ai sediari in un unico sodalizio e si vedranno assegnata nel 1575 una chiesa presso il Palazzo Apostolico del Vaticano, Sant'Anna dei Palafrenieri.

Più particolari sono i Camerieri di Spada e Cappa, Segreti e d'Onore, perlopiù patrizi. Sono qualificati come "commensali", ovvero *cubicularii ab ense et lacerna*, nominati dal papa con un biglietto della Segreteria di Stato, distinti in quelli "di numero", ossia eletti a vita, e "soprannumerari", che decadono dal servizio alla morte del papa che li ha nominati, anche se in genere il successore poi li riconferma. Sono addetti al "letto dei paramenti", cioè a quel tavolo dove sono esposti i paramenti pontifici da indossare nelle funzioni, e nel corteo portano il baldacchino e i flabelli.

Nel rango dei Camerieri di Spada e Cappa rientrano altri incarichi e titoli, come il Foriere Maggiore, che sovrintende a suppellettili e masserizie dei palazzi apostolici e ha perfino il compito di coprire con drappi il cadavere del papa nella bara, ponendo ai suoi piedi tre borse con monete e medaglie del pontificato. Il Cavallerizzo Maggiore cura i cavalli del papa ed è in sostanza il capo delle scuderie; c'è poi il Sovraintendente Generale delle Poste, incaricato di preparare i viaggi del papa, predisponendo itinerari e alloggi.

Piuttosto a sé resta la carica dei Principi Assistenti al soglio pontificio, esclusivamente onorifica, che simboleggia l'influenza aristocratica nella Roma papale. Se la contendono dal 1511, secondo una disposizione di Giulio II, Colonna e Orsini, occasione che offre motivo di lite tra le due famiglie, finché Benedetto XIII nel 1724 ne deciderà l'alternanza.

Ed ecco, infine, gli Scopatori. Di origine borghese, rientrano nel rango dei familiari del papa, con il compito preciso di provvedere alla pulizia e alla cura delle stanze del Palazzo Apostolico, seppure distinti tra comuni, brutalmente relegati alla ramazza nel senso proprio e umile del termine, e segreti. Questi ultimi godono di un rapporto continuo con il papa, tanto da dormire due per sera in camere attigue alla sua, seguendolo oltretutto in cavalcate, processioni e viaggi. Naturalmente il loro titolo è stato sempre oggetto di facezie e ilarità per il doppio senso erotico che esso ha nel dialetto romanesco. E comunque anche loro sono dignitari della Famiglia Pontificia, umili quanto si vuole, ma a tutti gli effetti membri della santa casta.

Tutte queste cariche ovviamente hanno meno peso di quelle che possono ottenere i parenti dei papi, specialmente quelle di stampo borghese, ma si accomunano al potere della famiglia del papa. C'è da dire che in qualche modo Paolo V ripaga lo Stato della Chiesa dai soprusi a favore dei nipoti con la fondazione del Banco di Santo Spirito, nella zona dei Banchi, in sostituzione dei banchi stranieri con il compito principale di custodire il denaro di enti e di privati, di raccogliere i titoli del debito pubblico e di erogare prestiti alle famiglie patrizie e alle principali case commerciali. Il Banco di Santo Spirito è tra i primi istituti ad introdurre l'uso delle "cedole", un mezzo di pagamento che avrà grande diffusione.

In pratica il dio denaro ha preso il sopravvento in tutto e per tutto nella strategia del potere pontificio, coinvolgendo la santa casta nei vari settori dell'amministrazione pontificia. Eppure non è mai considerato opera del diavolo questo denaro, perché il "Maligno" seguita a esser preso di mira solo nei confronti di streghe ed eretici. E sull'argomento i giudici dell'Inquisizione hanno come punto di riferimento un'opera ritenuta santamente ispirata perché legata a un codice appositamente elaborato sulla base delle bolle pontificie. Il più famoso di questi resta il *Disquisitionum magicarum libri sex quibus contenitur accurata curiosarum artium et vanarum superstionum confutatio*, pubblicato da Martino Del Rio a Venezia nel 1616: un testo che, in verità, secondo Alessandro Manzoni, avrebbe prodotto più morti delle guerre di Alessandro Magno. Diviso in sei punti, tratta di amuleti, vocaboli arcani, numeri cabalistici, alchimia, patti col diavolo, congreghe notturne, malefizi, interpretazione dei sogni e lettura delle carte, doveri dei sacerdoti, uso profano di reliquie, acqua benedetta e suono delle campane, nonché in generale di esorcismi.

Infatti in tutti i processi è di prammatica la figura dell'esorcista per la verifica del *corpus delicti*. Lo evidenzia nel 1616 la *Pratica per procedere nelle cause del S. Offizio* del cardinale Desiderio Scaglia, commissario del famigerato tribunale sotto Paolo V. Dove, tra l'altro, si legge: «Si ricerca in giudicio la fede del medico, che quella infermità non sia naturale, o almeno ne dubiti, et anco la fede d'un esperto et prudente essorcista, che venga veramente da maleficio. Dico prudente essorcista perché molti ve ne sono che ogni infirmità giudicano malefici, o per poca pratica, o per farvi sopra mercanzia».

Nel frattempo va avanti l'opera di controspionaggio che ha tra le sue finalità l'uccisione della regina Elisabetta. Ci hanno provato tre Gesuiti che a marzo del 1602 sono riusciti a progettare la collocazione di un esplosivo nel palazzo reale di Londra con l'aiuto di un domestico cattolico; che però li tradisce, rivelando la congiura a Robert Cecil, il favorito della regina. Due Gesuiti vengono arrestati in una locanda di Londra e giustiziati nella torre; il terzo, tale padre Carew, verrà catturato un anno dopo e condannato a morte nel febbraio 1603. Anno in cui peraltro viene a mancare, di morte naturale, la regina Elisabetta.

E pensare che in contrasto con queste trame politiche proprio un gesuita sta compiendo dall'altra parte del mondo, in Cina, un'opera missionaria esemplare, secondo i termini propri del puro apostolato e attraverso la scienza, fino a considerazioni che il Sant'Uffizio avrebbe ritenuto sicuramente eretiche. Si tratta di Matteo Ricci, in Cina dal 1582, che arriva alla corte dell'imperatore Wanli a Pechino e mette in atto una predicazione del cristianesimo come religione adattabile al confucianesimo, utilizzando opere della scienza e della tecnologia europea; fino a presentare un orologio automatico e una carta geografica del globo. Dopo la sua morte, avvenuta nel 1610, gli succedono i padri addetti al famoso "tribunale delle matematiche" di Pechino, che assicurano con la loro conoscenza scientifica la tolleranza verso i missionari in tutta la Cina. Si dà il caso che proprio per questo i Gesuiti in missione presentino come credenziali una profonda conoscenza della matematica e della scienza; e oltretutto, ben lontani da Roma, saranno in grado di presentare ai Cinesi la teoria eliocentrica, mentre in Europa i propri confratelli, con la condanna di Galilei, saranno costretti al silenzio.

Prosegue intanto sul palconoscenico della Chiesa di Roma l'opera nepotistica proprio con un gesuita, Alessandro Ludovisi, eletto al trono pontficio con il nome di Gregorio XV (1621-23). Questi porta naturalmente alla ribalta i Ludovisi, ai quali basta l'elezione del nipote Ludovico, gesuita, a cardinale camerlengo per entrare in possesso del ducato di Zagarolo e della splendida villa in prossimità delle mura e a fronte di quella dei Borghese, con tanta preziosa galleria di antiche opere d'arte, tra cui il famoso *Trono Ludovisi*. Tutto frutto dei lucrosi e pingui benefici ecclesiastici depredati in soli tre anni da Ludovico Ludovisi nel suo ufficio. Costui, forse in un rimorso di coscienza per l'accumulo di tanta ricchezza e di territori della Chiesa, si dà ad opere di beneficenza.

Ludovico Ludovisi distribuisce annualmente 32.000 scudi agli istituti di carità, e nel periodo di carestia funzionano a sue spese presso il Laterano 150 letti ospedalieri con distribuzione del pasto ai poveri. Inoltre, per ripagare la Chiesa di quanto le ha estorto, edifica la chiesa di Sant'Ignazio, che sarà officiata dai Gesuiti. Così il traffico del denaro chiude il suo circolo: un papa gesuita ha arricchito un nipote gesuita, il quale ricompensa l'ordine con una nuova chiesa, dopo quella del Gesù già in funzione. In ogni caso il papa gesuita compie l'opera più importante in seno alla Curia e con spirito apostolico: il 6 gennaio 1622 istituisce la congregazione della Propaganda Fide «nella persuasione che il più alto compito del Pastore è la diffusione della fede cristiana», secondo le sue stesse parole, ma anche per difendere il patrimonio della fede nei luoghi dove l'eresia ha messo in discussione la genuinità della Chiesa di Roma. Ed è la congregazione che impegnerà più di ogni altra le finanze dello Stato della Chiesa, richiedendo oltretutto insieme all'impegno religioso anche quello civile, per realizzare compromessi nelle terre da evangelizzare che consentano di attuare il programma missionario. Ma è Urbano VIII Barberini ad offrire il massimo dell'affermazione nepotistica nell'esaltazione della propria famiglia; nomina cardinale il fratello Antonio e l'altro fratello Carlo governatore di Borgo e generale della Chiesa. Inoltre sono eletti cardinali i figli di Carlo, Francesco, che è camerlengo, e Antonio, anche vicecancelliere, mentre l'altro nipote Taddeo riceve il titolo di principe di Palestrina. Con tanto di reddito di almeno mezzo milione di scudi l'anno, che permette ai Barberini l'acquisto di numerosi feudi nel Lazio. E dire che Urbano VIII è preso da uno scrupolo di coscienza e nel 1640 incarica una commissione cardinalizia di decidere se è legittimo quanto egli fa in favore della sua famiglia. La commissione dichiara che è tutto lecito: potrebbero mai dei cardinali, principi della Chiesa, ritenere illegale la decisione del vicario di Cristo e sovrano benemerito dello Stato della Chiesa di far partecipi i propri familiari della gestione dello Stato? Quella di Urbano VIII è una santa decisione, tanto che il parere della commissione viene approvato dal generale dei Gesuiti, padre Vitelleschi. Dunque il nepotismo è opera della Divina Provvidenza.

Oltretutto il nepotismo non si limita ai vertici dello Stato, ma genera una piramide gerarchica. Che allinea cardinali, vescovi e funzionari delle congregazioni per arrivare ai parroci delle diocesi, in una diramazione di incarichi tra fratelli, nipoti e parenti: una vera e propria filiazione. È l'ampliamento della santa casta, che mette le mani sulla Camera Apostolica, con i relativi redditi e donativi in un autentico pozzo senza fondo; è praticamente impossibile tener dietro ai danni che certa politica economica procura allo Stato Pontificio. Sono e restano incalcolabili. Inizia da allora una sorta di amministrazione fraudolenta che caratterizzerà nei secoli la figura del Tesoriere con l'etichetta di «magnone», ovvero di colui che, come scrive Giuseppe Gioachino Belli in *Er tesoriere bon'anima*,

> [...] stava a stanga der timone
> e maggnava su ttutte le penzione,
> le gabbelle, l'apparti e 'r macinato.

Un caso a sé rappresenta infatti il gesuita tedesco Friedrich von Spee, che nel 1631 pubblica il trattato in latino *Cautio criminalis*. Testimone di numerosi processi per stregoneria, nel libro denuncia gravi abusi nella conduzione dei processi basati sul pregiudizio che l'imputato è ritenuto colpevole ancor prima della produzione di prove. Alle critiche dell'ecclesiastico si affiancano quelle di medici come il Gassendi e il Malebranche nel ritenere che molte confessioni delle streghe sono ottenute con la somministrazione di droghe allucinogene e sono frutto dell'ossessione satanica del tempo. Tuttavia i processi continuano, ma vicende drammatiche vengono a scuotere l'opinione pubblica, come quelle di Loudoun, in Francia. Il fenomeno di possessione collettiva, ritenuta di origine diabolica, dà l'avvio a un grandioso processo al termine del quale il parroco Urbain Grandier viene condannato al rogo; è un evento che predispone la cultura a un radicale mutamento di tendenza.

Ma poi arrivano altri scandali, a indicare come la Famiglia Pontificia viva quasi al di fuori di certa problematica religiosa che dovrebbe invece essere a cuore di una santa casta. Sotto Innocenzo X l'anima delle autentiche appropriazioni indebite del denaro dello Stato è una donna: Olimpia Maidalchini, cognata del papa. Sovrintende indirettamente alle finanze del Vaticano, giustificata anche dal fatto che, a suo tempo, sposato in seconde nozze Pamphilio Pamphilj, ha messo a disposizione del cognato Giovanni Battista il proprio patrimonio di vedova di un ricco commerciante viterbese per farlo diventare cardinale e in qualche modo anche papa. Pur essendo una laica, rientra nella santa casta e ne è ai vertici come rappresentante eccelso del nepotismo, emblematica della finalità di lucro che si annida all'interno della Chiesa di Roma, dove peraltro mostra una straordinaria capacità di imporsi a cardinali e impiegati, quando non agisce direttamente.

Per esempio, è lei a gestire in gran parte l'organizzazione del giubileo del 1650, con relativo guadagno, fin dalla cerimonia d'inaugurazione per l'apertura delle Porte Sante, in ognuna delle quali è custodita la cassetta delle monete e medaglie d'oro e d'argento del precedente Anno Santo. A quella di San Pietro, dove sovrintende il papa, è presente lei, in ginocchio dietro il cognato e, con la calca che quasi travolge Innocenzo, s'impossessa della cassetta, che finisce così a casa sua. A Santa Maria Maggiore riesce a far incaricare dell'apertura suo nipote, Francesco Maidalchini, che ancora non ha ricevuto gli ordini sacri ed è solo cardinale *in pectore*; s'impossessa personalmente della cassetta e la porta alla zia. A San Giovanni il cardinale Girolamo Colonna, incaricato dell'apertura, prende la cassetta e la invia in dono a donna Olimpia, ben conoscendo la sua potenza. A San Paolo deve sovrintendere alla cerimonia il cardinale Marcello Lante, decano del collegio, ma quando arriva alla basilica trova il muro già abbattuto e gli operai non sanno dirgli chi sia stato; gli operai rialzano il muro e il cardinale celebra la funzione davanti ad un muro privo di cassetta. Che misteriosamente riemerge, come per incantesimo, in casa di donna Olimpia.

Sempre a proposito della cognata di Innocenzo X, uno scandalo nello scandalo del suo operato è costituito dal traffico fraudolento del sottodatario Mascambruno. Costui falsifica senza scrupoli, su richiesta di donna Olimpia, numerosi documenti alla Dataria, imitando alla perfezione la firma del papa tra concessioni di grazie, pensioni, dispense matrimoniali e riscossioni d'indulgenze, imponendo una tangente, che in gran parte finisce nelle tasche di donna Olimpia. Tutto sarebbe andato liscio se quel Mascambruno non si fosse impelagato con un portoghese sodomita, il conte Villafranca, che «fatto vestire da femminella un ragazzotto, l'aveva sposato per mano di un curato compiacente», secondo le parole di un cronista. Attraverso la sua rete spionistica sempre in attività, il nunzio apostolico di Lisbona scopre l'inganno, così che l'inquisitore di Lisbona denuncia la cosa e lo fa arrestare; non ci sarebbe scampo per lui, solo la prospettiva di una morte sul rogo. Allora il conte tenta la carta di Roma, sperando di essere giudicato da un tribunale ecclesiastico ordinario che non contempli sentenze di morte; il Mascambruno per 40.000 scudi invia a Lisbona una dispensa, falsificando la firma del papa.

Il fatto risulta molto strano e l'inquisitore denuncia l'illecito. Basta una breve indagine in Dataria e salta fuori Mascambruno con tutto il suo carico di imbrogli. Viene arrestato e processato; è convinto di farla franca. Si difende come semplice esecutore di ordini: «Chiedetelo a donna Olimpia». Ma il vecchio Innocenzo X ha già provveduto a farla allontanare da Roma. La cognata si ritirerà a San Martino al Cimino, dove si è costruita una magnifica residenza. Mascambruno finisce sul patibolo e, quando si sono calmate le acque, donna Olimpia può tornare a Roma.

L'ultima impresa donna Olimpia la compie al capezzale di Innocenzo; lo assiste fino all'ultimo respiro, il 7 gennaio 1655, per andarsene poi via portandosi dietro due cassette piene d'oro che il papa tiene sotto il letto. Il nuovo papa Alessandro VII la esilia a San Martino al Cimino e istruisce contro di lei un processo basato su nove capi di accusa; in sintesi è accusata di appropriazione di denaro dello Stato e dei tesori del papa. Deve restituirli. Non lo farà e non restituirà un soldo; la peste la uccide nel 1657. Lascia al nipote un'eredità eccezionale: 2 milioni di scudi.

Ma non finisce così l'esaltazione della famiglia Pamphilj. A parte il denaro, destinato per sua natura a svanire, quella Famiglia Pontificia e lo stesso nepotismo restano immortalati a Roma in quella grandiosa opera architettonica e scultorea che è la fontana dei Quattro Fiumi in piazza Navona. Voluta, guarda caso, proprio da donna Olimpia, secondo un bozzetto in argento realizzato per lei dal Bernini. Tutto è imperniato sull'obelisco, in cima al quale c'è la colomba, emblema della famiglia, ma anche simbolo dello Spirito Santo, con un terzo significato simbolico affascinante basato su un'interpretazione fantasiosa dei geroglifici incisi sulla stele. La colomba che si irradia nell'universo lungo i quattro lati del monolito, verso i quattro continenti raffigurati nei quattro fiumi, rappresenta l'affermazione della Chiesa di Roma nel mondo, nonché l'apoteosi del nepotismo in una mistificazione del sacro.

Cardinali all'avanguardia e la risorsa del Lotto

A parte il fenomeno del nepotismo, dal Seicento si diffonde l'usanza di nominare cardinali gli uomini di fiducia di uno dei tre sovrani cattolici che contano nei rapporti con il papa. Austria, Francia e Spagna tendono infatti a mantenere un certo monopolio nelle nomine cardinalizie, come anticamera a quella papale, tanto da costituire una diramazione della santa casta. Il diritto di veto o *exclusiva* contro l'elezione al pontificato di un candidato sgradito a questo o quel sovrano rappresenta la nuova arma in mano ai cardinali in seno al conclave. Ma è un momento di gloria, un gioco di potere che dura poco.

Le porpore più geniali si fanno strada per conto loro lontano da Roma: è il caso di Armand-Jean du Plessis duca di Richelieu, di Giulio Raimondo Mazzarino e di Giulio Alberoni. Il cardinale allora non è più solo un "principe" della Chiesa, ma di uno Stato, e naturalmente fa il gioco del sovrano, mettendo da parte gli interessi pontifici; non è più solo una eminenza di Santa Romana Chiesa, secondo il nuovo titolo assegnatogli dal 1630, ma è il primo ministro di un regno legato al papa esclusivamente per fede religiosa. Il carattere laico della sua personalità a questo punto è fuori discussione; la natura ecclesiastica del cardinalato viene meno.

A questi cardinali finisce per far capo il sistema di controspionaggio inventato da Pio V, che dai fini perlopiù religiosi che lo hanno originato ha assunto sempre più un valore tutto politico. Congiure e assassini si intrecciano nel contesto europeo delle guerre di religione. Così è stato in Francia dalla notte di San Bartolomeo del 23-24 agosto 1572 all'assassinio di Enrico di Guisa nel 1589, durante la guerra dei tre Enrichi, e in Inghilterra con le congiure contro la regina Elisabetta. E nel 1687 un frate anonimo e un laico di nome Scipion, agenti di Luigi XIV, riescono a trascrivere alcuni documenti nella Segreteria di Stato pontificia, ma vengono uccisi. Il frate è arrestato e finisce impiccato; Scipion viene ucciso in una taverna.

Nel contesto di queste guerre di religione sorge il movimento religioso del giansenismo con la pubblicazione nel 1640 del libro del teologo olandese Cornelius Jansen, dal cognome italianizzato in Giansenio, che nega qualsiasi effettualità al libero arbitrio dell'uomo, secondo il concetto che Cristo sarebbe morto solo per la salvezza degli eletti e non per tutti gli uomini. Grande la diffusione delle sue idee in Francia, che trovano riscontro in gruppi di cristiani riuniti attorno alle monache di Port

Royal all'insegna di una vita austera. Ma Urbano VIII nel 1642 con la bolla *In eminenti* condanna il giansenismo, e il cardinale Mazzarino appoggia la parola del papa; nel 1653 Innocenzo X dichiara eretici i seguaci di Giansenio con la bolla *Cum occasione*. Allora in difesa degli eretici si fa sentire Blaise Pascal, nel vivo delle risorte tendenze gallicane della Chiesa francese. Nel 1668 si arriva a un compromesso tra papa Clemente IX (1667-69) e quattro vescovi francesi filogiansenisti per evitare uno scisma; ma ad esso fa seguito la nuova condanna di Clemente XI (1700-21) nel 1705, che si concretizza nella soppressione del convento di Port Royal. E su tutto questo incombono anche problemi di natura finanziaria.

Dalla fine del Seicento le finanze dello Stato Pontificio non trovano una medicina adeguata al loro risanamento. Si insiste nella vendita di uffici e monti, con un nepotismo sempre vivo e senza una mente capace di riequilibrare il bilancio, che si barcamena tra prestiti bancari e imposte. E con la guerra di Successione spagnola, nonostante la neutralità dello Stato Pontificio, l'Austria si accaparra Mantova e il ducato di Parma e Piacenza, il che significa la perdita dei benefici feudali; ma Clemente XI non ce la fa a reagire e non s'inventa nulla per ricoprire le perdite. Piuttosto cerca di mantenere la struttura dello Stato, facendosi voler bene dalla cittadinanza meno abbiente; distribuisce infatti in elemosine e opere pie circa un milione di scudi del suo patrimonio.

Una risorsa potrebbe essere costituita dal gioco del Lotto, sul quale lo Stato sarebbe in grado di porre delle tasse; e la tentazione è forte. Ma quel gioco è ritenuto fonte di peccato. Tanto che nel 1666 Alessandro VII (1655-67) emana una bolla di proibizione del clandestino gioco come peccato gravissimo, con tanto di scomunica per i giocatori. E inizia allora la persecuzione del diabolico Lotto, destinata a durare cinquant'anni, in un susseguirsi di bolle con relativa scomunica per i praticanti e i gestori clandestini. Così è con Clemente X (1670-76) nel 1676, con Innocenzo XI (1676-89) nel 1685 e con Innocenzo XII (1691-1700) nel 1696. Di fronte all'afflusso in massa di cittadini alle estrazioni tenute presso le case dei nobili, che sono pur sempre personalità della santa casta, Clemente XI prova a metterci dentro lo zampino dello Stato. L'obiettivo è il controllo, senza però trarre vantaggi finanziari da quei soldi del diavolo: viene imposta la presenza di un ecclesiastico della Camera Apostolica, in veste di giudice, con un notaro e la sorveglianza di guardie.

Ma Clemente XI ne ha abbastanza e l'11 gennaio 1704 promulga un'enciclica, in cui proclama la totale distruzione dei clandestini «lotti in Roma e in tutto il suo Stato volendo onninamente porre freno all'ostinata temerarietà di simili contravventori e dare rimedio oportuno a sì gravi pregiudizi, e ottenere l'intiera estirpazione ad un delitto cotanto pernicioso». L'enciclica dà buoni frutti a Roma, ma nel resto dello Stato Pontificio sembra che il gioco imperversi addirittura all'aria aperta, tanto che l'11 gennaio 1719 il papa ordina a tutti vescovi di proibire qualsiasi gioco ambulante nelle piazze durante lo svolgimento di cerimonie religiose nelle chiese.

Comunque Clemente XI si vuol rendere conto dei motivi che ancora clandestinamente tengono in vita quel gioco nello Stato Pontificio, così nella primavera del 1720 ne affida lo studio a una congregazione di teologi e canonisti con a capo il cardinale Giovanni Tolomei. A febbraio del 1721 la commissione d'inchiesta sul gioco del Lotto giunge alla conclusione che è in qualche modo affascinante, specialmente per il popolo, ed è verosimilmente impossibile farlo sparire. Pertanto se ne raccomandava l'eventuale «uso sotto le condizioni e cautele, e con il regolamento dalla medesima Congregazione proposto e insinuato».

Il 19 marzo muore Clemente XI e il nuovo papa Innocenzo XIII (1721-24), preso atto della sentenza della commissione, decide di togliere il divieto a quel gioco che tanto appassiona i cittadini e trarne i vantaggi finanziari. L'8 maggio il governatore di Roma, cardinale Alessandro Falconieri, pubblica un editto che istituisce ufficialmente il gioco del Lotto a Roma e nello Stato Pontificio, mettendo al bando i lotti clandestini. Sembra ormai tutto lecito, ma occorre legalizzare le regole dell'estrazione, creare i botteghini, definire le tasse sui premi: e quando tutto è in procinto di prendere il via, ecco che muore Innocenzo XIII e ogni progetto è accantonato. Perché il nuovo papa Benedetto XIII (1724-30) è fortemente contrario a quel gioco diabolico e abroga l'editto del predecessore; il 30 marzo del 1725 il governatore di Roma Antonio Banchieri pone il divieto del gioco con severe pene pecuniarie e corporali ai trasgressori. È l'inizio di una vera e propria persecuzione dei giocatori clandestini.

Il 10 settembre 1726 esce un secondo editto, al quale fa seguito un terzo il 12 ottobre 1726; il 12 agosto 1727 Benedetto XIII emana la costituzione *Creditae nobis* contro il gioco del Lotto, nella quale alle pene temporali a carico di tutti i partecipanti al gioco aggiunge la sospensione *a divinis* per gli ecclesiastici e la scomunica per i laici. Inoltre il 26 luglio 1728 il giurista Girolamo Ercoli pubblica "con approvazione ecclesiastica" la dissertazione *Del giuoco del Lotto, che sia degno d'esser da per tutto proibito, e che giustamente sia stato proibito sotto pena di scomunica con ispecial bolla da Benedetto XIII in Roma et in tutto lo Stato Ecclesiastico*. È il codice morale di una vera e propria persecuzione.

Ma evidentemente si è arrivati al massimo del proibizionismo; oltre non si può andare. Tanto che il nuovo papa Clemente XII (1730-40) capisce che è inutile e che in fondo il Lotto non è un gioco diabolico, ed è opportuno oltretutto legalizzarlo e farlo proprio dello Stato. Il 12 dicembre 1731, con un *motu proprio*, decreta che il Lotto sia introdotto una volta per tutte nella città di Roma e in tutto lo Stato Pontificio. La gestione è affidata all'arciconfraternita di San Girolamo della Carità, con la Camera Apostolica che fa da garante; la sovrintendenza spetta al Tesoriere Generale e gli utili andranno alla Depositeria Generale, a libera disposizione del papa. E così si viene a sapere che questi utili andranno a missioni, ospedali, parrocchie, famiglie bisognose; ma è quanto mai arduo sapere se tali finalità sono effettivamente mantenute.

Gaetano Moroni nel suo *Dizionario di erudizione storico-ecclesiastica* ci informa che dal 14 febbraio 1732 al luglio 1733 si svolgono 9 estrazioni, assicurando al banco del Lotto un'entrata di 1.050.000 scudi, della quale neanche la metà torna ai giocatori; così che, tolte le spese e il frutto di appaltatori del Lotto, alla Camera Apostolica rimangono netti ben 418.745 scudi. Un autentico affare. Quel guadagno va per 20.000 scudi ad alcune comunità religiose, 50.000 al Monte di Pietà, 80.000 all'ospedale Santo Spirito, e il resto finisce nelle casse della Santa Sede.

A fronte di questo benessere in cui viaggiano le finanze si distingue nella santa casta l'ignobile figura del cardinale Niccolò Coscia. Figlio di un barbiere di Benevento, viene preso come segretario dal cardinale Pier Francesco Orsini, quando è arcivescovo di Benevento, che lo crea poi canonico. L'Orsini, divenuto papa con il nome di Benedetto XIII (1724-30), lo porta con sé a Roma e lo fa maestro di Camera, creandolo poi arcivescovo di Traianopoli, finché nel 1726 lo nomina cardinale. Allora gli vengono affidati tutti gli affari politici e finanziari dello Stato pontificio e il Coscia abusa del suo potere, provocando un tracollo nelle finanze della Chiesa tra il 1726 e il 1730. Questo autentico camorrista organizza uno spudorato traffico di favoritismi, riuscendo a coprire le cariche più influenti con i suoi aderenti e preoccupandosi instancabilmente di arricchirsi. Invano il Sacro Collegio cerca ripetutamente di far aprire gli occhi al papa sull'operato del suo favorito, ma per Benedetto XIII si tratta solo di calunnie, così che Coscia resta al suo posto fino alla morte del papa.

Dopo di che Niccolò Coscia fugge a Caserta, mettendosi sotto la protezione del duca Caetani, e di lì ritorna a Roma per il conclave nel quale viene eletto Clemente XII; questi, però, una volta consacrato, lo scomunica, gli toglie l'arcivescovado e predispone perché sia processato per tutte le ruberie e frodi commesse. Ma Coscia scappa e ripara a Napoli, da dove viene fatto estradare a Roma e finalmente nel 1732 chiuso nel monastero di Santa Prassede, processato e condannato a 10 anni nelle prigioni di Castel Sant'Angelo. Di qui esce nel 1740 per partecipare al conclave, perché non ha perso il titolo cardinalizio; il nuovo papa Benedetto XIV lo grazia e così Coscia si ritira a Napoli. Qui trascorre gli ultimi quindici anni di vita «carico d'oro e di pubblica degnazione», come scrive lo storico portoghese Giuseppe de Novaes nella sua storia pontificia del 1821.

A parte le imprese ribaldesche del cardinal Coscia, appare opportuno un rinnovamento della struttura finanziaria e Benedetto XIV (1740-58) si rende conto della necessità di una riforma della Camera Apostolica; la vara, mandando avanti alcune iniziative già prese da papa Corsini. Queste fanno capo alla figura del Tesoriere, manovratore di tutto il meccanismo finanziario. Così la nuova figura di amministratore d'ora in avanti deve presentare resoconti semestrali dettagliati di tutti gli incassi e le spese, impegnandosi nelle indagini di contrabbando e frode, anche in relazione all'acquisizione di donazioni e lasciti, e controllando gli esattori delle imposte. Anche perché il Tesoriere svolge l'incarico di esattore generale delle imposte, con sovrintendenza alle dogane, e ricopre le cariche di governatore di Castel Sant'Angelo e commissario generale del mare. In pratica il Tesoriere è il ministro delle Finanze e del Tesoro, e racchiude in sé tutte le cariche fino ad allora diversificate, assumendo un'importanza pari a quella del segretario di Stato. A lui fanno capo i vari sottosegretariati, che non sono più uffici in vendita, ma vengono assegnati direttamente dal papa in base alle qualità dei candidati, come i capi dell'Annona. E alcuni incarichi, come i direttori della Zecca e delle dogane, sono addirittura estratti a sorte.

Scandali nella santa casta all'insegna della galanteria

Con Clemente XIII (1758-69) ha il suo peso sulle finanze della Santa Sede, sia pure indirettamente, la soppressione della Compagnia di Gesù, che è il simbolo della forza papista di spionaggio nel mondo, osteggiata fortemente dai sovrani. Tutto ha origine dall'arresto, a Lisbona nel 1759, di tre Gesuiti, con l'accusa di attentato al re Giuseppe I; due moriranno in carcere e il terzo verrà condannato a morte. Il 16 settembre i Gesuiti vengono espulsi dal Portogallo. È l'inizio di una crisi. Nell'agosto del 1763 sono cacciati dalla Francia e nell'aprile del 1767 dalla Spagna; tra novembre e dicembre del 1767 vengono espulsi dal Napoletano e dalla Sicilia, e nel febbraio dell'anno dopo sono fuori anche dal ducato di Parma e Piacenza.

È una generale messa al bando dell'ordine, tanto che nel gennaio del 1769 gli ambasciatori di Francia, Napoli e Parma chiedono al papa Clemente XIII la soppressione della Compagnia di Gesù. A nulla vale la genialità scientifica di alcuni suoi rappresentanti, rimasti quasi inascoltati dai contemporanei, che hanno messo la propria fede al servizio della scienza, pur restando in linea con le norme dogmatiche della Chiesa, e vanno considerati un vero orgoglio della santa casta. È il caso del dalmata Ruggero Boscovich, professore al Collegio Romano, filosofo, matematico, fisico, astronomo, geodeta, fondatore dell'osservatorio di Breda, autore di più di 150 trattati, tra i quali la *Philosophia Naturalis Theoria redacta ad unicam legem virium in natura existentium*, nella quale si tenta di spiegare l'universo fisico con una sola idea. È un'opera che avrà influenza sullo sviluppo della fisica, facendo di questo gesuita un precursore della teoria atomica della materia. Tanto che in un simposio del 1958 a Belgrado, tra le 18 relazioni che celebreranno il bicentenario della pubblicazione di Boscovich, due saranno presentate dai premi Nobel Niels Bohr e Werner Heisemberg. Ma va ricordato anche il siciliano Leonardo Ximenes (1716-86), fondatore dell'omonimo osservatorio astronomico di Firenze, che come ingegnere idraulico avvia la bonifica della Maremma toscana e, come astronomo, si occupa dell'obliquità dell'eclittica, restaurando lo gnomone di Santa Maria del Fiore a Firenze.

La questione dei Gesuiti viene ereditata da Clemente XIV (1769-74), che prende tre anni di tempo per decidere: quindi per mostrare ai sovrani le sue intenzioni contro la compagnia, toglie all'ordine l'amministrazione del Seminario Romano. Ma quando il generale dei Gesuiti Lorenzo Ricci viene arrestato con l'accusa di aver trafugato all'estero beni dell'ordine, il papa si decide per la soppressione il 21 luglio 1773 con il breve *Dominus ac Redemptor*. E ad accrescere infamia ad infamia sull'ordine concorrerà non poco anche la voce che il papa sia morto per avvelenamento a opera dei Gesuiti.

Viene così sacrificata una branca della santa casta, il braccio destro del papa, caratterizzata da una rigida moralità cattolica. Di contro si diffonde tra cardinali, vescovi e monsignori un modello di vita all'insegna della "galanteria", tipico della nobile società settecentesca. Ed è un fatto che causa indiretta della soppressione dei Gesuiti e della diffusione di certa galanteria sia certamente la nascita della massoneria, che dall'Inghilterra si è diffusa nei vari paesi europei, divulgando una morale civica in opposizione a quella religiosa. Nel 1738 Clemente XII ha scomunicato la "Libera Associazione Muratoriana" con la lettera apostolica *In Eminenti* e nel 1752 Benedetto XIV ha ribadito la scomunica per i fratelli massoni con la costituzione apostolica *Providus Romanorum Pontificum*.

Tuttavia la galanteria ha invaso il mondo ecclesiastico e ad essa si conformano a pennello gli abati, i nuovi ecclesiastici del secolo della ragione, liberi dai voti e cadetti di nobili famiglie, rivolti automaticamente al gran mondo salottiero di Roma e delle città dello Stato Pontificio, nonché delle corti di Francia e Spagna. Ed è significativo l'editto emanato nel 1775 dal cardinal vicario di Roma «circa la vita e l'onestà degli ecclesiastici», che ammonisce i prelati ad «evitare riunioni mondane e trattenersi a lungo nei caffè e nei teatri». Li richiama inoltre all'osservanza dei sacri canoni, proibendo anche di indossare «abiti di tutt'altra foggia e colore introdotti per loro comodo da secolari e adottati purtroppo dagli ecclesiastici con scandalo de' timorati».

La galanteria invece segue il suo corso secondo natura tra cardinali e prelati gaudenti con le loro dame in veste di cortigiane. Lo denunciano le anonime *Notizie per la riforma dei costumi ecclesiastici*, che sono più di una pettegola pasquinata, con una denuncia della santa casta ben definita in qualche modo anche storicamente ed espressa tutta d'un fiato in un unico periodo quanto mai razionalmente illuminante. «Il costume fin d'ora è stato, ed è molto cresciuto nel pontificato passato, che la sera d'ogni giorno molti e molti prelati, anche vescovi et arcivescovi sono andati in conversazione di dame, e girando per sei o più palazzi hanno consumata quasi tutta la notte, o in giocate, o in vedere giocare alle carte di modo che, oltre lo scandalo dato, non hanno potuto studiare né più attendere alle loro cariche, di modo tale che la giustizia è stata strapazzata, le cause non studiate, ma precipitate e spedite a raccomandazione delle dame colle quali si conversava, e se durerà questa vita, la quale impedisce che il prelato possa più studiare, tornando a casa verso giorno ogni sera, e la mattina tutta dormendo, tra vent'anni sarà affatto discreditata la Curia, né potranno li pontefici dare le cariche a li cardinali, senonché a persone indotte e viziose, cose che porteranno deplorabili conseguenze alla Chiesa anche per l'elezione de' Sommi Pontefici».

E a Roma il porporato più galante e chiacchierato è senz'altro Alessandro Albani, amante del bel gioco e degli spettacoli, quanto delle lettere e delle arti, e naturalmente delle belle donne, alle quali è portato a offrire la sua "protezione". Non gli è da meno l'ex abate francese François Joachim de Bernis, che è in effetti un autentico gaudente. Impegnato nella diplomazia francese a Parigi quando la corte era dominata da Madame de Pompadour, è cardinale dal 1767 e vive a Roma fin dal conclave del 1769, nel quale è stato eletto Clemente XIV, restandovi con uno stipendio di ambasciatore ammontante a 450.000 franchi annui. Nella sua residenza a palazzo De Carolis sul Corso, caratterizzata da un arredo straordinario di porcellane e argenteria con servizi da tè e sorbetti, degna cornice alle sue feste che fanno epoca nella mondanità romana, conduce un'esistenza improntata al lusso.

Ma ci sono altri scandali nella finanza della Santa Sede. Sotto Clemente XIV, solo trent'anni dopo la riforma amministrativa di Benedetto XIV, Nicola Bischi, commissario generale dell'Annona, riceve dal papa 90.000 scudi per l'acquisto di grano da vendersi sotto prezzo durante la carestia del 1771; ovviamente il Bischi invece lo vende a borsa nera. Non meglio si comporta come amministratore dei beni della soppressa Compagnia di Gesù; e non agisce da solo. Nell'affare del grano opera insieme a un certo cavalier Giorgi e a un signor Lovatti; sui beni dei Gesuiti ruba insieme a monsignor Bontempi, consigliere e confessore di Clemente XIV, e a un certo frate Francesco. Ed è significativo lo sfogo di Pasquino, alla morte del papa, contro la "banda Bischi":

> Avrà finito, avrà, sangue de Bio,
> tanta canaja che sta su a Palazzo:
> fra Francesco, Buontempi e quel giudio
> de Bischi: no, non rugheranno un cazzo.

Se non sballava er papa, che, per Dio,
lo tenevano peggio de un pupazzo,
se morimio de fame, e a conto mio
a tutta Roma davano ner mazzo.

Sgrassatoracci! E come drento ar core
avevio sentimenti da bricconi
e solo alli quadrini avevio amore?

È fernita, birbacci buggiaroni,
è fernita con vostro gran dolore,
è fernita la vigna de' cojoni.

Ma, come scrive Luigi Morandi, il Bischi «fu messo sotto processo e, dopo tre anni d'indagini, benché si adoperassero calorosamente in suo favore i ministri di Spagna e di Francia, il 20 gennaio 1778 venne condannato a reintegrare la Camera di 282.500 scudi per hora, senza pregiudizio delle altre partite da liquidarsi». Ma la Spagna «si vendicò con la concessione al Bischi di un assegno annuo di scudi 1500 e la sospensione dei processi di beatificazione e canonizzazione di santi spagnoli, che alimentavano la Congregazione dei Riti».

La crisi delle finanze con il papa in esilio

Le finanze vaticane sono sempre più in crisi, anche perché sotto Pio VI (1775-99) gradatamente vengono meno i tributi dei feudatari. Il primo scontro è con l'Austria: Giuseppe II attua in pieno le riforme all'insegna del proprio "giuseppinismo" di stampo illuministico, per cui dal 1780 sottopone la pubblicazione dei decreti del papa e dei vescovi al suo *placet* e assegna allo Stato l'amministrazione della Chiesa nel territorio imperiale, sopprimendo conventi e seminari. A nulla valgono le proteste del papa; il ministro Wenzel Anton Kaunitz-Rietberg risponde che le disposizioni imperiali non intaccano i dogmi di fede e accusa il papa di gratuita ingerenza. Il fratello dell'imperatore, Pietro Leopoldo II, granduca di Toscana, segue la stessa politica intromettendosi ancor più nelle questioni teologiche e vagheggiando una Chiesa nazionale.

Viene meno agli impegni anche il re di Napoli, che annualmente è tenuto a portare al papa il suo tributo in ragione di 7000 ducati d'oro; lo fa fino al 1787, interrompendolo in nome delle ragioni illuministiche dell'economia, che determinano i vari concordati in tutta Europa e la tassazione dei redditi della Chiesa nei diversi paesi. E pensare che si fanno ricchi i frutti del gioco del Lotto nello Stato Pontificio, che comunque il papa destina alla bonifica delle Paludi Pontine. Ma il vero scacco alle finanze del papa si ha con la Rivoluzione francese e il suo astro nascente, Napoleone. Nel 1789 la Santa Sede subisce un grave colpo con l'abolizione dei privilegi del clero, la nazionalizzazione dei beni ecclesiastici, la proclamazione della libertà di culto e la costituzione civile del clero con vescovi e parroci eletti dal popolo, senza alcuna conferma da parte del papa. Il breve di papa Braschi che condanna le leggi dell'Assemblea nazionale costituente viene bruciato pubblicamente nel maggio del 1791 nel palazzo reale di Parigi tra gli applausi dei rivoluzionari; l'Assemblea legislativa il 14 settembre dichiara territorio nazionale francese i feudi pontifici di Avignone e del contado Venassino, e sono altre perdite finanziarie. Il papa non ha alcun modo per contrastare la fiumana che si abbatte sulla Chiesa di Roma.

Con la campagna d'Italia di Napoleone inizia lo sfaldamento dello Stato Pontificio. Bologna, Ferrara, Ancona sono nelle mani del giovane generale insieme a due cardinali. La santa casta perde i pezzi e le condizioni per arrivare a una pace sono pesanti; si va dal ritiro del breve di condanna contro la costituzione del clero francese alla firma del trattato del 19 febbraio 1797 a Tolentino, con il quale le condizioni si fanno più dure sul piano dell'indennizzo finanziario. Inoltre Avignone, il contado Venassino, Bologna, Ferrara e la Romagna devono essere cedute definitivamente. Il Direttorio esige la fine dello Stato Pontificio; Napoleone vorrebbe agire più lentamente.

Finché con l'istituzione della Repubblica giacobina a Roma il 15 febbraio 1789 e la deportazione di Pio VI in Francia, dove morirà, lo Stato Pontificio scompare. Si assiste al saccheggio di musei e chiese, e molti tesori artistici finiscono in Francia. Viene cancellata l'amministrazione pontificia in tutta la sua struttura; la santa casta è frammentata e i suoi membri rimangono perlopiù nascosti. I cardinali si stabiliscono a Vienna sotto la protezione dell'Austria e si riuniscono a Venezia per l'elezione del nuovo papa; superato il "veto" imposto dall'imperatore per i porporati di Francia, Spagna, Napoli, Genova e Sardegna, legati direttamente o meno a Napoleone, si arriva a ricompattare il collegio cardinalizio grazie all'abilità diplomatica del segretario del conclave, il diacono Ercole Consalvi, e del cardinale spagnolo Antonio Despuig y Dameto. Si ricompone così il fulcro della santa casta, fino all'elezione del cardinale Barnaba Chiaramonti con il nome di Pio VII (1800-23) il 14 marzo 1800.

A Roma Pio VII arriva il 3 luglio, richiamatovi dal re Ferdinando di Napoli, che ha liberato la città dai francesi; uno dei primi atti del suo pontificato è in agosto la nomina a cardinale del Consalvi, al quale in pratica deve la sua elezione. Gli affida la Segreteria di Stato e la prefettura di varie congregazioni romane; si tratta di dare una ridefinizione alla Curia con la riunificazione della santa casta. Rientra nel contesto di questa operazione la fondazione della Guardia Nobile, nel 1801, quasi una rievocazione dei Militi di San Pietro, ma senza alcuna funzione militare; è costituita dai nobili patrizi romani, decoro dell'Anticamera

Pontificia, ma con tutti i vantaggi derivanti dalla devozione al sovrano pontefice. È la crema laica della santa casta, ai vertici di quella che viene chiamata la Famiglia Pontificia.

Ed eccola far bella mostra di sé il 4 giugno di quel 1801 per la festa del Corpus Domini; allineata intorno a Pio VII in sedia gestatoria nella processione e di scorta alla carrozza poi, quella guardia d'onore impeccabile nell'uniforme segna la sua fortuna. Ma non è certo la Guardia Nobile a poter costituire un argine alla straripante potenza napoleonica; se il gesto del concordato definito a Parigi dal Consalvi tra il maggio e l'agosto del 1801 riconosce il cattolicesimo romano come religione di Stato in Francia, con una serie di clausole che in parte migliorano i rapporti precedenti tra la Santa Sede e i borbonici, in un secondo tempo esso viene mutato dal primo console, mediatore il cardinale Giovanni Battista Caprara, inviato a Parigi come legato "a latere" per l'applicazione del concordato. Napoleone pretende tra l'altro il suo *placet* sulla pubblicazione dei documenti del papa e sulla residenza in Francia dei nunzi pontifici. E questo è un altro smacco subito dalla santa casta.

Anche per il concordato con la nuova repubblica italiana Napoleone pretende un decreto con cui il governo avochi a sé non solo l'amministrazione dei beni della Chiesa, ma tutta la disciplina ecclesiastica; ormai il "giuseppinismo" ha fatto scuola. Il Caprara cerca di fare il possibile, ma Napoleone è drastico; diversamente il cattolicesimo romano non sarebbe più religione di Stato. Poi Napoleone pretende che il papa vada a incoronarlo imperatore a Parigi. Su consiglio del Consalvi e di altri cardinali, il papa finisce per acconsentire, nella speranza di poter strappare a Napoleone alcune delle clausole aggiunte al concordato del 1801.

L'incoronazione ha luogo a Notre Dame il 2 dicembre 1804 e Napoleone, com'è noto, s'incorona da solo; il che, rappresentando un preciso distacco dalla sacralità dell'istituzione imperiale, è un altro smacco alla persona del papa. E pensare che Pio VII ha portato con sé i due comandanti della Guardia Nobile per fare bella figura! Come se non bastasse, il papa resta bloccato al Pavillon de Flore alle Tuileries per cinque mesi; torna nell'aprile del 1805 a Roma, dove lo attende l'omaggio dell'imperatore, consistente in una preziosa tiara, otto arazzi, due pregiati tappeti e due candelabri di Sèvres. Sembra il pagamento dell'atto religioso dell'unzione imperiale, che in concreto non è neanche avvenuto.

Il papa e la santa casta convivono con il regime napoleonico insediato a Roma, così influente da obbligare il Consalvi ad abbandonare la Segreteria di Stato; lo sostituisce il cardinale Bartolomeo Pacca. Finché nel maggio del 1809 Napoleone da Vienna decreta la fine del potere temporale dei papi, e lo Stato Pontificio entra a far parte dell'impero francese: Roma è dichiarata città libera, dove il papa risiede solo come capo della Chiesa, e per questa carica si vede concessa una rendita annua di due milioni e l'immunità dei palazzi apostolici. Ai cardinali e ai vescovi non si fa cenno; la santa casta viene smembrata. Il peggio viene con l'arresto di Pio VII nella notte tra il 5 e 6 luglio insieme al prosegretario di Stato, il cardinale Bartolomeo Pacca; viaggiano insieme fino a Grenoble, ma poi vengono separati, con il cardinale relegato a Fenestrelle e il papa a Savona, per essere poi trasferito a Parigi.

Di nuovo i vertici della santa casta sono cancellati, con cardinali e vescovi sparsi nel territorio imperiale, che Napoleone riunisce per un concilio a Parigi. Vorrebbe che l'assemblea abolisse tutte le bolle emanate dal papa, delegando in pratica a vescovi e cardinali ogni decisione di carattere politico-religioso. Ma la crema della santa casta si oppone; anche se disarmata, non tradisce il suo vertice e la propria autonoma giurisdizione. Napoleone s'infuria, ma non può che sciogliere il concilio. E quasi per reazione impone a tredici cardinali il domicilio coatto.

La sera del 19 gennaio 1813, dopo la disastrosa spedizione in Russia, Napoleone si presenta al papa come pentito, lo abbraccia, tanto che Pio VII si commuove, e riesce a carpirgli, il 25 gennaio, la firma di un nuovo concordato, che avrebbe dovuto riabilitare l'imperatore agli occhi del popolo. E oltretutto mette in libertà i cardinali a domicilio coatto. Ma certamente il suo comportamento non è credibile. E quando a San Pietro viene celebrato il *Te Deum* per festeggiare il ripristino dei buoni rapporti tra il papa e l'imperatore, Pasquino lo fa chiaramente capire:

Te deum laudamus
e in te speriamo,
ma a Bonaparte
non ci crediamo.

Tra le prime iniziative che Pio VII mette in atto c'è la ricostituzione della Compagnia di Gesù con la bolla *Sollecitudo omnium ecclesiasticum* emessa il 7 agosto 1814. L'ordine diventa nuovamente una delle forze più significative all'interno della Chiesa, con un particolare interesse nei riguardi dei problemi politici e sociali. E tutto questo trova sempre conferma nell'autorità del suo padre generale, qualificato come "papa nero", a fronte del "papa bianco" che identifica il sovrano pontefice.

Ma non è solo con i Gesuiti che si ricompone la santa casta. Si ha anche il ritorno di cardinali e vescovi nelle loro diocesi. Contano poco i "cento giorni" di Napoleone, durante i quali il papa trova rifugio a Genova sotto la protezione di Vittorio Emanuele I. Dal 7 giugno 1815 a Roma si ricostituisce tutto l'organico dello Stato Pontificio; Vienna gli restituisce integralmente i domini territoriali italiani. È la restaurazione, con la tendenza da parte degli Stati europei a chiudersi in sé, in base alle indicazioni che vengono dalla Santa Alleanza, all'insegna della lotta al liberalismo dilagante e del blocco delle iniziative costituzionali. E la santa casta non può non ritrovarcisi a proprio agio. Ogni membro ecclesiastico e laico riprende posizione nelle diverse città. La Curia si riattiva nella gestione finanziaria con il ritorno alla Segreteria di Stato del Consalvi, assistito dal Pacca.

Pio VII ripristina un regime assolutista e la santa casta lo segue in questa direzione nelle diverse città dello Stato Pontificio per stroncare il neonato movimento carbonaro. Vescovadi e diocesi, nella quale è sguinzagliata la santa casta, diventano centrali di spionaggio nella denuncia dei liberali rivoluzionari del sistema. Un moto a Macerata nel 1817 porta a numerosi arresti, un processo e undici condanne a morte, poi commutate nel carcere a vita.

Ma in seno a questa santa casta, da poco ricostituita, si registra uno scandalo, che sa dei vecchi tempi. Monsignor Tiberio Pacca, governatore di Roma e presidente delle Due Ripe, con giurisdizione commerciale e criminale sulle rive del Tevere, nonché nipote del cardinale Bartolomeo Pacca, nel 1820, indebitato fino al collo, sottrae soldi all'amministrazione falsificando la firma dello zio, e scappa da Roma. Una fuga immortalata in una breve pasquinata:

> Monsignor Pacca
> per debiti e patacca
> alzò la tacca.

A fronte di tanta ignobiltà il nuovo papa Leone XII (1823-29) ritiene opportuno elevare il tono aristocratico della Guardia Nobile, rinnovandone l'uniforme secondo i modelli della cavalleria dell'epoca, all'insegna della "gala" in tunica rossa, elmo con criniera e pennacchio, calzoni di panno bianco e stivali alti con speroni di acciaio. In effetti l'elemento fondamentale di questa arma resta solo quello decorativo, esaltazione tutta esteriore della santa casta laica, che all'atto pratico non ha mai finora dimostrato un valore militare. Ma papa Della Genga non si aspetta altro che l'effetto esteriore da questa Guardia Nobile, che rispecchi la sua caratteristica di prelato gaudente, rinnovatore dei piaceri rinascimentali. Infatti è voce popolare che abbia avuto da cardinale una relazione con la moglie del capitano della Guardia Svizzera, con tanto di figlio. Così che una volta Pasquino lo apostrofa come tale:

> Passando della Genga, un forestiero
> domandò: «Questi è il Santo Padre, vero?».
> Ma il capitano de' Svizzeri, che udì,
> rispose: «Santo no, ma padre sì».

E pensare che quando è stato incoronato il 5 ottobre 1823, per accattivarsi l'animo del popolo Leone XII ha fatto distribire un paolo a tutti i poveri che si sono presentati nel cortile del Belvedere in Vaticano, fino a sorteggiare cento doti di 30 scudi per «zitelle da marito» e dispensare buoni per pane e carne ai disoccupati, oltre che svincolare tutti pegni giacenti al Monte di Pietà. Non è servito a nulla, perché i moti carbonari si sono moltiplicati in tutto lo Stato, con arresti e processi in Romagna ad opera del cardinale Agostino Rivarola; ed è insanguinato anche l'Anno Santo del 1825, quando finiscono sul patibolo di piazza del Popolo Angelo Targhini e Leonida Montanari. Con la santa casta in pericolo, è meglio dissacrare il giubileo che mettere in pericolo la gerarchia della Santa Sede.

Gli ultimi quarant'anni dello Stato Pontificio

Lo Stato Pontificio con Gregorio XVI (1831-46) si trova ancora al centro dei moti liberali e deve sostenere le spese di riattivazione del servizio di controspionaggio religioso, in atto dai tempi di Pio V. I fini sono scopertamente politici: la creazione di un corpo speciale di autentici poliziotti detti "comandanti" e "centurioni". Queste spie si infiltrano tra i liberali, alcuni dei quali sono anche sacerdoti, per poi denunciarli al Sant'Uffizio come autentici eretici o eliminarli direttamente. La crisi aumenta in linea con il crollo della politica pontificia e le finanze vanno pertanto di male in peggio; il peso delle tasse diventa insopportabile per i sudditi e, in ogni caso, non risolve i conti dei Tesorieri.

Il deficit del bilancio si viene aggravando dal 1831 in poi, ma non solo per le spese che comporta l'opera di controspionaggio, e per fronteggiarlo il papa deve ricorrere a ben sette prestiti dalla banca Rothschild di Parigi. Al riguardo Belli scrive il sonetto *La sala de Monsignor Tesoriere*, che è Mario Mattei, cardinale dal 1832, il quale contrae un debito di un milione di scudi, di seguito ad altri due della stessa cifra, all'interesse del 61%; il che significa che l'erario percepisce soltanto 390.000 scudi. Però così, osserva ironicamente il poeta, ognuno avrà la pensione e nessuno potrà dire che tutto a Roma consiste nel vivere a scrocco e pregare; inoltre, è un vero miracolo che a salvare la crisi della Chiesa sia un ebreo, quale è appunto il banchiere, che il papa, secondo il poeta, cercherà però di convertire.

Hai sentito c'ha detto oggi er padrone?
C'avenno inteso er grann'Abbreo Roncilli
c'ar monte ce ballaveno li grilli
ha ddato al Papa imprestito un mijjone.

Cusì oggnuno averà la su' penzione,
e nnun ze sentiranno ppiù li strilli
c'a sto paese ggià tutt'er busilli
sta in ner vive a lo scrocco e ffà orazzione.

Perantro è un gran miracolo de Ddio,
che pe sspigne la Cchiesa a ssarvamento
abbi toccato er core d'un giudio.

Ma er Papa farà espone er Zagramento
pe cconvertì a Ggesù benign'e ppio
chi l'ha ajjutato ar zessantun per cento.

Logicamente quel prestito non servirà a nulla, perché «quantunque le tasse crescessero», scrive Carlo Farini, «si ebbe una deficienza annua di cinque in seicentomila scudi almeno; ed il debito pubblico, regnante Gregorio, crebbe di ventisette milioni di scudi». Il papa nel 1834 sostituisce Mattei con il cardinale Antonio Tosti, che è «un vero disastro», secondo Farini, anche se «nessuno accusa di disonestà lui rimasto povero, ma tutti lo rendono in colpa di inesperienza e scioperataggine; l'erario impoverì, il disordine crebbe: molti in Roma straricchirono per usure, per appalti pubblici, per lavori fatti dal Tosti, come dicono, *economicamente*. Di un decennio della sua amministrazione non si è mai potuto fare e dare un vero rendiconto». In ogni caso con lui si riordina il sistema monetario, portandolo su base decimale, e si eliminano le antiche denominazioni monetarie come testone, papetto, paolo, grosso, sostituendole con le diciture di moneta da 30, 20, 10 e 5 baiocchi. Ma questo non serve a mettere a posto il bilancio.

I primi a subire le conseguenze della crisi finanziaria che incombe sulla santa casta sono i cardinali, che non trovano più spazio presso i sovrani cattolici europei. La crisi del potere della nobiltà, con l'arrivo sulla scena europea della borghesia rivoluzionaria, e l'imporsi di forme costituzionali a larga partecipazione statale democratica dagli anni Trenta dell'Ottocento, sono altrettanti strappi alle porpore della santa casta: dell'antico potere non rimane che un simbolo, una decorazione. Per il Belli sono «scimmie de sovrani» e il loro nome dà adito a parole scopertamente demistificanti nell'anagramma di "ladri-cani"; in effetti, se l'autorità è il papa, che fa ombra sulle porpore, queste hanno pur sempre modo di muoversi ai margini, e comunque ai vertici della santa casta. Restano in realtà degli "esecutori", ma dei quali è meglio non fidarsi: «*Amici inutiles, nemici terribiles*». Ovvero questi cardinali sono inutili come amici, ma restano comunque dei terribili nemici; così un vecchio detto della Curia. Vuol dire che, a loro modo, hanno pur sempre un potere, anche se si esprime in forma diversa.

Gregorio XVI in ogni caso si fida poco di loro e finisce per sostituire il cardinale Antonio Tosti con Giacomo Antonelli, che ordina al capocontabile Angelo Galli di ricostruire i bilanci dell'amministrazione; e ci vogliono due anni a quel computista che «arruffò cifre, e diede ad intendere di averlo compiuto; ma fu polvere gettata negli occhi», commenta Carlo Farini. Non serve a nulla. Invece l'Antonelli continua ad arricchirsi; il giovane ecclesiastico investe il denaro governativo in una serie di iniziative, i cui interessi finiscono direttamente nelle sue tasche.

Alle spalle dell'amministrazione c'è anche l'ex barbiere del papa. È Gaetano Moroni, aiutante di Camera, nonché "spenditore segreto", ovvero amministratore privato della cassa personale di Gregorio XVI, e membro della santa casta. È una sorta di eminenza grigia, copia al maschile della seicentesca donna Olimpia Maidalchini; riceve tangenti e regalie, oltre a un vitalizio di 2780 scudi e introiti extra, come quelli provenienti da un botteghino del Lotto e dall'amministrazione delle saline di Cervia. Raggiunge un grande potere economico e tutti devono passare attraverso lui per ottenere una grazia dal papa. Vive con moglie e figli nel Palazzo Apostolico del Vaticano fino alla morte del papa, che nel testamento gli lascia l'ultimo regalo di 4000 scudi e tanti libri preziosi, tra i quali 21 volumi in folio della collezione di incisioni romane di Piranesi, un'opera antiquaria di straordinario valore. Lo ricorda il Belli nel sonetto *Er papa bbon'anima*:

> E ppoi doppo scìè ppuro er contentino
> de le poche mijjara c'ha llassato
> tra bbaiocchelle e rrobba a Gghitanino.

Tutto questo finisce per costituire l'ennesimo scandalo della santa casta, che viene denunciato sulle pagine del giornale belga «Flandre Libérale» dell'8 febbraio 1877, con una disanima di accuse contro i papi Leone XII, Pio VIII e Gregorio XVI e i cardinali Consalvi, Bernetti, Albani, Ferretti e Della Somaglia del primo Ottocento, e con una denuncia di imbrogli da parte del cavalier Moroni; a lui si fa riferimento insieme alla moglie, Clementina Verdesi, definita dal Belli «puttana santissima», e in compagnia della quale Gregorio XVI «ama riposarsi», ha scritto Stendhal. Moroni presenta querela al tribunale civile di Gand, la cui sentenza non gli è favorevole. In pratica il giudice dichiara che le accuse dell'articolo non fanno che ripetere quanto può essere letto su numerosi libri e riviste precedentemente pubblicati, a firma di Angelo Aurelio Bianchi Giovini, Giuseppe Gioachino Belli e Ferdinando Petruccelli De La Gattina, che non sono mai stati oggetto di querela; pertanto la querela di Moroni viene respinta.

Pio IX (1846-78) è alla ribalta come il papa liberale invocato, dal quale i sudditi si attendono le sospirate riforme, nonostante la crisi di fondo delle finanze. La libertà di stampa è limitata, e ci sono un Consiglio dei ministri e una Consulta di Stato che non ha potere legislativo, finché il 14 marzo del 1848 Pio IX arriva a concedere la Costituzione. È il tentativo di salvare il potere temporale trasformandolo in uno Stato costituzionale. Nel frattempo ha mantenuto nella Segreteria l'Antonelli, apprezzando in lui il modo con cui asseconda la sua azione innovatrice, specialmente nel caldeggiare l'istituzione della Consulta di Stato, che è una delle grandi aspettative dei sudditi liberali. E lo nomina anche cardinale.

Si evidenzia comunque l'impossibilità di conciliare la gestione amministrativa della santa casta con quella strettamente finalizzata alle strutture del neonato Stato costituzionale. E dopo l'assassinio del ministro Pellegrino Rossi il 15 novembre 1848, Pio IX si rende conto che la situazione è al limite; al governo c'è monsignor Carlo Emanuele Muzzarelli, e Pio IX fa concessioni solo per prendere tempo e preparare la fuga. La sera del 24 novembre, vestito da semplice prete, scappa da Roma e si rifugia a Gaeta, ospite del re Ferdinando delle Due Sicilie.

Dopo la parentesi della Repubblica Romana, ancor più grave è la situazione economica dello Stato Pontificio. Ed è su iniziativa del cardinale Antonelli che Pio IX istituisce la Guardia Palatina; è una "guardia borghese" d'onore, costituita com'è da cittadini romani che esercitano «professioni scientifiche, impiegati pubblici e privati a soldo fisso e artigiani capi bottega». In sostanza borghesi, ma con una solida situazione finanziaria, che potrebbe in qualche modo contribuire a risollevare le sorti delle finanze vaticane con le proprie aziende. E comunque questa guardia rientra nella santa casta, estrema diramazione della Famiglia Pontificia.

Non solo l'Antonelli dal 1850 investe il denaro governativo in varie iniziative ricavando un profitto personale dagli interessi, ma i suoi fratelli vengono automaticamente assegnati a posti di prestigio. Filippo è nominato governatore della Banca Romana; Angelo è inviato a Parigi per giocare in Borsa e valorizzare i capitali di Giacomo; Luigi è conservatore in Campidoglio. C'è da dire che Antonelli riesce in definitiva a conciliare i suoi personali interessi con quelli dello Stato, sfruttando qualsiasi iniziativa che in qualche modo estenda gli impegni finanziari pontifici in campo internazionale. E nel 1855 convince il papa ad accogliere la proposta di re Ferdinando II delle Due Sicilie di chiudere definitivamente la vertenza relativa al tributo feudale con l'offerta di 10.000 scudi, che dovrebbero servire a erigere il monumento dell'Immacolata Concezione in piazza di Spagna. Rientra invece nel giro degli interessi personali dell'Antonelli l'acquisto del palazzo Vimercati a Magnanapoli, intestato al fratello Angelo; nel 1932 finirà gratuitamente tra gli immobili della Santa Sede, che lo venderà alla Banca d'Italia nel 1970. È un fatto comunque che nel giro di nove anni si registra il miglioramento delle finanze, tanto che nel 1859 il bilancio dello Stato Pontificio risulta in pareggio.

È forse per festeggiare l'evento che Pio IX il 12 settembre di quell'anno assegna alla Guardia Palatina, il corpo militare da lui creato nove anni prima, una bandiera: una preziosità dal momento che le altre armi pontificie non l'hanno ancora. È bianco-gialla e sull'asta spicca la statuetta di san Michele arcangelo con il nastro bianco, anche se il protettore dell'arma è invece san Pietro. L'estrema frangia della santa casta, quella in uniforme, può esaltarsi con quel vessillo!

Nel frattempo si è verificato un evento che avrà conseguenze notevoli dal punto di vista della devozione religiosa: tra l'11 febbraio e il 16 luglio 1858 Bernadette Soubirous ha le miracolose visioni della Vergine in una grotta vicino Lourdes e il 1° marzo si registra il primo evento miracoloso: Catherine Latapie immerge il braccio lussato nell'acqua della sorgente presso la grotta e guarisce all'istante. Nel gennaio 1862 dall'episcopato della diocesi di Lourdes viene un primo riconoscimento ufficiale alla miracolosità del luogo; la grotta di quella località dei Pirenei francesi diventa a tutti gli effetti un santuario. E nel 1864 si ha il primo pellegrinaggio organizzato di Lourdes, che verrà immortalato nella vetrata istoriata del santuario. Roma ancora non si pronuncia, ma è in pratica già in atto lo sfruttamento della località con quei viaggi organizzati che costituiranno per la Chiesa un vero e proprio business.

Dopo Gerusalemme, Santiago de Compostela, Czestochova e Pompei, Lourdes rappresenta il primo dei santuari moderni, al quale terranno dietro Fatima dal 1930, San Giovanni Rotondo dal 1934, e Medjugorie dal 1981, attirando milioni di pellegrini da tutto il mondo. Diventeranno fonte di guadagno per la Chiesa di Roma, non direttamente ma attraverso istituzioni parallele come le agenzie organizzatrici dei viaggi, collegate peraltro alla Santa Sede, alle agenzie turistiche e agli alberghi stessi dei diversi paesi "santi".

Questa consacrazione cattolica dei santuari ha una sua corrispondenza con il fenomeno della forzata conversione degli ebrei: neonati di famiglie povere vengono rapiti e battezzati, dopo essere stati trattenuti per quaranta giorni nella Casa dei Catecumeni nel ghetto a Roma. E questo avviene non solo a Roma, ma anche altrove, come testimonia il rapimento del bambino ebreo Edgardo Mortara a Bologna nel 1858, proprio lo stesso anno dell'apparizione della Vergine a Lourdes.

Tutto questo mentre alcuni problemi politici si abbattono sullo Stato Pontificio nel 1860: la perdita di due terzi del territorio dello Stato, ristretto al solo Lazio, fa precipitare le finanze in una lunga agonia. E Pio IX è costretto a basarsi perlopiù sull'Obolo di San Pietro, il cui afflusso a Roma è stato però spesso frammentario, disperdendosi nei meandri dei vescovadi incaricati di raccoglierlo. Provvidenziale risulta a questo proposito il sistema organizzato in Francia nel 1859 dallo scrittore Charles Forbes de Tryon, conte di Montalembert; egli istituisce un comitato per la raccolta, che fa capo direttamente alle diocesi e ai vescovadi, e trova subito l'appoggio di Vienna, Gand e perfino dei cattolici di Londra.

Le somme delle offerte, una volta giunte a Roma, vengono raccolte dalla Commissione cardinalizia *Ad pias causas*, una sorta di istituzione economica, progenitrice della futura banca pontificia, che provvede a versarle nella Banca Romana, dividendole in tre parti: a Pio IX andranno 300.000 scudi fissi, e il resto, per un massimo di 770.000 scudi, è distribuito in parti uguali ma variabili per le spese militari e per il fondo della Tesoreria. E tramite la Banca Romana si registra un acquisto immobiliare: è il palazzo Marescotti in via della Pigna, per 75.000 scudi, ma ne risulta proprietaria la Banca Romana. Inoltre il 18 giugno del 1866 lo scudo è sostituito con la lira da 100 centesimi, il che permette un riscontro alla pari con la lira del Regno d'Italia.

Alle spalle dell'Antonelli emerge la figura di monsignor Xavier de Merode, dal 1866 grande elemosiniere del papa, che attuerà il progetto di riedificazione di Roma all'insegna di «Hausmaniser Rome». Si tratta di un'operazione geniale che comporta l'acquisto di terreni e la costruzione di edifici destinati a costituire un capitale quando a Roma subentrerà lo Stato italiano. Il monsignore concentra la sua attenzione nella zona di Termini e nella vallata di San Vitale, dove fa aprire la Strada Pia, che diventerà via Nazionale, con la costruzione di edifici tra le future via Torino, via Firenze, via Modena e via Napoli. Quindi ai primi del 1870 acquista ai Prati di Castello, di fronte al Porto di Ripetta, la villa Altoviti e altri terreni.

Intanto gli eventi militari precipitano. Un primo segnale si ha il 23 ottobre 1867 con i fratelli Cairoli bloccati a villa Glori, ai quali fa seguito il 27 ottobre la disperata insurrezione nel lanificio Ajani, con lo sterminio da parte di zuavi e gendarmi pontifici; fino alla sconfitta di Garibaldi il 3 novembre, respinto a Mentana dai francesi, sì, ma con il soccorso della Guardia Nobile, che finalmente in questa circostanza può mettere in mostra il valore della forza laica della santa casta. Con tanto di riconoscimento da parte del papa, che assegna all'arma la croce al merito "*Fide et Virtute*". Pio IX non disarma e il 28 giugno del 1868 emana la bolla di convocazione del Concilio Vaticano I, procedendo con le "giustizie" in difesa del suo potere politico. Il 24 dicembre sono decapitati ai Cerchi i carbonari Giuseppe Monti e Gaetano Tognetti; il 10 dicembre è la volta di altri due carbonari, Giulio Ajani e Pietro Luzzi.

L'11 aprile 1869 Pio IX indice un giubileo straordinario per l'anniversario del suo sacerdozio e il buon esito del Concilio Vaticano I; finché il 28 aprile fonda il Circolo San Pietro. È un'associazione religiosa e caritativa nata con lo scopo di operare in «difesa del dogma, della morale cristiana e del vicario di Gesù Cristo», secondo il motto «Preghiera-Azione-Sacrificio». Il papa in pratica sembra ormai ignorare gli eventi militari e politici che si abbattono sul suo Stato, tutto dedito al significato religioso della propria figura e delle istituzioni.

Ma il 20 settembre 1870, con la breccia di Porta Pia, lo Stato Pontificio non esiste più e Roma diventa una città del Regno d'Italia, oltre che capitale già dal 1961. E mentre il Concilio Vaticano I sancisce l'infallibilità del papa, la breccia di Porta Pia costituisce il fallimento dello Stato del papa da un punto di vista politico e finanziario. Come peraltro pare abbia commentato lo stesso Pio IX: «Il papa sarà forse infallibile, ma è certamente fallito!».

Dalla Legge delle Guarentigie alla speculazione bancaria

Dopo Porta Pia, venuto meno lo Stato Pontificio, il papa si considera "prigioniero" nei palazzi del Vaticano: sovrano senza uno Stato ovvero senza una sovranità, che va peraltro attribuita alla Santa Sede. È questa una persona morale di diritto pubblico che esercita appunto la sua sovranità essendo inscindibile dalla persona stessa del romano pontefice, che ovunque, in qualsiasi striscia di territorio, resta pur sempre il capo della Chiesa universale. In una situazione del genere la Camera Apostolica perde la sua funzione amministrativa millenaria e si trova a monte di una gestione finanziaria che risulta abbastanza statica; oltretutto le finanze da gestire sono piuttosto scarse, considerando che il flusso annuale dell'Obolo di San Pietro raggiunge a malapena i cinque milioni. Senza contare che sono venute meno anche le entrate dalle tasse degli ebrei e quei vari lavori eseguiti dagli abitanti del ghetto senza retribuzione. La qualifica del Tesoriere, che è lo stesso segretario di Stato, diventa quella di amministratore *ad interim*.

Occorre aprire una nuova strada, che sia al di fuori di una gestione circoscritta alla Chiesa di Roma e metta in contatto la sua amministrazione con il mondo finanziario esterno, quello laico, a cominciare dallo sfruttamento degli interessi bancari, collegandosi anche a banche non italiane. Infatti il cardinale Antonelli riesce ad aprire un primo conto presso la Société Générale e un secondo presso la Banca d'Inghilterra. A fronte di questa situazione c'è la Legge delle Guarentigie, approvata dal Parlamento del Regno d'Italia il 13 maggio 1871, che Pio IX ha respinto due giorni dopo, il 15 maggio, con l'enciclica *Ubi Nos*, rifiutandosi di accettare la somma annua di 3.225.000 lire e il riconoscimento di alcune proprietà immobiliari.

«Con questa somma», spiega l'articolo 4 della legge, «pari a quella inscritta nel bilancio romano sotto il titolo "Sacri palazzi apostolici, Sacro collegio, Congregazioni ecclesiastiche, Segreteria di Stato ed Ordine diplomatico all'estero", s'intenderà provveduto al trattamento del Sommo Pontefice e ai vari bisogni ecclesiastici della Santa Sede, alla manutenzione ordinaria e straordinaria, e alla custodia dei palazzi apostolici e loro dipendenze; agli assegnamenti, giubilazioni e pensione delle guardie, di cui nell'articolo precedente, e degli addetti alla Corte Pontificia, e delle spese eventuali; non che alla manutenzione ordinaria e alla custodia degli annessi musei e biblioteca, e agli assegnamenti, stipendi e pensioni di quelli che sono a ciò impiegati.

La dotazione di cui sopra sarà inscritta nel Gran Libro del debito pubblico, in forma di rendita perpetua ed inalienabile nel nome della Santa

Sede; e durante la vacanza della Sede si continuerà a pagarla per supplire a tutte le occorrenze proprie della Chiesa Romana in questo intervallo.

Essa resterà esente da ogni specie di tassa od onere governativo, comunale e provinciale: e non potrà essere diminuita neanche nel caso che il Governo italiano risolvesse posteriormente di assumere a suo carico la spesa concernente i Musei e la Biblioteca».

L'articolo 5 specifica che «il Sommo Pontefice, oltre la dotazione stabilita nell'articolo precedente, continua a godere dei palazzi apostolici Vaticano e Lateranense, con tutti gli edifizi, giardini e terreni annessi e dipendenti, nonché della villa di Castel Gandolfo con tutte le sue attinenze e dipendenze.

I detti palazzi, villa ed annessi, come pure i Musei, la Biblioteca e le collezioni d'arte e di archeologia ivi esistenti, sono inalienabili, esenti da ogni tassa o peso, e da espropriazione per causa di utilità pubblica».

Non è un cattivo affare, ma il papa non lo accetta per principio, colpito nella sua dignità; si tratta di una soluzione unilaterale, non negoziata. E lo respinge due giorni dopo, il 15 maggio con l'enciclica *Ubi Nos*, confidando nell'appoggio dei fedeli espresso nell'Obolo di San Pietro. E più volte viene dichiarando il "*Non expedit*", ovvero la disposizione per la quale già dal 1868 ha sconsigliato ai cattolici italiani di partecipare alla vita politica italiana. In ogni caso le "garanzie" concesse dal governo italiano al papa, per la libera esplicazione della propria attività come capo spirituale della Chiesa cattolica non sembrano sufficienti. Senza contare che lo Stato italiano ha messo in atto una serie di espropri di conventi in Italia e in particolare, da ultimo, a Roma, dove sono in fase di costruzione le sedi ministeriali.

È anche un problema di soldi; la rendita viene giudicata un'elemosina. E a questo punto Pio IX pensa di andare avanti con le sue "sante" elemosine e il suo Obolo di San Pietro, magari integrando con altre iniziative. Prima fra tutte la proclamazione dell'Anno Santo per il 1875, che annuncia con la bolla *Gravibus Ecclesiae*, facendola pubblicare su «L'Osservatore Romano» del 24 dicembre 1874; vi allega la lettera *Charitate Christi*, che Leone XII aveva indirizzato a tutto il mondo cattolico il 25 dicembre 1825 per l'estensione del giubileo di quell'anno. Si svolge però "a porte chiuse" e lo si lucra con una visita alle quattro basiliche patriarcali per 15 giorni, alle solite tradizionali condizioni per la confessione e la comunione. Egli stesso inaugura l'Anno Santo l'11 febbraio 1875 con una visita e preghiera in San Pietro, nelle prime ore pomeridiane, alla sola presenza del clero, ma senza l'apertura della Porta Santa.

L'afflusso dei pellegrini è molto scarso, e comunque arrivano più per motivi politici che religiosi; infatti si registra la presenza del sindaco di Dublino e della regina Giuseppina Massimiliana di Svezia. Peraltro si ha l'invenzione della indulgenza scritta. Dalla Penitenzieria Apostolica viene messa in vendita una pergamena contenente la richiesta dell'indulgenza plenaria *in articulo mortis* da rivolgere a Pio IX da parte di un massimo di 12 persone; il modello "in bianco" va compilato con nomi e data (da scriversi «prima di portarlo a Sua Santità») per ottenere l'indulgenza solo da parte di «chi è presente a Roma e sta per partire e non se ne può prendere che una». È una sorta di "vendita delle indulgenze" in piccolo.

Viene poi incrementata l'importanza del santuario di Lourdes, dove Pio IX provvede a far incoronare la statua di Nostra Signora, arricchendolo di vari benefici spirituali, che funzionano come un riconoscimento ufficiale, in collegamento al dogma dell'Immacolata Concezione proclamato nel 1854. Un provvedimento importante è poi la consacrazione del riorganizzato Obolo di San Pietro in opera pontificia con l'enciclica *Saepe, Venerabiles Fratres* del 5 agosto 1875; viene fissata definitivamente la raccolta in tutto il mondo per il giorno della festa di san Pietro del 29 giugno. Sarà versata dai fedeli al papa perché l'adoperi per gli usi che ritiene più opportuni in favore del mondo cattolico.

C'è anche da tener presente l'opera da autentico imprenditore portata a termine da monsignor De Merode in veste di grande elemosiniere, dal quale non arrivano solo le elemosine. Già dal 1871 lo Stato italiano e quindi il Comune di Roma stipulano con De Merode le prime cessioni nella zona di Termini, nel tratto iniziale di via Nazionale e all'Esquilino; nei due anni successivi vengono firmate le convenzioni per il Celio, Castro Pretorio e la zona attorno a Santa Maria Maggiore. È un'operazione capitalistica notevole che indirettamente contribuisce ad arricchire le finanze della Santa Sede, oltre ad essere d'insegnamento per un'altra strada da percorrere in futuro, che si chiamerà speculazione edilizia.

A fronte di queste entrate va segnalato che dal 1871 annualmente la Prefettura dei palazzi apostolici spende 5 milioni di lire, la metà dei quali è destinata agli stipendi di quegli impiegati che sono rimasti legati alla Santa Sede, rifiutando un impiego offerto dall'amministrazione italiana; inoltre il papa dispone personalmente di 100.000 lire mensili, per un totale di 1.200.000 lire. Tanto che alla morte dell'Antonelli, nel 1876, il patrimonio della Santa Sede si rivela una solida fortuna; è sui 30 milioni di lire, parte in depositi bancari e parte in valori immobiliari. Il nuovo amministratore, il cardinale Giovanni Simeoni, non tocca il capitale, ma cambia la politica bancaria dell'Antonelli e preferisce investire i nuovi soldi in titoli, anche per evitare indiscrezioni sul capitale pontificio. Nasce da qui l'idea di speculare per ricostruire le finanze della Santa Sede in un sistema moderno ed efficiente; in ogni caso ci si prefigge di non rendere più pubblici i bilanci annuali, così che si avrà solo notizia di acquisti di biblioteche, incorporate alla Biblioteca Vaticana.

Eppure in questi anni, dietro certi personaggi impegnati in politica e traffici finanziari, agisce con impegno tutto apostolico un sacerdote piemontese, don Giovanni Bosco, fondatore dell'Ordine dei Salesiani e della congregazione delle Figlie di Maria Ausiliatrice. A lui fanno capo un gruppo di missionari inviati in sette spedizioni in America Latina e la sua missione diplomatica presso il governo italiano per la nomina dei vescovi nelle sedi vacanti. E va considerato che la presenza di don Bosco a Roma risulta solo di due anni e mezzo, perché è impegnato in varie zone d'Italia nell'assistenza ai giovani nel campo lavorativo, tanto che nel 1851, autentico pioniere delle scuole professionali, riesce a far firmare un vero e proprio contratto di lavoro per un giovane operaio.

Si tratta di caratteristiche che non si ritrovano con facilità nelle alte sfere della santa casta. In questo contesto, nel 1859 don Bosco fonda la "Società per la diffusione della buona stampa", dalla quale si svilupperà la casa editrice SEI. Questa, pur rimanendo un istituto commerciale della Chiesa, si caratterizzerà nel campo editoriale italiano come una casa editrice ad ampio spettro, di stampo prettamente scolastico ma anche a carattere letterario e "profano", e si differenzierà così dalla Libreria Editrice Vaticana in attività dal 1587, specializzata nella pubblicazione di opere di carattere strettamente religioso e cattolico.

In linea con lo spirito di don Bosco, Pio IX promuove nella città di Roma l'attività umanitaria del Circolo San Pietro, con l'istituzione della prima delle *cucine economiche*, organizzate per aiutare gli strati più poveri della popolazione con la distribuzione di pasti gratuiti. Viene aperta il 3 giugno 1877 al vicolo Orbitelli, nel rione Ponte, ed è un'anticipazione dell'opera che sarà portata avanti in seguito dalla Caritas.

Quando nel 1878 Pio IX muore, saltano fuori gli eredi Mastai Ferretti, che non si accontentano di quanto loro destinato nel testamento e ne contestano la validità; poi finiscono per accettare una somma totale di 535.000 lire, oltre a oggetti preziosi del personale arredo nell'appartamento del Palazzo Apostolico al primo piano. Restano nelle casse vaticane i 30 milioni, frutto degli investimenti dell'Antonelli; e la parola d'ordine del nuovo papa Leone XIII (1878-1903) è speculare. Egli apprezza infatti il sistema di Giovanni Simeoni di giocare sui titoli, ma vuole impegnarsi personalmente negli affari; conferma Simeoni nell'incarico di amministratore, ma affida la gestione delle finanze a un prelato apposito, monsignor Enrico Folchi, sulla base delle sue iniziative. E comunque, a fronte di questa particolare gestione del denaro, che vale come Sezione Straordinaria dell'Amministrazione, con chirografo del 9 agosto 1878 istituisce una Amministrazione del Patrimonio della Santa Sede, come Sezione ordinaria, sotto la direzione del segretario di Stato, il cardinale Lorenzo Nina.

Papa Pecci anticipa annualmente 4.500.000 lire per le spese interne della Santa Sede, che assommano però a 6 milioni; il resto deve essere prelevato sugli interessi che quella somma anticipata frutterà a fine anno. Una speculazione seguita passo passo dal Folchi, tanto che in un anno, nel 1880, arrivano nelle casse vaticane transazioni di valori per circa 2.500.000 lire. Nel frattempo viene nominato il nuovo segretario di Stato nella persona del cardinale Ludovico Jacobini; questi amministra il patrimonio, assistito da una commissione di quattro cardinali e un segretario, che è appunto monsignor Folchi, con il quale in sostanza si apre e si chiude il cerchio del traffico finanziario della Santa Sede. Ma non saranno tutte rose e fiori.

Proprio nel 1880 Rodolfo Boncompagni Ludovisi, principe di Piombino, progetta con la Società Generale Immobiliare la lottizzazione della villa romana di famiglia per la costruenda via Vittorio Veneto. Il principe, grazie ai buoni rapporti con il Vaticano, ottiene dei prestiti senza garanzia e la Santa Sede acquista alcune azioni dalla società; si verifica allora il primo *crack* finanziario, nel quale il Vaticano si trova coinvolto per colpa di un banchiere fiduciario. Arriva la crisi, il valore delle azioni cala e il principe contesta l'ammontare del prestito. Il risultato è che la Santa Sede perde quasi un milione per recuperare il suo credito.

Eppure, nonostante la crisi finanziaria, nel 1880 il Circolo San Pietro edifica il primo dei *dormitori economici*, successivamente chiamati *asili notturni*, messi in atto per fronteggiare la mancanza di alloggi per gli strati poveri della cittadinanza romana in continuo aumento. Sorge in Trastevere con 75 posti letto. Ma l'impegno caritatevole del Circolo San Pietro diventa storico durante il trasferimento della salma di Pio IX dalle Grotte Vaticane alla basilica di San Lorenzo fuori le Mura, la notte del 13 luglio 1881. Il trasporto, effettuato su un carro funebre, è tutelato proprio dai soci del circolo, insieme alle guardie dello Stato italiano, che devono vedersela con liberali e anticlericali decisi a buttare a fiume la bara, come riferisce «L'Osservatore Romano» del giorno dopo: «Né questa banda di luridi selvaggi si limitò a fischiare e gridare, ma lanciò sputi, sassi e colpi di bastone contro i componenti del corteo, ond'è che questi, niente o male garantiti dalla forza pubblica, furono costretti a respingere da se stessi i brutali assalti e a difendersi colle torce. E come se la davano a gambe questi eroi da galera!».

C'è chi arriva a colpire la bara e sul drappo nero che la copre finiscono macchie di sangue delle persone contuse. Ma finalmente si arriva alla basilica e qui, secondo la testimonianza del cocchiere pontificio, Rinaldo Jacchini, è «la strategia di un commissario a salvare la situazione. Siccome la porta era stretta, gli agenti non lasciarono passare che facce autorizzate. I dimostranti corsero allora a fare il giro di Porta Maggiore, ma quando arrivarono tra urli e strepiti a San Lorenzo, già la presente cassa era stata tolta dal carro e portata nel mausoleo dove i muratori si erano messi senz'altro all'opera». Nella circostanza i soci del circolo riescono a portar via il drappo nero che ricopriva la bara, ridotto piuttosto male tra strappi e macchie di sangue; finirà conservato come un cimelio sacro in una bacheca della sede del circolo nel Palazzo Apostolico del Vaticano.

Leone XIII peraltro è quanto mai impegnato sulla strada delle opere di carità in linea con il circolo, che nel 1890 istituisce il *Guardaroba dei poveri*, per fornire ai bisognosi vestiario, lenzuoli e coperte, e nel 1895 fonda il *Segretariato del popolo* per l'assistenza morale e sociale dei lavoratori e dei poveri. A questo punto il papa però, anche a fronte di tante iniziative, ritiene opportuno creare una sorta di banca all'interno della stessa Santa Sede per sfruttare in proprio le speculazioni, possibilmente in collegamento con istituti di credito italiani. Così nel 1887 viene fondata l'AOR, ovvero Amministrazione per le Opere di Religione, la cui attività in effetti era già in piedi da tempo come commissione cardinalizia *Ad pias causas*. È una banca senza le normali strutture di un istituto di credito, pur avendo una sede propria nell'ufficio occupato fino al 1870 dalla censura pontificia e noto come il "Buco nero"; la sua attività è trasformare in titoli al portatore le donazioni di immobili e di oro monetario. E sotto certi aspetti questa banca può esser valida per finalizzare le monete sonanti e i biglietti di banca che i pellegrini consegnano personalmente a papa Pecci per i suoi anniversari sacerdotali e i relativi giubilei.

Occorre però un riferimento esterno all'AOR con una banca italiana, particolarmente accreditata sul mercato per un'autentica speculazione; Leone XIII pensa di averla trovata nel Banco di Roma e vi apre un conto personale. Nel 1889 vi deposita 3 milioni e numerosi altri in azioni; Folchi incoraggia quella fiducia verso il Banco di Roma e i relativi prestiti concessi dal patrimonio della Santa Sede per finanziare varie imprese. Vengono coinvolti nelle operazioni bancarie diversi rappresentanti dell'aristocrazia papalina, in un fiume di azioni e obbligazioni; ma dopo solo un anno, nel 1890, arriva la crisi, che è proprio a livello di Borsa. O ci si tira fuori subito, perdendo comunque quasi tutto il credito, o bisogna sborsare milioni sonanti per coprire i vari buchi in funzione di un'ipotetica ripresa del Banco di Roma. Si preferisce la prima strada, riuscendo a salvare i 3 milioni versati personalmente dal papa, sia pure con una grave perdita di interessi in titoli e azioni. Tra l'altro la proprietà del palazzo Marescotti passa alla Banca d'Italia. E Folchi si dimette quando un chirografo, il 30 aprile 1891, modifica le sue competenze nell'amministrazione del patrimonio.

Il papa a questo punto aumenta le competenze dei cardinali membri dell'AOR e concentra la gestione amministrativa su uno di loro, Mario Mocenni, con il titolo di "incaricato speciale". Questi eserciterà le funzioni di prefetto dei palazzi apostolici, ma riceverà ordini direttamente dal papa, che peraltro amministra personalmente l'Obolo di San Pietro. Leone XIII è rimasto scottato dalla disavventura con il Banco di Roma, ma quando nel 1895 questo istituto si riprende, ecco rinnovarsi in lui la voglia di speculare.

A questo punto assume rilievo la figura di Ernesto Pacelli, proveniente da una famiglia di funzionari dello Stato Pontificio: è membro del consiglio municipale di Roma, ma soprattutto è presidente del consiglio di amministrazione del Banco di Roma. Pacelli comincia a dare consigli al papa per l'investimento dei guadagni realizzati con l'Obolo di San Pietro, ma subito dopo consiglia il cardinale Mario Mocenni a operare sul mercato italiano, facendo da interlocutore con lo stesso governo italiano. Da autentico diplomatico assicura che la Congregazione De Propaganda Fide prepara con le missioni un terreno favorevole alle mire coloniali dell'Italia e che non ci sono problemi per le certificazioni religiose dei Savoia.

Ecco che da Roma viene emanato un nuovo riconoscimento delle caratteristiche miracolose di Lourdes, dove i viaggi organizzati sono sempre più frequenti, con vantaggi economici che assumono una certa continuità. Nel 1892 Leone XIII concede l'ufficio proprio e la messa della festa «in apparizione *beatae Mariae Virginis Immaculatae*», che il suo successore estenderà alla Chiesa universale. Ma sul piano delle risorse finanziarie si decide di sfruttare anche la benedizione pontificia. Infatti l'Elemosineria Apostolica s'inventa nel 1893 la benedizione scritta. Viene impostata con una formula particolare, mostrando in testa il logo della Santa Sede e il sigillo del papa regnante, stampata su carta semplice o pergamena e spedita anche per posta. Il prezzo varierà nel tempo ed è comunque tassativo, anche se presentato in forma di elemosina; è una sorta di "vendita del sacro", sia pure in ridotte dimensioni.

Nella manovra diplomatica politica della Santa Sede si avverte la mancanza di personalità cattoliche che possano tutelare gli interessi della Chiesa in sede parlamentare. Per una partecipazione dei cattolici alla politica nasce la FUCI e si costituisce l'Opera dei congressi e dei comitati cattolici, che nel 1898 con Romolo Murri diventa programma politico nella rivista «Cultura Sociale» fondata a Roma. E l'anno dopo a Torino i democratici cristiani delineano l'assetto politico in un movimento popolare. Papa Pecci si mostra titubante, e seppure nell'enciclica *Graves de communi re* del 1901 riconosce il movimento democratico cristiano, ne limita il campo d'azione.

Papa Pecci punta tutto sull'Anno Santo del 1900 come mezzo di propaganda per attirare alla causa di Sua Santità "prigioniero in Vaticano" l'universo cattolico; e c'è un'organizzazione senza precedenti, diretta da un Comitato internazionale esterno alla Santa Sede, costituito a Bologna dal 1896 per merito del conte Acquaroni e della Gioventù Cattolica Italiana. È importante che lucrino il giubileo anche i sovrani d'Italia Margherita e Umberto I, il quale peraltro viene assassinato a Monza il 29 luglio; e per i funerali al Pantheon il papa stesso redige una preghiera speciale dei pellegrini per il sovrano. Il papa non vuole altro collegamento con il Regno d'Italia che non sia la preghiera.

Nel frattempo si procede nel campo finanziario sotto la consulenza di Ernesto Pacelli, che preme sul papa per speculare nel Banco di Roma.

Metà delle azioni di quella banca sono pur sempre della Santa Sede, e allora è bene operare investimenti. Che in sostanza si risolvono in ingenti prestiti concessi dal papa a Pacelli per la banca da lui presieduta e quindi per i suoi personali interessi. Così matura la fortuna finanziaria della stirpe Pacelli. Un casato che sarebbe stato all'avanguardia fino agli anni Sessanta del Novecento, grazie al nepotismo del papa di famiglia, Pio XII (1939-58): infatti i suoi tre nipoti, Carlo, Marcantonio e Giulio, avrebbero dominato le finanze vaticane, tra consulenze legali nelle varie amministrazioni della Santa Sede e presidenze, amministrazioni, direzioni di società in gran parte proprietà del Vaticano.

C'è sempre l'AOR, anche se resta ancora una cassa segreta, di cui pochi nella stessa Santa Sede conoscono l'esistenza; non è neanche custodita da guardie pontificie, così che quando nel 1900 subisce un furto in titoli per mezzo milione di lire, la Santa Sede non può fare una denuncia. Ed è questo il primo giallo che sorge intorno alla banca del Vaticano, del quale non riescono a venire a capo neanche gli agenti di controspionaggio della Santa Sede, sempre in funzione; un giallo che in qualche modo contribuisce a creare il clima di sospetto che circonda il conclave per l'elezione del nuovo papa nel 1904.

Dal giallo del conclave al controspionaggio

Nel 1903 l'imperatore e i sovrani europei hanno ancora la possibilità, attraverso i cardinali delle proprie nazioni, di porre il proprio "veto" nel conclave, ovvero lo *ius exclusivae*, su un candidato che non sia di loro gradimento. Peraltro c'è il giuramento da parte dei porporati sullo scrupoloso mantenimento del «segreto su tutto ciò che in qualsiasi modo abbia attinenza con l'elezione del Romano Pontefice». Questo particolare impedirebbe di venire a conoscenza dei segreti del conclave: le schede delle votazioni vengono bruciate nella stufa della Cappella Sistina e la relazione del camerlengo finisce in busta chiusa sigillata, «conservata in archivio e non potrà essere aperta da nessuno, se il Sommo Pontefice non l'avrà permesso esplicitamente».

Ma c'è sempre qualche cardinale che trascrive tutto su un suo privatissimo diario, con le memorie di quei giorni di clausura e delle trattative politiche, e capita che questo diario sfugga al fuoco della stufa, per capitare prima o poi tra le mani di qualche segretario o archivista e arrivare alla stampa; ed è così che si vengono a conoscere i segreti del conclave dell'agosto 1903. È quanto succede al diario del cardinale Domenico Svampa, arcivescovo di Bologna e uno dei 66 grandi elettori del conclave dell'agosto 1903, dal quale esce eletto Pio X; il suo diario è una vera e propria cronaca dal 1° al 4 agosto e costituisce un documento storico fondamentale per conoscere ogni dettaglio sul primo conclave del XX secolo.

Il primo scrutinio si ha alle 9,30 del 1° agosto e «dura fino alle undici e trenta. Ciascun cardinale per ordine accede all'altare, dove sono seduti i tre scrutinatori, pronuncia la formula di giuramento e depone la scheda entro il gran calice posto in mezzo all'altare». Tutto procede regolarmente fino allo scrutinio e «non essendo riuscita l'elezione del papa, le schede vengono bruciate». Il secondo scrutinio è alle 16,30, ma prima il camerlengo richiama severamente i cardinali affinché «sia osservato il segreto degli scrutini, dolendosi che poco dopo la prima riunione qualcuno aveva già annunciato il risultato [...] e che così la notizia si è diffusa largamente». Ma nel corso della seconda votazione si registra un incidente che dà da pensare: «a un cardinale cade di mano o di tasca il foglio dello scrutinio che fortunatamente è rinvenuto da S.E. monsignor segretario del Sacro Collegio, il quale lo porta al camerlengo per darlo alle fiamme».

Il segreto è stato certamente violato lo stesso. Infatti il giorno dopo, il 2 agosto, alle 9,30, «appena aperta la riunione, il cardinale [Jean] Puzyna si alza dal suo tronetto e, leggendo uno scritto precedentemente stilato, dichiara che l'imperatore d'Austria e Ungheria, Francesco Giuseppe, usando un suo antico privilegio, mette il veto all'elezione del cardinale Rampolla». Evidentemente l'imperatore è stato avvisato che Mariano Rampolla del Tindaro ha ottenuto al primo scrutinio 24 voti, saliti a 29 nel secondo. In ogni caso «tutti i conclavisti rimangono meravigliati», continua il cardinale Svampa, «sia per l'inaspettata ingerenza, sia per il modo con cui è stata fatta. Allora il cardinale Rampolla, alzandosi dal suo tronetto, pronuncia alcune parole in latino, che non riesco perfettamente ad afferrare. Mi sembra però che il suo pensiero si possa riassumere in una protesta per una simile ingerenza e in una gioia personale per esser stato sgravato da tanta responsabilità, qualora i confratelli avessero inteso eleggerlo papa».

Dopo la terza votazione, che conferma peraltro la posizione di Rampolla, ma anche una crescita di Giuseppe Sarto, a pranzo vengono serviti ai conclavisti dei funghi; pare che più o meno tutti ne mangino. Il cardinale Svampa nel primo pomeriggio riceve un telegramma da Mosca che ammonisce in un italiano abbastanza incerto: «Avendo fedeli agenti in tutte le città slave, ho l'onore di avvertire, come ferventissimo cattolico, che l'elezione a Santo Pontefice fra i cardinali protettori di Germania produrrà la rivolta di trenta milioni di slavi cattolici. Tanto è grande l'ira contro i tedeschi nemici mortali degli slavi». Il telegramma è firmato da un ufficiale di San Gregorio Magno, presidente della società slava, Arturo Tchrep Spiridovitch.

Quest'altra ingerenza non porta apparentemente mutamenti nelle votazioni: Rampolla sale a 30 voti, ma Sarto è a 24. E la terza giornata è determinante: Rampolla scende a 13 voti, mentre Sarto arriva a 35. Gliene mancano sette, che ottiene la mattina dopo, sostenuto proprio dai porporati austro-tedeschi; e diventa papa Pio X. Certe fughe di segreti nelle votazioni sono fatte a bella posta per sviare i sospetti sulla vera candidatura della maggioranza; ma la cosa determinante è un atto d'intimidazione per via dell'avvelenamento che si registra nella notte del 3 e 4 agosto, quando in effetti i giochi sono fatti: un vero e proprio attentato ai vertici della santa casta. Molti conclavisti infatti sono colti da fortissimi attacchi di diarrea: «cosicché nel mattino vengono fatte cinquanta ordinazioni in farmacia [...] Il dottor Lapponi ne dà la colpa ai funghi che sono stati mangiati».

Un conclave, dunque, che ha rischiato di far morire i cardinali e ha messo in luce una situazione allarmante della rete di spionaggio circostante la Santa Sede, che il neoletto Pio X in cuor suo medita di stroncare prima o poi. Ma, conclave a parte, papa Sarto si immerge subito nei problemi finanziari della Santa Sede ed estende il raggio degli interessi dell'AOR a tutta l'Italia per la gestione dei lasciti pii; muta il nome dell'amministrazione in Commissione per le opere di religione (COR) e incrementa la sua attività di istituto bancario per l'acquisto di immobili con investimento del ricavo in titoli al portatore. La commissione che la gestisce ora non è più cardinalizia, ma prelatizia, con a capo appunto monsignor Nazareno Marzolini, che dal 1910 assumerà il titolo di "incaricato speciale" della commissione cardinalizia del patrimonio.

Nel frattempo è stata fondata la prima istituzione ufficiale per l'organizzazione dei viaggi in treno, per ammalati e non, al santuario di Lourdes, ovviamente a pagamento; si tratta dell'UNITAL (Unione italiana trasporto ammalati a Lourdes), successivamente chiamata UNITALSI (con il prolungameto della sigla riferito ai santuari internazionali), fondata nel 1903 da Giovan Battista Tommasi e presieduta dal 1909 da monsignor Lorenzo Ciccone, in collegamento con l'arcidiocesi di Milano. È l'inizio di una capillare organizzazione che darà grandi frutti all'amministrazione della Santa Sede, senza contare che già nel 1904 il cinquantenario della definizione dogmatica dell'Immacolata Concezione della Vergine ha offerto a Pio X l'opportunità di rinnovare, in un documento solenne, il nesso storico tra quel dogma e l'apparizione di Lourdes già qualificata da Pio IX. E un altro incremento dell'organizzazione dei viaggi al santuario, per ammalati e non, viene nel 1912 con la fondazione dell'OFTAL (Opera federativa trasporto ammalati a Lourdes) ad opera di monsignor Alessandro Rastelli, in collegamento con l'arcidiocesi di Torino. È una iniziativa apostolico-amministrativa da sfruttare; e si tenga presente che l'UNITALSI per il centenario della sua istituzione, nel 2003, arriverà a contare 300.000 aderenti e volontari per accompagnare più di 100.000 persone l'anno.

In contrasto con lo spirito mistico di Lourdes scoppia nel gennaio del

1904 uno scandalo nelle estreme frange della santa casta; nel Collegio dei marinisti di Pallanza il sacerdote Eugène Borg viene accusato di abusi sessuali su due alunni quattrodicenni, ovvero «di essersi abbandonato ad atti libidinosi», secondo le parole dei ragazzi. Il marinista viene arrestato e il collegio chiuso; i due ragazzi vengono visitati dal dottor Gugliemo Massazza, che nega l'esistenza di patologie «dipendenti da fatti della natura di quelli imputati al professor Borg». In realtà il processo per direttissima, il 6 febbraio, porta al «non farsi luogo a procedere per difetto di querela» e il 6 maggio il collegio viene riaperto. Ma rimane il sospetto, e comunque l'opinione pubblica ne resta sgomenta, tanto che in diverse città italiane si svolgono comizi anticlericali che si protraggono a lungo, fino a collegarsi ad altri scandali simili dall'estate del 1907.

Il 20 luglio viene arrestato don Carlo Riva per abusi sessuali su una fanciulla nell'asilo milanese gestito da suor Giuseppina Fumagalli, e per questo destinato a passare nella cronaca come «lo scandalo Fumagalli». Gli fa seguito lo scandalo dell'educatorio di Alassio, nel quale tale don Bretoni è accusato di sevizie sessuali ai danni di un ragazzo tredicenne; e ancora in una scuola di Trani delle suore vengono denunciate «al procuratore del re per maltrattamenti e inganni». Ma lo scandalo più eclatante scoppia il 31 luglio nel collegio dei Salesiani di Varazze in base a una denuncia di tale signora Besson, che dal diario del figlio Alessandro ha appurato che nel collegio si svolgono messe nere tenute in «costume adamitico» e di atti sessuali tra i frati, le suore del vicino collegio Santa Caterina e gli alunni convittori.

Dalle indagini risulta che cinque ragazzi hanno subito violenze, comprovate da una visita medica, anche se non ne è chiara la causa. Vengono spiccati mandati di arresto nei confronti di due padri salesiani, tali don Musso e don Rolla, che però si sono dati precipitosamente alla fuga e non verranno rintracciati. Peraltro il collegio viene preso di mira da alcuni cittadini di Varazze con urla e invettive contro i Salesiani. Il fenomeno si allarga, fomentato anche dalla stampa, e dà origine a scontri in diverse città tra anticlericali e filoclericali, con intervento di carabinieri e conseguenti feriti, tra i quali alcuni sacerdoti: a Roma l'abate dei Cistercensi, don Amedeo de Bie, è oggetto di una sassaiola; vengono presi a pugni l'astronomo don Guido Alfani a Firenze e don Guido Godangelo a Milano.

Il 5 agosto la Santa Sede reagisce con un comunicato ufficiale: «Da ottima fonte documentata possiamo affermare quanto segue: la presente campagna anticlericale è sostenuta anche col denaro della massoneria francese. Tra la recente campagna elettorale e quella attuale del teppismo di penna e di piazza contro le case religiose, la massoneria francese ha speso in Italia circa 150.000 lire»; perché va tenuto presente che «i Besson, fabbricanti del fantomatico romanzo di Varazze, sono francesi». Ma i violenti moti anticlericali continuano in diverse città e alla fine si calcolano un morto e 20 feriti.

Torna intanto di attualità la ricostituzione del millenario patrimonio immobiliare della Santa Sede, a cominciare dall'acquisto di edifici dentro Roma. Così rientra tra i beni immobili del Vaticano il palazzo Marescotti: lo riacquista il 10 ottobre 1906 tramite i buoni uffici di Ernesto Pacelli, che convince la Banca d'Italia, divenuta la proprietaria, e del sindaco di Roma Ernesto Nathan, che accetta di trasferire altrove le scuole insediate nel palazzo, dietro un compenso per il Comune di Roma. Inoltre, in seguito a transazioni segrete ratificate dal Parlamento italiano, l'immobile risulta formalmente proprietà di Pacelli, che ovviamente lo mette a disposizione della Santa Sede. E Pio X vi insedia il Vicariato. Un altro acquisto immobiliare è costituito dall'antica Zecca pontificia, adiacente ai giardini del Vaticano, che è passata sotto il demanio del Regno d'Italia: e anche di questo risulta proprietario Ernesto Pacelli, che lo trasferirà nel patrimonio della Santa Sede nel 1916. Nel vivo di questi acquisti immobiliari Pio X rimette in moto nel 1911 il Circolo San Pietro istituendo nel contesto di quella associazione l'*Opera delle case-famiglia*, allo scopo di ospitare e assistere giovani donne lontane dalle proprie famiglie per ragioni di lavoro.

Ma si registra uno scontro tra Ernesto Pacelli e il papa, a causa di un certo numero di giornali d'ispirazione cattolica, fomentatori del dissidio tra la Chiesa e l'Italia, controllati dal banchiere romano; infatti essi fanno capo alla Società Tipografica Editrice Romana, fondata peraltro con capitali della Santa Sede. Pio X, favorevole ad un fronte unito dei cattolici sotto la sua guida, non può tollerare quel controllo pacelliano. Nel 1912 si arriva ad un distacco, non a una rottura; Pacelli ritira dal consiglio di amministrazione della società gli uomini del Banco di Roma. Ma è un'azione tardiva, tanto che Pacelli non ottiene più prestiti dalla Santa Sede.

Riguardo al rapporto con il mondo politico Pio X, mentre ordina lo scioglimento dell'Opera dei Congressi, si mostra favorevole ad alleanze sottobanco di cattolici moderati con i liberali, dalle quali nascerà nel 1913 il patto Gentiloni. A parte la condanna del modernismo, l'impegno politico di Pio X è però decisamente provinciale, caratterizzato da un interesse tutto italiano, contrariamente a quanto aveva tentato Leone XIII, che dalla Francia aveva avuto rispondenze positive. E Pio X si aliena proprio la Francia, dove vorrebbe restaurata la monarchia; infatti è in costante contatto con gli stessi uomini dell'*Action française*. Salta allora il concordato tra Francia e Santa Sede che era in piedi dal 1801, così che nel 1905 si arriva alla separazione netta dello Stato dalla Chiesa. La rottura con le grandi nazioni cattoliche già è in atto con la costituzione *Commissum nobis* del 1904, con la quale si abolisce nel conclave il veto manifestato fino ad allora attraverso i cardinali delle rispettive nazioni di Austria, Francia e Spagna. È ovviamente un fatto positivo su un piano tutto religioso, ma negativo per un riconoscimento internazionale dello Stato politico della Santa Sede; anche se le motivazioni che portano papa Sarto a questo comportamento nascono dalla volontà di ostacolare, se non stroncare, la rete di spionaggio che circonda la Santa Sede.

L'impegno politico di Pio X è decisamente provinciale, caratterizzato da una lotta tutta italiana, per la quale vengono benedette invece le organizzazioni volute da Pio X stesso, come l'Unione popolare, l'Unione economico-sociale e l'Unione elettorale, di cui è presidente il conte Vincenzo Ottorino Gentiloni. A queste associazioni viene affidato, in una sorta di "crociata", il compito di controllare i voti cattolici, ormai strappati d'ufficio ai democratici cristiani, ovvero a persone come Romolo Murri, sospeso *a divinis*, e don Luigi Sturzo. E in questo contesto Pio X intuisce che è bene dar peso alle onorificenze tradizionali della Santa Sede, con le quali conciliare personalità laiche per speciali benemerenze sia verso la Chiesa sia verso il pontificato, in un ampliamento della nobile frangia laica della santa casta costituita dalla Guardia Nobile e dalla Guardia Palatina, con i titoli di cavaliere e commendatore e un'uniforme di gran gala.

E le onorificenze, assegnate direttamente dal papa con una lettera apostolica, sono frutto di un grande rinnovamento di tutti gli ordini cavallereschi pontifici con il *motu proprio* del 7 febbraio 1905 *Multum ad excitandos*. L'Ordine Supremo del Cristo, derivato dall'Ordine dei Templari, caratterizzato nella sua onoraria laicità ai primi del Cinquecento da Alessandro VI, che esonerava i cavalieri dai voti di castità, povertà e obbedienza, esaltato da Pio IX come la massima onorificenza pontificia, viene nobilitato da Pio X con una uniforme rossa. A esso fa seguito l'Ordine dello Speron d'Oro, dall'uniforme rossa e nera, derivato dai Cavalieri Aurati, inserito come onorificenza da Gregorio XVI e qualificato da Pio X, da assegnare a non più di cento persone. Ritorna in auge poi l'Ordine Piano, filiazione dei Cavalieri Pii istituiti da Pio V nel 1559, con la distinzione dei Cavalieri di Gran Croce, in genere assegnata ad ambasciatori e ministri, e caratterizzata da un'uniforme turchina scura. E ancora, l'Ordine di San Gregorio Magno, istituito da Gregorio XVI nel 1831, che papa Sarto vuole sia assegnato esclusivamente per meriti speciali, caratterizzandolo con una uniforme di panno scuro. E infine l'Ordine di San Silvestro Papa, creato da Gregorio XVI come filiazione dell'Ordine dello Speron d'Oro, e reso autonomo da Pio X, con titoli di cavaliere e commendatore e l'uniforme di panno nero.

In questo contesto si inserisce l'intervento del medico Edoardo Gemelli, frate dal 1903 e ordinato sacerdote nel 1908 con il nome di Agostino, che si batte attivamente in base alle sue ricerche di medicina per sostenere scientificamente il carattere miracoloso delle guarigioni che si verificano a Lourdes; e pubblica il frutto delle sue relazioni scientifiche con appositi documenti nel libro *La lotta contro Lourdes*, un'opera che si oppone ai medici massoni che negano l'autenticità dei miracoli e porta invece vantaggi straordinari alla Chiesa sulla credibilità popolare del santuario e il suo ulteriore sfruttamento sul piano dei pellegrinaggi.

In fondo questa esaltazione di Lourdes si affianca alla politica delle onorificenze portata avanti da Pio X, perché ambedue costituiscono l'altra faccia della lotta aperta, anticonciliante, antidialogo, antievangelica della Santa Sede con la nobiltà italiana e la cultura laica del tempo. Che trova il suo nemico su un piano religioso nel modernismo, condannato con l'enciclica *Pascendi* del 1907, travolgendo gli elementi progressisti della cultura cattolica, e a seguito del quale con il *motu proprio* del 1910 *Sacrorum Antistitum* il papa impone ai sacerdoti, con uno speciale giuramento, il rifiuto di tutto il pensiero modernista.

Ed è un'altra caccia agli eretici, in collegamento all'opera di controspionaggio nata a metà del Cinquecento, che trova per l'occasione fedeli adepti nei "cattolici integrali", così chiamati perché intenzionati a difendere «l'integrità del loro romanesimo», ovvero dell'intero «cattolicesimo romano (dottrina e prassi) e nient'altro», come si legge in una dichiarazione del 19 giugno 1913 della *Agence Internationale Roma*. Questi "integralisti", come li chiamano i loro avversari, si lanciano in una ricerca a tappeto di qualsiasi caso sospetto contrario, anche vagamente, alle affermazioni pontificie; è l'autentica caccia all'eretico del primo Novecento, che non risparmia neanche cardinali e vescovi, mettendo a soqquadro l'intera vita ecclesiastica. E opera in collegamento con il Sant'Uffizio.

Il capo di questi integralisti è monsignor Umberto Benigni, prelato domestico di Pio X, «un piccolo signore grasso, con lo sguardo da spia, sempre in movimento». Ha fondato un'associazione segreta chiamata *Sodalitium Pianum* ed il suo nemico è appunto il modernismo. Ogni membro deve infatti essere «papalista, clericale, antimodernista, antiliberale, perfettamente controrivoluzionario, nemico non soltanto della rivoluzione giacobina e del radicalismo settario, ma anche del liberalismo religioso e sociale». Benigni, dal 1906 sottosegretario della Congregazione per gli Affari Ecclesiastici Straordinari, può contare sul pieno appoggio del papa all'organizzazione e ha anche uno stipendio di 1000 lire l'anno, circa 5000 euro di oggi. L'associazione è sovvenzionata dall'AOR e va senz'altro considerata una diramazione della santa casta.

Pio X così scrive l'8 luglio 1912 ai membri dell'associazione: «Nel Signore Noi esortiamo i diletti figli e membri del *Sodalitium Pianum*, altamente benemeriti della causa cattolica, a continuare a combattere la buona battaglia, in favore della Chiesa di Dio e della Santa Sede, contro i nemici esterni ed interni»; è una precisa autorizzazione a sporgere denunce e un'approvazione dei metodi di spionaggio usati dall'associazione. È un fatto che il cardinale Pietro Gasparri non esiterà a dire, nel processo di canonizzazione di Pio X, che il pontefice «approvava, benediceva e incoraggiava un'organizzazione segreta di spionaggio al di fuori e al di sopra della gerarchia». Infatti «questa organizzazione controllava gli stessi membri della gerarchia, compresi i cardinali. In fondo il papa approvava, benediceva e incoraggiava, in questo modo, una specie di loggia massonica nella Chiesa, una cosa inaudita nella sua storia». Anche se in tutto collegabile all'associazione spionistica di Pio V e di Gregorio XVI.

I membri veri e propri del *Sodalitium Pianum* sono una cinquantina, ma ben più numerosi i simpatizzanti, ovvero coloro che passano a queste spie informazioni attendibili, adatte a predisporre una denuncia presso il Sant'Uffizio. La centrale di Roma corrisponde addirittura in codice con questi collaboratori esterni e i membri si servono di pseudonimi; Benigni stesso ne usa una dozzina, tra cui Charles, Lotte, Jérome. Le denunce arrivano direttamente ai vari dicasteri della Santa Sede interessati, e le conseguenze sono spesso immediate. Si hanno vescovi allontanati dalle loro diocesi, con rientro dei profitti episcopali per la Santa Sede, e questo spiega il sovvenzionamento dell'associazione da parte dell'AOR. Inoltre numerosi professori di istituti religiosi sono allontanati dall'insegnamento, mentre libri e opuscoli vengono messi all'Indice con una frenetico lavoro per la Congregazione dell'Indice. Clamorosi i casi di sospettati; tra questi anche il giovane don Angelo Roncalli, futuro papa Giovanni XXIII.

Imbrogli di conclave e opera assistenziale: padre Pio e i Cavalieri di Colombo

Morto Pio X, il clima di controspionaggio incombe sul conclave del 1914 che è in linea con quello del 1904. Infatti, in barba alla costituzione *Commissum nobis* emanata da papa Sarto e al rinnovato richiamo per il rispetto del segreto, anche questo conclave non ne ha. Lo racconta il diario personale del cardinale Gustav Piffl, arcivescovo di Vienna, presente anche alla successiva assemblea elettorale del 1922. Il manoscritto viene ritrovato tra le carte dell'arcivescovo defunto con la raccomandazione: «da bruciare alla mia morte». Questa estrema volontà non è rispettata e l'archivista Max Liebermann lo pubblica nel 1963 sulla rivista dello storico belga Roger Aubert «La Revue nouvelle».

A monte del conclave del 1914 c'è un vero e proprio piano preordinato, influenzato all'epoca dai più accesi nazionalismi. Piffl riferisce di una riunione di cardinali austroungarici tenuta alla vigilia del conclave a Santa Maria dell'Anima, vicino piazza Navona, nella quale si decide di «votare per il cardinale Giacomo Della Chiesa al primo scrutinio, per poi concertare in seguito nel conclave il nostro voto». Ma prima del secondo scrutinio si ha una precisazione delle finalità di quel voto: il cardinale Antonio Agliardi, ex nunzio a Vienna e vicedecano del Sacro Collegio, «invita i tedeschi e gli austriaci a votare per [Pietro] Maffi, più intelligente di Della Chiesa, definito un *mediocris homo*. Ciononostante noi seguiteremo a votare Della Chiesa».

Dopo il secondo scrutinio il cardinale Felix von Hartmann, arcivescovo di Colonia, prova a dirottare quei voti, esprimendo «l'opinione che Della Chiesa non ce l'avrebbe mai fatta, perché: 1, la sua elezione sarebbe parsa un affronto alla memoria di Pio X, essendo stato Della Chiesa sottosegretario di Mariano Rampolla, e come tale in seguito trasferito a Bologna; 2, ha un carattere violento; 3, non è rappresentativo. Tuttavia noi decidemmo di seguitare a votare per Della Chiesa e consultarci di nuovo se la posizione dei vari candidati si fosse modificata».

Da questo sfaldamento del fronte austroungarico viene proprio l'elezione di Della Chiesa; il candidato della Curia romana è il cardinale Domenico Serafini, ben guidato dal cardinale Gaetano De Lai. «De Lai desidera una marionetta per dirigerla a suo piacimento», confida a Piffl il cardinale János Csernoch, arcivescovo di Budapest. Tutte le aspettative dei vertici austroungarici falliscono, perché anche la nomina del segretario di Stato non è quella che essi si attendevano. Della Chiesa, che assume il nome di Benedetto XV (1914-22), nomina il cardinale Domenico Ferrata, e Piffl annota: «È una sorpresa che non farà troppa buona impressione sul governo austriaco, ma ritengo che una marionetta integrista di De Lai sarebbe stata più pericolosa dei sentimenti del cardinal Domenico Ferrata, del quale si è sbandierata, ma non provata, la tendenza francofila».

Peraltro Benedetto XV, votato da subito a un ideale di pace, diversamente da Pio X si trova in una situazione finanziaria positiva; che è in qualche modo frutto, direttamente o meno, dell'attività del *Sodalitium Pianum*, che tra confische e appropriazione di patrimoni, ha contribuito a creare un bilancio attivo nella Santa Sede, visto che Benedetto XV eredita 6 milioni in contanti, oltre a numerose azioni e un quarto del capitale del Banco di Roma. Il problema è che c'è aria di crisi finanziaria europea per lo scoppio della prima guerra modiale. Benedetto XV la condanna dall'8 settembre 1914 come «flagello dell'ira di Dio» e si ripete il 28 luglio 1915, quando l'Italia entra nel conflitto, che è definito «orrenda carneficina che disonora l'Europa». La Santa Sede, fino ad allora mai imparziale in qualsiasi guerra, a volte essa stessa direttamente o meno partecipe degli avvenimenti bellici, ora annuncia la sua neutralità assoluta, condanna la guerra mondiale e dichiara la sua opera di aiuto sociale e finanziario in tutto il mondo.

Il papa vuole impegnarsi finanziariamente nell'assistenza a feriti, prigionieri e poveri. Si fida di Ernesto Pacelli e segue il suo consiglio di sostenere il valore delle azioni, ma il mancato appoggio delle banche cattoliche costringe papa Della Chiesa a cedere le azioni del Banco di Roma e quelle appartenenti all'amministrazione della Santa Sede. In realtà il Banco di Roma è in crisi totale. Le cause risalgono alla guerra italo-turca, nella quale l'istituto ha investito in Libia ingenti capitali per il vettovagliamento dell'esercito italiano, da cui non ha ricavato utili per colpa di operatori e agenti infidi, che hanno speculato personalmente. Tanto da perdere quasi tutto il suo capitale.

E il papa deve rimettersi solo alla fonte permanente dell'Obolo di San Pietro. Peraltro alla fine del 1916 Ernesto Pacelli viene estromesso dalla presidenza e al suo posto è nominato il terziario francescano, avvocato, conte papalino e senatore del Regno, Carlo Santucci, che diventa il nuovo punto di riferimento degli investimenti della Santa Sede. Il papa comunque è assecondato nella sua benefica opera assistenziale dal cardinale Pietro Gasparri, che è contemporaneamente camerlengo, segretario di Stato e prefetto dei palazzi apostolici.

L'opera assistenziale si sviluppa a fronte della notevole azione diplomatica che la Santa Sede è in grado di mettere in atto; Benedetto XV ha disposto fin dalla sua elezione che presso l'Accademia dei Nobili Ecclesiastici, l'istituto da cui uscivano da sempre i funzionari della Curia, si sviluppi una vera e propria scuola diplomatica in collegamento con il *Sodalitium Pianum* per l'insegnamento di diritto, economia, politica e lingue straniere. Ed ecco costituirsi un gruppo di diplomatici sguinzagliati nelle nazioni più importanti: Giuseppe Aversa e Eugenio Pacelli (futoro papa Pio XII) in Germania, Francesco Marchetti Selvaggiani e Luigi Maglione (futuro segretario di Stato) in Svizzera, Raffaele Scapinelli di Leguigno in Austria, Federico Tedeschini in Spagna, Giulio Tonti in Portogallo. Costituiscono le maglie della santa casta allargate a livello europeo per la prima volta dopo la caduta dello Stato Pontificio.

E grazie all'intervento di questi diplomatici nel 1915 viene evitato un massacro di Armeni da parte dei Turchi; nel 1916 molti detenuti civili possono tornare nelle loro case e l'anno dopo i prigionieri italiani tubercolitici rivedono la loro patria. Viene costituita una Opera Prigionieri in Vaticano, che evade circa 700.000 richieste di notizie e 40.000 di rimpatrio, mantenendo per quanto possibile i contatti tra i soldati al fronte e le loro famiglie. E la Santa Sede, tramite Carlo Santucci, entra in collegamento finanziario e medico con la regina Margherita che presta la sua opera di assistenza infermieristica nel proprio palazzo di via Vittorio Veneto.

A illuminare miracolosamente gli eventi bellici, ecco dal 13 maggio al 13 ottobre una serie di nuove apparizioni della Vergine in Portogallo ai tre pastorelli Francisco Marto, Giacinta Marto e Lucia dos Santos a Conca de Iria, presso Fatima. Nonostante le autorità portoghesi osteggino apertamente le apparizioni e la stessa Chiesa locale tenda a non pronunciarsi, si verifica subito un notevole afflusso di pellegrini. La Santa

Sede finirà per esprimersi positivamente sul prodigio miracoloso solo dal 1930, autorizzando la costruzione di un santuario e quindi l'afflusso dei pellegrini anche con i viaggi organizzati dalle società già in piedi, con un ampliamento degli interessi finanziari che ad essi fanno capo.

Peraltro dal 1914 al 1920 si ha la costituzione di numerose banche cattoliche, con le quali la Santa Sede entra in contatto, tramite Carlo Santucci. A cominciare da Roma, dove viene fondata una nuova banca da affiancare al Banco di Roma, il Credito Nazionale, al quale fanno seguito la Società Finanziaria Regionale e la Banca Regionale, nonché nell'Italia settentrionale il Credito Emiliano di Parma, il Credito Pavese e il Piccolo Credito a Ferrara. Nel 1919 nasce a Trieste la Banca Venezia Giulia, che vanta nel consiglio di amministrazione un sacerdote, Carlo Macchia, e nello stesso anno è fondata la Banca del Lavoro e del Risparmio, che ha come presidente l'avvocato Gioia del Banco di Roma. Finché nel 1920 è costituito il Credito Padano a Mantova. C'è da dire che alla grande espansione delle banche cattoliche nell'Italia settentrionale fa riscontro la crisi del Banco di Roma,

L'opera assistenziale voluta da Benedetto XV è in atto anche fuori d'Italia e continua dopo la fine della guerra. Tramite vescovadi e nunziature, la Santa Sede è presente ovunque la guerra abbia procurato danni direttamente o meno; il COR, l'istituto bancario dal 1920 presieduto da monsignor Carlo Cremonesi, con l'assistenza di monsignor Alberto Di Jorio, manda aiuti in denaro ai contadini russi vittime della carestia nei primi anni della rivoluzione bolscevica e ai contadini cinesi colpiti da grandi calamità nel 1921. E l'impegno in tutte queste opere assistenziali porta Benedetto XV a distribuire personalmente 80 milioni. Un'operazione finanziaria che va al di là dei fini speculativi che hanno caratterizzato negli ultimi quarant'anni la Santa Sede, ma che costituisce anche in qualche modo una parentesi, peraltro destinata ad essere chiusa dal suo successore.

Nello stesso tempo Benedetto XV non può ignorare il problema dell'inserimento dei cattolici nella politica italiana, considerando anche l'aiuto finanziario delle banche cattoliche; affronta il problema cercando di dare maggiore autonomia alle varie correnti per un dialogo concreto che salvaguardi una certa unità del movimento stesso. E gli sembra logico a questo punto abrogare il "*Non expedit*" il 12 novembre 1919; accetta il Partito Popolare di don Sturzo senza benedirlo, ma anche senza smentirlo, raccomandando però una netta distinzione tra l'Azione Cattolica, l'associazione istituita nel 1867 e impegnata in una missione tutta evangelica, e le azioni dei cattolici in campo economico e politico. In questo contesto resta fondamentale la condanna della massoneria e la scomunica per chi ne fa parte, codificata dal *Codice di diritto canonico* promulgato dal papa nel 1917.

Benedetto XV con la sua azione politica e finanziaria mostra un volto della Chiesa sotto certi aspetti irripetibile; la Santa Sede opera per i malati e i poveri fino al sacrificio di tutte le sue risorse finanziarie. Ed è probabilmente questo comportamento che determina da parte dello Stato italiano un primo tentativo di conciliazione nella vertenza con la Chiesa, facendo in ogni caso sempre riferimento ad alcune clausole della Legge delle Guarentigie. Un primo progetto di soluzione concordataria viene trattato in forma generica il 28 giugno 1919, in margine alla conferenza di Versailles, tra il presidente del Consiglio Vittorio Emanuele Orlando e il monsignore statunitense Raymond Kelly, relativamente ad una conciliazione tra le parti. Kelly ritiene opportuno avvisare la Santa Sede, che invia a Parigi monsignor Bonaventura Cerretti, segretario per gli Affari Ecclesiastici Straordinari. I colloqui tra l'inviato del Vaticano e il primo ministro italiano durano alcuni giorni e sembrano positivi; ma quando Orlando torna a Roma è costretto a dimettersi e gli ipotetici negoziati vengono accantonati, anche perché si palesa una opposizione da parte del re Vittorio Emanuele III, fedele alla vecchia formula separatista.

Eppure indirettamente un frutto da questi colloqui viene con la fondazione, nel febbraio del 1920, dell'*Istituto Giuseppe Toniolo di studi superiori* a Milano a opera del padre Agostino Gemelli e di altri medici religiosi; l'istituto nasce come ente garante di una università cattolica, che in effetti il 24 giugno ottiene il decreto di approvazione firmato da Benedetto Croce, allora ministro della Pubblica Istruzione. E il 7 dicembre 1921 sarà inaugurata ufficialmente a Milano l'*Università cattolica del Sacro Cuore* con una messa celebrata da padre Agostino Gemelli alla presenza del cardinale arcivescovo di Milano Achille Ratti, futuro papa.

In questo contesto politico-scientifico arrivano alla Santa Sede voci su un fenomeno che si è affermato dall'agosto 1918 nel convento di San Giovanni Rotondo, vicino Foggia; riguarda un frate trentunenne, Pio da Pietrelcina, che ha dichiarato al suo confessore di avere delle visioni, in seguito alle quali ha ricevuto le stigmate. E per questo San Giovanni Rotondo è diventata meta di di pellegrinaggi. Oltretutto si sono verificate guarigioni in alcuni pellegrini malati, i quali giurano che il corpo di questo padre Pio emani un profumo di gelsomino. Insomma si ha a che fare con un santone. Il padre generale dei Cappuccini ha fatto eseguire un controllo dal dottor Giorgio Festa, che si è espresso per una soprannaturalità del fenomeno.

Si sollecitano ulteriori indagini e per ordine del padre superiore provinciale il 15 e 16 maggio 1919 padre Pio viene visitato dal professor Luigi Romanelli, primario dell'ospedale civile di Barletta; la sua relazione parla di lesioni alle mani «senza alcun punto sanguinante», ma che «non sono superficiali». Due mesi dopo arriva a San Giovanni Rotondo, inviato dal Sant'Uffizio, il professor Amico Bignami, ordinario di patologia medica all'Università di Roma; conferma la tesi di Romanelli, ma aggiunge che le stimmate, cominciate patologicamente come semplice «necrosi neurotecnica multipla della cute», sono state ingrandite artificialmente «con un mezzo chimico, per esempio la tintura di iodio», fortemente caustica.

Nel 1920 arriva a San Giovanni Rotondo padre Agostino Gemelli, come consulente del Sant'Uffizio; è incaricato dal cardinale Merry del Val di visitare padre Pio con un approfondito esame clinico. Il frate si rifiuta di essere visitato, pretendendo un'autorizzazione scritta del Sant'Uffizio, e questo rifiuto sarà però interpretato come un'ammissione di colpa, confermata in pratica da padre Gemelli che, sentendosi offeso, manifesta tutta la sua irritazione definendo il frate nella sua relazione «psicopatico, autolesionista e imbroglione». In pratica, a suo parere, le ferite sono «frutto di un'azione patologica morbosa» ovvero se le è «procurate da sé», come esempio tipico di «patologia isterica». E sono dichiarazioni che peseranno sul futuro di padre Pio.

In Vaticano intanto il papa procede nella sua opera di messaggero di pace nel mondo. Il 28 agosto 1920 Benedetto XV riceve in udienza privata 235 rappresentanti dei Cavalieri di Colombo, la confraternita cattolica fondata nel 1881 a New Haven, nel Connecticut, dal sacerdote Michael J. McGivney nell'ideale di Cristoforo Colombo, che portò il cristianesimo nel Nuovo Mondo. La confraternita è impegnata come società di mutuo soccorso nel prestare assistenza finanziaria ai propri affiliati e ai cattolici malati e disabili, attraverso l'educazione, la carità, la religione, i servizi sociali e pubblici. A fronte della nascita di questa nuova associazione filocattolica, nel 1921 il *Sodalitium Pianum* cessa la sua attività, in seguito ad uno scandalo. Vengono pubblicati dei documenti confiscati dai tedeschi durante la prima guerra mondiale all'avvocato Alphonse Jonckx, un membro dell'organizzazione; Benigni finisce al centro di una serie di accuse, per cui Benedetto XV decide di mandarlo via. Il monsignore peraltro non desisterà dal fare lo spione, finendo nell'OVRA, la polizia politica fascista, come informatore della segreteria privata di Mussolini.

Di fronte a questo evento che in qualche modo ha la sua influenza sulle finanze pontificie, il papa esorta i Cavalieri di Colombo a estendere l'attività a Roma, come fiduciari del Vaticano in un'opera di apostolato che affianchi quella propria dell'associazione di assistenza finanziaria, autentica forza nuova per le casse della Santa Sede. E i Cavalieri allora aprono immediatamente un ufficio in via delle Muratte e, tra il 1922 e il 1927, realizzeranno cinque campi ricreativi a disposizione gratuita dei giovani di Roma, costruiti su progetto dell'architetto Enrico Pietro Galeazzi, che sarà gratificato del titolo di conte dell'Ordine Piano. Inoltre si propongono di presentare al papa una annuale rendita, frutto delle loro offerte dagli Stati Uniti, e non solo.

Il conclave a rischio di scomunica e le trattative tra la Santa Sede e Mussolini

Il conclave del 1922 si svolge in termini abbastanza simili a quelli del 1904 e del 1914, e non è forse casuale che la fonte dei segreti di quell'assemblea elettorale sia per la seconda volta il cardinale Gustav Piffl con il suo misterioso diario. Quando il prelato austriaco arriva a Roma il 27 gennaio 1922 è accolto alla stazione dall'incaricato di affari austriaci e tedeschi. «Facciamo il punto sulla candidatura. Così Willem van Rossum, secondo il parere di Karl Joseph Schulte, arcivescovo di Colonia, ritiene che bisognerebbe eleggere un cardinale non italiano e propone la candidatura di Merry del Val. Pietro Gasparri non ce la farà. Achille Ratti non è uomo di principi; così Camillo Laurenti. Restano fondamentali le relazioni del futuro papa con l'Italia. Ne terremo conto».

Si decide di votare in un primo momento Gasparri e in un secondo scrutinio Laurenti. Dopo la prima giornata di votazioni del 3 febbraio, Piffl nota l'esistenza di due tendenze: «1, la riapparizione dei vecchi integralisti guidati da Merry del Val; 2, la continuazione della politica di Benedetto XV, per la quale è in prima fila [Pietro] Gasparri. Merry del Val ha avuto 17 voti, Gasparri 13. Il primo è portato principalmente da [Wilhelm] van Rossum, che vuole fortemente un non italiano e si aspetta dall'energia e dallo spirito costante di Merry del Val un rafforzamento della disciplina ecclesiastica. Gasparri non va, principalmente per il suo nepotismo: una volta papa, sarebbe vittima dei parenti. Alcuni cardinali di Curia non condividono questo timore. Personalmente preferirei un candidato di compromesso. [Raffaele] Scapinelli propone in tal senso [Gaetano] Bisleti. Io preferisco [Camillo] Laurenti».

Il cambiamento è determinato dalla crescita di Achille Ratti, di fronte al quale il dirottamento di voti di Gasparri diventa decisivo per sbloccare la situazione a favore di un italiano e ai danni di Pietro La Fontaine, sul quale confluiscono invece i voti di Merry del Val, che non saranno sufficienti. Piffl considera «Gasparri partigiano dell'elezione di Ratti» e certamente tra il 5 e il 6 febbraio si ha un compromesso tra i due cardinali: Ratti papa, Gasparri segretario di Stato. Si ha probabilmente un tacito accordo, mentre sembra che il De Lai prometta un vero e proprio mercato al Ratti; i voti del proprio gruppo in cambio di una rimozione di Gasparri dal posto di segretario di Stato. Un comportamento che implicava la scomunica».

Ma su questo argomento Piffl non fa più testo. Negli atti di canonizzazione di Merry del Val si legge la disposizione di monsignor Primo Principi che, tra l'altro, afferma: «Dal cardinale Gasparri ascoltai questa frase: "Merry del Val durante il conclave incorse nella scomunica" e gli chiesi una spiegazione. Gasparri mi disse che il cardinale De Lai, capo del gruppo che sosteneva l'elezione di Merry del Val, quando si accorse che la sua elezione non poteva riuscire tentò di imporre al cardinale [Achille] Ratti, prossimo a essere eletto papa, la condizione di non eleggere a segretario di Stato il cardinal Gasparri, bensì Merry del Val». È l'antica pratica della corruzione che riaffiora in conclave, pronta a compromessi e concessioni sotto banco; ma, a quanto pare, in questo caso non va in porto.

Il fatto nuovo per la Santa Sede, e non solo, si verifica lo stesso anno dell'avvento al trono pontificio di Pio XI (1922-39), ed è costituito dalla "marcia su Roma". Pare che le camicie nere abbiano avuto precisi ordini per il rispetto del clero nella loro avanzata verso la capitale; e si ha una manifestazione in favore del papa in piazza San Pietro. Su «L'Osservatore Romano» del 29 ottobre di quell'anno si legge: «S'annunzia che l'onorevole Mussolini intende avviare alla collaborazione governativa [...] uomini di ogni parte, solleciti soprattutto degli interessi del popolo». Non è un elogio, ma è perlomeno «un atteggiamento di cauto ottimismo verso il regime fascista», come ha scritto Giacomo Martina; Pio XI sa benissimo con chi ha a che fare, ma gioca da gran diplomatico le sue carte, e con autorità.

Papa Ratti ha ereditato casse vuote, e i 50 milioni l'anno che occorrono per i bisogni esistenziali della Santa Sede non sono più coperti dalle entrate del Patrimonio e neanche dall'Obolo di San Pietro; così nel 1923 e 1924 deve ricorrere anche a banchieri esterni alla Santa Sede: e naturalmente l'intermediario è Carlo Santucci. Ma nel frattempo vanno avanti le trattative con lo Stato italiano. La sera del 20 gennaio 1923 nello studio privato di Carlo Santucci in via della Pigna 6, con entrata anche su via del Gesù 62, si svolge un incontro tra il cardinale Pietro Gasparri, camerlengo di Santa Romana Chiesa, e Benito Mussolini, capo del governo italiano. Nel lungo colloquio che ne segue cadono molte pregiudiziali ed è spianata la via verso la conciliazione, che non contempla solo i rapporti finanziari.

A fronte di questi problemi, Pio XI ci tiene a sistemare il rapporto con padre Pio da Pietrelcina, che è rimasto in sospeso dopo il referto negativo di padre Gemelli. E lo fa con fermezza. Il 31 maggio 1923 emana un decreto di condanna del Sant'Uffizio, che dichiara il «*non constat de supernaturalitate*» sui fatti legati alla vita del frate ed esorta i fedeli a non credere alle sue millantate virtù di santone e a non andare in pellegrinaggio a San Giovanni Rotondo. Il decreto viene pubblicato su «L'Osservatore Romano» del 5 luglio 1923 e subito riproposto dai giornali di tutto il mondo. Seguiranno ben cinque decreti di condanna con il divieto per padre Pio di celebrare la messa in pubblico e dell'esercizio della confessione. Eppure, in barba ai decreti, a San Giovanni Rotondo seguiteranno ad arrivare pellegrini e anche di prestigio, come i reali di Spagna, i Borbone di Parma, Maria José e Eugenio di Savoia.

Intanto a Roma continuano numerosi per sei anni i colloqui tra la Santa Sede e il governo italiano; sono condotti dall'avvocato del tribunale della Sacra Rota Francesco Pacelli, fratello del futuro Pio XII (1939-58), per il Vaticano, e dall'avvocato Domenico Barone per il governo italiano, con interventi di Bruno Mussolini e Alfredo Rocco. Ma quando Domenico Barone muore, Pacelli finisce per trattare direttamente con Benito Mussolini, in un modesto appartamento in via Rasella e quindi a villa Torlonia.

Mussolini tende una mano ai cattolici, riconoscendo l'importanza della religione cristiana nella storia e nella vita italiana, e si mostra disposto a concessioni alla Chiesa; Pio XI è propenso a soluzioni di vertice più che a mediazioni democratiche. Sta bene l'Unione Nazionale di cattolici come Paolo Mattei Gentile e Egilberto Martire, esponenti clerico-fascisti, ma non il Partito Popolare di don Sturzo, che lascia l'Italia e va esule a Londra. Ai preti è proibita l'iscrizione a qualsiasi partito. Deve essere sciolta l'Associazione Scoutistica Cattolica Italiana, fondata nel 1916 da Mario di Carpegna, guardia nobile palatina; per quanto votata alla catechesi e benedetta dal papa, è ritenuta non di stampo nazionale, ma di origine inglese. Rivedrà la luce nel 1945. Sta bene piuttosto l'Azione Cattolica, riconosciuta come istituzione nazionale e dalle finalità esclusivamente religiose. Viene però riorganizzata sulla base dei quattro rami di giovani, uomini, gioventù femminile, donne, penetrando in ogni parrocchia; e secondo quanto nota Silvio Tramontin, «questa rete capillare avrebbe dovuto contribuire a diffondere quella regalità sociale di Cristo nel paese».

In questo contesto acquistano ancor più credito i Cavalieri di Colombo, che entrano di diritto nelle frange della santa casta. Pio XI è entusiasta dell'associazione che qualifica come «il forte braccio destro della Chiesa», appoggiando l'iniziativa caritatevole e la sanità dell'ideale sportivo. Così dona all'associazione un terreno all'interno delle Mura vaticane, su cui sorge l'Oratorio di San Pietro, con palestra, cappella e teatro, inaugurato il 9 aprile del 1924.

Il buon rapporto esistente tra Mussolini e la Santa Sede porta a una collaborazione dello Stato italiano e del Governatorato di Roma per l'Anno Santo del 1925. Le Ferrovie predispongono sconti e viaggi organizzati; l'Atac crea una linea tramviaria che collega le quattro basiliche con una "carta dei pellegrini" a costi di favore, con tagliandi per visite ai musei. E le Poste italiane curano la prima celebrativa emissione di francobolli. A coronamento dell'Anno Santo si ha la proclamazione della festa del Cristo Re nel 1925, che vale come l'affermazione del neo-temporalismo della Chiesa in Italia.

In vista di una definitiva conciliazione con lo Stato italiano, in riferimento ai problemi finanziari ad essa connessi e alle proprietà immobiliari che saranno definite, Pio XI si premunisce nella riorganizzazione degli uffici amministrativi. Così con *motu proprio* del 16 dicembre 1926 dispone la riunione delle due sezioni amministrative in un'unica generale Amministrazione dei Beni della Santa Sede, definendone meglio le caratteristiche. Si tratterà di amministrare i beni con la collaborazione di esperti, anche non ecclesiastici, provvedendo a quanto necessario per l'attività delle congregazioni e curando lo sviluppo delle infrastrutture, con la relativa contabilità e la redazione di un bilancio.

A parte l'Italia l'azione diplomatica dei nunzi della Santa Sede ha già dato i suoi frutti in una serie di concordati, da quello con la Lettonia nel 1922 a quello con la Romania e la Lituania nel 1927. Non è ancora andato in porto in Germania, dove però i contatti diplomatici segreti di Eugenio Pacelli con Mathias Erzberger, ministro del Reich, hanno portato a stabilire un'ambasciata tedesca presso la Santa Sede a fronte della creazione di due nunziature in Germania, a Berlino e Monaco. Ma Pacelli sta preparando il terreno per la firma del concordato, screditando i gruppi politici cattolici e aiutando così il rafforzamento del Partito nazista di Hitler.

Nulla di buono sul versante dell'Unione Sovietica, verso la quale l'impegno diplomatico è in atto dal 22 gennaio 1922 con incontri a Roma e quindi a Berlino tra Gasparri e Lenin, che non portano a nulla. Oltretutto nella primavera del 1923 l'arcivescovo Jan Cieplak con il suo vicario Konstanty Budkiewicz e dodici sacerdoti cattolici vengono arrestati con l'accusa di spionaggio; l'arcivescovo è condannato ai lavori forzati per dieci anni, mentre il vicario viene condannato a morte. E sono chiuse chiese e scuole. Pio XI esprime condanna per tutto ciò nel concistoro, ma non a livello internazionale, ordinando a Eugenio Pacelli di continuare i colloqui con Mosca; il nunzio pontificio mira addirittura al riconoscimento della Chiesa di Roma come Stato e passa alle maniere forti. Minaccia di organizzare un embargo contro l'Unione Sovietica, sostenuto da tutte le nazioni cattoliche. Così le trattative s'interrompono.

Nel 1926 Pio XI invia segretamente in Unione Sovietica il vescovo francese Michel d'Herbigny, gesuita, che alloggia all'hotel Savoy; questi nella vicina chiesa di San Luigi consacra subito vescovo padre Eugène Neveu e il parroco francese di Makeevka, e in seguito consacra altri tre amministratori apostolici per le città di Leningrado, Minsk e Odessa. Si costituisce in sostanza un gruppo di rappresentanti della Santa Sede con lo scopo di mantenere viva la presenza cattolica nell'Unione Sovietica in maniera segreta e non riconosciuta ovviamente dallo Stato.

Prosegue invece nel frattempo, grazie ai buoni rapporti esistenti tra la Santa Sede e lo Stato italiano, la grande attività dei Cavalieri di Colombo che arrivano a costruire nel maggio del 1927 un impianto sportivo a fronte del Tevere, popolarmente chiamato "Polverini"; è sorto su un terreno demaniale, per speciale concessione del governo italiano, e infatti nel 1934 sarà spostato a valle del ponte Duca d'Aosta. E sempre nel maggio 1927 viene inaugurato un campo sportivo nella zona di Valle Giulia, frequentato subito da numerose istituzioni scolastiche e religiose.

I Patti Lateranensi: il nuovo Stato della Santa Sede

I colloqui della Santa Sede con il governo italiano arrivano a una conclusione positiva, perché portano al riconoscimento di un'entità nazionale della Santa Sede; è quanto viene sanzionato dai Patti Lateranensi dell'11 febbraio 1929, firmati nel palazzo del Laterano dal cardinal Gasparri per il papa e da Benito Mussolini per il re Vittorio Emanuele III. Articolati su un trattato politico, una convenzione finanziaria e un concordato, costituiscono oltretutto per le finanze della Santa Sede una ventata di aria nuova; con motivazioni nobilissime indicate nel preambolo e che sono «i danni considerevoli subiti dalla sede apostolica in seguito alla perdita del Patrimonio di San Pietro costituito dagli antichi Stati Pontifici e dai beni dei corpi ecclesiastici e, d'altra parte, i bisogni sempre crescenti della Chiesa, non foss'altro che per la città di Roma». E tuttavia si precisa che il Sommo Pontefice «avendo anche presente la situazione dello Stato e le condizioni economiche del popolo italiano specialmente dopo la guerra, ha ritenuto di limitare allo stretto necessario la richiesta di indennizzo, domandando una somma, parte in contanti e parte in consolidato, la quale è in valore di molto inferiore a quella che a tutt'oggi lo Stato avrebbe dovuto sborsare alla Santa Sede medesima anche solo in esecuzione dell'impegno assunto con la legge del 13 maggio 1871».

Il preambolo fa riferimento alla somma di 3.225.000 lire l'anno indicata nella Legge delle Guarentigie, senza far riferimento al fatto che era stata rifiutata dalla Santa Sede, per facilitare una transazione abbastanza delicata, fino a concludere che «lo Stato italiano, apprezzando i paterni sentimenti del Sommo Pontefice, ha creduto doveroso aderire alla richiesta del pagamento della detta somma». Esauriti i convenevoli del preambolo, il concordato precisa il carattere finanziario degli accordi nei primi due articoli.

«Articolo 1°. L'Italia si obbliga a versare, allo scambio delle ratifiche del trattato, alla Santa Sede la somma di lire italiane 750.000.000 (settecentocinquanta milioni) e a consegnare contemporaneamente alla medesima tanto consolidato italiano 5% al portatore (col cupone scadente il 30 giugno p.v.) del valore nominale di lire italiane 1.000.000.000 (un miliardo)». E qui, per avere un'idea più precisa del valore di questa cifra, si tenga presente che è corrispondente a 712 miliardi di euro attuali.

«Articolo 2°. La Santa Sede dichiara di accettare quanto sopra a definitiva sistemazione dei suoi rapporti finanziari con l'Italia in dipendenza degli avvenimenti del 1870».

Già questi due articoli sono indicativi del grande affare realizzato da Pio XI, tanto che Mussolini si preoccupa di minimizzarne il costo per lo Stato italiano in un discorso al Senato, dal quale si evidenzia con quanta abilità egli riesca a mascherare il valore della somma giocando con le cifre di riferimento. «Quando si è saputo che esisteva una convenzione finanziaria, anzitutto, per arrotondare le cifre, si è detto che si trattava di due miliardi. Molto meno! Si tratta, infatti, di 750 milioni in contanti e un miliardo di consolidato, il quale però, non è piacevole constatarlo, si può comperare, oggi, con 800 milioni. Sono dunque 1550 milioni, ma di lire di carta. Bisogna dividere per tre e sessantasei: sono 400 milioni di lire oro». E ancora: «Poco, quando voi pensate, e scommetto che non ve ne spaventate affatto, che noi abbiamo 200 miliardi di debiti. La cifra è una di quelle che fanno rabbrividire, ma noi rimandiamo i brividi a migliore stagione. Che cosa sono 400 milioni di lire oro?».

Da grande imbonitore, Mussolini maschera la realtà di quel grosso debito, riuscendo a non turbare i nobili senatori, e convicendoli che quella somma non turberà né il bilancio finanziario né il mercato finanziario. E poi per quel miliardo di consolidato il governo avrebbe preso i titoli dalla Cassa Depositi e Prestiti, «che ne ha dei mucchi», e li avrebbe restituiti nel giro di dieci anni, acquistandone annualmente in Borsa 100 milioni al valore nominale. E per quanto riguarda i 750 milioni di liquido, non c'è problema, perché lo Stato possiede una riserva di 2 miliardi di lire.

E poi, nessun timore che quella somma porti all'inflazione: «Il versamento di tale somma», conclude Mussolini, «sarà fatto effettivamente dalla Regia Tesoreria alla data fissata. Tuttavia la Santa Sede – e anche qui bisogna riconoscere che il Sommo Pontefice è venuto incontro ai nostri desideri – in base ad accordi intervenuti, allo scopo esclusivamente di evitare aggravi alla circolazione bancaria, non ne farà prelevamento dalle casse della Banca d'Italia, se non gradualmente. Altre assicurazioni ha fatto la Santa Sede circa l'uso del miliardo di debito pubblico, confermando così quella fiducia nel nostro maggior titolo, dimostrata con la firma degli accordi finanziari».

Insomma Mussolini vuol convincere gli italiani che lo Stato ha fatto un affare, omettendo oltretutto un particolare presente in un comma dell'articolo 6, al quale inizialmente non si dà peso. Vi si precisa che «l'Italia provvederà, a mezzo degli accordi occorrenti con gli enti interessati, che alla Città del Vaticano sia assicurata una adeguata dotazione di acqua in proprietà. Provvederà, inoltre, alla comunicazione con le ferrovie dello Stato mediante la costruzione di una stazione ferroviaria nella Città del Vaticano [...] e mediante la circolazione di veicoli propri del Vaticano sulle ferrovie italiane. Provvederà altresì al collegamento, direttamente anche con gli altri Stati, dei servizi telegrafici, telefonici, radiotelegrafici, radiotelefonici e postali nella Città del Vaticano. Provvederà anche al coordinamento degli altri servizi pubblici».

Mentre le norme relative al servizio ferroviario, telegrafico, radiotelegrafico e postale saranno accantonate perché la Citta del Vaticano si fornirà di proprie strutture radiotelefoniche e telegrafiche, nonché di una propria stazione ferroviaria con tanto di treno, resteranno operanti quelle relative all'acqua e alla luce, e invece verrà sempre trascurato il pagamento relativo a questi servizi dei quali la Santa Sede usufruirà, utilizzando quelli del Comune di Roma e, ovviamente, senza mai saldare le relative fatture. E questo accadrà senza che lo Stato italiano pensi a pagarle, come suo dovere, determinando una insolvenza che durerà fino ai nostri giorni.

Un particolare che fa capire come l'affare in questo trattato lo ha fatto il rinato Stato della Santa Sede, riconosciuto nella sua sovranità con il restauro del potere temporale, come indicato nell'articolo 3: «L'Italia riconosce alla Santa Sede la piena proprietà e la esclusiva ed assoluta potestà e giurisdizione sovrana sul Vaticano, com'è attualmente costituito, con tutte le sue pertinenze e dotazioni, creandosi per tal modo la Città del Vaticano per gli speciali fini e con le modalità di cui al presente trattato», ovvero entro i confini indicati nella pianta allegata al trattato. Il secondo comma dello stesso articolo dà inoltre chiarimenti sull'accesso libero a piazza San Pietro, con il confine dell'Italia segnato dal filo esterno del colonnato del Bernini e dalle Mura vaticane. «Resta peraltro inteso che la piazza di S. Pietro, pur facendo parte della Città del Vaticano, continuerà ad essere normalmente aperta al pubblico e soggetta ai poteri di polizia delle autorità italiane, le quali si arresteranno ai piedi della scalinata della Basilica, sebbene questa continui ad essere destinata al culto pubblico, e si arresteranno perciò dal montare ed accedere alla detta Basilica, salvo che siano invitate ad intervenire dall'autorità competente».

E la santa casta è ovviamente intoccabile, in una sua autonoma esistenza nel contesto della Santa Sede. A cominciare dalla «sacra ed inviolabile persona del Sommo Pontefice» e dietro di lui, secondo l'articolo 21, «tutti i cardinali godono degli onori dovuti ai principi di sangue; quelli residenti in Roma, anche fuori della Città del Vaticano, sono a tutti gli effetti, cittadini della medesima» godendo di qualsiasi immunità. Così come, secondo gli articoli 9 e 10, «i dignitari della Chiesa e le persone appartenenti alla Corte Pontificia [...] anche quando non fossero cittadini del Vaticano», e di conseguenza «gli ecclesiastici che, per ragione di ufficio, partecipano fuori della Città del Vaticano all'emanazione degli atti della Santa Sede, non sono soggetti per cagione di essi a nessun impedimento, investigazione o molestia da parte delle autorità italiane». Sono i vantaggi degli appartenenti alla casta della Chiesa. A fronte di questi vantaggi, che sarebbero rimasti in vigore fino ai nostri giorni, è poca cosa il contentino del giuramento di fedeltà allo Stato italiano che i vescovi di nuova nomina dovranno pronunciare; mentre i parroci, celebranti la domenica e nelle altre feste liturgiche, dovranno elevare una preghiera per il re d'Italia e il suo governo. Regola questa, in realtà, non più rispettata con la caduta del regno e del fascismo, e non indirizzata al presidente della Repubblica e al governo democratico in carica.

Peraltro nei trattati non si fa alcun accenno alla congrua, ovvero l'erogazione mensile effettuata fin dal Medioevo dallo Stato Pontificio agli ecclesiastici per il loro sostentamento; e questo perché lo Stato italiano fin dal 1871, in riferimento alla Legge delle Guarentigie, si era impegnato nel versamento del beneficio, anche se limitatamente ai parroci. Che lo Stato liberale considerava come una categoria particolare, diversa dalle congregazioni e dagli ordini monastici, perché mentre questi ultimi si erano mostrati fortemente antiunitari, i parroci da subito erano apparsi legati all'Italia in senso patriottico. Così che lo Stato italiano li considerava «alla stregua di una funzione pubblica parallela, utile al benessere spirtuale del Paese», come ha osservato Sergio Romano; così i parroci e i sacerdoti loro diretti collaboratori seguiteranno a essere stipendiati dallo Stato.

La spesa, fino al 1932, graverà sul bilancio del Ministero della giustizia e degli affari di culto; successivamente la competenza per la retribuzione passerà al Ministero dell'interno. Lo stipendio verrà considerato diritto personalissimo e avrà natura di assegno alimentare, non trasmissibile agli eredi; in ogni caso non si tratterà di importi molto elevati, tanto che verranno spesso stanziate somme una tantum di integrazione. Così dal 1925 al 1944 si tratterà di una somma annua di 3500 lire, per passare negli anni Cinquanta ad un importo annuo di 200.000 lire, e arrivare ad una somma annua di 9 milioni nel 1986, ultimo anno del pagamento della congrua da parte delle Direzioni provinciali del Tesoro, in ragione del nuovo concordato del 1984.

Ai trattati è infine allegato l'elenco dei beni immobili dentro Roma, ma fuori della Città del Vaticano, «con privilegio di extraterritorialità e con esenzione da espropriazioni e da tributi», che appartengono alla Santa Sede da prima del 20 settembre 1870 e non erano stati espropriati al momento della conquista di Roma da parte del Regno d'Italia. Eccone l'elenco allegato ai trattati:

basilica e Palazzo Apostolico Lateranense;
edificio della Scala Santa in piazza San Giovanni;
basilica di Santa Maria Maggiore con edifici annessi;
basilica di San Paolo con edifici annessi;
palazzo della Dataria nella via omonima (poi venduta);
palazzo della Cancelleria nella piazza omonima;
palazzo di Propaganda Fide in piazza di Spagna;
palazzo di San Callisto in Trastevere;
palazzo dei Convertendi a piazza Scossacalli (poi demolita);
palazzo del Sant'Uffizio e adiacenze;

palazzo del Vicariato in via della Pigna;

palazzo dell'Accademia ecclesiastica in piazza della Minerva;

immobili sul Gianicolo, da porta Cavalleggeri, lungo viale Aurelio e la passeggiata, fino a S. Onofrio, e, attraverso via dei Penitenzieri e borgo Santo Spirito, fino a porta Santo Spirito, dove sorgono la villa Barberini, il Collegio di Propaganda Fide, il palazzo Gabrielli (sede del Collegio americano del Nord), l'ospedale Bambin Gesù, il Collegio Pio Romeno, Collegio Ucraino di San Giosafat, la Pontificia Università Urbaniana, l'area dei Servizi Tecnici della Santa Sede, il Collegio Internazionale Santa Monica, la Curia generalizia della Compagnia di Gesù e i contigui immobili su Borgo Santo Spirito, l'Istituto di Maria Bambina, l'edificio delle Suore Calasanziane, la Casa delle Suore dell'Addolorata.

C'è inoltre, fuori Roma, la proprietà del territorio collinare che si apre lungo la via Aurelia, la via della Madonna del Riposo e via di Torre Rossa a fronte della Selva Candida e Boccea, e delle ville Sacchetti e Carpegna, territorio che gode dell'extraterritorialità e dell'esenzione di esproprio e tributi, godimento che verrà meno in quella parte venduta a società edilizie per la costruzione del quartiere Aurelio, ma mantenuto invece per cliniche, case di cura e conventi che vi saranno costruiti dalla Santa Sede.

Esistono, fuori Roma, sempre con extraterritorialità ed esenzione di esproprio e tributi, gli immobili di Castel Gandolfo relativi al Palazzo pontificio e alla villa Barberini.

E ancora esiste un altro gruppo di immobili dentro Roma e fuori della Città del Vaticano esenti da esproprio e tributi:

Università Gregoriana in piazza della Pilotta;

Istituto Biblico in piazza della Pilotta;

palazzo Ss. Apostoli nella piazza omonima;

palazzo annesso alla chiesa di Sant'Andrea della Valle;

palazzo annesso alla chiesa di San Carlo ai Catinari;

palazzo dell'Istituto di Archeologia cristiana in via Napoleone III;

palazzi dell'Istituto Orientale e del Collegio Lombardo in piazza Santa Maria Maggiore;

palazzo del Collegio Russo in via Carlo Cattaneo;

palazzo dell'Apollinare in piazza Sant'Apollinare;

palazzo in piazza delle Cinque Lune;

palazzo adiacente a Sant'Agostino;

palazzo della Casa di esercizi per il clero presso Ss. Giovanni e Paolo al Celio.

In aggiunta vengono cedute alla Santa Sede, all'esterno di Roma, le basiliche della Santa Casa a Loreto, in provincia di Ancona; di San Francesco ad Assisi, in provincia di Perugia; e di Sant'Antonio di Padova a Padova.

Dal 1947 godrà di extraterritorialità il palazzo del Pontificio Seminario Minore in via Aurelia; dal 1951 godrà di extraterritorialità il nuovo centro radiotrasmittente di Santa Maria di Galeria, presso Cesano; dal 1979 godranno di extraterritorilità il palazzo dei Propilei e il palazzo Pio a Roma, all'inizio di via della Conciliazione, in sostituzione del palazzo della Dataria, venduto dalla Santa Sede. Tutto questo senza contare le case parrocchiali annesse alle chiese e le donazioni, un complesso edilizio di base per quella ricchezza immobiliare che gradatamente aumenterà fino a oggi, con l'istituzione, nell'arco di ottant'anni, di ospedali, case di cura, alberghi.

Rapporti finanziari tra Vaticano e fascismo

È nata pertanto la Città del Vaticano, individuata in «quel tanto di territorio», come definisce Pio XI i 44 ettari che comprendono San Pietro, i palazzi apostolici e i giardini; si tratta ora di definirla più concretamente nelle sue strutture, ovvero di costruire quegli edifici che la qualifichino in una precisa distinzione dalla Santa Sede. Questa infatti è una persona morale di diritto pubblico che esercita la sua sovranità sulla città che è, propriamente, non un ordinamento giuridico originario, come ogni altro Stato, ma derivato. E la Santa Sede è inscindibile dalla persona stessa del romano pontefice, che ovunque, in qualsiasi striscia di territorio risieda, resta sempre il capo della Chiesa cattolica.

Prima di tutto viene promulgata una *Legge Fondamentale*, alla quale facciano capo i vari codici legislativi dei diversi tribunali della Santa Sede. In essa prende risalto proprio un articolo relativo a un eventuale attentato alla persona del papa. La legge è emanata il 7 giugno e l'articolo in questione è il numero 4 che recita: «La pena comminata contro chi nel territorio della Città del Vaticano commette un fatto contro la vita, la integrità o la libertà personale del Sommo Pontefice è quella indicata nell'articolo 1 della legge del Regno d'Italia 25 novembre 1926 n. 2008», nel quale si prescrive: «Chiunque commette un fatto diretto contro la vita, l'integrità o la libertà personale del re o del reggente è punito con la morte. La stessa pena si applica, se il fatto sia diretto contro la vita, l'integrità o la libertà personale della regina, del principe ereditario o del capo del governo».

Oltretutto la legge fa seguito a un articolo del concordato dei Patti Lateranensi che già contempla in sostanza il delitto di lesa maestà: «Considerando la persona del Supremo Pontefice sacra e inviolabile, l'Italia dichiara che qualunque attentato alla Sua persona o qualunque incitamento a commettere tale attentato sia punibile con le medesime pene previste per tutti i simili attentati o incitamenti condotti contro la persona del Re. Tutte le offese o gli insulti commessi all'interno del territorio italiano contro la persona del Supremo Pontefice, causati dal significato di discorsi, atti o scritti, saranno punibili allo stesso modo che come offese e insulti contro la persona del Re».

Una volta tutelata la vita di Sua Santità, la Santa Sede può dedicarsi alla rifondazione della Città del Vaticano, mettendo mano alle nuove strutture edilizie. Si vengono così costruendo l'ufficio postale, la stazione ferroviaria, la radio, la farmacia. E viene creato il Governatorato, al quale sono assegnate varie competenze economiche, relative all'emissione e vendita di francobolli e monete, nonché alla vendita di prodotti di ogni genere introdotti in franchigia. Così è in funzione l'Annona, un fabbricato appositamente costruito, che tra l'altro sarà preso d'assalto da migliaia di famiglie romane imparentate con impiegati del Vaticano; quindi il Magazzino dei tessuti, situato a monte dei giardini, e infine il distributore di benzina antistante il palazzo di San Carlo. Nascono di qui diversi bilanci da considerare solo teoricamente indipendenti dall'amministrazione della Santa Sede, sullo stesso piano della congregazione di Propaganda Fide, i cui fondi sono finalizzati esclusivamente alle terre di missione.

Le finanze fanno sempre capo al COR, come istituto bancario, e al dicastero dell'Amministrazione dei Beni della Santa Sede, ultimamente rinnovato, ma altra cosa è la gestione dell'indennità milionaria che i trattati assegnano alla Santa Sede, per la quale occorre una struttura amministrativa più appropriata e una personalità che sia esperta. Pio XI, pochi giorni dopo la firma dei Patti Lateranensi, con il *motu proprio* del 7 giugno 1929 fonda una Amministrazione Speciale, in qualche modo derivazione della Sezione Straordinaria dell'Amministrazione, ma da essa completamente separata. È detta in forma abbreviata "La Speciale" e viene affidata all'ingegnere finanziere Bernardino Nogara, fratello di un vescovo. Si tratta di un abile banchiere, già membro della delegazione che dopo la guerra mondiale aveva negoziato il trattato di pace come membro della Commissione economico-finanziaria e, da ultimo, impegnato a Berlino nella gestione delle industrie nella Commissione interalleata per l'applicazione del Piano Dawes per le riparazioni germaniche di guerra. Ha accettato l'incarico, a condizione di esser libero da qualsiasi considerazione religiosa nelle sue manovre finanziarie e di poter investire i fondi del Vaticano in ogni parte del mondo.

Con lui infatti si apre la strada quanto mai ampia per le speculazioni e operazioni in Borsa, con acquisto di società dall'attività decisamente non all'insegna della morale cattolica: «Prodotti come bombe, carri armati, pistole e contraccettivi», ha sottolineato David Yallop, «potevano essere condannati dal pulpito, ma le azioni che Nogara comprava aiutarono a riempire le casseforti di San Pietro». E Nogara verrà soprannominato «il banchiere di Dio», quasi inviato della Provvidenza ad esaltare i capitali della Chiesa, in qualche modo diventato membro della santa casta, come benefattore, ma anche ovviamente usufruttuario di parte di quelle ricchezze, delle quali non è lecito sapere l'entità.

Anche perché Nogara impegna in questa grandiosa operazione finanziaria personalità laiche della Santa Sede, a cominciare da quando, il 4 giugno 1929, dà vita alla società di assicurazione *Praevidentia* con i senatori fascisti Stefano Cavazzoni e Giuseppe Bevione, Giovanni Marinelli, segretario amministrativo del Consiglio nazionale fascista, nonché uno dei sequestratori di Matteotti, e il conte Franco Ratti, nipote di Pio XI. E ancora, rilevata l'Italgas, fa entrare nel consiglio di amministrazione come vicepresidente l'avvocato Francesco Pacelli, fratello del cardinale Eugenio, nuovo segretario di Stato al posto di Gasparri e futuro papa Pio XII; da qui sorgerà la prima società per la produzione di gas liquido. Tutto in un forte rapporto che si viene a creare tra la Santa Sede e il regime fascista. Di seguito gli uomini della Santa Sede entrano nei consigli di Breda, Dalmine, Reggiane, Ferrorotaie, Società elettriche Italia centrale, Società agricola lombarda di Milano; e sono sempre i Pacelli a esser presenti, con i nipoti del segretario di Stato, Carlo, Marcantonio e Giulio, che sono la crema laica della santa casta.

Peraltro la Santa Sede non si limita a partecipare, ma dà vita ad iniziative proprie, come la Società Romana di Finanziamento e l'Istituto Centrale di Credito, forte dell'appoggio del regime fascista in qualche modo interessato a certe operazioni di mercato. È così che la Santa Sede riesce a fronteggiare il *crack* nel quale si trovano coinvolte negli anni Trenta le banche cattoliche, ovvero il Banco di Roma, il Banco di Santo Spirito e il Credito Sardo, oltre alle due laiche Comit e Credito Italiano. Il governo fascista interviene trasferendo i titoli bancari vaticani nel nuovo Istituto per la Ricostruzione Industriale (IRI), pur avendo un valore superiore a quello di mercato, come viene rilevato in una nota dell'istituto: «Il valore che venne così accreditato alle banche era superiore, evidentemente, al valore attribuibile alle partite trasferite all'IRI; la differenza tra il valore riconosciuto e il valore delle posizioni trasferite costituì la perdita dell'operazione di risanamento addossata all'Istituto». E tutto peraltro a ricasco dei lavoratori italiani, sui quali nel 1934 finisce addossata la perdita delle speculazioni della Santa Sede, con un costo per l'IRI di 6 miliardi di lire, pari a 4272 miliardi di euro odierni.

In questo contesto la Santa Sede ha anche l'opportunità di gestire direttamente i viaggi ai santuari, che costituiscono una fonte di guadagno notevole. C'è l'UNITALSI, ma questa associazione non è diretta dipendente del Vaticano; e allora, alla fine del 1933, ecco fondata l'Opera Romana Pellegrinaggi, come attività istituzionale del Vicariato di Roma, alle dirette dipendenze del cardinale vicario. In questo modo è assicurata alla Santa Sede la gestione dei viaggi per ammalati e non, amministrativamente legata alla Speciale e successivamente all'Amministrazione del Patrimonio della Santa Sede (APSA); si tratta di un'iniziativa destinata a confermare negli anni la sua validità organizzativa con i cosiddetti "treni bianchi" e un apparato assistenziale notevole, fino a contare all'alba del terzo millennio 900 sacerdoti e 400 animatori e assistenti per 130.000 pellegrini l'anno.

I buoni rapporti tra fascismo e Santa Sede hanno nel frattempo avuto una qualche influenza sulla definizione di un concordato con la Germania nazista nel 1933 e portano perfino a partecipazioni congiunte nella gestione di imprese industriali e finanziarie; Pio XI ottiene dal cancelliere Adolph Hitler la conferma di una tassa, la *Kirchensteuer*, grazie alla quale il 10% delle imposte sui redditi dei tedeschi affluisce nelle casse della Chiesa cattolica e protestante. È una sorta di quell'8 per mille che si avrà in Italia dal 1989. È anche vero che dietro questo concordato resta il contrasto ideologico, ed è solo apparente il clima di armonia. Tanto che Hitler ha organizzato un servizio di spionaggio per il controllo dei rapporti tra i vescovi tedeschi e la Santa Sede, con un possibile blocco del denaro derivante da offerte e benefici. Lo spionaggio è affidato all'ufficio nazista Sicherheitsdienst (SD), con a capo Reinhard Heydrich, che incarica delle speciali inquisizioni ecclesiastico-finanziarie il suo vice, Albert Hartl. Questi diventa un autentico persecutore di vescovi e chierici, ma anche di giornalisti e politici cattolici, impedendo in pratica un diretto rapporto tra la Chiesa di Roma e la Germania cattolica.

Procedono invece bene i rapporti tra il regime fascista e la Santa Sede. Sono emblematiche le partecipazioni del conte Umberto Adolasso e del fascista conte Franco Marinotti al vertice della SNIA Viscosa, e l'ingresso nell'Istituto di Credito Fondiario di due fiduciari del papa, i prelati Carlo Cremonesi e Giuseppe Rosmini, con il senatore fascista Giuseppe Bevione. Nel Banco di Roma, dopo il salvataggio del 1934, entrano il principe Rodolfo Borghese e il fascista Antonio Marescalchi. Nelle società di assicurazioni milanesi, l'Anonima Vita e l'Istituto Italiano di Previdenza, sono presenti il fascista Emilio De Bono e il conte Franco Ratti, nipote di Pio XI.

In qualche modo la Santa Sede è in debito con il regime, così che quando nel 1935 Mussolini ha bisogno di armi per la campagna d'Etiopia, gliene arriva una buona quantità dalla fabbrica di munizioni acquistata da Nogara per la Santa Sede, con la partecipazione degli uomini della santa casta, che così si trova a finanziare un'operazione di morte. C'è da dire che indirettamente questo appoggio al regime fascista ha la sua contropartita nell'operazione missionaria della Santa Sede in Unione Sovietica.

Il 15 agosto 1929 Pio XI ha fondato il Pontificio Collegio Russo, il "Russicum", intitolandolo a santa Teresa del Bambin Gesù, e lo ha insediato nel palazzo di via Cattaneo. Il fine è quello della formazione di nuovi sacerdoti come missionari nell'Unione Sovietica, tutti di varia nazionalità proprio per dare un assetto internazionale all'opera. Ma quel palazzo proprio agli occhi delle autorità sovietiche diventa un covo di spie, e il KGB tra gli anni Trenta e Quaranta mette le mani su 11 di loro: 2 saranno uccisi, altri 2 fucilati e 7 finiranno la loro vita nei gulag.

È comprensibile pertanto come Pio XI arrivi a condannare il comunismo, il 19 marzo 1937, con l'enciclica *Divini Redemptoris* per le violenze subite dai cattolici in Unione Sovietica, peraltro preceduta cinque giorni prima dall'altra enciclica *Mit Brennender Sorge*. Questa, partendo da una protesta contro i danni arrecati dal regime nazista ai beni ecclesiastici, denuncia «le violazioni del concordato, le mille forme di compressione della organizzata libertà religiosa, la divinizzazione idolatrice della razza e del sangue, le orrende campagne scandalistiche contro il clero, la lotta contro la scuola italiana, il soffocamento della stampa».

Il 15 luglio 1938 appare su «Il Giornale d'Italia» il *Manifesto della razza*, più esattamente chiamato *Manifesto degli scienziati razzisti*, che riappare il 5 agosto sulla rivista «La difesa della Razza». Tra i 360 firmatari c'è lo scrittore cattolico Pietro Bargellini, autore di un libro scritto insieme al sacerdote lucano Giuseppe De Luca, *Figlio dell'Uomo, Figlio di Dio*, esaltato come l'emblema dello spirito apostolico del cattolicesimo. E c'è padre Agostino Gemelli, il francescano, nonché medico votato con spirito missionario alla medicina e uno dei fondatori dell'Università cattolica del Sacro Cuore; in realtà Agostino Gemelli viene considerato dagli addetti ai lavori uno degli esponenti di spicco dell'*antiebraismo spiritualista* sbandierato dal regime fascista, ben distinto peraltro dall'*antiebraismo biologico* nazista, se mai questa precisazione possa in qualche modo attenuare l'infamia che colpisce questo rappresentante della santa casta. Il quale costituisce in realtà una personalità di spicco nel rapporto tra il Vaticano e il regime fascista.

Eppure qualcosa non funziona nell'idillio Santa Sede-fascismo. Nel febbraio del 1939 ricorre il decennale della "conciliazione" della Santa Sede con l'Italia, e Pio XI convoca per l'11-12 febbraio a Roma l'intero episcopato italiano per un'assemblea, durante la quale ha intenzione di pronunciare un discorso al quale lavora da diversi mesi; in esso si propone di denunciare la violazione dei Patti Lateranensi da parte del governo italiano, le persecuzioni razziali in Germania e i preparativi tedeschi per la guerra. Quel discorso, alcuni stralci del quale sarebbero stati pubblicati solo nel 1959 da Giovanni XXIII, non riesce a pronunciarlo; la morte glielo impedisce la notte del 10 febbraio.

La causa è un attacco cardiaco; ma in un memoriale attribuito al cardinale Eugène Tisserant e pubblicato nel 1972 da «Paris-Match» si afferma che Pio XI è stato assassinato per ordine di Mussolini, che temeva di essere scomunicato. Autore materiale del delitto, il professor Francesco Petacci, padre di Claretta, amante di Mussolini, mediante un'iniezione di veleno; il cardinale Carlo Confalonieri, segretario particolare del papa, dirà che erano «tutte fandonie». E l'episodio passerà alla storia come il "giallo Tisserant", il primo di altri che faranno la storia della Santa Sede nel secondo Novecento.

L'avvento al trono pontificio di Pio XII non cambia sostanzialmente l'assetto finanziario della Santa Sede, che vede sempre i membri laici della casta impegnati a mantenere il collegamento con le strutture bancarie italiane. Ed è ancora il conte Franco Ratti in prima fila, riuscendo ad entrare nella primavera del 1939 nella Banca Nazionale dell'Agricoltura e nell'Istituto Italiano di Credito Fondiario e, verso la fine del 1939, nel monopolio delle fibre, la SNIA, della quale diventerà vicepresidente dopo la seconda guerra mondiale; attraverso la quale i finanzieri cattolici e la Santa Sede si trovano legati a Germania e Italia nei fondi bancari finalizzati agli armamenti; alla presidenza delle industrie belliche, che sono le Officine Meccaniche Reggiane, la Compagnia Navale Aeronautica e il Gruppo Caproni, c'è infatti ancora Franco Ratti, come presidente del Banco Ambrosiano.

La Santa Sede e la seconda guerra mondiale

E scoppia la guerra mondiale. Con l'anticipazione di quella civile spagnola, per la quale Pio XII non si muove in forma imparziale, da quando il primo aprile 1939 invia un telegramma al generale Franco con la sua benedizione, ripetendosi il 16 aprile, quando saluta con un caloroso radiomessaggio la vittoria fascista in Spagna. Poi di fronte all'invasione russo-tedesca della Polonia, il 24 agosto, si rende conto del disastro che sta calando sul mondo e rinnova il comportamento di Benedetto XV in un radiomessaggio dall'espressione rimasta famosa: «Nulla è perduto con la pace. Tutto può esserlo con la guerra». E ancora nell'enciclica *Summi Pontificatus* del 20 ottobre stigmatizza la «statolatria delle dittature», senza però fare nomi. Dopo di che inizia il "silenzio" di papa Pacelli; non bandisce crociate, non lancia scomuniche, non denuncia i crimini dei nazisti in Polonia, che gli vengono riferiti l'11 maggio 1940 dal console italiano fuggito da Varsavia.

E i crimini sono anche altrove, nei Balcani, dove la Santa Sede vede nei Croati l'avanguardia della Chiesa. Quando nel 1941 Hitler invade la Jugosavia, i Croati fascisti, gli Ustascia, guidati da Ante Pavelic, dichiarano l'indipendenza, portando avanti una politica di terrore con il sistematico sterminio di serbi ortodossi, zingari, ebrei e comunisti. Gli Ustascia vogliono creare una Croazia cattolica, mettendo in pratica quanto Pio XII ha pubblicamente dichiarato nel 1939 durante il pellegrinaggio a Roma guidato dall'arcivescovo Alojzije Stepinac, definendo gli Ustascia «l'avanguardia del cristianesimo». Gli stermini messi in atto da Pavelic e dal suo vice, Andria Artukov, soprannominato "l'Himmler dei Balcani", cominciano nell'aprile del 1941 con l'intervento diretto di missionari francescani, certamente non ispirati da un puro sentimento evangelico; arriveranno ad essere sterminate 800.000 persone e 100.000

solo nei campi di Jasenivac. Il generale Ante Gotovina provvede alla deportazione di 200.000 serbi. L'arcivescovo di Zagabria, Aloizii Stepinac, sebbene sia un sostenitore della politica di Pavelic, finisce per riferire gli eventi macabri al Vaticano, precisando che gli sono stati comunicati dal ministro della Giustizia croato; ma dalla Santa Sede non arriva risposta.

Dopo i massacri Pavelic viene a Roma e s'incontra con Mussolini, ma anche con Pio XII, che non risulta faccia alcun cenno ai massacri. Peraltro Stepinac, che sarà beatificato da Giovanni Paolo II nel 1998, in una lettera esprime parere favorevole sulle «conversioni imposte», mentre nel marzo 1942 il cardinale francese Eugène Tisserant in un incontro con Nikolaj Rusinovic, rappresentante del governo di Pavelic presso la Santa Sede, non si trattiene dal condannare i Francescani che hanno partecipato «agli attacchi contro la popolazione ortodossa», dichiarando che «hanno agito in maniera abominevole». Ma Pio XII non commenta.

A fronte di tutto questo la Santa Sede ha i suoi problemi di carattere finanziario. Dal 1940 al 1941 fanno capo al COR le diverse opere pie e congregazioni religiose in difficoltà economica proprio a causa delle ostilità, nonché l'Obolo di San Pietro. Occorre un rinnovamento nella gestione di quelle entrate. Il 27 giugno 1942 il papa con un chirografo cambia le denominazione del COR in Istituto per le Opere di Religione (IOR), facendogli assumere la funzione di una vera e propria banca con sede nell'ex torrione di Sisto V, presso porta Sant'Anna, tra il Cortile dell'Olmo e quello Sistino. Infatti, secondo il chirografo, deve provvedere «alla custodia e all'amministrazione dei capitali destinati a opere di religione», come la costituzione di chiese, scuole e missioni. È una formula che si presta a un'interpretazione molto elastica; la banca può accettare somme di denaro anche da organismi e persone laiche, alla sola condizione che la destinazione di certi fondi sia a carattere religioso. La sua attività è quanto mai intensa, con un raggio internazionale, per la possibilità da parte della Santa Sede, nella sua posizione di neutralità, di mantenere i contatti anche con le nazioni in guerra.

Lo IOR può, in fondo, pescare nel torbido; oltretutto gode di un'amministrazione autonoma e quindi sfugge a quella curiale del patrimonio della Santa Sede. Basta che certi fondi appartengano a un'opera pia per essere considerati appunto a scopo religioso; il prelevamento può poi passare anche per vie oscure, ma pur sempre tutelate da quei vantaggi che la legge italiana, tramite il concordato, gli concede. Infatti il 31 dicembre 1942 una circolare del Ministero delle finanze include lo IOR tra gli organismi compresi nel termine di Santa Sede e, come tali, esonerati dalla tassazione dei dividendi delle azioni. È un riconoscimento indiretto della inclusione delle persone che lo gestiscono a essere considerati membri effettivi della santa casta. A cominciare dal segretario amministrativo che, dagli anni Trenta, è il principe Massimo Spada, un autentico factotum, che chiamerà a dargli una mano personaggi di grande prestigio finanziario come Luigi Mennini e Pellegrino de Strobel.

A parte i sussidi finanziari, con i relativi problemi di registrazione, la Santa Sede riceve un'importante donazione nel 1942. I Cavalieri di Colombo onorano il 25° anniversario dell'episcopato di Pio XII, donando al Vicariato di Roma parte del terreno di loro proprietà a Valle Giulia per edificare una nuova parrocchia e dedicarla al santo di cui il papa porta il nome: Sant'Eugenio. La costruzione della nuova chiesa, finanziata dai cattolici di tutto il mondo, è affidata alla direzione dell'ingegner Enrico Pietro Galeazzi, ma con l'intervento di numerosi pittori italiani.

Nel 1942 viene arrestato dal SIM, il Servizio Informazioni Militari fascista, un bibliotecario della Congregazione delle Chiese Orientali, l'estone Alexander Kurtna, con l'accusa di essere una spia comunista; da lui sono venute indicazioni sui sacerdoti in missione in URSS. Rimane a Regina Coeli per 14 mesi, fino a quando Herbert Kappler, comandante della Gestapo a Roma, lo libera e lo prende con sé come spia; gli è già stato utile nel 1942 quando Kurtna gli ha consegnato i nomi di alcuni preti partigiani e di alti prelati italiani ostili a Hitler e quindi potrà essergli nuovamente utile se rientrerà in Vaticano. Così il bibliotecario si mette a fare il doppio gioco, fornendo informazioni sia ai nazisti sia ai sovietici. Sarà catturato dagli alleati nel 1944, ma riuscirà a fuggire, finendo per essere preso dai sovietici, che lo chiuderanno in un gulag.

L'anno cruciale per la Santa Sede e Roma è il 1943, quando Pio XII costituisce in Vaticano un rifugio per i perseguitati politici e gli ebrei. E va assolutamente smentita l'accusa rivolta nel dopoguerra a papa Pacelli di non aver aiutato specificamente gli ebrei, perché è ormai appurato che la Chiesa cattolica è riuscita a salvarne circa 600.000 grazie all'opera nascosta di sacerdoti, suore e laici in un'operazione diramatasi dall'Italia in vari paesi del Mediterraneo. Un'operazione che evidentemente ha costituito un impegno finanziario non indifferente.

Il 19 aprile 1943 Roma subisce il primo bombardamento, che colpisce il Policlinico, l'Università e i quartieri Prenestino e Tiburtino con la basilica di San Lorenzo e il Verano; Pio XII si reca tra le vittime e il suo bianco talare resta macchiato di sangue. Dopo l'8 settembre il Vaticano offre asilo politico nella villa di Castel Gandolfo a molti esponenti politici antifascisti, tra quali Alcide De Gasperi e Pietro Nenni, che è costretto a farsi chiamare don Porta. E c'è rifugio anche per gli ebrei, che da rabbini diventano preti, mettendosi la tonaca. In qualche modo si costituisce una santa casta allargata, anche se solo temporaneamente.

Il 26 settembre il governo tedesco impone agli ebrei di Roma la consegna di una taglia di 50 chili d'oro. È per evitare una deportazione, che invece ci sarà ugualmente; e nella circostanza Pio XII rivolge un nuovo appello a chiese e conventi di tutta Italia affinché sia dato rifugio agli ebrei. Sessanta ebrei vengono ospitati presso la gesuita Università Gregoriana e molti altri trovano riparo nei sotterranei del Pontificio Istituto Biblico. Contemporaneamente monsignor Fortunato Baldelli convoca nel cortile del Belvedere un gran numero di operai romani, ovviamente disoccupati, per provvedere alla loro assistenza. Ma il 16 ottobre i tedeschi operano un rastrellamento nel ghetto e 2091 ebrei vengono deportati nei lager.

E c'è anche una reazione contro il Vaticano da parte dei tedeschi. Il 6 novembre un aereo di nazionalità sconosciuta, probabilmente tedesca, lancia quattro bombe sul Vaticano; nel mese di dicembre i soldati tedeschi fanno irruzione nella basilica di San Paolo fuori le Mura e arrestano un gruppo di ebrei che vi si era rifugiato; e si ha il sospetto di un piano segreto di Hitler per l'occupazione del Vaticano e il sequestro di Pio XII. Il papa allora scrive una lettera di abdicazione da utilizzare nel caso di una sua cattura, con la quale si danno indicazioni per un eventuale conclave da tenere a Lisbona.

Costituisce quasi una sfida ai tedeschi la manifestazioni popolare che si tiene il 12 marzo 1944 a piazza San Pietro durante un discorso di Pio XII. Ma quella manifestazione non è certo in grado di frenare i nazisti. Il 24 marzo, nella località che verrà chiamata Fosse Ardeatine, vengono trucidati dai tedeschi 335 italiani per rappresaglia all'attentato contro le forze naziste eseguito in via Rasella il giorno prima; tra i caduti c'è anche un sacerdote, don Pietro Pappagallo. E ancora, il 3 aprile a Forte Bravetta muore un altro sacerdote: don Giuseppe Morosini viene fucilato per aver fornito assistenza a combattenti clandestini.

Questi ecclesiastici sono vittime indirette di una situazione politico-militare, ma il risvolto politico cova da sempre in Vaticano, diramandosi nel mondo attraverso le nunziature, nel bene e nel male. Così che il Vaticano attraverso la sua santa casta può rivelarsi anche un covo politico, ovvero di controspionaggio. Come appunto tra il 1943 e il 1944. Da un lato monsignor Hugh O'Flaherty, un irlandese che lavora al Sant'Uffizio, istituisce una vera e propria filiale di evasione per i prigionieri alleati fuggiti dai campi di concentramento; è il personaggio del film *The Scarlet and the Black* del 1983, interpretato da Gregory Peck. Dall'altro i tedeschi in fuga, di fronte all'arrivo degli alleati a Roma, trovano rifugio presso il vescovo Alois Hudal, rettore del Collegio germanico di Roma, così che alcuni criminali nazisti finiscono in America Latina.

Senza contare che di questa opera di apostolato si avvantaggia la Guardia Palatina, che amplia straordinariamente il suo organico; motivazione ufficiale, la custodia dei beni extraterritoriali della Santa Sede, come Castel Gandolfo. In realtà è arruolato un gran numero di "imboscati", ovvero di rifugiati politici; la milizia pontificia costituisce un autentico porto di salvezza per alcuni futuri deputati del Parlamento italiano, i quali nel frattempo giocano più che altro a "fare i soldati", senza ovviamente sparare un colpo. E l'estrema frangia della santa casta in qualche modo si politicizza.

Verso la fine della guerra la Santa Sede registra altre vittime fuori d'Italia, estreme diramazioni della santa casta. Tra le tante, il sacerdote polacco Massimiliano Kolbe nel lager nazista di Auschwitz offre la sua vita per salvare quella di un padre di famiglia; sarà santificato nel 1981. In Germania il teologo gesuita Alfred Delp, arrestato nel luglio 1944, dopo il famoso attentato a Hitler, viene impiccato a Plötzens il 2 febbraio 1945, in un martirio contro il quale da Roma non arriva l'invettiva. Le parole di quel martire sono una condanna per papa Pacelli: «Un'onesta storia della Chiesa dovrà scrivere amari capitoli sui contributi delle chiese al sorgere dell'uomo-massa, del collettivismo, del potere dittatoriale».

Dal dopoguerra agli anni Cinquanta tra scandali politici e finanziari

Nel grande disordine seguito alla seconda guerra mondiale, i criminali Ante Pavelic e Andrija Artukovic possono sfuggire alla giustizia internazionale riparando in Austria e da qui, con l'aiuto dell'intelligence britannica e del nunzio apostolico del Vaticano, passano in Italia, trovando temporaneo rifugio in un convento romano, grazie alla protezione della Santa Sede nella persona del vicesegretario di Stato, Giovan Battista Montini, futuro papa Paolo VI (1963-78). Successivamente questi Ustascia volano in America Latina, dove potranno vivere agiatamente grazie all'immenso tesoro raccolto depredando le vittime del loro regime sanguinario. Ante Gotovina invece ha provveduto a nascondersi in un monastero francescano in Croazia, indirettamente protetto dalla Santa Sede; riuscirà a vivere nelle isole Canarie sotto falsa identità, finché verrà arrestato a Tenerife nel 2005.

A fronte di questi sotterfugi politico-militari si incrementano le finanze vaticane guidate dal duo Nogara-Spada, che fanno acquisire al Vaticano forti partecipazioni azionarie di società italiane come la Generale Immobiliare e le Condotte d'Acqua, nonché nelle assicurazioni con la RAS, ma anche l'Italcementi e la SIP. E a maggior tutela degli interessi ecco sguinzagliati nei posti di potere di società amministrative i parenti del papa, Carlo, Marcantonio e Giulio Pacelli; in particolare quest'ultimo, colonnello della Guardia Nobile e inserito in vari uffici dell'amministrazione vaticana, come denuncerà Eugenio Scalfari su «L'Espresso» del 30 marzo 1958, «rappresenta inoltre gli interessi della finanza vaticana in alcune importanti società: il Banco di Roma, la Società Italiana Gas, l'Istituto Medico-Farmaceutico Serono, la società Gestione Esercizio Avi, la società Edil Tubi Opere Idrauliche e Affini».

Pio XII sta attuando però un'opera umanitaria destinata ad aver seguito fino ai nostri giorni. Nell'aprile del 1944 ha istituito la Pontificia Commissione di Assistenza, PCA, affidandola a monsignor Fortunato Baldelli. Nata con l'intento di assistere i profughi e provvedere alla distribuzione degli aiuti provenienti soprattutto, tramite il Vaticano, dagli Stati Uniti d'America, la commissione si avvale di una fitta rete di sezioni a livello diocesano, con un impegno nazionale di vescovi e parroci, in una attività all'insegna della carità messa in atto dalla santa casta. Così, ad esempio, particolare è l'impegno in Alto Adige con un'opera di assistenza alla massa dei reduci che su automezzi alleati affluiscono a Bolzano dal passo del Brennero e dagli altri valichi per il rimpatrio.

Dai primi mesi del 1946 la PCA mette in atto le iniziative assistenziali a carattere continuativo con l'istituzione di una refezione scolastica, e nel luglio dello stesso anno apre inoltre la prima colonia a Castellano, che continuerà a funzionare negli anni successivi. Faranno seguito i campeggi nel 1948 e le "mense dei poveri" fino all'assistenza ai carcerati, alle orfanelle, ai malati sporadici, agli alluvionati e nei sanatori. Una iniziativa che si incrementa dal 1953, quando la PCA cambia nome in POA, Pontificia Opera di Assistenza. Tutto bene, grazie principalmente alle risorse finanziarie che affluiscono alla Santa Sede ad opera di Bernardino Nogara, che è sempre al suo posto, rafforzando i legami con diverse banche. Che sono Hambros Bank, Morgan Guarantee Trust, Chase Manhattan, Cotinental Illinois National Bank, The Bankers Trust di New York; e di quest'ultima il "banchiere di Dio" si serve per comprare e vendere titoli a Wall Street. In questo modo la Santa Sede si assicura partecipazioni in società operanti nei più vari settori, dall'alimentare e assicurativo al cemento e acciaio, meccanica e beni immobili. Un susseguirsi di successi finanziari che arricchiscono le casse della Santa Sede in un credito internazionale mai prima esistente.

In ogni caso questa più che tranquilla situazione economica della Santa Sede nel contesto mondiale non trova corrispondenza per la difesa della sua immagine di spirito apostolico. Essa non si concilia con il silenzio di fronte alla persecuzione che la Chiesa subisce nei paesi entrati nell'orbita dell'Unione Sovietica dal regime comunista, che è il problema nuovo della Chiesa, sorto a fronte di quello nazista ormai venuto meno. È quella che Pio XII chiama la "Chiesa del silenzio", segnata nel martirio dai processi all'arcivescovo di Zagabria Luigi Stepinac e al primate d'Ungheria Joseph Mindzenty, e dalle prigionie dell'arcivescovo di Praga Josef Beran e del cardinale polacco Stefane Wiszynsky.

Probabilmente un dialogo concreto con i regimi comunisti per aiutare la "Chiesa del silenzio" sarebbe stato improduttivo come lo era stato quello con Hitler. Ma se contro il nazismo e il fascismo non c'è stata scomunica, per il marxismo c'è. L'anticomunismo di Pio XII prende consistenza nel 1949 con un decreto del Sant'Uffizio che scomunica i marxisti e coloro che *scienter et libere* aderiscano o collaborino al Partito comunista; e lo fa affiggere in ogni parrocchia. In pratica è finita la guerra vera e propria, ma inizia una "guerra fredda" instaurata da Pio XII con le sue dogmatiche chiusure.

A fronte di questo antimarxismo, si è registrato nel 1946 l'arrivo a Roma del sacerdote spagnolo Josemaría Escrivá de Balaguer; è il fondatore dell'Opus Dei, un'associazione di ecclesiastici con impegno politico filofranchista durante la guerra civile, riconosciuta come «pia unione» nel 1941 dal vescovo di Madrid. Peraltro durante la seconda guerra mondiale, ogni membro dell'Opus Dei ha scelto di arruolarsi nella "División Azul", l'armata spagnola di 40.000 volontari schierata con i tedeschi e che ha combattuto in Unione Sovietica. È un ottimo biglietto da visita presso Pio XII, che nel 1947 eleva l'Opus Dei a "istituto secolare"; l'anno dopo Escrivá fonda il Collegio romano della Santa Croce, come istituto di formazione pastorale per i fedeli dell'Opus Dei.

Il 1950 è un anno importante per la Città del Vaticano, e non solo perché si ha la celebrazione dell'Anno Santo. Viene inaugurata via della Conciliazione a seguito dell'abbattimento della Spina di Borgo con tutto il complesso dei palazzi che lo caratterizzavano a fronte di piazza Scossacavalli e di piazza Pia, alcuni dei quali proprietà della Santa Sede, che quindi cambia volto nella ricostruzione di alcuni di essi. Così in piazza Pia, al posto del demolito edificio della Scuola Pia Pontificia, sorge il palazzo della Radio Vaticana, mentre sulla via vengono ricostruitìti il palazzo dei Convertendi, che diventa sede della Congregazione Orientale, e il palazzo dei Penitenzieri, sede dell'Ordine dei Cavalieri del Santo Sepolcro di Gerusalemme, ma in gran parte destinato ad albergo.

Nella celebrazione dell'Anno Santo trovano la loro più vasta eco le dogmatiche chiusure al comunismo di Pio XII. «Difesa della Chiesa contro i rinnovati attacchi dei suoi nemici, e impenetrazione della vera fede per gli erranti, gli infedeli, i senza-Dio», è uno degli scopi di quell'anno giubilare; che è un trionfo personale del papa in un'organizzazione impeccabile, per la quale sono impegnate tutte le frange della santa casta, con frutti che si evidenziano negli anni seguenti. L'Anno Santo per il Vaticano «è un'occasione di trionfo, di potere, di spettacolo», come ha scritto Filippo Ceccarelli «nubi d'incenso, moltitudini in ginocchio, processioni maestose e cariche di ogni colore, arazzi, musiche sacre, sterminati silenzi, migliaia di colombi che riempiono il cielo quando è proclamato il dogma dell'Assunzione. "Fattosi largo nella ressa", così una cronaca di Carlo Laurenzi, "un fotografo in tight ritrae il papa nel fulgore dei paramenti sacri"». In questo contesto Pio XII concede un'ulteriore approvazione all'Opus Dei, consentendo l'ammissione nell'istituto di persone sposate e l'adesione di sacerdoti diocesani al Collegio Romano della Santa Croce. E Escrivá presenta alla Santa Sede il documento che impone agli associati il "segreto": l'istituto deve vivere in modo "riservato", con la proibizione per gli affiliati di rivelare il numero dei membri, perfino ai propri familiari e nell'ambito della professione. È vietata anche la divulgazione della costituzione dell'opera, che è redatta in latino e non può essere tradotta nelle lingue volgari.

Proprio per la celebrazione dell'Anno Santo, lontano da Roma acquista ancor più importanza il centro religioso di San Giovanni Rotondo, nonostante i limiti sempre vigenti contro padre Pio; è talmente imponente il flusso dei pellegrini, che si deve organizzare un sistema di prenotazione per le confessioni. Inoltre, grazie alle numerose offerte provenienti da tutto il mondo, è iniziata la costruzione di un grande ospedale battezzato Casa Sollievo della Sofferenza, destinato a diventare il punto di riferimento dei pellegrini malati alla ricerca di una guarigione miracolosa dalle mani di padre Pio. Sarà inaugurato nel 1956, con tanto di messaggi augurali del cardinale Giacomo Lercaro e di Pio XII, pur restando forte l'ostilità contro il frate; c'è in fondo una grande ammirazione per le capacità che il frate ha di ricevere tanto denaro, così che Pio XII giungerà a dispensarlo dal voto di povertà.

A Roma peraltro durante l'Anno Santo arriva un'altra donazione dei Cavalieri di Colombo. Il cavaliere supremo dell'ordine, John E. Swift, dopo un'udienza privata concessagli da Pio XII, istituisce un fondo per l'acquisto e la costruzione dell'ultimo complesso sportivo in Roma; viene scelto il nuovo quartiere di Primavalle. Questo centro, chiamato "Pio XII" in onore di papa Pacelli, viene consacrato e benedetto il 7 giugno 1952, e non per caso, dall'arcivescovo di New York Francis Spellman, cardinale dal 1946. Il rapporto di Sua Eminenza statunitense con i Cavalieri di Colombo è scontato, dal momento che la sua principale attività in tutta la vita di ecclesiastico è e sarà quella di contribuire a far aumentare il capitale finanziario della Santa Sede, fino a rendere credibile la finalità tutta religiosa del suo operato tramite Mammona.

Spellman è veramente nato per far soldi; gli piace speculare in tutto e ricevere denaro da qualsiasi iniziativa. In Curia lo chiamano «il cardinale dei milioni», di dollari naturalmente; un po' per ammirazione e un po' per invidia. Non è da tutti i porporati, infatti, arrivare a Roma non per cercare ospitalità in conventi o pensioni di monache, ma scendere al Grand Hotel, dove prenotare sempre l'appartamento reale. Del resto se lo può permettere e non è certo tipo da nascondere la sua ricchezza.

Le sue sostanze derivano da una febbrile attività edilizia, iniziata sulla base di una precisa impostazione finanziaria data alla struttura della sua arcidiocesi. Ha infatti cominciato a spazzar via le varie ipoteche che gravano sulle parrocchie, prendendo a prestito da amici banchieri e finanzieri denaro al 2% per cinque anni e 2,5% per dieci, fino a risparmiare mezzo milione di dollari. L'arcidiocesi diventa così «una specie di banca centrale per tutte le parrocchie», ha scritto Corrado Pallenberg, e quello è l'inizio per una serie di operazioni finanziarie che hanno un punto di riferimento fondamentale: costruire. «Dai calcoli fatti», precisa il giornalista inglese, «il cardinale Spellman ha costruito ogni anno in media per un valore di circa 90 milioni di dollari»: si tratta di chiese, collegi e ospedali. Ma da dove viene tutto quel denaro? «Qui di nuovo, come tanto spesso avviene in materia finanziaria, prevale la regola del silenzio, caratteristica della Chiesa di Roma», conclude Pallenberg.

E a Roma su di lui si racconta, dopo la morte, avvenuta nel 1967, una storiella, una sorta di pasquinata come dialogo tra il cardinale e san Pietro alla soglia del Paradiso.

Alla rituale domanda del primo papa sulla sua identità, la risposta del cardinale è: «Sono un povero prete di New York. Mi chiamo Spellman».

«Aspetta un istante. Vado a controllare la lista», fa san Pietro, e va a controllare. Ritorna e prosegue: «Mi spiace, ma il tuo nome non c'è. Dammi qualche altra indicazione».

Spellman è un po' seccato, e chiarisce: «Guarda che ero l'arcivescovo di New York, avevo sotto di me tutti i cappellani delle forze americane statunitensi. Non so se mi spiego!».

San Pietro va a ricontrollare, ma torna scuotendo la testa.

«Insomma, sono il cardinale Francis Spellman! Possibile!».

«Oh, sì, vecchio Frank! Entra, entra! Scusa, ma nella lista ti avevo messo alla voce Beni immobili!».

A latere della figura rocambolesca del cardinale Spellman, in qualche modo anche emblematica della crema della santa casta, si impone la fondazione della Conferenza Episcopale Italiana (CEI), il consiglio permanente dei vescovi italiani, che nasce a Firenze l'8 gennaio 1952, sotto forma di assemblea delle conferenze episcopali delle regioni conciliari italiane. Ad essa devono far capo, in veste di economato e amministrazione, il controllo dei beni culturali ecclesiastici, la cooperazione missionaria tra le Chiese e gli interventi caritatevoli a favore dei Paesi del Terzo Mondo, la promozione del sostegno economico della Chiesa cattolica, l'insegnamento della religione cattolica nelle scuole.

Il presidente della CEI è nominato personalmente dal papa in qualità di primate d'Italia; il primo presidente è l'arcivescovo di Milano Alfredo Idelfonso Schuster, di origine tedesca, ma nato a Roma, e primo segretario Giovanni Urbani. Alla CEI fanno capo 20 Uffici e Servizi pastorali, attualmente con sede nell'edificio in via Aurelia 468, mentre la presidenza è alla circonvallazione Aurelia 50.

Per quanto riguarda le nuove iniziative imprenditoriali della Santa Sede in quegli anni, esse fanno capo agli investimenti americani collegati con il piano Marshall, in base ai quali alla fine del 1951 nasce la casa discografica RCA Italiana come società per azioni, con gli ambienti costruiti su alcuni terreni della via Tiburtina; e la Santa Sede acquista il 10% dell'azienda tramite lo IOR. Ne è presidente il conte Enrico Pietro Galeazzi, uomo di fiducia di Pio XII e amico del cardinale Spellman, il che la dice lunga sul collegamento dell'azienda con i Cavalieri di Colombo.

Ma nel 1954 l'azienda rischia di chiudere e allora Pio XII fa nominare come ispettore amministrativo Ennio Melis, sovrintendente in Vaticano all'Ufficio Stampa e Cinematografico; è un'azione geniale di papa Pacelli. Melis, pieno di inventiva, si convince che l'azienda può essere salvata e rilanciata; così avviene, diventando lui segretario dell'azienda, ed essendo sostituito Galeazzi, impegnato direttamente ai vertici della Città del Vaticano, da Giuseppe Ornato. Con i due nuovi dirigenti, fedeli membri del Vaticano, l'azienda sarebbe andata di successo in successo con notevoli guadagni per la Santa Sede fino agli anni Ottanta, quando nel 1986 la RCA italiana chiuderà, avendo peraltro la Santa Sede saggiamente provveduto, pochi mesi prima della chiusura, alla vendita di quel 10% delle proprie azioni.

Un altro importante acquisto ad opera di Pio XII è il terreno di 400 ettari a 18 chilometri da Roma, sulla strada verso Bracciano, a Santa Maria di Galeria; qui viene costruito nel 1955 un grande centro di radiodiffusione con diversi trasmettitori in onde corte e due in onde medie. La zona, per la quale la Santa Sede ottiene l'extraterritorialità, appare ben visibile anche in lontananza per l'immensa croce di 90 metri che la segnala insieme ad una statua dell'arcangelo Gabriele, patrono delle trasmissioni radiofoniche.

Peraltro l'impegno religioso che contraddistingue gli ultimi otto anni del pontificato di Pio XII, con le numerose canonizzazioni, tra le quali quella di Pio X nel 1954, che è anche l'Anno Mariano, si tramuta in pratica in una crociata antimarxista per l'esaltazione della «supremazia della religione e dello spirito». L'impegno religioso si fa politico, legandosi oltretutto a vecchi e superati schemi, nei quali non c'è posto per gruppi laici di rinnovamento con personalità come Giorgio La Pira e Giuseppe Dossetti. Il papa li evita, non si fida, non li considera appartenenti alla Famiglia Pontificia, ovvero alla santa casta; al limite ha più credito suor Pascalina, al secolo Josephine Lehnert, sua segretaria privata, capace di tener testa a cardinali e prelati della santa casta a vari livelli.

Uno dei pochi su cui Pio XII conti ciecamente è padre Riccardo Lombardi, soprannominato il "microfono di Dio" per la sua grande arte oratoria, diramazione concreta della santa casta. Sorge con lui il "Movimento per un mondo migliore", base per un'opera di riconciliazione tra i popoli a livello ecumenico. Ma è in pratica la "crociata della bontà" contro la "barbarie rossa"; gli è vicino Luigi Gedda, altro grande laico della santa casta.

E si dà forte incremento all'Azione Cattolica, che rinasce dopo la sua cancellazione nel periodo fascista, riprendendo l'attività a vasto raggio; e vengono istituiti i Comitati Civici, strumento del consenso cattolico verso la Democrazia cristiana, dei quali fanno parte le branche laiche più solide della santa casta.

A fronte di questi eventi si fa penetrante l'attività dello IOR, dal quale si è dimesso nel 1954 Bernardino Nogara, sostituito dal principe Massimo Spada. La banca della Santa Sede agisce silenziosa alle spalle degli istituti di credito italiani; e con lo scopo di aumentare i propri cespiti, si impegna sempre più in un'operazione a vasto raggio di investimenti nelle società azionarie italiane, specialmente nelle industrie a corto di liquidi, per superare i momenti critici precedenti e seguenti il boom. C'è chiaramente speculazione, ma è fatta con molta cautela; infatti lo IOR non rimane coinvolto direttamente con i suoi banchieri nei grossi scandali italiani di allora. Si agisce con molta riservatezza anche nel caso eclatante degli anni Cinquanta, legato a monsignor Edoardo Prettner Cippico.

Quel giovane archivista della Segreteria di Stato, impegnato anche nella PCA, è coinvolto in un traffico di valuta; apparentemente investe soldi nella realizzazione di film, oltretutto di terz'ordine, ma in pratica fa da prestanome nel trasferimento di capitale all'estero. Colto con le mani nel sacco, il Vaticano lo protegge dandogli un rifugio nella vecchia Torre dei Venti in attesa dell'inchiesta. Quello invece scappa fuori delle mura e se ne va da un'amica ai Parioli; la polizia lo arresta in casa dell'amica, vedova di un generale fascista.

La Chiesa lo sospende *a divinis*, radiandolo in pratica dalla santa casta; lo Stato italiano lo accusa di frode fiscale. È condannato a nove anni, ma in appello viene prosciolto. Lo fanno passare per un ingenuo, raggirato da altri rimasti, al solito, nel buio; e la Chiesa finisce per riprenderlo nel suo seno, ma non è più monsignore. Qualcuno naturalmente si è mosso per salvare, con lui, altre persone. Sui muri di Roma compare una scritta: «Don Cippico = DC», in riferimento alla Democrazia Cristiana. È la denuncia del legame degli interessi finanziari della santa casta con il partito cattolico al potere.

Un altro scandalo scoppia a gennaio del 1955 per i beni ex GIL, parte dei quali sono stati alienati alla PCA; gli impianti non hanno avuto adeguata sistemazione. Ma il problema si risolverà con la conclusione dei lavori da parte della nuova opera assistenziale, la POA, istituita con decreto arcivescovile come ultima iniziativa di Pio XII.

L'Opus Dei sta in quegli anni lavorando per un suo futuro più concreto nel contesto della Santa Sede che lo porti ad una prelatura personale, ovvero al riconoscimento della sua struttura giurisdizionale secolare con presbiteri e diaconi non circoscritta al criterio della territorialità, «con un Ordinario proprio, che gli dia il diritto di erigere un seminario internazionale, e di incardinare gli alunni e promuoverli agli ordini con il titolo del servizio della prelatura».

Un primo ottimo punto di riferimento diventa nel 1953 la fondazione del collegio romano Santa Maria, un centro destinato alla formazione spirituale teologica e apostolica delle donne provenienti da tutto il mondo. E un'altra conquista è nel 1957 la concessione della prelatura di Yauyos in Perú. Ma niente di più: Pio XII nega per tre volte la mitra vescovile a Escrivá, che considera quella nomina fondamentale per il lustro della sua opera.

A dicembre del 1957 si registra un vergognoso scandalo finanziario, che indica il rapporto di servilismo del governo italiano e della Democrazia cristiana al Vaticano. Il ministro delle Finanze Giulio Andreotti esenta dal pagamento delle tasse Giulio Pacelli, fratello di Pio XII, in virtù dello "status diplomatico" attribuitogli dalla Santa Sede. È una vergogna. E a nulla vale la denuncia fatta sulla stampa, come quella di Eugenio Scalfari nel marzo del 1958.

Un ulteriore scandalo verso la fine del pontificato di Pio XII colpisce la santa casta. Il principe Filippo Napoleone Orsini, assistente al soglio pontificio, si taglia le vene dei polsi; si fa in tempo a salvarlo. Motivo del tentato suicidio, una relazione con l'attrice inglese Belinda Lee. La moglie, la marchesa e contessa Francesca Bonaccossi, cerca di salvare la situazione motivando il tentato suicidio con una depressione e lo fa ricoverare, sostenuta dal Vaticano, in una clinica psichiatrica. Nel frattempo la Lee se ne è andata in Sud Africa per un film; la principessa e il Vaticano pensano che tutto ormai sia finito.

Misteri di conclave e padre Pio, scandali e investimenti bancari

Il conclave che si svolge alla morte di Pio XII eleva al pontificato il cardinale Giuseppe Roncalli, che assume il nome di Giovanni XXIII (1958-63). Ma si tratta di un conclave chiacchierato, che in qualche modo rievoca i primi tre del Novecento, proponendoci un'atmosfera diabolica di sotterfugi.

Alle sue origini è l'episodio avvenuto la sera del 26 ottobre e rievocato il giorno dopo sul «Corriere della Sera» dal vaticanista Silvio Negro. Quella sera del fumo bianco si leva ininterrottamente per cinque minuti dal camino della Cappella Sistina; vuol significare che il nuovo papa è stato eletto, ha accettato la nomina e ha scelto il nome. Quello stesso giorno, alle 18, la notizia è confermata alla Radio Vaticana da padre Alfredo Pellegrino; viene perfino ordinato alle guardie svizzere di uscire dalla caserma e prendere posizione per l'imminente apparizione del papa alla loggia delle benedizioni. Ma la finestra della loggia non si apre. Il principe Sigismondo Chigi, maresciallo del conclave, telefona allora al segretario del conclave, monsignor Pietro Santoro, che è all'interno, per chiedergli come va interpretata la fumata, e il porporato gli risponde che è bianca; ma poco dopo la fumata diventa nera. Il conclave quindi non è finito e solo la sera del 28 ottobre verrà eletto Roncalli.

In realtà quella fumata bianca era valida. A parte alcune indiscrezioni diffuse dal sacerdote vietnamita Joseph Vu Vao Khoat, e comunicate a dicembre del 1989 sul sito web per Today's Catholic Word a cura del giornalista americano Gary Giuffre, lo rivelerà 36 anni dopo un dossier ampiamente documentato redatto dal Federal Bureau of Investigation il 10 aprile 1961 e divulgato solo nel 1994. Sarà diffuso con il fascicolo *The Vatican Exposed* di Paul Williams, ex consulente dell'FBI, che ha esaminato alcuni rapporti dell'FBI che confermavano la notizia secondo la quale l'intelligence USA sapeva che il cardinale Giuseppe Siri era stato eletto papa il 26 ottobre 1958; il prelato genovese aveva accettato e scelto il nome di Gregorio XVII, ma i cardinali dell'Europa dell'Est avevano imposto a Siri di rinunciare al papato in quanto la sua elezione «avrebbe causato gravi disordini e l'assassinio di diversi vescovi oltre cortina».

Ma, a fronte di questo dossier, un anno prima il vaticanista Benny Lai nel libro *Il Papa non eletto* scriverà che Siri aveva ricevuto da parte del cardinale iracheno Ignace Gabriel I Tappouni l'offerta di candidarsi a pontefice, non solo nel conclave del 1958 ma anche in quello del 1963. Offerta che comunque aveva rifiutato, anche se in ambedue i conclavi gli mancarono pochi voti per poter essere eletto. Nella sua ultima conversazione con Benny Lai, il 18 settembre 1988, Giuseppe Siri lascerà intendere la sua amarezza per ciò che la Chiesa era diventata dopo la morte di Pio XII, e lo farà indirettamente, chiedendo perdono a Dio per non avere accettato la candidatura nei conclavi a cui aveva partecipato.

Sotto il pontificato di Giovanni XXIII la posizione non cambia per l'Opus Dei; papa Roncalli, «un contadino dal forte odore corporale», secondo una definizione irriverente rilasciata da Escrivá, non può che mostrarsi perplesso di fronte alla richiesta di una prelatura *nullius*, grazie alla quale l'Opus Dei avrebbe avuto un territorio annesso alla casa generalizia dell'opera a Roma o almeno in una diocesi vicino Roma. Giovanni XXIII è ben lontano dalla mentalità di prestigio personale che Escrivá insegue; per lui «capo della Chiesa è Cristo» e «la Chiesa è di tutti, ma soprattutto dei poveri». In questa prospettiva papa Roncalli istituisce la Fondazione ODAR (Opera Diocesana di Assistenza Religiosa), che viene oltretutto riconosciuta come fondazione religiosa da un decreto del presidente della Repubblica del novembre 1959. Con personalità giuridica e proprio consiglio di amministrazione, «gestisce opere quali la Foresteria, la Casa San Giovanni Bosco di Laives per i ragazzi con gravi carenze educative familiari, le colonie di Cesenatico e di Plancios».

E c'è lo spirito profondamente apostolico che questo papa mette in mostra con grande semplicità: emblematiche del suo animo di "papa buono", come viene soprannominato, sono le visite ai carcerati, agli ospedali, alle borgate, con un aperto interesse verso gli umili e i diseredati, determinanti per la sua popolarità che va ben oltre il mondo cattolico e rappresenta un'immagine nuova della Chiesa stessa nel mondo. Significative di un cambiamento di tendenza del papato nel mondo sono poi alcune iniziative nel campo ecclesiastico e politico tese a improntare un rapporto nuovo della Chiesa di Roma con le altre Chiese cristiane e a favorire la distensione fra i due blocchi occidentale e orientale.

E sempre sulla base dello spirito apostolico di stampo universale Giovanni XXIII convocherà il Concilio Vaticano II nel 1962, che porterà a importanti cambiamenti nell'attività pastorale e a un nuovo spirito ecumenico; emanerà numerose encicliche che hanno sancito i nuovi indirizzi da lui impressi alla Chiesa, come *Mater et Magistra* del 1961 e *Pacem in terris* del 1963. Ma a fronte di questo aperto spirito apostolico la santa casta registra lo strascico di uno scandalo che si pensava svanito. Don Filippo Napoleone Orsini si è messo di nuovo con Belinda Lee e oltretutto nel 1959 tira di sciabola in un film su Lucrezia Borgia fatto su misura per l'attrice inglese. Il Vaticano non può più tollerare la cosa; Giovanni XXIII bandisce il principe dalla Famiglia Pontificia, togliendo agli Orsini il titolo di principi assistenti al soglio, che passa ai Torlonia. Gli Orsini restano principi "ereditari" assistenti al soglio, ovvero in veste di "secondi principi" dopo i Colonna e i Torlonia.

Un altro scandalo colpisce poi la Santa Sede, in seno alla Guardia Svizzera, da quattro secoli segnata da puri ideali. Nella tarda mattinata dell'8 aprile 1959 il colonnello Robert Nunlist è ferito con quattro colpi di pistola dal caporale Adolf Ruckert, che tenta poi di suicidarsi, ma l'arma si inceppa; sono i protagonisti di una storia gay, quanto mai diffamante per la guardia del corpo del papa, votata ad un rigido regolamento di ispirazione cattolica. I due restano in vita ma vengono ovviamente radiati dall'arma. L'episodio è così lontano dalla mentalità semplice di Giovanni XXIII, che evidentemente non avrà dato eccessivo peso all'incidente, peraltro tenuto piuttosto nascosto. In linea con il suo spirito apostolico, papa Roncalli ordina ulteriori indagini su padre Pio e i pellegrinaggi a San Giovanni Rotondo, che considera manifestazioni di fede arcaiche ben lontane dallo spirito del Concilio Vaticano II. Ma all'origine di queste indagini c'è la figura del cappuccino Girolamo Bortignon, vescovo di Padova; questi, dopo aver tentato invano di convincere padre Pio a dirottare un po' di offerte per rimpinguare le casse della sua diocesi, allo scopo di vendicarsi ha fatto pressione su monsignor Loris Capovilla, segretario particolare di Giovanni XXIII, per l'invio di un'ispezione apostolica a San Giovanni Rotondo. Così nel 1960 la Santa Sede invia come ispettori i monsignori Carlo Maccari e Pietro Parenti, assessori del Sant'Uffizio.

E a San Giovanni Rotondo si ha una vera e propria indagine poliziesca, con la sistemazione di bobine per registrare i colloqui di padre Pio. Vengono fuori incontri particolari del frate con donne, ovvero tre sue fedelissime, che rispondono ai nomi di Cleonice Morcaldi, Tina Bellone e Olga Ieci, oltre ad una misteriosa contessa. Papa Roncalli non vuole ascoltare quelle bobine, delle quali gli viene comunicato però il contenuto con riferimento anche a "baci" non meglio identificati. E papa Roncalli annota il suo commento in quattro foglietti rimasti inediti, e pubblicati solo nel 2007 da Sergio Luzzato nel suo *Padre Pio. Miracoli e politica nell'Italia del Novecento*; giudica padre Pio «psicopatico, autolesionista ed imbroglione, *si vera sunt quae referentur*». Ed è un giudizio che peserà sul futuro di padre Pio, nonostante quella dichiarazione sul beneficio d'inventario nei confronti del materiale scandaloso relativo a quegli incontri del frate. Sui quali peraltro chiede conferma nel 1961 a monsignor Andrea Cesarano, che gli assicura che si tratta di calunnie e che quei "baci" non sono peccaminosi, ma sono come quelli che gli dà sua sorella quando va devotamente a fargli visita, come riferirà nel 2002 padre Carmelo da Sessano nel suo *Padre Pio. Uomo santo di Dio*.

In ogni caso la Santa Sede si fa interprete nelle varie diocesi di una sorta di dirottamento delle offerte al santuario di San Giovanni Rotondo, stampando e diffondendo un bollettino di conto corrente con la seguente scritta: «Padre Pio prega per Voi secondo la Vostra intenzione e Vi esorta alla preghiera. Vi benedice aurandoVi ogni bene. Per l'invio delle offerte è meglio servirsi del conto corrente (n. 13/8511) rivolgendosi all'ufficio postale». E il malefico vescovo Bortignon, come riferisce Mario Guarino nel suo *I mercanti del Vaticano*, «a caccia di denaro per erigere il Seminario minore e l'ospedale Cottolengo Veneto, fece scrivere: "Si sconsigliano sacerdoti e fedeli dall'organizzare pellegrinaggi al Padre Pio di Pietrelcina e anche celebrazioni di sante messe o cenacoli di preghiere in unione al predetto Padre. Si ritiene che ciò non corrisponda al *sensus Ecclesiae Christi*, perché la Chiesa riserva certe manifestazioni ai servi di Dio già defunti". Non contento, il prelato incaricò alcuni frati della sua diocesi di convincere i devoti di Padre Pio a devolvere solo metà delle offerte destinate al frate di San Giovanni Rotondo, riservando l'altra metà alla diocesi di Padova. E per risultare più convincente, Bortignon arrivò a farsi inviare lettere di solidarietà firmate dal papa e dal suo segretario particolare, monsignor Capovilla, indirizzate al "venerato Vescovo di Padova"».

E sempre allo spirito apostolico che caratterizza Giovanni XXIII risale il suo volersi occupare della situazione finanziaria della Chiesa, ma proprio per il bene della Chiesa, anche se papa Roncalli ha a che fare con una crisi, relativamente al crollo temporaneo dell'Obolo di San Pietro, le cui offerte dai 19 miliardi di lire sono scese a 5. Riguardo alla Speciale, morto Bernardino Nogara, che ha guidato quell'amministrazione in investimenti e grosse transazioni finanziarie, nomina il marchese svizzero Henry de Maillardoz, ex direttore del Crédit Suisse, coadiuvato dal cardinale Alberto Di Jorio, presidente anche dello IOR, e monsignor Sergio Guerri, che si rivela abile negoziatore, e forse per questo premiato con la porpora cardinalizia. Alle loro dipendenze sono 17 impiegati, tutti laici italiani, che svolgono il loro lavoro in un appartamento-ufficio vicino a quello pontificio del Palazzo Apostolico. Di grande impegno i collegamenti di questa amministrazione con l'alta finanza internazionale per l'acquisto e vendita di titoli; che perlopiù sono ancora quelle agganciate da Bernardino Nogara, dal Crédit Suisse, tramite Maillardoz, ai Rothschild di Parigi e Londra, dalla Banca Hambros di Londra alla Banca Morgan e ancora alla Bankers Trust Company di New York. E quest'ultima ha particolari rapporti con la Speciale, considerando che ha una filiale a Roma in via Bissolati diretta dal conte Sebastiano Bommartini e che un suo vicepresidente, Andrew Maloney, è consigliere per gli Affari Economici e Sociali della rappresentanza della Santa Sede presso le Nazioni Unite.

In piena attività è naturalmente la Banca del Vaticano, lo IOR, sotto la presidenza del principe Massimo Spada. L'istituto funziona come una qualsiasi banca con sportelli, cassieri laici, depositi, conti correnti e assegni. Può aprirvi un conto solo chi risiede nella Città del Vaticano o i diplomatici accreditati presso la Santa Sede, i membri di Curia, i prelati, i sacerdoti; insomma tutta la santa casta dentro e fuori del Vaticano. Secondo quanto racconterà il principe Spada in una intervista a «L'Espresso» nel 1975, lo IOR «raccoglie i fondi provenienti da organismi ecclesiastici, da istituti religiosi, da membri della Chiesa e da devoti, o anche da organismi e persone laiche, a condizione che la destinazione, sia pure parziale o futura, di quei fondi fosse un'opera a carattere religioso».

È una definizione che si presta a una interpretazione elastica, come hanno osservato Philippe Levillain e François-Charles Uginet: «È sufficiente che certi fondi appartengano a un ente o persona religiosa per essere considerati come aventi una destinazione religiosa, o che il prelevamento fatto dallo IOR di parte di quei fondi sia a favore di opere religiose per assicurare loro i vantaggi che la legge italiana può rifiutare in sede di controllo dei cambi». In realtà i profitti azionari ottenuti sui mercati finanziari che entrano nelle casse dello IOR non sono assolutamente opere "a carattere religioso" e su di essi il Vaticano è tentuto a pagare le tasse. Di qui nascerà il principio che, per sfuggire alle leggi monetarie dello Stato italiano, sarà bene trasferire quel denaro in qualsiasi parte del mondo; è questa la strada che porterà agli imbrogli e agli scandali di fine millennio.

In questo contesto, dalla metà degli Anni Cinquanta Massimo Spada è la personalità eminente delle finanze vaticane, esaltata, oltre che nella presidenza dello IOR, nelle cariche di membro del consiglio di amministrazione del Fondo di Beneficenza e di Religione per la città di Roma e di consulente per la Pontificia Commissione per la Preservazione della Fede e per la costruzione di nuove chiese in Roma, nonché onorata del nobile titolo di cameriere segreto di spada e cappa. Ma la sua personalità gioca un ruolo fondamentale grazie al fatto di essere inserito in pieno nel mondo della finanza e dell'industria italiana, rappresentando la più alta affermazione di un membro laico della santa casta al di fuori del Vaticano, documentata in una serie infinita di cariche per le quali Spada appare santamente fornito del dono dell'ubiquità.

Spada è presidente della Banca Cattolica del Veneto, presidente e direttore amministrativo della Riunione Adriatica di Sicurtà, vicepresidente del Banco di Roma e del Credito commerciale di Cremona, dell'Istituto Bancario Italiano, presidente della Capitolina Finanziaria, vicepresidente della Banca Provinciale Lombarda, direttore amministrativo dell'Assicuratrice Italiana. Per quanto riguarda il campo industriale, Spada è presidente della Lancia, dell'impresa di costruzioni Vianini, della Salifera Siciliana e della Progredi, società che si occupa di consulenze amministrative; inoltre è amministratore dell'Italcable e della Italmobiliare, e membro del consiglio di amministrazione delle fonderie Franco Tosi, del cotonificio Vittorio Olcese, della Siemes Elettra, della azienda di pellami Bocciardo Sebastiano, della Italcementi, delle Fabbriche Riunite Cemento, della Società Strade Ferrate Meridionali, della Mediobanca, della società d'investimenti Fidia, della SNIA Viscosa, della Compagnia Dolciaria, della Società di Partecipazioni Industriali Italpi e della Società Italiana per il Gas, della quale peraltro Giulio Pacelli è vicepresidente, tanto per mantenere un ulteriore rapporto ravvicinato con la Santa Sede.

A questo livello è quasi ridicolo ricordare che Spada è anche membro del consiglio di amministrazione di una clinica milanese, La Madonnina, mentre è fondamentale il fatto che questo alto rappresentante laico della santa casta faccia parte del consiglio di amministrazione della Finsider, che è la spina dorsale dell'IRI, il più grosso complesso industriale italiano di quegli anni; e questo costituisce in qualche modo un anello di collegamento tra le finanze vaticane e lo Stato italiano.

Per lo IOR comunque un anno importante nel cambiamento di rotta, che nel giro di vent'anni lo porterà però al disastro, è il 1960, quando spunta alle sue spalle Michele Sindona, un finanziere siciliano massone, consulente finanziario dell'arcivescovo di Milano Giovanni Battista Montini; tramite monsignor Amleto Tondini, parente della moglie, entra in amicizia con Massimo Spada e convince il Vaticano all'acquisto della milanese Banca Privata Finanziaria, facendosi girare il 40% delle azioni.

Nel 1961 la banca vaticana acquista una «partecipazione inferiore al 20% nella Montecatini», secondo quanto racconterà Massimo Spada, «e io entrai nel consiglio di amministrazione. Poi il gruppo Feltrinelli, il gruppo Dormesson e il commendator Stoppani cedettero le loro partecipazioni della Montecatini all'avvocato Sindona». È un secondo passo che lega più concretamente lo IOR al finanziere siciliano.

Ma torna di attualità lo spionaggio all'interno del Vaticano, a quanto riferirà nel 1982 la rivista di Amburgo «Konkret» riportando le dichiarazioni di un vecchio ufficiale dei servizi di spionaggio della Germania federale, Hans Langermann. Bonn a quei tempi è interessata a seguire a fondo l'*Ostpolitik* della Santa Sede e riesce ad avere documenti scottanti da prezzolati ecclesiastici, un gesuita e un monsignore con il nome in codice Bruno. Su questa "operazione Eva", come viene chiamata in codice, c'è una smentita dal Vaticano, ma voci di corridoio parlano di una rapida inchiesta, voluta dal segretario di Stato Agostino Casaroli; ci si rende conto che è una montatura, come non approda a nulla anche l'inchiesta condotta dalle autorità tedesche. Questo almeno ufficialmente; è un fatto che si provvede comunque a un trasferimento di ecclesiastici sospetti.

In ogni caso si può esser certi che tutti questi sotterfugi di carattere finanziario e politico si sviluppano fuori dell'attività pastorale di Giovanni XXIII, che negli ultimi giorni della sua vita arriva anche a scrivere, nel chiuso della sua stanza del Palazzo Apostolico, una *Preghiera per gli Ebrei*, riconosciuti come «fratelli privilegiati», chiedendo perdono a Dio «per le ingiustizie subite dagli ebrei», ovvero «per le colpe dei cristiani» nei loro confronti. Una preghiera che anticipa il testo conciliare *Nostra Aetate*, che sarà approvato nel 1965, per un'apertura al dialogo della Chiesa con gli ebrei. Un testo che sarà stranamente tenuto nascosto, riuscendo a essere pubblicato solo in parte nel 1965 su un giornale olandese; verrà alla luce e sarà letto pubblicamente solo il 21 dicembre 2008 nel monastero di Santa Cecilia durante un recital da un discendente di Giovanni XXIII, l'attore Guido Roncalli. Un episodio che suona a vergogna per la Santa Sede, che non permetterà fino a quel giorno la rivelazione di un testo che invece esalterà, se ancora ce ne fosse bisogno, la figura del «papa buono», rappresentante sublime di un vertice della santa casta.

Ma è evidente che all'epoca la santa casta non è in grado di capire il grandioso valore di questo papa, nel contesto dei contrasti che l'angosciano. Alla sua morte, ancor prima dell'elezione di Paolo VI, si fa sentire dalla Francia il sacerdote lorenese Michel-Auguste-Marie Colin; era stato ridotto allo stato laicale nel 1951 dal Sant'Uffizio per aver dichiarato di aver ricevuto rivelazioni da Dio stesso con il conferimento di un'autorità pari a quella del papa, e nel 1960 il vescovo di Nancy lo aveva scomunicato con tanto di interdetto per aver fondato un'associazione religiosa, la "Chiesa del Cristo Rinnovata", che si oppone in sostanza all'abbandono, maturato nel Concilio Vaticano II, della linea cattolica del Concilio di Trento. Ora Colin si dichiara apertamente papa con il nome di Clemente XV con sede a Clémery, che viene soprannominato il "Piccolo Vaticano", e assume le caratteristiche proprie di un antipapa, il primo dopo Felice V, l'antipapa ufficialmente riconosciuto dal 1439 al 1449. Dopo la sua morte, che avverrà nel 1974, la "Chiesa di Cristo rinnovata" avrà diverse scissioni, anche perché a fronte del suo antipontificato ne sorgeranno altri, a capo di varie comunità religiose, nessuna riconosciuta dalla Chiesa di Roma.

La gestione delle finanze all'ombra della massoneria

Sul conclave che porta all'elezione del cardinale Montini grava l'ombra della massoneria. Si dà il caso che Umberto Ortolani, stratega della Loggia P2 del maestro Licio Gelli, a metà giugno di quel 1963 metta a disposizione del cardinale Giacomo Lercaro una sua villa a Grottaferrata, che diventa il covo di una riunione di cardinali, votati all'elezione dell'arcivescovo di Milano. Il colpo riesce al quarto scrutinio del 21 giugno. E Ortolani verrà premiato con l'onorificenza di gentiluomo di camera di Sua Santità, titolo che permetterà al finanziere piduista di inserirsi nei traffici finanziari del Vaticano.

Con l'avvento al trono pontificio di Paolo VI, a Massimo Spada, in funzione di amministratore delegato dello IOR, succede Luigi Mennini, affiancato da Pellegrino de Strobel, mentre è presidente il cardinale Alberto Di Jorio. Mennini, cameriere segreto di spada e cappa e consigliere amministrativo della Congregazione per il Clero, nonché presidente della "Peregrinatio Romana ad Petri Sedem", l'organismo che finanzia i pellegrinaggi a Roma, è il secondo uomo della Santa Sede attraverso cui le finanze vaticane entrano in rapporto con lo Stato italiano, al seguito perlopiù di Massimo Spada. Infatti fa parte del consiglio di amministrazione dell'Immobiliare, del Banco di Santo Spirito, della Efibanca, della filiale svizzera del Banco di Roma, della Finanziaria Industriale e Commerciale e dei magazzini CIM; è inoltre amministratore unico della Società Gestione Immobili Roma, che amministra gli immobili della Santa Sede all'interno della capitale, sindaco della Compagnia San Giorgio e delle Cementerie Siciliane.

C'è da rilevare che, proprio in riferimento alla sovrintendenza amministrativa di Mennini ai pellegrinaggi, viene mantenuta da parte della Santa Sede la gestione di molteplici attività che fanno capo a San Giovanni Rotondo; e non è perverso pensare che proprio per questo nel 1964 Paolo VI concede personalmente, ma ufficiosamente, a padre Pio l'indulto per continuare a celebrare, anche pubblicamente, la Santa Messa, non in italiano, secondo le nuove prescrizioni del Concilio Vaticano II, ma in latino. Una concessione di cui peraltro padre Pio potrà usufruire solo per gli ultimi quattro anni di vita, poiché muore nel 1968 all'età di 81 anni. Una concessione che segna in sostanza un momento fondamentale nel graduale venir meno delle illazioni sul suo stato di martirio e sul relativo sfruttamento di quello per procacciarsi donazioni e lasciti, dal momento che padre Pio designa la Chiesa di Roma erede universale di tutti i suoi beni. E conseguentemente si programmerà il lento procedimento della sua canonizzazione, per cui padre Pio sarà proclamato santo nel 2002.

Ma con Paolo VI il personaggio nuovo del mondo vaticano è monsignor Paul Marcinkus. Ecclesiastico statunitense, nato in un sobborgo di Chicago, studente negli anni Cinquanta a Roma presso la Gregoriana, Marcinkus ha poi lavorato alla Segreria di Stato, a contatto con Montini, che ha avuto modo di apprezzarne le capacità diplomatiche. Segue le tracce del cardinale Spellman nel fiuto finanziario, essendo legato ai Cavalieri di Colombo e avendo rapporti continui con il mondo imprenditoriale romano; riesce a far costruire villa Strich, un complesso edilizio nel quale ospitare i prelati statunitensi.

È probabilmente il rapporto di Marcinkus con i Cavalieri di Colombo che convince Paolo VI alla costruzione della grande Aula delle Udienze di fianco alla basilica di San Pietro, resa possibile dalla cessione dell'area da parte dei Cavalieri di Colombo, che abbattono il proprio Oratorio di San Pietro. La progetta Pier Luigi Nervi e i lavori iniziano nel 1966; l'inaugurazione avverrà il 30 luglio 1971, con le splendide vetrate di Giovanni Hajnal e il grande organo di Mascioni, mentre la scultura della *Resurrezione* di Pericle Fazzini arriverà solo nel 1977.

Completamente estranea ai problemi imprenditoriali della Santa Sede, una istituzione illumina di spirito evangelico la Chiesa di Roma. La fonda nel 1966 un sacerdote di campagna, un'estrema frangia della santa casta, don Luigi Ciotti: è il Gruppo Abele, organizzaziome che opera all'interno delle carceri minorili e aiuta le vittime della droga. È un'istituzione all'insegna della pietà cristiana, che avrà un seguito, sempre a opera di don Ciotti, con la creazione di un coordinamento nazionale delle comunità di accoglienza nel 1982, in un impegno apostolico di grande prestigio. Da lui verrà anche l'idea di istituire una rete di organizzazione nella lotta alla mafia, "Libera"; ma soprattutto la figura di don Ciotti è destinata a restare emblematica di tutto quello che dovrebbe essere la Chiesa nel mondo. Nel 1998 riceverà dall'università di Bologna la laurea *honoris causa* in Scienze dell'Educazione e nel 2007 il Premio speciale San Bernardo per l'impegno sociale, ancora in piena attività fino ad oggi.

Nel frattempo, a fronte dello IOR, Paolo VI compie un'operazione di rinnovamento per la tutela dei beni proprietà della Santa Sede: istituisce l'Amministrazione del Patrimonio della Sede Apostolica (APSA), il 15 agosto 1967, con la costituzione apostolica *Regimini Ecclesiae Universae*, nella quale confluisce la Speciale, che ha ormai esaurito i compiti assegnatigli dopo la firma dei Patti Lateranensi. Questo ufficio deve ovviamente amministrare i beni di proprietà della Santa Sede, destinati a fornire i fondi necessari all'adempimento delle funzioni proprie della Curia romana; l'ufficio è presieduto da un cardinale, assistito da dieci cardinali e da un monsignore in veste di segretario. Ha una sezione ordinaria che amministra le proprietà con la collaborazione di esperti, curando gli aspetti tecnici e la manutenzione in 12 uffici; la guida un monsignore, con impiegati che nel 2007 arriveranno a 62, ovvero 3 ecclesiastici e 59 laici, di cui 14 donne.

Ma la tutela delle finanze della Santa Sede non sembra garantita neanche con l'APSA, se Paolo VI si preoccupa di dar vita alla Prefettura degli Affari Economici della Santa Sede con la costituzione apostolica *Regimini Ecclesiae Universae* del 15 agosto 1967, inaugurandola a marzo dell'anno dopo. È un ufficio di controllo delle varie amministrazioni vaticane, perché deve sovrintendere ai bilanci di commissioni e segretariati relativi ad entrate e uscite, con tanto di bilancio preventivo. Lo presiede un cardinale, e il primo è Angelo dell'Acqua, assistito da sette cardinali, con due gruppi di officiali e consultori laici guidati da un monsignore e un collegio internazionale di revisori. Un apparato tecnico che non servirà però a evitare lo scandalo finanziario, perché l'unico ufficio esentato dalla presentazione del bilancio è proprio lo IOR.

Tanta cura e preoccupazione per la struttura finanziara della Santa Sede finisce per essere vantaggiosa per una questione di fede, come quella delle indulgenze; il primo gennaio 1967 Paolo VI emana la costituzione apostolica *Sacrarum indulgentiarum recognitio* con la quale viene abolito il computo delle indulgenze in giorni, mesi ed anni, secondo un metodo che era in effetti legato alle "tariffe" dei libri penitenziali precedenti anche il concilio di Trento. E a fronte ecco il momento più alto del pontificato di Paolo VI su un piano evangelico con l'enciclica *Populorum progressio*, emanata il 26 marzo 1967, che per il suo contenuto sociale impegna la Chiesa come non mai; è un'invettiva contro il potere che opprime, ma anche una "teologia della liberazione", perché incoraggia a reagire in nome di Dio alle sopraffazioni.

In particolare, l'enciclica ammette come «ultimo rimedio» il ricorso alla «lotta armata» contro una tirannia «evidente e prolungata». Una posizione questa che verrà smentita da Giovanni Paolo II, che consiglierà una «resistenza passiva, come più conforme ai principi morali»; anche se nel caso della sua Polonia non esiterà a procurare indirettamente le armi ai rivoltosi di Solidarność. La speranza cristiana dell'America Latina verrà disarmata e gli ecclesiastici teologi della Liberazione verranno sospesi *a divinis* dalla Congregazione per la Dottrina della Fede presieduta dal cardinale Joseph Ratzinger.

Il 1967 è un anno importante per un altro motivo, peraltro negativo nel contesto evangelico della Santa Sede. Come verrà denunciato dalla rivista «OP Osservatore Politico» di Mino Pecorelli, il 21 agosto Marcinkus entra a far parte della massoneria, con numero di matricola 43/649 e soprannome Marpa; il suo nome verrà trovato peraltro in una lista contenente i nomi di 131 ecclesiastici che sarà pubblicata in concomitanza con l'inizio del breve pontificato di papa Giovanni Paolo I (3-28 novembre 1978). Peraltro Marcinkus ha al suo fianco come massoni i cardinali Jean-Marie Villot, segretario di Stato della Santa Sede, e Agostino Casaroli, ministro degli Esteri della Santa Sede, don Virgilio Levi, vicedirettore de «L'Osservatore Romano», Roberto Tucci, direttore della Radio Vaticana, nonché monsignor Donato De Bonis, suo braccio destro nello IOR. La crema della santa casta con i paludamenti massonici, da tempo nemici della Chiesa di Roma, dovrebbe rientrare nella scomunica, ma non accadrà; piuttosto la sua diffamazione sarà vendicata con l'assassinio di Pecorelli il 20 marzo 1979.

Mercato di monete e francobolli tra scandali, antipapi e una santa

Nel frattempo una nota positiva per le finanze vaticane si ha con la vendita di monete, medaglie e francobolli, finalizzata non tanto all'uso pratico di mezzo di pagamento e affrancatura della posta, quanto al collezionismo per la gioia di numismatici e filatelici. La vendita, seppure faccia capo al Governatorato della Città del Vaticano, è in qualche modo una notevole risorsa finanziaria per la Santa Sede e anche se può sembrare un'attività secondaria, è in realtà consistente. E va considerata un'autentica attività di lucro; uno spaccio di fior di conio e fior di filigrana che porta fior di quattrini in un boom commerciale almeno fino agli anni Ottanta.

Le monete, i cui valori sono fissati per un massimo di otto, sono già predisposte in apposite custodie per annuali serie complete, con un'emissione limitata a 100 milioni di lire, raddoppiata durante la sede vacante del 1963 e triplicata per l'Anno Santo del 1975. L'emissione annuale delle medaglie, presentata ufficialmente al papa il 29 giugno, festa dei santi Pietro e Paolo, prevede dagli anni Sessanta 1000 medaglie d'oro, 8000 d'argento e 6000 di bronzo, tutte numerate e provviste di certificato di garanzia, per le quali è prevista anche una confezione di lusso, in uno scrigno di cuoio rosso, limitata a 500 esemplari.

La vendita delle monete resterà un'etichetta particolare della Santa Sede anche con l'avvento dell'euro e l'Unione Europea autorizzerà l'APSA a emettere 670.000 euro l'anno, pur avendo un valore prevalentemente numismatico e restando destinate soprattutto ai collezionisti. Anche le emissioni di francobolli, validi per affrancare la corrispondenza in partenza dalla Città del Vaticano, sono destinate perlopiù al mercato filatelico.

La vendita dei francobolli rappresenta un'ulteriore speculazione; dalla costruzione dell'ufficio postale nella Città del Vaticano le emissioni di francobolli sono venute aumentando a un ritmo frenetico, variando dal tipo di posta ordinaria, aerea, espressa e per pacchi a quella di beneficenza e commemorazione. E lunghe file di acquirenti si formano davanti ai botteghini dell'ufficio postale in occasione di ogni nuova emissione, anche se la maggior parte dei clienti ha istituito un preciso rapporto commerciale con il Vaticano. In 25.000 circa sono segnati già in possesso di un apposito elenco e l'ufficio filatelico del Governatorato fa pervenire loro regolarmente notizie su ogni novità.

Dalle 400.000 serie per ogni emissione degli anni Cinquanta si è arrivati nel 1964 a stampare circa 2 milioni di serie per ogni emissione, per passare ai 7.500.000 nel 1965, produzione record emessa in occasione della visita di Paolo VI all'ONU. Una produzione che risulta addirittura inflazionante, tanto che si deve perfino bruciare parte della tiratura. Così che, di fronte al pericolo di un'inflazione generale del mercato, dal 1966 il numero delle serie ordinarie per ogni emissione è tornato ai 2 milioni.

Ma quanto fruttano negli anni Sessanta questi francobolli? Il Vaticano incassa annualmente circa 300 milioni di lire. Ancor più sostanziosa la vendita delle serie commemorative, per le quali sono esemplari quelle del 1967, relative alla commemorazione del miracolo di Fatima, al congresso mondiale dei laici cattolici a Roma e al Natale. La serie di Fatima, del valore nominale di 280 lire, con la stampa di 2.300.000 copie, porta un incasso di 644 milioni di lire; la serie del congresso dei laici, del valore nominale di 170 lire, con la stampa di 2.400.000 copie, porta un incasso di 424 milioni di lire; la serie natalizia, del valore nominale di 280 lire, con la stampa di 2 milioni di copie, porta un incasso di di 560 milioni di lire. In totale le tre emissioni hanno fatto incassare al Vaticano nel solo anno 1967 1.628.000.000 di lire.

E la cosa non finisce qui. Perché queste serie commemorative, una volta esaurite, aumentano di valore nel mercato filatelico con relativa speculazione in una ulteriore vendita. Si dà il caso che 1.600.000 acquirenti siano stati ordini religiosi e enti ecclesiastici, estreme frange della santa casta sparse in tutto il mondo, che rivendono a loro volta quelle serie a filatelici, realizzando ulteriore profitto. È così dimostrato che in pratica con la vendita dei francobolli è la Chiesa, ovvero la Santa Sede nella sua interezza, a guadagnare denaro. Il sistema va bene anche a chi dovrebbe invece controllare certa speculazione di mercato, ovvero il Governatorato, al quale fa capo l'amministrazione particolare della Città del Vaticano, gestita parallelamente a quella dell'APSA e, diciamo, teoricamente come una struttura a sé.

Il Governatorato è amministrato da una commissione di cardinali, di cui è presidente dal 1969 il cardinale Jean-Marie Villot, con il cardinale Sergio Guerri pro-presidente, ma dal 1958 il Governatorato praticamente ha fatto capo ad un laico, il conte Enrico Pietro Galeazzi in veste di delegato speciale, che è anche direttore generale dei Servizi Economici e direttore generale dei Servizi Tecnici, tutti incarichi confermati da Paolo VI. A fronte di questo terzo uomo di rilievo della Santa Sede nel campo finanziario, Paolo VI, nel quadro di una miniriforma generale della Curia, nomina delegato speciale il marchese Giovan Battista Sacchetti, che è il quarto uomo di rilievo nelle finanze vaticane della fine degli anni Sessanta per un collegamento tra la Santa Sede e lo Stato italiano. Sacchetti infatti è presidente onorario del Banco di Santo Spirito e membro del consiglio dell'Immobiliare, presidente delle Condotte d'Acqua, del Mediocredito regionale del Lazio, della Laziale Beni Immobili, dell'Unione Cristiana Imprenditori e Dirigenti, e dell'Opera Pia degli Infermi di San Giovanni dei Fiorentini.

Sacchetti rappresenta un temporaneo ritorno di fiamma della nobiltà nera pontificia, anche se contemporaneamente papa Montini il 28 marzo 1968, con il *motu proprio Pontificalis Domus*, ribattezza la Guardia Nobile con il titolo di Guardia d'Onore di Sua Santità, riservandogli esclusivamente un servizio onorario nelle cerimonie pontificie di carattere civile, ovvero nelle udienze a capi di Stato e ministri. Contemporaneamente qualifica come Gentiluomini di Sua Santità i vari Camerieri Segreti e di Spada e Cappa, il Foriere Maggiore, il Cavallerizzo Maggiore, ovvero spazza via tante inutili dignità, allineandoli peraltro nel Circolo di San Pietro, creato da Pio IX nel 1869, destinato a restare l'ultimo angolo di nobiltà pontificia all'interno del palazzo delle Congregazioni della Città del Vaticano.

Peraltro con il *motu proprio Catholicam Christi Ecclesiam* del 6 gennaio 1967 papa Montini ha provveduto a creare un *Consilium de Laicis*, che è una sorta di consiglio comunale della Città del Vaticano, dove sono confluiti sette dei gentiluomini, tredici professionisti, due avvocati (uno dei quali è l'ex sindaco di Roma Urbano Cioccetti) e le nobildonne Pia Colini Lombardi e Maria Luisa Paronetto Valier, provenienti dall'Azione Cattolica, per un totale di 24 membri. In ogni caso questa consulta ha un potere consultivo, nel quale il Governatorato troverà un riferimento per la realizzazione di progetti e la finalizzazione umanitaria delle risorse finanziarie.

Ma va tenuto presente che il conte Enrico Pietro Galeazzi resta ai vertici, mantenendo la carica di architetto dei palazzi apostolici e della basilica di San Pietro, nonché di membro della Commissione per la Protezione dei Monumenti della Santa Sede. E non è casuale questa nomina, perché Galeazzi dal 1968 è presidente della Generale Immobiliare, la più grande società immobiliare ed edilizia degli anni Sessanta e Settanta, autentica roccaforte del Vaticano, dal momento che pullula di uomini della Santa Sede. Dei nove consiglieri, quattro sono personalità delle finanze, frange laiche della santa casta: il principe Marcantonio Pacelli, il marchese Giovanni Battista Sacchetti, Luigi Mennini, che è anche delegato speciale per lo IOR, e Luigi Quadrani, che è peraltro segretario della sezione straordinaria dell'APSA. Alla quale appartengono anche due sindaci dell'Immobiliare, Guglielmo Mollari e Francesco Falsini, contabili dell'APSA. In definitiva l'Immobiliare è una specie di succursale del Vaticano, tanto che risulterà spesso invischiata nella comprevendita degli immobili della Santa Sede dentro Roma negli anni Settanta.

A fronte del conte Galeazzi e dei Cavalieri di Colombo, del marchese Sacchetti e della rediviva nobiltà pontificia, l'Opus Dei sotto il pontificato di Paolo VI resta ai margini della Santa Sede, ma questo non vuol dire che non esista. Anzi guadagna la sua personalità su un piano internazionale con un lavoro che porterà i suoi frutti in futuro. Escrivá nel 1968 sollecita e ottiene da Francisco Franco il titolo di marchese di Peralta, che è un modo strano di compensare la mancanza di un titolo eccellente ecclesiastico con uno nobiliare, che non dovrebbe avere peso nella Chiesa. Ma è in verità un modo per adeguare la sua figura ecclesiastica a quella dei nobili laici che già sono presenti nell'opera. Così dal 1969 l'Opus Dei conquista posizioni di potere in Spagna, con tanto di scandalo del gruppo Matesa, relativo a finanziamenti internazionali, che costa il posto ad alcuni suoi membri, anche se Franco stronca bruscamente ogni azione giudiziaria.

Ma l'Opus Dei si muove anche a Roma e dal 1962 si organizza imprenditorialmente. Fonda quell'anno l'associazione Centro ELIS, che inizia le sue attività nell'ottobre 1964; e Paolo VI non si può tirare indietro dall'inaugurarne ufficialmente la sede in via Sandro Sandri 45, nel quartiere Tiburtino, il 21 novembre 1965. Elis è la sigla di "Educazione, Lavoro, Istruzione, Sport" che sono, come recita il principio educativo e la futura *home page*, «i quattro ambiti nei quali si sviluppa l'attività degli enti che fanno riferimento ai principi fondazionali». E lo fa tramite il SAFI, altra opera apostolica fondata in un complesso edilizio, sempre al Tiburtino nella zona di Casal Bruciato, ovvero un istituto professionale alberghiero definito come «iniziativa di carattere civile, senza scopo di lucro e con una finalità apostolica e di servizio». Di qui la promozione a pagamento di scuole, università, istituti di formazione professionale, residenze per studenti, centri culturali, tenendo presente che ELIS nel 1967 si arricchirà della proprietà dei Casali delle Rocche sul pizzo di Ovindoli, dono del marchese Alessandro Gerini, e nel 1981 del grandioso centro studi di Castelromano, al km 23 della via Appia.

Accadrà peraltro che la ELIS nel 1991, in tempi più all'Opus Dei favorevoli in Vaticano, si qualficherà come CEDEL (Cooperativa Sociale Educativa Elis), ricorrendo «a convenzioni e accordi con organismi pubblici e privati e in particolare con enti che operano nel "privato sociale"» per «promuovere e gestire, anche mediante il ricorso a fondi pubblici e privati, attività di formazione professionale e di sviluppo nell'occupazione». Così si svilupperà più opportunamente «il rapporto tra tutte le attività ELIS e un gruppo di imprese altamente qualificate che sono i fruitori privilegiati delle iniziative formative, corsi di eccellenza rivolti a diplomati, laureandi e laureati». E infatti il 9 aprile 1992 verrà fondato il Consorzio ELIS, firmatari la STET, la Italcementi, la Ericsson e la Cedel, ma con la successiva adesione di altre 34 aziende comunali e statali. Proprio per la presenza di queste aziende, alle quali dovrebbe tornare il vantaggio di avere al proprio servizio impiegati diplomati e laureati grazie ai corsi dell'ELIS, resta difficile credere che tutto il complesso aziendale non abbia "fini di lucro".

E intanto, parallelamente a questo ingrandimento dell'Opus Dei, lontano da Roma si costituiscono due comunità religiose. Nel 1968 il gruppo canadese dell'antipapa Clemente XV si separa dalla matrice francese e proclama papa padre Jean-Grégoire de la Trinité, al secolo Gaston Tremblay, che assume il nome pontificale di Gregorio XVII, fondando la "Chiesa degli Apostoli dell'Amore Infinito"; detta anche "Chiesa Cattolica degli Apostoli degli Ultimi Tempi", si diffonde in diversi paesi con tanto di rivista «Magnificat». Questa associazione religiosa, caratterizzata da una devozione particolare alla Madonna e al Sacro Cuore di Gesù, vedrà il suo antipapa arrestato due volte: una prima volta nel 1980 per non aver affidato al marito divorziato di una sua seguace i figli associati con la madre nella comunità, e nel 1999 per abusi sessuali su minori.

Nel 1969 da Palmar de Troya, presso Siviglia, si fa sentire il sacerdote Clemente Dominguez y Gomez che dichiara di aver ricevuto messaggi celesti, ai quali fanno seguito le stimmate. Verrà consacrato vescovo con cinque suoi seguaci dal vescovo scismatico vietnamita Thuc «per ordine della Madonna». Alla morte di Paolo VI, il 6 agosto 1978, a suo dire gli apparirà Gesù che lo consacra papa con il nome di Gregorio XVII, omonimo dell'antipapa francese Gaston Tremblay; la Chiesa da lui retta verrà chiamata Palmariana e ci sarà l'istituzione di una serie di dogmi relativi alla Madonna, fino alla presenza della Vergine nell'Eucarestia, e la profezia di una crocifissione in Palestina di Gregorio XVII come novello Gesù, fino alla sua resurrezione. Questo Gregorio XVII lancerà scomuniche a tutti pontefici di Roma e morirà nel 2005, ma senza la profetizzata crocifissione, e gli succederà Manuel Corral con il nome di Pietro II, un nome che la tradizione legata alle profezie di Malachia indicherebbe come l'ultimo papa.

A fronte di questi antipapi, peraltro non riconosciuti come tali dalla Santa Sede, ma certamente significativi di una crisi all'interno della fede cristiana, Paolo VI compie un atto importante nella linea della moralità apostolica che deve contraddistinguere la sua sovranità: abolisce nella Città del Vaticano la pena di morte, mantenuta in vigore dalla Legge Fondamentale dello Stato del 1929, e che era comunque in vigore in riferimento ad un eventuale attentato al papa. Lo fa quasi in sordina, annunciandolo sugli *Acta Sanctae Sedis* nell'agosto del 1969; il papa non vuole troppo pubblicizzare la cosa, convinto che il mondo avrà da ridire sul fatto che la Santa Sede aveva ancora tra le sue leggi la pena di morte, tanto condannata dai papi precedenti. E infatti sarà di pubblico dominio solo nel gennaio del 1971, quando alcuni giornalisti accuseranno di ipocrisia Paolo VI per le sue critiche alle esecucuzioni capitali in Spagna e Unione Sovietica.

Ma nel 1969 il mondo viene a conoscenza di un personaggio destinato ad essere indicato come una sorta di san Francesco del XX secolo al femminile. È suor Madre Teresa di Calcutta, al secolo Agnes Gouxha Bojaxhin, portata sugli schermi televisivi della BBC da un servizio del giornalista Malcolm Muggeridge, che documenta il lavoro di questa suora tra i poveri e i malati di Calcutta; così alla ribalta della cronaca internazionale sale una umile rappresentante della santa casta, brillante di luce apostolica, ignorata in parte dalla stessa Santa Sede. Suora dell'Ordine della Carità dal 1948, ha fondato la congregazione delle Missionarie della Carità ed è andata a vivere alla periferia di Calcutta con alcune seguaci con la missione apostolica di assistere lebbrosi e poveri della città indiana; il centro di assistenza ha nome *Casa per i morenti* e ad esso ha fatto seguito una casa per lebbrosi chiamata *Città della pace*, un ospizio all'insegna di *Cuore puro* e un orfanotrofio.

Madre Teresa va avanti con donazioni che le arrivano da tutto il mondo, anche se ignorata, perfino dalla Santa Sede, tanto che solo nel 1965 Paolo VI ha riconosciuto la sua congregazione. Sarà fondamentale per le sue istituzioni l'assegnazione del Premio Nobel per la pace nel 1979, perché i 6000 dollari dei fondi saranno da lei destinati ai poveri di Calcutta. Poi nel corso degli anni Ottanta riuscirà, allora sì con l'appoggio della Santa Sede, ad aprire ben tre case di accoglienza per poveri e malati a Roma, oltre ad una mensa nella Città del Vaticano dedicata a santa Marta. E sarà sempre in giro per il suo apostolato fino alla morte, nel 1997; emblematiche per illuminare questa estrema frangia della santa casta saranno le parole del segretario generale delle Nazioni Unite Javier Pérez de Cuellar: «Lei è le Nazioni Unite. Lei è la pace nel mondo».

Riciclaggio di denaro "sporco" tra mafia e società ombra

Gli anni Settanta iniziano all'insegna di un'immagine fortemente rinnovatrice a scapito dei nobili e dei borghesi paludati della santa casta, facendo seguito all'istituzione dei Gentiluomini di Sua Santità: Paolo VI ne ha abbastanza della Guardia Nobile, pur rinnovata come Guardia d'onore di Sua Santità nel 1968, e della Guardia Palatina. Così le scioglie con lettera del 14 settembre 1970 al prefetto cardinale Jean Villot, ritenendo i due corpi onorifici «non corrispondenti più alle necessità per le quali erano stati istituiti». E nella circostanza viene anche sciolta la Gendarmeria, ultima erede di birri e guardie di un tempo. Peraltro gli ex ufficiali palatini saranno annoverati insieme alle guardie nobili tra i

Gentiluomini di Sua Santità e, volendo, potranno aderire alla nuova Associazione dei Santi Pietro e Paolo, che ha comunque un significato tutto «apostolico», ovvero con finalità tese a iniziative in favore di quanti hanno urgenti necessità. È in ogni caso un venir meno dei valori aristocratici delle due guardie della santa casta.

Arrivano anche rinnovamenti per l'amministrazione della Santa Sede, per quanto riguarda la finalità apostolica della carità; che si concretizza con un nuovo istituto, nato come filiazione della POA, sciolta nel 1970. L'anno dopo infatti la Conferenza Episcopale Italiana dà vita alla Caritas Italiana, l'organismo pastorale di promozione e coordinamento dell'attività caritativa ed assistenziale della Chiesa in Italia, con decreto del cardinale Antonio Poma, presidente della CEI. Contemporaneamente la CEI nomina un gruppo di lavoro composto dai monsignori Giovanni Nervo, Carlo Muratore e Giulio Salmi, per mettere in piedi gli organi statutari, Consiglio nazionale e Presidenza. Nasce così un nuovo organismo ecclesiale, per il quale lo stesso Paolo VI indica mete non assistenziali, ma pastorali e pedagogiche: «Senza sostituirsi alle istituzioni già esistenti in questo campo nelle varie diocesi e senza far perdere alle medesime la loro caratteristica e la loro autonomia», precisa il papa, «questo nuovo organismo si presenta come l'unico strumento ufficialmente riconosciuto a disposizione dell'episcopato italiano per promuovere, coordinare e potenziare le attività assistenziali nell'ambito della comunità ecclesiale italiana». E così prende il via la Caritas Italiana sotto la direzione di don Silvio Bortolamedi che vi rimarrà fino al 1996. Tutto bene.

Paul Marcinkus nel 1969 è stato nominato segretario dello IOR, e sono con lui Luigi Mennini e Pellegrino de Strobel. Ma è Marcinkus il promotore delle iniziative finanziarie e imprenditoriali, affiancato da monsignor Donato De Bonis con la generica qualifica di "prelato". Che è l'altro stratega, «il vero *dominus* dello IOR», come lo definirà Giancarlo Galli nel 2003 ricordando che, pur agendo dietro le quinte, era «in rapporti con tutta la Roma che contava, politica e mondana. Francesco Cossiga lo chiamava Donatino, Giulio Andreotti lo teneva in massima considerazione. E poi aristocratici, finanzieri, artisti come Sophia Loren».

Marcinkus ha nobilitato la sua figura, peraltro non macchiata dal suo stato massonico, ancora non venuto alla luce, con la graduale ascesa ai vertici della Curia romana come arcivescovo; oltretutto è soprannominato "Il Gorilla" per il suo aspetto imponente e le maniere spicce, ed è a fianco del papa nei suoi viaggi apostolici. Così nel 1970, nel corso di un viaggio a Manila, nelle Filippine, sventa un attentato a Paolo VI, deviando il pugnale con il quale un pittore sudamericano tentava di colpirlo. In conseguenza dell'attentato si incarica anche di creare la guardia del corpo del papa. E dal 1971 da segretario dello IOR diventa presidente.

Marcinkus ha stretto amicizia con l'uomo d'affari statunitense David Matthew Kennedy, presidente della Continental Illinois National Bank di Chicago e ministro del Tesoro nell'amministrazione Nixon. Ed è il banchiere-ministro a mettere Marcinkus in contatto con Michele Sindona, che è peraltro amico di Paolo VI da quando Montini era arcivescovo di Milano; il finanziere ha il suo raggio di affari negli Stati Uniti, entrando in stretti rapporti con la mafia e diventando grande esperto di banche *off shore*, dove far passare eurodollari esentasse. E questa è un'attrattiva interessante per la Santa Sede, che deve affrontare il conflitto con l'Italia sull'esenzione fiscale delle proprie azioni; è in realtà costretta a pagare l'imposta di circa un miliardo, e per questo sono vendute moltissime azioni e ridotti tutti gli investimenti in Italia.

È allora che lo IOR cambia la sua strategia finanziaria, legandosi a Sindona in disavventure che l'avrebbero portato effettivamente a macchiare la sua etichetta di istituto "religioso". Accade che lo IOR, direttamente o meno, si ritrovi a controllare varie società, fra le quali l'Immobiliare, le Condotte d'acqua, l'Istituto Romano Beni Stabili, i Molini Pantanella, i Molini Biondi, la Sogene, la Serono, il Banco di Santo Spirito, il Banco di Roma e la Cassa di Risparmio. Singolare il caso dell'istituto farmacologico Serono, del quale il Vaticano ha appunto una partecipazione; di lì esce la pillola anticoncezionale *Luteolas*, venduta regolarmente in farmacia, il cui uso è però condannato da Paolo VI in conseguenza dell'enciclica *Humanae Vitae* del 25 luglio 1968. Incongruenze ridicole: siamo all'ironia del paradosso.

Ma il dato di fondo è un altro e fa capo a Sindona, da quando «con le sue tre banche – Banca Privata Finanziaria, Finabank e Banca Unione», scrive il giudice Ferdinando Imposimato, il banchiere siciliano «stabilisce accordi con le banche pubbliche Banco di Roma, Credito Italiano e Banca Commerciale. Sotto le pressioni di uomini al potere, le banche nazionalizzate effettuano notevoli depositi e versamenti negli istituti di Sindona. Che in questo modo accumula i miliardi delle banche pubbliche nei suoi forzieri. L'abilità strategica di Sindona sui circuiti finanziari si basa sull'intermediazione dello IOR che, con la sua presenza, fa da garante. La banca del Vaticano infatti può eseguire qualsiasi operazione finanziaria e spostare capitali in tutto il mondo fuori da ogni controllo».

Sindona nel 1971 mette in rapporto Marcinkus con Roberto Calvi, direttore generale del Banco Ambrosiano. A questo punto Calvi, Sindona e Marcinkus fondano in società una banca nel paradiso fiscale delle Bahamas, la Cisalpine Overseas Bank, una ulteriore banca in cui spostare fondi neri o provenienti da operazioni illegali, ovvero il denaro "sporco". E nel consiglio di amministrazione di quella banca figura anche Licio Gelli. È un'operazione diffamante per la Santa Sede, al di là della illecita operazione, per il fatto che alle spalle di Calvi e Sindona incombono la massoneria, i servizi segreti e la mafia.

Il riciclaggio del denaro "sporco" avviene in tre tempi, come scriverà Ferdinando Imposimato: «Per primi i capitali della mafia, di partiti politici e grandi industrie sono versati nelle banche di Sindona. In un secondo momento passano allo IOR, che trattiene gli interessi, e quindi vengono trasferiti, con l'aggiunta dei soldi della Santa Sede, nelle banche estere di Sindona, la Franklin Bank di New York e le sue filiali alle Bahamas e a Panama». È una storia che copre tutti gli anni Sessanta e i primi anni Settanta esplodendo negli scandali in piedi fino agli anni Ottanta. E il giudice Imposimato pagherà cara la sua indagine sui rapporti tra la Santa Sede e il mondo politico-finanziario fino ai biechi legami con esponenti della banda della Magliana, con l'assassinio di suo fratello Francesco l'11 ottobre 1983.

Ma questo denaro "sporco" è finalizzato anche ad un altro scopo, l'acquisto di beni immobili e la rivendita degli stessi, spesso attraverso «società-ombra gestite direttamente da enti ecclesiastici e dal Vaticano», ricavandone denaro "pulito", come scriverà nel 1991 Maria Antonietta Calabrò nel libro *Le mani della mafia*. Così alla Manic Holding Sa di Vaduz, nel Liechtenstein, fanno riferimento 25 società di comodo, con sede proprio nel Liechtenstein; e a Panama, il piccolo Stato retto fino al 1989 dal dittatore narcotrafficante Manuel Noriega, ne sono domiciliate 14. E, guarda caso, quando nel 1989 gli Stati Uniti decidono di togliere di mezzo Noriega nell'operazione soprannominata ironicamente "Giusta Causa", il dittatore si rifugia nella nunziatura vaticana. Che però finirà per consegnarlo l'anno dopo agli americani; sarà processato e condannato a 40 anni di carcere.

Il traffico di denaro che fa capo allo IOR trova il suo fulcro pricipalmente dentro Roma e dintorni, dove l'acquisto di immobili, intestati agli enti ecclesiastici, spesso di breve esistenza se non fantomatici, vanno ad assommarsi a quegli edifici già proprietà di ordini religiosi dal 1929. Esenti da tributi, assommano a più di 400, ai quali si aggiungeranno anche altri edifici frutto «di lasciti e donazioni da parte di cittadini italiani, autorizzati una volta dal re, ora dal presidente della Repubblica». Un immenso patrimonio che raccoglie un quarto di Roma, derivante perlopiù da illegali transazioni di mercato negli anni Settanta secondo una denuncia che verrà fatta dal giornalista Paolo Ojetti all'insegna di *Vaticano Spa* il 7 e 21 gennaio 1977 su due numeri della rivista «L'Europeo» diretto da Gianluigi Melega, che peraltro sarà licenziato di fronte alle reazioni della Santa Sede e soprattutto perché l'editrice del periodico, la Rizzoli, è controllata dalla P2.

La Santa Sede attraverso lo IOR e grazie al denaro "sporco" viene così a gestire quella che risulta essere in fondo l'impresa più "legale" perché apparentemente compiuta alla luce del sole, ovvero la compravendita degli immobili dentro Roma. Immobili che, per evitare tasse di acquisto e vendita, vengono assegnati a nomi di comodo di enti religiosi, che nascono e muoiono nel giro di pochi anni, come le Maestre Pie Venerine, la Pro Juventude, la Pro Infantia, la Pro Orfanis e la Opus pro Castris.

Il patrimonio immobiliare della Santa Sede a Roma

Le zone più significative del boom edilizio che vanta la Santa Sede dentro Roma sono nel centro storico tra la fine di via Nazionale e il Colosseo, tra via Condotti, piazza di Spagna e via Sant'Andrea delle Fratte; quindi a ridosso di Termini, tra via Merulana e via Manzoni, piazza Dante e via Emanuele Filiberto, tra Santa Croce in Gerusalemme e lungo le vie consolari, dall'Appia alla Cassia e a via Cortina d'Ampezzo, con particolare consistenza nel quartiere Parioli. E ancora nel quartiere Nomentano, a Monteverde e lungo via della Conciliazione nelle ramificazioni di Borgo, mentre dall'Isola Tiberina e dalla via della Conciliazione si arriva a quell'autentico paradiso edilizio che è il quartiere Aurelio, alle spalle della Città del Vaticano. Qui ha un'estensione di case di cura, istituti di suore, collegi, pensioni, alberghi, tra i quali si impone la Domus Mariae in via Aurelia 481, fino alle due sedi della CEI sull'Aurelia, il residence Palazzo Carpegna che domina la piazza di villa Carpegna e l'ospedale Agostino Gemelli con l'Università cattolica del Sacro Cuore. E ancora sull'Aurelia Antica, dove si innalza l'imponente villa Aurelia, un residence con 160 posti letto, con tanto di cappella privata e terrazza con vista su San Pietro, che fa capo alla casa generalizia del Sacro Cuore.

Ma sono tutte indicazioni di massima, che non riescono a definire nei minimi particolari le strutture di questo impero edilizio. Peraltro nel 1975 il cardinale Egidio Vagnozzi, responsabile della Prefettura degli Affari Economici della Santa Sede, si è messo subito sulla difensiva dichiarando che «gli immobili sono in gran parte occupati da uffici che costano e non rendono. Altri immobili sono affittati a basso prezzo a dipendenti della Santa Sede. Quindi il loro reddito è molto limitato, specialmente in Italia, dove la Santa Sede deve osservare le leggi sul blocco dei fitti». Dichiarazione che, nella sua parte finale, appare addirittura comica. In ogni caso è su questo impero edilizio che gioca monsignor Marcinkus, ovvero lo IOR, in una compravendita degli immobili, gestendo e raccogliendo enormi capitali di incerta provenienza e nominalmente facenti capo a Immobiliare di Roma, Banca di Roma, Enimont, fino alla Banca Popolare di Lodi.

A cominciare, nel luglio del 1970, con la vendita di due fabbricati delle Maestre Pie Venerine in via del Teatro Pace e in via del Governo Vecchio per 250 milioni alla Restauri centro storico, che altro non è se non il secondo nome della Immobiliare, legata al Vaticano, che rivende un fabbricato e ristruttura il secondo per un altro ente ecclesiastico. A seguire, sempre a luglio del 1970, la sede della congregazione delle suore francesi dell'Immacolata Concezione di Belle Prairie è venduta per 600 milioni alla Villa delle Mimose s.r.l., che abbatte il fabbricato e, in barba alla licenza di costruzione di «civili abitazioni non di lusso», nel 1974 tira su un palazzone di nove piani con 27 appartamenti, sei ascensori e ogni ben di dio tra cui anche una piscina.

E ancora nel 1970, a dicembre, la Santa Sede vende il palazzo Antonelli in piazza Magnanapoli, divenuto proprietà della Santa Sede per un «legato della contessa Maria Emma García de la Palmira vedova Antonelli» nel 1932; viene venduto per un miliardo e mezzo alla Banca d'Italia, che già l'occupava con alcuni uffici dietro un pagamento d'affitto di 44 milioni annui. Peraltro la Banca d'Italia ha già acquistato, nei primi mesi del 1970, un palazzo adiacente tra via Parma e via della Consulta per 240 milioni dalla Immobiliare Paco, che lo aveva a sua volta acquistato per 200 milioni dalla congregazione delle suore scolastiche del Terzo Ordine di San Francesco d'Assisi di Cristo Re, alle quali era stato dato in donazione nel 1957 dalla casa generalizia dell'Ordine dei Frati Minori Francescani.

Un colpo grosso lo fa nel 1971 lo IOR in persona, esponendosi a tutto rischio, vendendo una donazione piovutagli chissà da dove nella località la Magliana; l'acquista l'Alitalia, ufficialmente per 2 miliardi e 119.981.500 lire, ma si sospetta la cifra di 3 milioni e mezzo di dollari. Sempre nel 1971 le Suore d'Egitto di via Cicerone devono lasciare la loro scuola, venduta dalla Santa Sede con il terreno circostante per un miliardo e 100 milioni alla Residence Cicerone s.p.a., che abbatte il caseggiato e costruisce un albergo, venduto poi per 4 miliardi e mezzo alla Genghini s.p.a., ma in pratica a se stessa, dal momento che la Residence Cicerone è controllata da Mario Genghini, presidente dell'Immobiliare, attraverso la società di comodo Socan Holding in Lussemburgo.

Nel 1972 la congregazione delle suore di Nostra Signora della Carità del Buon Pastore vende all'inizio della via Aurelia, per 400 milioni, la propria casa generalizia alla Aurelia Pace s.p.a., che ha per azionista di maggioranza la società lussemburghese Primalux Holding, cambiando nome successivamente in Midas Hotel s.p.a., con il grande albergo Midas. A dicembre del 1972 la Curia generalizia dell'istituto delle suore del Santo Bambino di Roma è venduta per 700 milioni alla Socogen, che vi costruisce un palazzo di cinque piani e lo rivende alla milanese Immobiliari Rattazzi s.p.a. per 2 miliardi e 650 milioni.

Ma la vendita più grandiosa è, tra il 1972 e il 1973, quella dell'intero complesso storico della Santa Sede in via della Dataria, in parte riconosciuto con diritto di extraterritorialità dai Patti Lateranensi. Viene venduto in quattro momenti a quattro società diverse: la prima parte per soli 200 milioni alla Edilappia s.p.a.; la seconda alla società I Muschi per soli 17 milioni; una terza alla torinese Dataria di Roberto Palea s.a.s. per 170 milioni; la quarta, la più consistente, costituente il corpo principale dell'edificio, se l'assicura l'agenzia giornalistica ANSA per 650 milioni.

Prosegue la vendita nel 1973, cominciando a febbraio dal palazzo rinascimentale delle Orsoline di Somasca in via dell'Orso acquistato per 400 milioni dalla Senofonte s.r.l., gestita da una fantomatica Satafinco Trust et placement reg. di Vaduz dell'avvocato Tommaso Addario che, dimissionario dopo l'acquisto, si rifà vivo a maggio e diventa il proprietario per 840 milioni. Di seguito le suore missionarie del Sacro Cuore vendono il Liceo Cabrini in via Ulisse Aldrovandi per 250 milioni; l'acquista la napoletana Immobiliari Aldrovandi, che crea il Residence Aldrovandi, il più esclusivo della capitale. A fine anno le Figlie del Sacro Cuore vendono per un miliardo e 400 milioni il grande complesso edilizio tra le vie Cavour, Sforza e Lanza alle tre società Iniziativa Immobiliare Romana s.p.a., Iniziativa Immobiliare Cavour s.p.a. e Fondiaria Giovanni Lanza, che appartengono per il 98% alla Banca di Credito e Commercio di Lugano. E ancora, la procura generale dell'Istituto dello Spirito Santo vende un terreno di 2,5 ettari avuto in donazione in via Aurelia 162 per 915 milioni alla romana Immobiliare Consea s.p.a. di via Lovanio 2, dove ha sede, guarda caso, la società Condotte d'Acqua, in parte controllata dall'IRI, azionista della Consea con l'olandese Four Seasons Hotels Administration.

Nel 1974 lo IOR, questa volta allo scoperto, vende un palazzo di quattro piani con giardino in via Priscilla 12, di fronte a villa Ada e attiguo alle catacombe di Santa Priscilla. Lo acquista per 280 milioni la Delta Tau s.r.l. del conte Piero Spalletti, che curiosamente ha però solo 100.000 lire di capitale, per cui si associa altre due società, la Tau Delta 74 e la Delta Sigma 74; si dà il caso che gli appartamenti vengano affittati. A dicembre del 1974 ancora lo IOR vende di persona 6 ettari di terreno con la villa Tre Colli, dove risiede la Loyola University, che naturalmente chiude; acquirente per un miliardo e mezzo è la romana Minerva s.p.a., controllata dalla Banca Nazionale del Lavoro e dalla Banque National de Paris. Vi sorge il residence Tre Colli, amministrato dal dottor Claudio Reichlin, segretario del consiglio di amministrazione della RAS, dell'Assicuratrice Italiana e del Lloyd Siciliano, banche che, guarda caso, acquistano nel giugno del 1975 un terreno confinante di un ettaro e mezzo attraverso la Fioranna s.r.l. per 290 milioni, anche questo direttamente dalla Santa Sede.

Ormai la Santa Sede prosegue nell'agire allo scoperto. Così nel 1975 vende il convento della soppressa congregazione dei Frati della Carità o Frati Bigi tra via Emanuele Filiberto, viale Manzoni e via Tasso per un miliardo e 50 milioni alla Edif immobiliare s.r.l., che è in realtà una società-ombra, controllata com'è per il 1995 dalla Costruzioni Franconetti s.a.s., che gode di un socio accomodante al 90% nella panamense Modern Building Corporation. A fronte di questa vendita si registra una donazione alla Santa Sede, consistente in un complesso immobiliare in via delle Nespole, nel quartiere Centocelle, da una fedele cattolica di nome Olga Zayo; nulla di più si sa. Segue una seconda donazione, il 9 luglio

1976, di un appartamento dei monsignori Giuseppe e Giovanni De Andrea in via del Mascherino 12. Una terza donazione viene da parte dei fratelli Mollari il 6 agosto 1976, consistente in un terreno di 20 ettari in località La Mandria sulla via Laurentina. Tutte queste donazioni vengono autorizzate con la firma dei presidenti della Repubblica italiana, ma per l'ultima, valutata 500 milioni di lire, il presidente Giovanni Leone impone la vendita entro cinque anni. Ovviamente la Santa Sede non ci pensa due volte e provvederà a farlo. Intanto nel 1977 si registra un'ulteriore vendita dei suoi beni; il Credito Artigiano di Milano acquista dalla Santa Sede, che compare però dietro il nome di Luoghi Pii dei Catecumeni e Neofiti di Roma, un palazzetto in via Selci 88 al prezzo di 500 milioni di lire per farne la sua sede.

Traffici finanziari e furti di banchieri e operai

Il denaro "sporco" del Vaticano, a fronte del suo impiego negli immobili, prosegue le sue avventure bancarie. Un'altra manovra per sommergerlo è compiuta nel 1972 da Roberto Calvi, che, tramite una società finanziaria, la Centrale, acquista dallo IOR per 27 miliardi la maggioranza azionaria della Banca cattolica del Veneto; peraltro Calvi, da presidente del Banco Ambrosiano, mira a diventarne proprietario assoluto e riacquista sottobanco ogni azione disponibile. Tutto si svolge sul mercato degli eurodollari, coperti da un finanziamento di esportazioni italiane, e il banchiere milanese acquista le azioni con l'avallo dello IOR, coinvolto in operazioni con quelle banche estere, come appunto la Overseas di Nassau e la Banca del Gottardo, che hanno favorito l'esportazione. Tutto a nome di società-ombra come la MANIC e la UTC, con le quali vengono piazzate le azioni in modo discreto.

E il carattere ambiguo, se non illegale, dell'alleanza bancaria si registra nel 1972 con il contrasto tra Marcinkus e il patriarca di Venezia Albino Luciani, futuro papa Giovanni Paolo I nel 1978, relativamente alla cessione da parte dello IOR del 37% delle azioni della Banca cattolica del Veneto al Banco Ambrosiano, registratasi senza avvisare in precedenza i vescovi veneti. L'intervento di Paolo VI evita ulteriori conseguenze negative.

Altro incidente di percorso dell'associazione finanziaria si ha il 26 aprile 1973, quando Marcinkus viene interrogato da William Lynch, presidente della Organised Crime and Racheteering Section del dipartimento di Giustizia degli Stati Uniti, e da William Aronwald, vice presidente della Strike Force del distretto sud di New York, relativamente a un riciclaggio di denaro e obbligazioni false, proveniente dalla mafia newyorkese e approdato nelle casse vaticane. Si tratta di 950 milioni di dollari. Vengono effettuati alcuni arresti tra i rappresentanti della mafia locale, e Marcinkus è assolto per insufficienza di prove.

Ma ormai il trio Marcinkus-Calvi-Sindona è tenuto sotto controllo. Un pezzo dell'ingranaggio perde i primi colpi nel 1974, quando viene emesso un mandato di cattura contro Michele Sindona per falso in bilancio; il finanziere ripara a Taiwan e da lì negli Stati Uniti, dove viene accusato di bancarotta dal governo americano per il crack della Franklin Bank. Il 27 giugno del 1976 è condannato dal tribunale di Milano a 3 anni e 6 mesi per violazione delle leggi bancarie; l'8 settembre è arrestato negli Stati Uniti, ma esce di prigione su cauzione.

Roberto Calvi, in collegamento con lo IOR, quasi incurante delle sorti del finanziere siciliano, prosegue nell'espandere l'attività della banca all'estero con illeciti in Sudamerica, Cina, Svizzera e Bahamas; trasferisce somme stratosferiche su conti segreti intestati a Licio Gelli, Pippo Calò, Francesco Pazienza, Flavio Carboni, Umberto Ortolani, e opera scalate azionarie fino al tentativo di acquistare il «Corriere della Sera» nel 1976. Gli è vicino Flavio Carboni, un piccolo imprenditore sardo, amico di Armando Corona, repubblicano e gran maestro della massoneria, che è in grado di fungere da ponte tra Roberto Calvi e il mondo politico italiano.

E ancora. Calvi diventa membro del consiglio d'amministrazione della Kreclietbank Luxembourg (che occupa, in Cedel, un posto di primo piano) e la loggia massonica lussemburghese lo accetta tra le sue fila. Tutto questo non riuscirà però ad evitare l'improvvisa battuta d'arresto; dopo aver riversato vistosi capitali del Banco Ambrosiano nelle casse dello IOR, Calvi si ritroverà improvvisamente con un debito colossale di circa 3000 miliardi di lire, dei quali non sarà in grado di render conto alla Banca d'Italia nel 1978 durante un'ispezione effettuata dalla stessa all'Ambrosiano.

Contemporaneamente a questi traffici finanziari e allo scandalo Sindona, la Santa Sede ha a che fare con dei ladri al suo interno. Sono alla ribalta della cronaca giudiziaria del Vaticano tre ex tecnici dei telefoni vaticani, sotto accusa per due furti compiuti nel 1968 e 1969 nel Palazzo Apostolico. La prima volta, nel luglio del 1968, durante il soggiorno di Paolo VI a Castel Gandolfo, l'appartamento privato del papa viene sottoposto a restauri e, tra gli altri operai, sono chiamati quattro tecnici dei telefoni vaticani per un controllo degli apparecchi. I quattro sono accompagnati, a quanto diranno in sede di processo, da una suora «alta e simpatica» al centralino situato in una stanza dove su uno scaffale sono bene in mostra, e a portata di mano, scatole di cartone piene di medaglie d'oro, argento e bronzo. I tecnici non si fanno scappare l'occasione; una volta finito il lavoro, portano via da quelle scatole 30 medaglie d'oro e preziose croci pettorali.

Una volta rientrato il papa da Castel Gandolfo, a scoprire il furto è don Pasquale Macchi, il segretario di Paolo VI, ma non dice nulla per evitare uno scandalo. E quelli ci riprovano, convinti di averla fatta franca e di aprire ormai una porta aperta, ovvero che nessuno avrebbe mai denunciato quella scomparsa. Si fanno più arditi; organizzano un piano per entrarvi l'anno successivo, nello stesso periodo di ferie papali a Castel Gandolfo, anche se non convocati per nuovi lavori. Progettano di passare dal belvedere sovrastante l'appartamento, usando il piccolo ascensore. Occorre però la chiave dell'ascensore; ne trovano una simile, la provano, perfezionandola in due occasioni, a marzo e giugno del 1969, quando sono effettivamente richiamati nell'appartamento del papa per sistemare altri allacci telefonici. Attuano il piano alla fine di luglio, ma questa volta sono in tre; uno ha rinunciato all'impresa. Si assicurano per telefono che la suora addetta alla sorveglianza non sia nelle stanze, scendono dal belvedere e vanno dritti nella stanza fatidica. Nei cassetti di un armadio trovano numerosi astucci; li arraffano in fretta, nascondendoli sotto le camicie, e vanno a rendersi conto dell'entità del colpo nelle stanze della centrale telefonica della Segreteria di Stato. La refurtiva questa volta è più interessante.

Si tratta di un gran numero di medaglie d'oro e d'argento in varie emissioni, croci pettorali con brillanti e orologi da uomo e da donna. Gettano tutti gli astucci nel water del bagno al piano della Segreteria, che oltretutto rimane otturato, e se ne vanno via tranquilli; ma hanno osato troppo. Quell'anno un viaggio del papa in Uganda ha prolungato la residenza estiva a Castel Gandolfo e di conseguenza il furto è scoperto dopo un po' di tempo; e ancora da don Macchi, che questa volta non resta zitto. Dalla Segreteria le voci circolano per tutto il Vaticano ed escono fuori, la cosa si gonfia. Si parla già di furto sacrilego, di grosse somme; occorre una smentita. Che arriva: tutte fantasie! In Vaticano, e tanto meno nella stanza del papa, non c'è stato alcun furto.

Passano gli anni e nessuno pensa più al fattaccio: i ladri sono veramente convinti che tutto sarà dimenticato. Ma nel gennaio del 1973 una splendida medaglia d'oro, mai peraltro messa in commercio, e quindi di una rarità eccezionale, fa bella mostra di sé nella vetrina di un negozio filatelico a pochi metri dalle mura vaticane. Ricominciano automaticamente le indagini della Gendarmeria pontificia; indagini precise e sicure, che portano a un procedimento penale.

Scattano le manette per tre degli imputati con una carcerazione preventiva nella caserma della Gendarmeria; un quarto è sfuggito all'arresto e se ne sta tranquillo nella sua casa fuori delle mura vaticane, a Roma. Fa sapere che «trovandosi in Italia intende essere giudicato esclusivamente da un tribunale italiano», e si salva, perché è certo che il Vaticano, come infatti avviene, non passerà mai l'incartamento alla magistratura italiana, proprio per evitare un ampliamento dello scandalo. L'istruttoria è condotta dal giudice Giuseppe Spinelli; vengono imposti avvocati d'ufficio tra quelli in attività presso la Sacra Rota, e il legale di uno degli accusati definisce quella decisione una «violazione dei diritti della difesa». L'avvocato rotale Francesco Zanchini, che dopo due mesi ancora non ha potuto avvicinare i clienti, denuncia «il dispregio dimostrato nei confronti dei diritti dell'uomo». Spinelli replica che «nessun tribunale dello Stato della Città del Vaticano è tenuto a rispettare tali diritti, dato che il suo governo opera come un organismo retto da un potere assoluto e senza limiti, al cui vertice è il papa». È una risposta sintomatica.

I tre devono riconoscersi colpevoli e solo allora possono incontrare i propri difensori; il processo, celebrato nel 1974, va avanti con una continua protesta nei confronti della procedura adottata nell'istruttoria, ma è in pratica una causa persa. Si arriva alla sentenza «in nome di Sua Santità Paolo VI felicemente regnante, invocata la Santissima Trinità»; sembra di essere tornati al periodo dell'Inquisizione. Ma in realtà è una farsa. Sono comminate pene, tutte miti e con diversi periodi di reclusione, considerando le motivazioni umane del furto; uno degli accusati ha tirato in ballo che gli servivano soldi per la prima comunione della figlia, in un'accozzaglia ridicola di sacro e profano. Ma sono comunque tutti scarcerati in attesa del giudizio di appello, che si tiene diversi anni dopo, senza ormai eccessivo interesse da parte dell'opinione pubblica. Finiscono in definitiva tutti in libertà provvisoria, scacciati in pratica dal Vaticano; la pena potrà diventare operante solo nel caso che i tre varchino di nuovo il confine. Ovviamente non si faranno più vedere; così le «giustizie» pontificie del XIX secolo hanno avuto in qualche modo il loro trionfo.

Scandali finanziari e religiosi con prete-manager e antipapa

Lontano da Roma, un altro tipo di scandalo scoppia a Milano con un personaggio singolare, Luigi Maria Verzè. È un sacerdote di Verona, interdetto dalla Curia milanese nel 1964, e investitosi di attività manageriale, tanto da essere soprannominato "prete-manager", all'insegna di quanto da lui dichiarato nel libro *Il carisma del denaro*: «Non c'è antitesi fra Dio e il denaro». Questo rappresentante dell'estrema frangia della santa casta, autentica mina vagante nell'universo mare della carità sociale della Chiesa, s'inventa un centro di assistenza ospedaliera Monte Tabor, che diventerà nel 1970 una fondazione, a nome della quale, a suo dire, entra in possesso di 25.000 metri quadri di terreno in quel di Segrate, regalo del conte Bonzi, sul quale ha intenzione di fondare un ospedale.

Ma in realtà, come denuncia Giovanni Ruggeri nel libro *Gli affari del Presidente*, «la convenzione stipulata nel 1963 dal conte Bonzi col Comune di Segrate era comprensiva di un'area di 46.000 mq che il conte aveva venduto, nel 1966, a un oscuro "Centro assistenza ospedaliera Monte Tabor" di don Luigi Maria Verzè; nel luglio 1967 il compiacente sindaco segratese Turri aveva poi rilasciato a don Verzè licenza edilizia per la costruzione sull'area di una clinica geriatrica privata ("Ospedale San Raffaele"). La losca vicenda della clinica segratese e del suo spregiudicato promotore don Verzè si salda subito con quella di Milano 2 e del suo spregiudicato (e occulto) promotore Berlusconi, dando luogo a uno scandalo nello scandalo a colpi di abusi, irregolarità e soprattutto collusioni politiche».

Dunque i terreni sono acquisiti nel 1967, la posa della prima pietra è nel 1969 e l'inaugurazione della struttura il 31 ottobre 1971, con tanto di inno *Angelo Raffaele* scritto e cantato da Al Bano Carrisi, amico del "prete-manager", che di lì a poco viene sospeso *a divinis*. E questo nonostante la finalità della fondazione sia «ricondurre il concetto e l'esercizio della medicina e dell'assistenza allo spirito e alla prassi del comando evangelico "Guarite gli infermi" (Matteo, X, 8), ispirando e favorendo tutte le iniziative, ecclesiastiche e laiche, per un moderno rilancio del concetto cristiano di assistenza [...] secondo lo spirito del fondatore sac. prof. Luigi M. Verzè».

C'è da pensare, in ultima analisi, che la Santa Sede non l'abbia capito, dando più peso ai numerosi problemi giudiziari che il prete-manager ha dovuto affrontare per venire a capo di tutta l'impresa. Che verrà ampliandosi grazie a massicci finanziamenti da parte della pubblica Sanità, pur essendo una struttura privata. Mentre tra le varie implicazioni giudiziarie il tribunale di Milano nel 1995 condannerà Verzè a 5 mesi di reclusione per abuso edilizio nell'ampliamento del complesso ospedaliero, che dovrà peraltro abbattere. Nel 1997 sarà riconosciuto colpevole della ricettazione di due tele del Cinquecento rubate in due chiese di Napoli; e sempre nel 1997 l'ospedale sarà oggetto da parte della guardia di finanza del sequestro di documenti per sospette irregolarità e frodi.

Intanto la fondazione è diventata una vera e propria holding; l'affianca l'AISPO, l'Associazione Italiana per la Solidarietà tra i Popoli, ovviamente no-profit, tesa a realizzare nei paesi in via di sviluppo progetti sanitari secondo il mandato evangelico «Andate, insegnate e guarite». Finché sul tetto dell'ultimo dipartimento ospedaliero del San Raffaele campeggerà la statua dell'arcangelo Raffaele, vero simbolo sacro dell'istituto.

E sempre lontano da Roma si registra anche un altro tipo di scandalo, che rinvia a certe caratteristiche libertine rinascimentali e barocche della santa casta. Si verifica a Parigi con il cardinale francese Jean Daniélou, trovato morto il 20 maggio 1974, all'età di 69 anni, nell'appartamento di una spogliarellista. Autore di una quarantina di libri e innumerevoli articoli di carattere religioso, il porporato è stato uno dei difensori dell'infallibilità papale, presa di posizione che gli è valsa la porpora; svolgeva la funzione di cappellano all'Ensjf, la sezione femminile dell'École Normale Supérieure, a Sèvres, ed era uno dei più accaniti avversari del matrimonio dei preti.

Da principio si cerca di nascondere le circostanze della morte; dicono che quel cardinale di 69 anni è morto «dopo aver accusato un malore durante una visita in casa di amici». Poi si finisce per ammettere la presenza di quella donna e si viene a sapere che si tratta di un'amica e salta fuori chi è: una ragazza di 24 anni, una spogliarellista, appunto, di nome Mimi Santoni. Chissà perché la polizia seguiva i movimenti del cardinale da un po' di tempo: infatti era arrivata immediatamente in casa della ragazza, che peraltro si era affrettata a chiamarla. Il porporato appariva riverso in terra con indosso una grossa somma di denaro: quanto mai ovvii e facili i commenti. Ma certamente quella donna è di troppo. Gli amici di Daniélou spiegano che da un po' di tempo il cardinale si è dato da fare per riportare la Santoni sulla buona strada e che per questo l'aiutava finanziariamente. Il Vaticano ufficialmente non commenta. La rivista francese dei Gesuiti «Etudes» ci mette una pietra sopra: «Malgrado le domande che ci siamo poste, è opportuno il silenzio allo stato attuale delle cose. Chi può determinare la verità, e come farlo in tali circostanze, con serenità, di fronte a un morto?».

Alcuni mesi dopo lo scandalo Daniélou la santa casta registra una nuova crisi al suo interno, e più precisamente nella basilica papale di San Paolo, che con la sua extraterritorialità qualifica l'abbazia come indipendente di fatto dalla diocesi di Roma e il suo abate finisce per avere le stesse prerogative di un vescovo. Una caratteristica, questa, che dà a San Paolo un autentico prestigio con un'autonomia che può mettere il suo abate in una posizione di autorità capace di tener testa a chiunque in seno alla Chiesa di Roma. È quanto capita con dom Giovanni Franzoni; impegnato dal 1960 in una lotta per il rinnovamento della liturgia, con le sue prese di posizione mette in stato di allarme i tradizionalisti romani.

Ed è specificamente dal 1969 che dom Franzoni, intraprendendo una vera e propria liturgia parrocchiale, ha attirato numerosi giovani alle sue messe e omelie domenicali e si è posto in netto contrasto con il Vaticano. Dichiara di essere dalla parte dei poveri «per rovesciare al loro fianco i meccanismi che li mantengono in miseria», accusando la Chiesa di condannare la lotta di classe solo per ipocrisia e cieco anticomunismo. Nell'agosto del 1972 la Congregazione dei Religiosi apre un'inchiesta ecclesiastica e scioglie la Cassinese, consiglio direttivo della congregazione benedettina di Montecassino dalla quale dipende San Paolo, separando così dom Franzoni dalle istanze superiori del suo ordine.

L'anno dopo Paolo VI accetta le dimissioni dell'abate dalla carica; dom Franzoni vuole andare a vivere in periferia, tra gli operai, per fondare un monastero moderno. Inoltre s'impegna politicamente prendendo posizione per la lbertà di voto dei cattolici al referendum sul divorzio. Non riesce ad evitare il conflitto aperto con il Vaticano, e nel 1974 viene sospeso *a divinis*; l'ex abate spera in un ripensamento delle autorità. Si astiene dal celebrare la messa, ma continua a svolgere la sua attività pastorale nell'ambito della comunità di San Paolo; quando poi per le elezioni del giugno 1976 dichiara il suo appoggio al Partito comunista, nell'agosto arriva per lui la riduzione allo stato laicale. Finisce così una lotta ai vertici del potere ecclesiastico.

Ma un'altra crisi si apre in quegli anni in seno al cattolicesimo, con l'istituzione di una Chiesa cattolica parallela a quella ufficiale con tanto di ennesimo antipapa. È la Chiesa Novella del Sacro Cuore di Gesù, fondata a Gavinana, in provincia di Pistoia, da don Gino Frediani, parroco del paese, in seguito ad un "evento miracoloso" accaduto al sacerdote il 12 ottobre 1973. Secondo il suo racconto avrebbe sentito una «ventata», a seguito della quale gli è apparso il profeta Abacuc, dicendo di essere stato inviato per dargli il suo libro e rivelargli la missione di «costruire una Santa Chiesa al Cuore Divino di Gesù». Al seguito di Abacuc sono apparsi a Frediani gli altri profeti Naum, Neemia e Baruc, che gli hanno svelato i segni profetici dell'Antico Testamento e dell'Apocalisse di San Giovanni, tra i quali uno relativo all'elezione di Frediani, da parte di Dio in persona, a sommo pontefice con il nome di Emmanuel I. Detto fatto. Ma nel 1983 il vescovo di Pavia allontana dalla parrocchia Frediani, il quale si trasferisce nell'albergo "Le Dolomiti" di Gavinana, che diventa la sua sede pontificia. Alla sua morte, il 28 aprile 1984, gli succederà alla guida dell'opera don Sergio Melani, sacerdote della diocesi di Fiesole, ma in veste di vicario «in attesa che Emmanuel I ritorni dai Cieli».

Nell'universo cristiano della finanza benedetta dalla Chiesa di Roma anche l'Opus Dei ha a che fare con il suo personalissimo scandalo. L'opera ha perduto nel 1975 il suo fondatore Escrivá: è morto a Roma e verrà sepolto nella chiesa di Santa Maria della Pace in via di Villa Sacchetti 36, annessa all'enorme complesso di proprietà dell'opera ai Parioli. È sostituito nelle vesti di presidente dal prelato Alvaro del Portillo e la congregazione continua ad avere grande prestigio in Spagna, dove nel 1975 ha inaugurato il santuario della Madonna di Torreciudad e ha conquistato posizioni di potere tra i tecnocrati del governo dell'ammiraglio Carrero Blanco. Ma accade che l'assassinio del finanziere francese Jean de Broglie nel 1976 venga in qualche modo collegato alle vicende della Banque des Intérets Français, partecipata al 35% da due esponenti dell'Opus Dei spagnola, Andrea Rueda Salaberry e Rafael Termes. Tutta una storia di finanziamenti internazionali illeciti, che viene messa a tacere dal governo spagnolo.

Infamia, calunnia e apostolato con tanto di morte misteriosa

Al di fuori della compravendita degli immobili all'interno di Roma, che costituiscono una sorta di "città nella città", nel 1964 si è verificata addirittura la costruzione di una cittadina ad opera del movimento dell'Opus Mariae, i cui seguaci sono più noti come Focolarini, da considerarsi frange della santa casta, dal momento che i suoi statuti saranno approvati dalla Santa Sede nel 1990. La cittadina si chiama Loppiano e sorge all'interno del comune di Incisa in Val d'Arno, su alcuni terreni donati dal possidente Eletto Folonari al movimento istituito nel 1949 dalla maestra elementare di Trento Chiara Lubich, come frutto di alcune "visioni" avute dopo un pellegrinaggio a Lourdes, relative a un presepe, a un corteo di vergini e a Dio in persona. Scopo del movimento è «dar testimonianza di vangelo vissuto attraverso un'esperienza di lavoro concreto» e quindi un primo pratico mezzo è stato quello di fondare nel 1959 a Roma, grazie alle offerte e alle donazioni, una casa editrice, la Città Nuova, che stampa, da allora, tutte le opere di Chiara Lubich e pregevoli collezioni di classici cristiani. E i "focolari", ovvero i centri del movimento, si sono sparsi in tutto il mondo riuscendo a raggruppare a metà degli anni Settanta più di 6000 iscritti ufficialmente, ma con una schiera di 2 milioni di simpatizzanti, complementari del movimento con offerte e donazioni.

Così con il capitale sociale il 19 maggio 1973 viene costituita la Cooperativa Loppiano Prima, alla quale fa seguito il 28 dicembre 1973 l'acquisto della "Fattoria di Tracolle" con alcune case coloniche e una vecchia cantina da ristrutturare. E sono stati i primi soci che, trasferiti da varie parti d'Italia con le proprie famiglie, li hanno ripristinati; infatti a Loppiano vivono stabilmente 200 persone, alle quali si aggiungono altre 600 circa provenienti dai cinque continenti, che trascorrono a Loppiano un periodo di formazione spirituale. I soci, in pratica, hanno dato vita a un "azionario diffuso" che li ha visti protagonisti anche da un punto di vista finanziario, oltre che votati al fine religioso di «dar testimonianza di vangelo vissuto attraverso un'esperienza di lavoro concreto». Si attua così a Loppiano quel «nuovo modello economico» che la Lubich battezzerà «economia di comunione»: un terzo dei profitti all'azienda, un terzo ai poveri, un terzo all'Opus Mariae.

A Loppiano hanno anche sede le scuole temporanee di formazione per i membri delle diverse vocazioni presenti nel movimento. E sono per le focolarine e i focolarini, ovvero le persone che desiderano donare totalmente la propria vita all'ideale dell'unità, e poi per le famiglie, i sacerdoti, i *gen* maschili e femminili, ovvero i giovani del movimento, nonché per le "volontarie", laici impegnati a vivere il Vangelo nella società. Ma tutto in riferimento alla Vergine Maria, della quale i focolarini, secondo una dichiarazione della Lubich, costituiscono la «presenza sulla terra e quasi una continuazione». Una qualifica audace, al limite dell'ortodossia, ma che sarà ammessa anche negli statuti del movimento. E dalle riunioni mondiali dei *gen*, i Genfest, nasceranno le Giornate Mondiali della Gioventù, con tanto di benedizione papale.

Lontano da Loppiano e con spirito tutto evangelico sorge nel 1975 la Comunità di San Benedetto al Porto di Genova: è opera di don Andrea Gallo, un presbitero, già cappellano del carcere di Capraia e parroco alla chiesa genovese del Carmine. Era stato accusato di essere comunista a seguito di una sua predica nella quale, prendendo spunto dalla scoperta di una fumeria di hashish, che aveva suscitato indignazione nell'alta borghesia, aveva detto che esistono altre droghe, come quella del linguaggio, a causa della quale un ragazzo può diventare «inadatto agli studi» se figlio di povera gente. Allontanato dalla parrocchia, ha fondato la comunità che accoglie le persone vittime di tossicodipendenza, alcool, droga e disturbi psichici. E gli è rimasta l'etichetta di comunista, con la quale però è venuto affermando il suo grande spirito di carità nella società, sublime rappresentante della santa casta di periferia.

Invece nel 1978 incombono direttamente sulla Santa Sede infamia e calunnia. Il 26 agosto, in concomitanza con l'elezione di Giovanni Paolo I, sulla rivista «OP Osservatore Politico» del giornalista Mino Pecorelli, affiliato alla loggia massonica P2, appare una lista di 131 "massoni vaticani". È un'infamia, che peraltro dà credito a certe manovre segnalate a proposito di Umberto Ortolani e Michele Sindona, in collegamento a papa Paolo VI; mentre ha scarso peso la notifica del 19 luglio del 1974 emanata dalla Congregazione per la Dottrina della Fede a conferma del canone 2335 del Codice di Diritto Canonico contro la massoneria.

Abbiamo a che fare con cardinali, vescovi, prelati, sacerdoti, professori di accademie pontificie, impiegati della Santa Sede, affiliati dalla fine degli anni Sessanta. Tra di essi si distinguono i cardinali Jean Marie Villot, segretario di Stato della Santa Sede (Matricola 041/3, soprannome Jeanvi) e Agostino Casaroli, capo del Ministero degli esteri della Santa Sede (Matricola 41/076, soprannome Casa), Sebastiano Baggio, presidente della Pontificia commissione per lo Stato della Città del Vaticano (Matricola 85/2640, soprannome Seba) e Salvatore Pappalardo, arcivescovo di Palermo (matricola 234/07, soprannome Salpa), don Virgilio Levi, vicedirettore de «L'Osservatore Romano» (Matricola 241/3, soprannome Vile) e Roberto Tucci, direttore della Radio Vaticana (Matricola 42/58, soprannome Turo), Paul Marcinkus, il segretario dello IOR (matricola 43/649, soprannome Marpa) e la sua spalla Donato De Bonis (matricola 321/02, soprannome Dondebo). È una ignominia che non tocca però la Santa Sede, nel senso che non concede alcuna spiegazione, perché, a suo dire, si tratta di un'invenzione giornalistica; tutte falsità. Così le persone infamate restano ai loro posti di comando e lavoro nel Vaticano, mentre Mino Pecorelli verrà ucciso il 20 marzo dell'anno dopo, in circostanze rimaste ovviamente misteriose.

Ulteriore calunnia sulla Santa Sede arriva nel 1978 con la morte improvvisa di papa Luciani verso le ore 23 del 28 settembre. È avvenuta mentre leggeva l'*Imitazione di Cristo*, «per infarto acuto del miocardio», secondo il certificato di morte del dottor Renato Buzzonetti, direttore dei Servizi Sanitari del Vaticano. Arriva una soffiata all'agenzia ANSA e ad alcuni quotidiani: papa Luciani non è morto leggendo l'*Imitazione di Cristo*, ma un dossier esplosivo, e non è certa la causa della sua morte, tanto che probabilmente si eseguirà un'autopsia per stabilire se è stato avvelenato.

Si impone un chiarimento; monsignor Romeo Panciroli, direttore della sala stampa del Vaticano, risponde alle domande dei giornalisti in una conferenza stampa. Fa in pratica il punto della situazione senza drammatizzare: padre John Magee, che ha scoperto il cadavere, suor Vincenza e le altre suore addette al servizio del pontefice, nonché il segretario personale di Giovanni Paolo I, Diego Lorenzi, sono irreperibili; l'appartamento pontificio è stato chiuso dal cardinale camerlengo.

Il collegio dei cardinali presenti a Roma in riunione speciale decide di far esaminare il corpo del papa a una commissione di tre medici per stabilire «l'opportunità dell'autopsia da un punto di vista medico». Il rapporto, pervenuto al cardinale Jean Villot il 2 ottobre, ritiene valida la diagnosi del dottor Buzzonetti, ma uno dei tre medici consiglia di effettuare l'autopsia. I cardinali, nuovamente riuniti, scartano a larga maggioranza la necroscopia, ritenendo valida la certificazione di morte per infarto; archiviano in sostanza il "caso", autorizzando i funerali. Ma le insinuazioni non sono sotterrate con la salma del papa; le ipotesi sulla fine sospetta di Albino Luciani prendono anche più corpo in certi strati dell'opinione pubblica. Per alcuni il dossier scottante riguarda l'Ordine dei Gesuiti.

Poi escono due libri. *La vraie mort de Jean-Paul I* di Jean-Jacques Thierry, che in 17 lettere accreditate a un fantomatico cardinale Wolkonsky espone i suoi sospetti sulla fine del papa; e *In nome di Dio* di Daniel Yallop, che viene lanciato con un grande battage pubblicitario e pubblicato contemporaneamente in diverse lingue. In questo libro la morte di Giovanni Paolo I è presentata come un assassinio, frutto di un complotto condotto dal cardinale Villot e da monsignor Marcinkus, con la complicità di Roberto Calvi e dei responsabili della loggia P2. Il giornalista inglese precisa che era intenzione di papa Luciani sostituire Villot con Giovanni Benelli e allontanare dalle finanze vaticane Marcinkus e la sua cricca, ritenendoli individui incapaci e corrotti; per questo certe persone l'avrebbero ucciso, prevenendo così la loro stessa eliminazione o l'allontanamento da posti di potere. Avrebbero fatto uso della digitale con effetti tossici sul cuore del papa che, già debole, non avrebbe resistito.

E si avvicina il momento dell'avvento dell'Opus Dei ai vertici della santa casta, peraltro in una sua personalissima autonomia. Prima del conclave dell'ottobre 1978, che porterà all'elezione dell'arcivescovo di Cracovia, il cardinale Karol Wojtyla, si salda un'intesa fra l'opera e la fazione tedesca dei cardinali guidata dall'arcivescovo di Colonia, il cardinale Joseph Höffner. Il porporato polacco si reca a villa Tevere, sede romana dell'Opus Dei in viale Bruno Buozzi, dove si svolge una riunione in cui viene definito l'appoggio dei cardinali dell'opera e di quelli vicini ad essa per l'elezione di Wojtyla. Che avviene il 16 ottobre con il nome di Giovanni Paolo II. È un fatto che, subito dopo l'elezione di Wojtyla, l'edizione settimanale in lingua tedesca de «L'Osservatore Romano» documenta «i buoni rapporti» del nuovo papa «con i vescovi tedeschi», pubblicando due foto significative scattate alla vigilia del conclave: ritraggono il cardinale Wojtyla, il cardinale Höffner e monsignor Franz Hengsbach, vescovo di Essen, riuniti nel centro romano dell'Opus Dei.

In seguito all'elezione pontificia del cardinale polacco, si rafforza immediatamente la posizione di Paul Marcinkus; il segretario dello IOR si sente in credito con il papa, perché negli Stati Uniti ha coperto lo scandalo dei preti polacchi di Filadelfia, accusati di truffa. I soldi sono arrivati in Polonia e vengono utilizzati per finanziare Solidarność, il gruppo di opposizione al regime comunista. E Marcinkus seguita a trafficare con Calvi, nonostante Sindona sia finito in carcere e il Banco Ambrosiano sia sotto inchiesta.

Va avanti la crisi del secondo personaggio di spicco dello IOR. A marzo del 1979 la procura di Milano trasmette alla guardia di finanza il rapporto della Banca d'Italia da cui emergono violazioni di legge sull'esportazione di capitali a carico di Roberto Calvi. Un episodio che rimette in ballo Sindona è l'assassinio il 12 luglio a Milano di Giorgio Ambrosoli, liquidatore di una delle banche del finanziere siciliano, a opera di William Joseph Aricò, un killer giunto dagli Stati Uniti. Si sospetta che il mandante sia Sindona, che il 2 agosto sparisce da New York; si vuol far credere che sia stato rapito e viene arrestato tale Luigi Cavallo con l'accusa di aver collaborato al finto rapimento. A fronte di tutto questo il generale Giuseppe Santovito, capo del SISMI, recluta il faccendiere Francesco Pazienza per un'inchiesta sui traffici di denaro riciclato, nei quali rientrano i capitali delle banche di Calvi, Sindona e dello IOR.

E proprio nel 1979, un anno particolarmente delicato per la banca vaticana, per ora solo indirettamente coinvolta, monsignor Alvaro del Portillo presenta ufficialmente al cardinale Sebastiano Baggio la documentazione per la trasformazione giuridica dell'Opus Dei non più in prelatura *nullius*, ma in una vera e propria prelatura personale *cum proprio populo*. Come a dire che si vuole la costituzione di un'organizzazione cattolica autonoma con una propria sede, un proprio seguito di fedeli e una propria amministrazione, estranea alla Santa Sede, ma a essa parallela.

Peraltro Giovanni Paolo II ha i suoi problemi nel contesto di questioni ecclesiastiche, come l'accusa lanciatagli dal cardinale Michele Pellegrino di tendenze anticonciliari e le lamentele dei Gesuiti per i rimproveri rivolti al loro ordine nella primavera del 1980. Oltre al fatto che una costante del suo operato pontificale è la Polonia, verso la quale è rivolta la maggior parte del suo impegno apostolico, anche in riferimento ad aiuti finanziari. E proprio a febbraio del 1980 la procura di Trento inizia un'inchiesta sul traffico di armi, droga e riciclaggio legato alle vicende del Banco Ambrosiano di Roberto Calvi. A giugno Michele Sindona viene condannato a 25 anni per il fallimento della Franklin Bank e a luglio è indiziato di reato per l'omicidio Ambrosoli.

Ma, a contraltare delle accuse di tendenze anticonciliari lanciate al papa, ecco nascere nel 1979 a Roma la Caritas diocesana, otto anni dopo l'istituzione della Caritas Italiana: gli obiettivi dello statuto sono carità, pace e giustizia sociale. Ne è il grande animatore, come direttore, don Luigi Di Liegro, spirito limpido della santa casta, il cui pensiero è quello di aiutare una persona prima che diventi "senzatetto", ovvero ricostruire il suo tessuto sociale prima che gli crolli intorno: un modo di operare straordinario che si scontrerà con i metodi tecnici e aridi della società benestante. Nonostante Di Liegro sia contrario all'apertura delle mense, perché ogni mensa sociale che si apre significa una sconfitta della società capitalista, coinvolgendo il Comune di Roma riuscirà a creare servizi sociali di pronto intervento come lo SPIS notturno e i centri di ascolto diurni. Sotto la sua direzione, che manterrà fino alla morte nel 1997, a Roma saranno realizzate numerose strutture per far fronte al disagio sociale, tra le quali: l'ostello alla Stazione Termini, una casa famiglia a Fidene, la casa Ponte Casilino e le mense a Colle Oppio, via Marsala, Ostia e Primavalle.

Altra iniziativa apostolica del 1979 è la Comunità Incontro, che nasce in Umbria, a Molino Silla, presso Amelia, ed è destinata all'accoglienza di ragazzi indigenti; di qui oltretutto nasceranno 200 comunità in tutte le regioni italiane e anche all'estero. È opera di don Pierino Gelmini, esarca mitrato della Chiesa cattolica greco-melchita, un estremo rappresentante della santa casta in lotta cristianamente contro le malvagità della società. Sul quale però pesa una condanna penale per emissione di assegni a vuoto, finalizzati proprio alla causa della carità, ma che l'hanno portato ad una condanna a 4 anni di reclusione, pena interamente scontata. Condanna che si può considerare cancellata dalle numerose onorificenze che don Gelmini riceverà, tra le quali quella di commendatore dell'ordine al merito della Repubblica italiana nel 1996 e di cavaliere di Collare dell'apostolo Paolo dell'Ordine Patriarcale della Santa Croce di Gerusalemme nel 1999. Una condanna però che in qualche modo riaffiorerà nel 2008, quando la procura di Terni aprirà un processo contro don Gelmini per presunti abusi sessuali su minori, tanto che per meglio difendersi il sacerdote chiederà al papa di essere ridotto allo stato laicale.

E nel 1980 si registra un'altra iniziativa apostolica con la fondazione della Comunità Exodus, che in qualche modo si ricollega al Gruppo Abele di don Ciotti; questa associazione, creata per il recupero dei ragazzi tossicodipendenti, è fondata da don Antonio Mazzi. È un sacerdote della congregazione dei Poveri Servi della Divina Provvidenza e costituisce un'altra figura limpida di estremo rappresentante della santa casta in lotta cristianamente nella periferia della società. Sulla scia di questa iniziativa don Mazzi peraltro aderirà come "testimonial" alla campagna "Giù le mani dai bambini" contro la disinvolta somministrazione di psicofarmici ai minori e la pedofilia.

L'attentato al papa e il trionfo dell'Opus Dei tra arresti, suicidi, rapimenti e bancarotta

Il 1981 per la Santa Sede è un anno cruciale, a cominciare dal ritrovamento nella villa di Licio Gelli dei documenti sull'export illecito di capitali da parte del Banco Ambrosiano e di altri istituti di credito, nonché di una lista di 963 membri della loggia P2, tra i quali uomini dei servizi segreti, politici, finanzieri e funzionari dello Stato, come tre ministri in carica. E allora su «L'Osservatore Romano» del 3 marzo, a scanso di equivoci, viene resa nota una dichiarazione della Congregazione per la Dottrina della Fede, in data 17 febbraio, che ribadisce la validità della scomunica per gli appartenenti alla massoneria. Ovviamente non si fa parola della lista del 1978.

L'evento eclatante è l'attentato al papa del 13 maggio. È opera di Mehmet Alì Agca, un turco di 24 anni, membro dei neonazisti Lupi grigi, che dice di aver «fatto tutto da sé senza l'aiuto di nessuno»; ma poi vengono arrestati due Lupi grigi, tali Omar Bagci e Musa Celebi, indicati dallo stesso Agca, mentre resta fuori Oral Celik, che sarebbe il vero capo del complotto. E Agca il 22 luglio viene condannato all'ergastolo. Ma la sentenza insinua che «l'attentato non fu opera del delirio ideologico di un delinquente», bensì «frutto di una macchinazione complessa, orchestrata da menti occulte», anche se «gli elementi acquisiti non permettono, allo stato, di svelare l'identitità dei promotori della cospirazione».

Durante i 153 giorni di convalescenza di Giovanni Paolo II, l'Opus Dei si muove con abilità per creare una situazione a lei favorevole; un primo frutto è la nomina del presidente dello IOR Marcinkus a pro-presidente della pontificia Commissione per lo Stato della Città del Vaticano. Il che significa che Marcinkus svolge le funzioni di governatore della

Città del Vaticano e può disporre ancor più di tutte le finalità politico-finanziarie della Santa Sede.

La promozione di Marcinkus è legata peraltro a un motivo che sta fortemente a cuore al papa: la situazione politica in Polonia. Dove, a settembre, il congresso di Solidarność decreta la leadership di Lech Walesa, al quale vengono inviati grossi finanziamenti da parte dello IOR per una insurrezione; parallelamente il capitano della Guardia Svizzera Alois Estermann, membro dell'Opus Dei, si reca più volte a Varsavia e Danzica per coordinare l'arrivo di armi dalla Scandinavia. Tutto questo sottintende una fitta rete di spionaggio, che in qualche modo si ricollega a quella in atto dai tempi del *Sodalitium Pianum* e probabilmente mai venuta meno. E tutto con il pieno appoggio dell'Opus Dei.

Nel frattempo, sette giorni dopo l'attentato al papa, Roberto Calvi è stato arrestato, su ordine della magistratura milanese, per illecito trasferimento di valuta all'estero. Francesco Pazienza, diventato consulente finanziario di Calvi, viene mandato da Marcinkus a Nassau per raccomandare al figlio del banchiere, Carlo, di convincere il padre a non rivelare segreti legati, in particolare, a varie società-fantasma tutte domiciliate nel paradiso fiscale di Panama.

L'avventura giudiziaria di Calvi si concentra a luglio: dalle rivelazioni da lui fatte nel carcere di Lodi in merito ai rapporti tra banche e politica, senza peraltro coinvolgere il Vaticano, al suo tentativo di suicidio e alla successiva condanna a quattro anni con la sospensione della pena in attesa di successivi gradi di giudizio. Così che Calvi viene scarcerato e se ne va in Sardegna, dove fa progetti con l'imprenditore sardo Flavio Carboni e Francesco Pazienza, che è diventato suo consulente finanziario e con il quale medita una fuga a Panama.

Calvi a questo punto riallaccia i rapporti con Marcinkus e ottiene che lo IOR emetta "lettere di patronage" a suo favore, nelle quali si riconosce che il debito delle società panamensi di oltre 1200 milioni di dollari è di pertinenza della banca vaticana; Marcinkus ottiene però una lettera di fideiussione e la risoluzione dei problemi di indebitamento dello IOR entro il 30 giugno 1982.

Il 14 novembre 1981 il cardinale Sebastiano Baggio invia alle conferenze episcopali una "Nota informativa" nella quale si legge che «il Santo Padre ha decretato l'Opus Dei una prelatura personale, approvandone i relativi statuti»; è solo una comunicazione d'ufficio riservata e non ancora il decreto. Ma, chissà come, quella comunicazione finisce sulle pagine del quotidiano tedesco «Frankfurter Allgemeine Zeitung»; è chiaramente una manovra dell'Opus Dei per accelerare il decreto, mettendo così sotto pressione il papa convalescente.

In questo contesto un ufficiale dei servizi segreti della Germania federale, Hans Langemann, denuncia l'esistenza di una rete spionistica all'interno del Vaticano negli anni Sessanta. A quanto pare Bonn a quei tempi era interessata a seguire a fondo l'*Ostpolitik* della Santa Sede ed è riuscita ad avere da prezzolati ecclesiastici, un gesuita e un monsignore col nome di codice "Bruno", documenti scottanti. Su questa "operazione Eva", come viene chiamata in codice, dopo una inchiesta del segretario di Stato Agostino Casaroli, il Vaticano rilascia una smentita, ma comunque si ha un trasferimento degli ecclesiastici sospetti.

A questo punto, di fronte all'affermazione dell'Opus Dei, subentrata ai Gesuiti come braccio destro del papa, e oltretutto in forma autonoma, si registra la crisi dell'Ordine di Sant'Ignazio, che pure ha i propri punti di riferimento a Roma nell'Università Gregoriana dal 1584, nella rivista «Civiltà Cattolica» dal 1850 e nella Radio Vaticana dal 1931. Giovanni Paolo II con una lettera in data 6 ottobre 1981 rende noto al "papa nero" Pedro Arrupe la sua decisione di nominare un "rappresentante personale" presso la compagnia; è comunque un gesuita, Paolo Dezza, assistito peraltro da un "delegato aggiunto" nella persona di padre Giuseppe Pittau. I due vengono identificati come incaricati pontifici di "sorveglianza" del "papa nero". Che di lì a pochi mesi presenta le dimissioni, accolte nel 1983: è il primo caso di dimissioni nella storia dell'ordine, segno evidente di un ridimensionamento del potere dei Gesuiti. Al posto di Arrupe viene eletto l'olandese Peter Hans Kolvenbach, che resterà in carica fino al 2008, dimettendosi anch'egli da generale dell'ordine per far posto allo spagnolo Adolfo Nicolás Pachón, ex moderatore della Conferenza gesuita dell'Asia orientale e Oceania.

Procedono nel frattempo le vicende finanziarie legate in qualche modo alla Santa Sede. A febbraio del 1982 il consiglio del Banco Ambrosiano delibera di presentare domanda di quotazione in Borsa; segue ad aprile l'incriminazione per truffa pluriaggravata da parte della procura di Milano nei confronti di Calvi e Sindona. Accade che a maggio i titoli dell'Ambrosiano crollino in Borsa e a giugno Calvi fugga all'estero e ripari a Londra. Qui il banchiere tenta vanamente una serie di contatti con finanzieri, tra i quali il venezuelano Alberto Jaimes Berti il 16 giugno; gli richiede di liberare un "fondo segreto" di 2200 milioni di dollari costituito per conto dello IOR e dell'Opus Dei: ma la risoluzione non va in porto. Il 18 giugno Calvi viene trovato impiccato sotto il ponte dei Frati Neri a Londra. Il coroner sentenzia che si tratta di suicidio; non viene creduto. Gli amministratori straordinari del Banco Ambrosiano, nominati dalla Banca d'Italia, richiedono ai vertici dello IOR di risolvere i debiti del Banco valutati nell'ordine di 1200 milioni di dollari. Marcinkus, Mennini e de Strobel si rifiutano.

In questo contesto drammatico e nel vivo della problematica delle finanze vaticane, può sembrare curioso che sorga in Vaticano un sindacato dei lavoratori. È l'Associazione Dipendenti Laici Vaticani, riconosciuta da Giovanni Paolo II e anche indirettamente elogiata con la pubblicazione dell'enciclica *Laborem Exercens*; ma il papa ci tiene a precisare, nella lettera indirizzata al segretario di Stato Agostino Casaroli, che «non risponde alla dottrina sociale della Chiesa lo slittamento di questo tipo di organizzazioni sul terreno della conflittualità a oltranza o della lotta di classe; né esse debbono avere impronta politica o servile, palesemente o occultamente, interessi di partito o di altre entità miranti a obiettivi di ben diversa natura».

A settembre viene arrestato in Svizzera Licio Gelli; evaderà e si rifugerà in Sudamerica, tornando in Italia nel 1988, con la garanzia della non punibilità dei reati per cui erano stati emessi i mandati di cattura, e verrà poi rimesso in libertà per motivi di salute. A novembre Giovanni Paolo II rende pubblica la decisione di trasformare l'Opus Dei in prelatura personale; a questo scopo il 19 marzo del 1983 il papa promulga la costituzione apostolica *Ut sit*, che sancisce la nuova figura dell'Opus Dei con la nomina a prelato di Alvaro del Portillo.

Ma il clima in Vaticano non è molto favorevole alla nuova prelatura e in fondo neanche allo stesso papa. Nel 1983 in Polonia il governo comunista di Jaruzelski impone lo stato d'assedio per scongiurare l'invasione sovietica e la guerra civile, e allora in Vaticano il cardinale Casaroli, insieme a molti prelati, lancia il suo *J'accuse*, ritenendo il papa corresponsabile della tragedia polacca; si teme soprattutto che vengano alla luce i finanziamenti vaticani a Solidarność e l'intervento dell'Opus Dei, così che il sindacato cattolico sostenuto da Giovanni Paolo II sfugga al controllo politico papale arrivando all'insurrezione. Non sarà così, ma la posizione di Casaroli è un indice del clima ostile esistente in alcuni ambienti del Vaticano nei confronti del papa.

Il che è un sintomo grave, anche se non avrà un seguito. C'è chi invece lo mette in relazione alla scomparsa di due ragazze che si verifica tra il maggio e il giugno del 1983, sparizioni apparentemente non collegabili tra loro e al papa. Il 7 maggio la sedicenne Mirella Gregori, studentessa di un istituto professionale, esce di casa: «Torno tra dieci minuti», dice alla madre, ma non si farà più viva. Il 22 giugno è la volta di Emanuela Orlandi, cittadina vaticana, figlia di un commesso dell'anticamera del papa: l'ha vista per ultima un'amica, Raffaella Monzi, alla fermata d'autobus di corso Rinascimento, e pare che poi sia salita su un'automobile. Ma questa volta, nel giro di due giorni dal sequestro, si mettono in movimento le diplomazie di diversi paesi accreditati presso la Santa Sede, nonché i servizi segreti italiani ed esteri. Roma viene tappezzata di manifesti con la sua fotografia, il nome e cognome e l'indicazione «È scomparsa. Anni 15 – alta un metro e sessanta».

E il 5 luglio la famiglia Orlandi riceve una telefonata da una persona dall'accento italo-americano, che sarà indicata nell'inchiesta come "l'amerikano". Fa ascoltare la voce della ragazza registrata e avanza una richiesta: la liberazione di Agca in cambio di quella di Emanuela. Il 17 luglio "l'amerikano" chiede e ottiene una linea telefonica diretta e protetta con il segretario di Stato del Vaticano, Agostino Casaroli; si ignora quanto sia corso su questa linea. Il 3 agosto si fa vivo il Fronte di Liberazione Turco, anticristiano, con particolari sulla vita di Emanuela, e chiede la liberazione dell'attentatore del papa, Agca. Il 21 ottobre è di nuovo "l'amerikano" a farsi vivo, dicendo che l'organizzazione detiene Emanuela Orlandi e Mirella Gregori. A fine anno c'è il rapporto sul caso Orlandi redatto dal SISDE, che prospetta l'esistenza di una talpa negli ambienti ecclesiastici, come mente organizzatrice del sequestro, confermando un collegamento con l'attentato al papa.

Quello che sembra condizionare in qualche modo tutta la vicenda è il perdono che Giovanni Paolo II rivolge ad Agca il 27 dicembre, andandolo a visitare nel carcere di Rebibbia. Le immagini dell'incontro vengono diffuse in televisione e le dichiarazioni del papa dopo venti minuti di colloquio sono come una sorta di assoluzione per l'attentatore: «Gli ho parlato come si parla a un fratello, che ho perdonato e gode della mia fiducia». Parole che evidentemente non basteranno a "l'amerikano", ma sono come una domanda di grazia rivolta al presidente della Repubblica, sempre caldeggiata in seguito dal papa, e che verrà concessa da Azeglio Ciampi nel 2000.

Peraltro nel frattempo si è registrato un nuovo scandalo nelle frange della santa casta del Vaticano a livello militare. Nell'agosto del 1983 due alabardieri, nonostante il regolamento preveda che indossino pantaloni lunghi anche d'estate, vengono fotografati in costume sulla terrazza della torre Borgia del Vaticano; è principalmente il luogo in cui il fatto è avvenuto ad essere considerato fuori dalle regole, anche se non dovrebbe apparire uno scandalo a fronte di ben altri avvenimenti che hanno caratterizzato proprio la torre Borgia. E invece è giudicato immorale e i due alabardieri sono cacciati dall'Ordine Militare del Vaticano.

Un altro monsignore è alla ribalta delle cronache giudiziarie nel 1983. È Simeone Duca, segretario degli archivi pontifici, monsignore della diocesi di Roma, ma nativo di Zara; viene arrestato nell'ambito dell'indagine relativa allo scandalo sui petroli ed esce dal carcere pagando una cauzione di un miliardo di lire. Ma poco dopo risulta coinvolto nel riciclaggio dei proventi di sequestri di persona ad opera delle cosche calabresi e si salva perché le intercettazioni telefoniche non sono sufficienti a incriminarlo.

Sempre nel 1983 Simeone Duca è chiamato in causa dal calabrese Rocco Lo Presti, condannato a Torino per omicidio e sequestro di persona, che dichiara di aver dato al monsignore 30 milioni per una sua intercessione presso il magistrato della Corte di cassazione Ugo Dinacci; il magistrato viene scagionato, ma il monsignore è condannato a 9 mesi di carcere per millantato credito. Nel processo di appello dell'ottobre 1984 Simone Duca ammette di aver accettato i 30 milioni, ma per compiere opere di beneficenza, e viene assolto. Sarà per questo che, quando morirà nel giugno del 2006, ai suoi funerali a Roma saranno presenti 50 concelebranti; «era sempre rimasto legato a Zara e aveva finanziato il restauro e la costruzione di diverse chiese, in una delle quali ora riposa», secondo la notizia riportata dal mensile «Difesa Adriatica».

Il papa nel frattempo ottiene un importante vantaggio per le finanze vaticane; i Cavalieri di Colombo hanno costituito il *Vicarius Christi Fund*, e gli interessi derivanti da questo fondo vengono presentati annualmente dal 1982 al Santo Padre perché siano destinati a opere di carità. Peraltro l'associazione statunitense è impegnata in numerose sponsorizzazioni per la realizzazione di molti lavori edilizi e il restauro di opere d'arte nella basilica di San Pietro, oltre ad aver ceduto l'area su cui sorgeva l'oratorio di San Pietro per la costruzione dell'Aula Paolo VI.

E nell'autunno del 1983 in Vaticano si riparla di massoneria; se ne occupa la Congregazione per la Dottrina della Fede con una nota del prefetto Joseph Ratzinger in data 26 novembre, che non fa riferimento però a una scomunica ma a un «peccato grave», per cui i massoni non possono accedere ai sacramenti. E il particolare viene confermato dal *Nuovo codice di diritto canonico* emanato il giorno dopo da Giovanni Paolo II. Forte di questo, il Grande Oriente d'Italia di palazzo Giustiniani farà pervenire a Karol Wojtyla l'onorificenza dell'Ordine di Galilei; è troppo, e il papa la respingerà.

Giovanni Paolo II registra poi un altro successo: ottiene una revisione del concordato con lo Stato italiano che viene stipulato il 18 febbraio 1984 e firmato a villa Madama il 3 giugno 1985 dal cardinale Agostino Casaroli e dal capo del governo, l'onorevole Bettino Craxi. Nel nuovo concordato si definisce la fondamentale «riforma degli enti e beni ecclesiastici e del sistema di sostentamento del clero», con l'impegno da parte dello Stato italiano a pagare direttamente lo stipendio al clero cattolico attraverso l'elargizione di una quota pari all'8 per mille dell'IRPEF in sostituzione della congrua in atto dal 1871. A seguire si definiscono «la nomina dei titolari di uffici ecclesiastici, le festività religiose riconosciute agli effetti civili, l'insegnamento della religione cattolica nelle scuole» divenuta facoltativa per gli studenti, «il riconoscimento dei titoli accademici delle facoltà approvate dalla Santa Sede, l'assistenza spirituale alla Polizia di Stato, la tutela dei beni culturali di interesse religioso e degli archivi e biblioteche ecclesiastiche». E oltretutto viene tenuto presente un «rinvio a ulteriori intese su specifiche questioni, da stipulare successivamente tra autorità statali ed ecclesiastiche competenti». Di qui infatti verranno successive aggiunte, come l'esenzione dal pagamento dell'ICI sugli immobili qualificati senza fine di lucro.

A marzo del 1984 gli Stati Uniti concedono l'estradizione in Italia di Michele Sindona; verrà trasferito nel carcere di Regina Coeli a Roma e di qui a Voghera. Anche se il finanziere siciliano durante il processo non coinvolgerà mai lo IOR, il mandato di cattura spiccato contro di lui parla «di prove documentali di operazioni irregolari effettuate da Sindona per conto del Vaticano». A questo punto la Santa Sede il 25 maggio 1984 firma a Ginevra un accordo che possa farla uscire dall'impiccio definitivamente: versa *una tantum* a titolo di «contributo volontario» ai creditori del Banco Ambrosiano la somma di 243 milioni di dollari, pari a 420 miliardi di lire, in cambio della rinuncia a ogni azione legale nei suoi confronti.

Ma un anno dopo, nel marzo del 1985, è arrestato negli Stati Uniti Francesco Pazienza, per associazione mafiosa e concorso nella bancarotta dell'Ambrosiano; e viene arrestato in Italia Pippo Calò, legato alla banda della Magliana e indicato come uno dei mandanti dell'omicidio di Calvi. Pazienza sarà estradato in Italia. Da lui si viene a sapere che i disperati appelli del presidente del Banco Ambrosiano sono stati mediati dal cardinale Pietro Palazzini, prefetto della Congregazione per le Cause dei Santi, e da monsignor Hilary Franco, "officiante minore" presso la Congregazione del Clero. Antonio Carlucci, su «Panorama» del 16 febbraio 1986, parla di quest'ultimo come del «monsignore a nove zeri»; il prelato «un giorno di giugno del 1985, durante un soggiorno a New York, tirò fuori dalla tonaca un libretto di assegni, ne riempì uno e lo consegnò a un uomo di affari americano». È la storia di un assegno di 20 miliardi, in realtà mai incassato perché sul conto di Franco non c'erano i fondi sufficienti per arrivare a quella cifra. Questa la sua difesa: non c'era stato nessun tentativo di esportazione di denaro. Lui, pastore di anime e non finanziere (o ancora peggio contrabbandiere di denaro), era caduto in un perfido tranello truffaldino. Insomma era la vittima di un raggiro. Come Marcinkus.

Contro la Teologia della Liberazione e a favore dell'Opus Dei

A fronte di questi problemi di carattere finanziario, ben lontani da quelli evangelici e nei quali si distinguono monsignori e cardinali, la Santa Sede si impegna nella reprimenda e condanna i rappresentanti di alcune frange della santa casta che non sono in linea con le norme dottrinali della Chiesa di Roma, ovvero ritenute colpevoli di essersi allontanate dalla «grazia della verità». Ad occuparsene è il cardinale Joseph Ratzinger in qualità di prefetto dell'ex Sant'Uffizio, ribattezzato Congregazione per la Dottrina della Fede, in carica dal 25 novembre 1981, con operazioni che in qualche modo determinano contrasti e divisioni in seno alla Chiesa di Roma, come l'estromissione di ecclesiastici ritenuti colpevoli. Si tratta di inquisizioni che caratterizzano la Chiesa cattolica negli ultimi anni del secondo millennio e si prolungano ai primi del terzo.

A cominciare dalla condanna nel 1984 di Gustavo Gutiérrez e della sua Teologia della Liberazione. Domenicano e teologo peruviano, docente della Pontificia Università del Perú, ha pubblicato nel 1971 il libro *Teologia della Liberazione*, nel quale teorizza la sua concezione di povertà cristiana, come atto di solidarietà e amore verso i poveri, ma anche come protesta liberatrice contro la povertà. Con un programma ben preciso da attuare su tre grandi dimensioni: la liberazione politica e sociale, con l'eliminazione delle cause immediate di povertà e ingiustizia; la liberazione umana, ovvero l'emancipazione di poveri, emarginati e oppressi da «ciò che limita la loro capacità di sviluppare se stessi liberamente e dignitosamente»; la liberazione teologica, ovvero la liberazione dall'egoismo e dal peccato, per ristabire la relazione con Dio e l'umanità.

È una teoria inconcepibile per la Chiesa di Roma, che è in realtà legata in pieno a motivazioni politiche e illegali, come la conduzione dello IOR sta dimostrando, per cui quel messaggio viene considerato solo una spinta all'azione militare, peraltro in atto nell'America Latina, e dalla quale vanno invece prese le distanze; una teoria che oltretutto già è ampiamente diffusa in quel continente, con una serie di proseliti in seno alla Chiesa cristiana. E la posizione di Gutiérrez e della sua teoria diventano un problema per Roma, ma un problema più politico che dottrinale, tanto da essere determinante per la sua condanna nel 1984, quando appunto il "rivoluzionario" domenicano viene condannato dalla Congregazione per la Dottrina della Fede, con l'imposizione del «silenzio ossequioso» a tempo indeterminato, l'esclusione dall'Ordine Domenicano e la destituzione dalla cattedra di Teologia. È in pratica espulso dal continente sudamericano; sarà accolto negli Stati Uniti, avendo la possibilità di insegnare all'università Notre Dame nell'Indiana, e non sarà più considerato in seno alla Chiesa di Roma.

Ma la persecuzione della Teologia della Liberazione non finisce qui. Nel 1985 viene convocato a Roma il teologo brasiliano Leonard Boff, francescano laureato nel 1970 in Filosofia e Teologia presso l'università di Monaco, essendo Joseph Ratzinger uno dei due relatori. Viene sottoposto a processo a causa delle tesi esposte nel suo libro *Chiesa: Carisma e Potere*, che sono frutto della Teologia della Liberazione di Gutiérrez. L'anno dopo è condannato, con l'imposizione del «silenzio ossequioso» a tempo indeterminato e la perdita della cattedra di Teologia di Petropolis, in Brasile. Undici mesi dopo verrà liberato dal silenzio, grazie alle numerose pressioni internazionali esercitate su Giovanni Paolo II; ma nel 1992, a seguito di ulteriori minacce di provvedimenti disciplinari, preferirà uscire dall'Ordine Francescano. Seguiterà a insegnare all'università statale di Rio de Janeiro e vincerà il Nobel alternativo per la pace, il Right Livelihood Award, seguitando a battersi, per quanto gli è possibile, per una Chiesa dei poveri.

Nello stesso 1985 c'è un'altra vittima illustre: è il vescovo brasiliano

Helder Cámara, arcivescovo di Olinda e Recife, un precursore della Teologia della Liberazione, impegnato nel Concilio Vaticano II per promuovere nell'America Meridionale quella che sarebbe stata chiamata «l'opzione preferenziale per i poveri». All'epoca ha 76 anni e viene destituito dalla carica vescovile; il suo sostituto è un autentico inquisitore perché, su indicazione dell'ex Sant'Uffizio, riordina la diocesi procedendo a interrogatori ed epurazioni.

Intanto, sullo stesso numero di «Panorama» del 16 febbraio 1986 in cui è stato denunciato l'operato di monsignor Hillary Franco, non casualmente, un articolo di Giancarlo Zizola lancia un messaggio all'Opus Dei sul «come e perché difende i suoi segreti». Sulla sua scia Sandro Magister pubblica un dossier in quattro lunghi articoli su «L'Espresso» il 2, 9, 16 marzo e 6 aprile; e così nasce l'*affaire* Opus Dei a livello politico nei rapporti stessi tra la Santa Sede e lo Stato italiano. È venuto fuori un codice segreto di 479 articoli che regola la vita della potente organizzazione cattolica; sconosciuto perfino agli adepti e custodito dagli stessi dirigenti, il codice rivela una "faccia occulta" di questa branca della santa casta, una «santa facciatosta» piuttosto, secondo una delle 999 massime esposte da Escrivá de Balaguer nel suo libro *Cammino*. Là dove il «piano di santità è definito da questi tre punti: santa intransigenza, santa coercizione, santa facciatosta».

Il governo della prelatura, che arriverà nel 2008 ad essere articolato in 1956 sacerdoti, 37 sacerdoti ordinari, 351 seminaristi maggiori, 86.305 laici su 1828 chiese e centri parrocchiali, prescrive che «va celato il numero dei soci; e anzi con gli estranei non si deve parlare di loro. A nessuno mai si deve rivelare di appartenere all'Opus Dei»; così gli articoli 190 e 191 del codice. Molto singolare la condizione dei cosiddetti "numerari", ovvero dei membri che fanno voto di celibato e vivono in comunità, sottoposti come sono a una regola rigidissima, pur costituendo il 20% del totale a fronte dei cosiddetti "soprannumerari", che sono il 70% e sono meno disponibili alle attività dell'organizzazione perché sposati e con problemi familiari. Sui "numerari" è illimitato il dominio del prelato: «liberamente di essi usa», recita sentenzioso l'articolo 148, anche se ai fini dell'opera. Ma su questa base, grazie al voto di obbedienza, può imporre loro quello che vuole; così, dalla scelta degli studi alla professione e alla gestione del proprio patrimonio, tutto è sotto controllo.

Entrando nella prelatura, ogni nuovo adepto «deve cedere l'amministrazione dei suoi beni» a un confratello, secondo l'articolo 55, e prima del vincolo definitivo, i "numerari" devono fare «testamento dei beni presenti o eventualmente futuri», secondo quanto si legge nell'articolo 59. In pratica gli interi loro guadagni finiscono nelle casse dell'opera, mentre i "soprannumerari" si limitano ad elemosine mensili, che saranno naturalmente consistenti. C'è insomma una ricchezza enorme accumulata dall'opera e dirottata dai dirigenti in tutta una serie di «società ausiliarie» nei vari campi culturali e finanziari, che non figurano come appartenenti all'Opus ma sono comunque affidate a iscritti, tenuti peraltro ad uno speciale giuramento. «Anzi, a detta di alcuni autorevoli fuorusciti», precisa Sandro Magister, costoro sono «obbligati a firmare un attestato in bianco da conservarsi presso la direzione centrale; che consente a quest'ultima, ad esempio», di mettere in pratica quanto indicato nell'articolo 372, ossia di «alienare quelle proprietà che, pur non essendo intestate all'istituto, tuttavia sono sottomesse alla sua potestà e direzione».

È qui che si evidenziano i tentacoli di quella che è stata soprannominata *Octopus Dei*, ovvero la «Piovra di Dio»; le sue "penetrazioni" avvengono in modo clandestino «in ambienti della società civile e in attività professionali dove spesso non è facile arrivare in maniera apostolicamente incisiva con i comuni mezzi che la Chiesa ha a disposizione», come ha peraltro affermato l'allora presidente dell'opera, il prelato Alvaro del Portillo. E in questo contesto un mezzo di penetrazione alla luce del sole viene a essere in qualche modo l'Ateneo romano della Santa Croce; istituito a Roma con decreto del 9 gennaio 1985 della Congregazione per l'Educazione Cattolica, è relativo alle facoltà di Teologia e Diritto canonico, e conferisce i titoli di licenza e dottorato.

E si muovono i parlamentari italiani. I primi sono stati i deputati della Sinistra indipendente Franco Bassanini e Stefano Rodotà; poi i comunisti. Con una serie di interrogazioni parlamentari ci si è chiesti se l'opera possa in sostanza configurarsi come un potere occulto. Rino Formica, all'epoca capogruppo socialista alla Camera dei deputati, definisce senza mezzi termini l'opera «una società segreta», un po' mafia e un po' massoneria. Polizia e servizi segreti aprono un'inchiesta.

L'Opus Dei si difende, ribattendo le accuse come può; arriva a dire che il codice con gli statuti segreti è decaduto, sostituito da un altro che risale al 1982. Sono 185 articoli dai quali viene però la conferma che tutti gli affiliati hanno l'obbligo della riservatezza e della completa sottomissione alle indicazioni dei superiori. Il che lascia irrisolti i principali capi di accusa.

Nel frattempo, a margine dell'Opus Dei, si conclude la vicenda giudiziaria di Sindona e la sua vita, indirettamente a danno dell'immagine evangelica dello IOR. Il banchiere siciliano il 19 marzo del 1986 viene condannato all'ergastolo; promette un memoriale che faccia luce su tutta la vicenda Calvi-Ambrosiano, ma tre giorni dopo muore nel supercarcere di Voghera, bevendo una tazza di caffè avvelenato con il cianuro. La notizia sui giornali appare a fronte della prima Giornata Mondiale della Gioventù, che si svolge in piazza San Pietro il 23 marzo, ma non turba più di tanto l'ambiente; oltretutto è una celebrazione diocesana, e quindi ristretta nell'afflusso dei giovani, anche se è celebrata nella domenica delle Palme, all'insegna di uno spirito pasquale che non trova riscontro nei meandri della Città del Vaticano facenti capo allo IOR. Le successive Giornate Mondiali della Gioventù saranno celebrate annualmente, ma quelle veramente internazionali si svolgeranno ogni due o tre anni, raggiungendo nel 2008 il numero di 10 a fronte di 23.

Otto giorni dopo, il primo aprile, alla televisione italiana, durante la trasmissione "Spot" di Enzo Biagi, compare la borsa di Roberto Calvi; data per scomparsa al momento del ritrovamento del cadavere sotto il ponte di Londra, è stata acquistata per 50 milioni dal senatore Giorgio Pisanò, membro della Commissione parlamentare d'inchiesta sulla loggia massonica P2. Ignoti, naturalmente, i venditori. Che verranno più tardi alla luce nelle persone di Flavio Carboni e del vescovo cecoslovacco Pavel Hnilica. E da quella borsa, passata per cento mani, saltano fuori tante chiavi di cassette di sicurezza, due passaporti, fotografie familiari del banchiere, lettere ricevute e spedite da Calvi. Su «Panorama» del 13 aprile 1986 Romano Cantore e Gian Paolo Rossetti pubblicano quelle lettere; sono gli appelli disperati inviati, tramite il faccendiere Flavio Carboni, a monsignor Hillary Franco e al cardinale Pietro Palazzini. Vi si leggono accuse contro Marcinkus e Mennini; il cardinale Agostino Casaroli, segretario di Stato, e monsignor Achille Silvestrini, ministro degli Esteri del Vaticano, vengono accusati dal banchiere di essere membri di «un complotto che, in connivenza con forze laiche e anticlericali nazionali e internazionali, mira a modificare l'attuale assetto dei poteri all'interno della Chiesa stessa».

Contemporaneamente torna di attualità la situazione finanziaria dell'Opus Dei, dalla quale affiorano affari poco puliti; c'è stato già un preciso sospetto per un colpo dei cosiddetti «aerei annusatori» del petrolio, ma di seguito i finanziamenti neri a livello internazionale sono una realtà con il crack della Rumasa. Si tratta di una holding creata da José Maria Ruiz Mateos, un "soprannumerario" dell'Opus Dei, e condotta in maniera piuttosto spericolata nel controllo di circa 20 banche e un'infinità di aziende. È un crack spaventoso, che si aggira tra i 3000 e i 4000 miliardi di lire; una voragine di debiti, il doppio rispetto a quelli del Banco Ambrosiano. Mateos, a suo tempo, ha versato decine di miliardi all'Opus Dei, tramite lo IEI, ovvero l'Istituto de Educación e Investigación, creato apposta per ricevere soldi dai suoi membri.

Un particolare interessante è costituito dal fatto che un avvocato di Zurigo, Arthur Wiederkehr, che ha curato le relazioni internazionali per la Rumasa, ha svolto la stessa attività per lo IOR e, naturalmente, anche per l'Opus Dei. Tutto questo fa pensare ad un preciso nesso fra la crisi della banca vaticana e la raccolta di fondi da parte della prelatura. È quanto ipotizza Pietro Calderoni su «L'Espresso» del 4 maggio 1986 in un'intervista a Ruiz Mateos; e questi precisa che «proprio nel 1982, cioè nel periodo in cui lo IOR è in maggiori difficoltà», ha sborsato «circa 1500 milioni di pesetas, ovvero 15 milioni di lire». Il futuro dell'Opus Dei sarebbe quindi tutto da chiarire proprio in relazione alla sua stessa cassaforte; e invece non succederà nulla e l'opera seguiterà a essere agli onori degli altari nel fitto mistero della sua organizzazione. Anche se, proprio in relazione a questo coinvolgimento dell'opera nel crack dello IOR, è sorta popolarmente una pasquinata di parodia dell'*Agnus Dei* che dice:

Opus Dei, qui tollis
pecunia mundi
dona nobis partem.

Tra truffatori, esorcisti e visionari, scismatici e contrabbandieri

Nel febbraio 1987 il giudice istruttore del tribunale di Milano, Renato Bricchetti, emette un mandato di cattura contro Paul Marcinkus e Pellegrino de Strobel, ovvero i vertici dello IOR, individuando gravi responsabilità della banca vaticana nel crack del Banco Ambrosiano; tra le numerose persone collegate al Banco Ambrosiano sono arrestati anche Alessandro e Luigi Maria Mennini, figlio e nipote di Luigi Mennini, ex Tesoriere dello IOR. Ma la Cassazione non convalida il provvedimento nei confronti dei due rappresentanti della Santa Sede, a causa dell'art. 11 dei Patti Lateranensi, secondo il quale «gli enti centrali della Chiesa sono esenti da ogni ingerenza da parte dello Stato italiano». Meno che mai si dà credito a qualsiasi collegamento con la mafia. Tutto questo, a fronte della *Memoria* dei pubblici ministeri Luca Tescaroli e Maria Monteleone, che nel capitolo «Roberto Calvi e il Banco Ambrosiano come riciclatori di Cosa Nostra e il Banco Ambrosiano» denunciano il ruolo di padre Agostino Coppola, parroco di Carini e amministratore del seminario di Montereale, nonché fratello dei mafiosi Giacomo e Domenico Coppola, ma anche parente del supermafioso Frank Coppola detto "Tre Dita". A padre Agostino Coppola, condannato con sentenza irrevocabile, era intestato il "Conto Triangolo" presso la BNL di Palermo, nel quale si erano effettuati movimenti di denaro legati all'Ambrosiano, e «parte di questo denaro era investito nella banca del Vaticano», secondo una testimonianza del collaboratore di giustizia Francesco Marino Mannoia.

In ogni caso il Vaticano procede per la sua strada imperturbato. Dopo il diluvio, Marcinkus rimane al suo posto per un po' di tempo; non può essere diversamente, dal momento che non verrà mai processato in Italia, in quanto cittadino del Vaticano e quindi immune dai procedimenti penali da parte dello Stato italiano. Un membro della santa casta resta intoccabile. Ma il papa istituisce per lo IOR una commissione laica di studio da affiancare a quella cardinalizia e incarica quindici porporati di esaminare la situazione finanziaria della Santa Sede. La commissione esclude ovviamente una responsabilità giuridica del Vaticano su tutta la vertenza amministrativa, ma ammette una responsabilità morale, che porterà il Vaticano a pagare 241 milioni di dollari ai creditori. In questo contesto il papa promulga i nuovi statuti dello IOR. Tra le figure di garanzia, quella di un prelato che salvaguardi l'eticità degli investimenti dell'istituto. Carica che ricoprirà monsignor Donato De Bonis, già braccio destro di Marcinkus.

A fronte di questi prelati impegnati nei traffici finanziari della Santa Sede, la Congregazione per la Dottrina della Fede, come a suo tempo il Sant'Uffizio, è impegnata contro gli indemoniati. La presenza di Satana nella vita quotidiana è stata segnalata da Paolo VI nel 1972 («Il mondo è sotto il dominio dello spirito di Satana», ha detto) ed è stata confermata da Giovanni Paolo II nel 1981 («Il demonio esiste, ha un suo regno, ha un suo programma», ha precisato); nel 1985 il cardinale Joseph Ratzinger ha sottolineato che «Il diavolo è una presenza misteriosa, ma reale, personale, non simbolica» e lo riconfermerà da papa nel 2005, considerando che «senza il demonio non sarebbe possibile l'occultismo» e ribadendolo nell'omelia alla parrocchia romana di Santa Felicita e Figli a Fidene, ricordando che esiste l'Inferno e consiste nella «dannazione eterna».

Così la congregazione diretta dal porporato tedesco recluta i suoi esorcisti, che sono eccellenti rappresentanti della santa casta: il cardinale Anastasio Alberto Ballestrero, arcivescovo di Torino, pare abbia a che fare con una città particolarmente indemoniata, per cui, d'autorità, se ne ritrova ben sei. A Roma ce n'è uno solo e ufficiale, ma tanti "casarecci", come don Mario, vice parroco della chiesa di Santa Francesca Cabrini. A Roma comunque il Vaticano ha il suo personaggio d'autorità in monsignor Emmanuel Milingo, vescovo di Lusaka, capitale dello Zambia, che «riceve ogni giovedì per appuntamento dalle 15 alle 19» nella chiesa degli Argentini a piazza Buenos Aires, dove celebra «alle 19 la Santa Messa e ogni primo lunedì del mese la "Messa di guarigione"». Come vescovo non ha bisogno di una licenza per esorcizzare pubblicamente e la cerimonia è quantomai solenne; la gente che ricorre a lui è numerosa, ma per avere un appuntamento bisogna prenotarsi un anno prima.

E pensare che anche Giovanni Paolo II è entrato nella leggenda come esorcista. Lo riferisce il cardinale Jacques Martin, già prefetto della Casa pontificia, nel suo libro *Mes six papes*, raccontando in forma di diario un episodio avvenuto il 4 aprile 1982: «Il vescovo di Spoleto, monsignor Alberti, è venuto in udienza dal papa con una donna ossessa, Francesca F., che si rotolava per terrra urlando. Noi dal di fuori sentivamo le sue grida. Il papa ha cominciato a pregare, pronunciando vari esorcismi, ma invano. Quando alla fine ha detto alla donna: "Io dirò per te le messa, domani", nello stesso momento Francesca F. è improvvisamente diventata normale e ha presentato al pontefice le sue scuse».

A confronto gli esorcisti "casarecci" sono piuttosto maldestri e agiscono in cerimonie semplici nella lotta alla triplice presenza diabolica in un ossesso; che va dal blando malocchio al maleficio, frutto di una "fattura", per arrivare allo scontro forte con la possessione vera e propria e ancor più con l'ossessione. E a certi livelli la guarigione è un autentico miracolo; ma naturalmente la congregazione non li riconoscerà mai. Oltretutto con il diffondersi di tanti esorcisti "caserecci" la congregazione si premura di ammonirli alla cautela; così negli *Acta Apostolicae Sedis* del 1986 è stato pubblicato un appello all'episcopato cattolico, denunciando che da vari anni «nelle comunità cattoliche» si moltiplicano riunioni di preghiera «sotto la direzione di laici» per riuscire a liberare «posseduti», anche non con «esorcismi propriamente detti» e talora in presenza di sacerdoti. Il cardinale Ratzinger per questo ha scritto una lettera in latino ai vescovi di tutto il mondo perché rispettino e facciano rigorosamente rispettare le prescrizioni del canone del Codice della Chiesa. Dopo aver ribadito che «nessuno può fare legittimamente esorcismi sugli ossessi se non ha prima ottenuto espressa e peculiare autorizzazione dal vescovo del luogo», rammenta che «ai fedeli non è lecito usare la formula dell'esorcismo contro Satana e gli angeli apostati». Pertanto «si chiede ai vescovi, anche nei casi in cui possano escludere la vera possessione, benché sembrino rilevare un qualche influsso diabolico, di vigilare che i non autorizzati non dirigano riunioni» in cui si preghi per ottenere la liberazione o «si interroghino direttamente i demoni». Resta insomma costante il pericolo dei "santoni", che sempre hanno avuto una loro credibilità in un campo sul quale incombe la superstizione; del resto il mago o la fattucchiera per molti indemoniati, autentici o no, sono l'ultima spiaggia per non ricorrere al medico ed essere dichiarati schizofrenici. La santa casta è ormai costretta a fare i conti con troppi casi di questo tipo. È per questo che il cardinale Ratzinger è intervenuto ad arginare il fenomeno.

Tra tanti indemoniati ed esorcisti la Santa Sede ha anche i suoi visionari, ovvero coloro che per grazia divina riescono ad avere una visione soprannaturale. Peraltro a Pio XII è apparso Gesù più volte e non si sarebbe trattato di visioni «che individui interessati propagandarono a puro scopo commerciale sorprendendo la sua buona fede», come ha scritto Mario Pancera; suor Pascalina Lenhert, la segretaria, oltretutto ha insistito fino agli ultimi anni della sua vita sull'autenticità del fatto. «Il Santo Padre mi raccontò – facendo poi la stessa cosa mi pare con il cardinal Tardini – che Gesù gli era apparso ai piedi del letto», ha detto in un'intervista del febbraio 1983 apparsa sulla rivista «Jesus» poco prima della sua morte.

C'è peraltro chi, tra gli emeriti della santa casta, nel 1986 ha visto addirittura in Vaticano l'angelo protettore, o meglio l'etnarca, d'Italia: san Michele. Lo ha visto monsignor Giuseppe Del Ton e lo ha raccontato nel suo libro *Verità su Angeli e Arcangeli*, un autentico manuale di angeologia che potrebbe bilanciare i numerosi trattati sul diavolo e i relativi esorcisti apparsi dal Medioevo a oggi. La visione dell'etnarca d'Italia Del Ton l'ha avuta una sera nei giardini vaticani: «Il cielo era di un azzurro-cobalto sempre più languido e sfumato. Il sole, ardente, un blocco d'oro, un ammasso di mille topazi; ora si allargava, ora si restringeva e per lo più prendeva forma ovale, ma sempre maestoso, sovrano».

E con questo astro splendente è apparso l'angelo: «Statura elevata, fronte spaziosa, nero l'occhio penetrante, fiero il capo giovanile aureolato di luce fulva; ali robuste, raccolte e quiete, ma pronte al volo immediato dall'uno all'altro mare italico. La sua veste: una tunica succinta rosa-azzurrognola; i calzari d'oro. Nella mano destra, un libro in cui si legge una sentenza a caratteri marcatamente impressi su sfondo di zaffiro: *Italorum Spes Inoccidua Maria*, "Speranza degli Italiani Intramontabile Maria"».

Peraltro l'angelicato monsignore, finché è vissuto, ha fatto sua la guerra agli indemoniati con l'esorcismo della preghiera riportata in fondo al volume: «Satana minaccia nel suo furore la nostra Madre. Tu fa scintillare la tua spada e dirigila su questo implacabile nemico e sulle sue spaventose masnade». La Congregazione per la Dottrina della Fede non si è mai espressa su certe visioni: si è limitata a riferirle senza pronunciarsi ufficialmente sulla loro autenticità. Più o meno come per gli indemoniati. Si dà il caso che monsignor Giuseppe Del Ton faceva parte del collegio dei Protonotari Apostolici di Numero Partecipanti; era a tutti gli effetti membro della Famiglia Pontificia. E in tale veste, angelicamente si sentiva così in grado di dare consigli ai «reggitori della cosa pubblica» sulla base delle sue visioni: «L'angelo d'Italia vi suggerirà il dignitoso e retto atteggiamento da assumere per il bene di tutti».

La Congregazione per la Dottrina della Fede, mentre mette in riga gli esorcisti e tollera il "visionario" di turno, disinteressandosi peraltro delle anime perse all'interno della Chiesa di Roma nei raggiri finanziari, seguita a condannare le estreme frange della santa casta che, a suo parere, costituiscono l'anima nera della Chiesa. Nel 1986 il vescovo di Seattle, Raymond Hunthausen, viene esautorato dalla sua diocesi per le idee pacifiste e l'assistenza spirituale a una comunità omosessuale. Nel 1987 il reverendo Charles Curran, professore di Teologia morale alla Catholic University of America, è sospeso dall'insegnamento per le sue tesi libertarie su divorzio, masturbazione, eutanasia e omosessualità. Nel 1988 Pedro Casaldáliga, vescovo di Sao Félix de Araguaia, in Brasile, accusato di sostenere la Teologia della liberazione, è condannato a uniformarsi al magistero e a non interferire con altre diocesi.

Nel 1988, a latere delle scomuniche inferte dalla Congregazione per la Dottrina della Fede e degli imbrogli finanziari dello IOR e di Marcinkus, si inseriscono, lontano dalla Città del Vaticano, ma ad essa collegate, le disavventure di due frange della santa casta. La prima riguarda l'arcivescovo francese Marcel Lefebvre. Il prelato si era ribellato alla frettolosa attuazione delle riforme maturate nel Concilio Vaticano II e nel 1970 aveva fondato a Ecône, in Svizzera, la Fraternità Sacerdotale San Pio X, con un proprio seminario, rifiutandosi di accettare il *Novus Ordo Missae*, ovvero seguitando ad usare la lingua latina. Aveva ordinato numerosi sacerdoti e per questo l'arcivescovo di Losanna, Pierre Mamie, aveva ordinato la chiusura del seminario e nel 1976 Paolo VI lo aveva sospeso *a divinis*. Pur avendo lasciato il seminario, Lefebvre ne è rimasto l'indiscusso capo e in questa veste nel 1988 il cardinale Ratzinger, prefetto della Congregazione per la Dottrina della Fede, cerca di riportarlo nell'orbita di Roma facendogli delle concessioni.

Il 5 maggio 1988 Lefebvre e Ratzinger firmano un protocollo d'intesa per l'uso dei testi liturgici approvati nel 1962, prima del concilio, e si ipotizza la creazione di una commissione del Vaticano per coordinare eventuali nuove nomine vescovili. Lefebvre promette obbedienza al papa e riconosce la validità dei nuovi riti della messa, anche se lui non li userà. Ma il giorno dopo a Ecône Lefebvre dichiara di essere stato ingannato e che ha bisogno di ordinare un vescovo; e il papa gli comunica per lettera che può consacrarlo. Non è contento e risponde per lettera che deve consacrare altri tre vescovi; gli risponde Ratzinger ammonendolo all'obbedienza, altrimenti gli sarà vietata la consacrazione anche di un solo vescovo. Lefebvre insiste e il 2 giugno comunica che deve ordinare anche tre sacerdoti; gli risponde il papa pregandolo di non procedere in un «atto scismatico» e il 17 giugno gli viene inviata un'ammonizione formale. Ma il 30 giugno Lefebre consacra i quattro vescovi, incorrendo in un vero e proprio atto scismatico; ne consegue che automaticamente Lefebvre e i quattro neovescovi incorrono nella scomunica, che viene formalizzata a norma del cardinale Bernardin Gantin.

E subito dopo, il 2 luglio, Giovanni Paolo II con il *motu proprio Ecclesia Dei afflicta* comunica che Lefebvre si è reso colpevole di «disobbedienza al Romano Pontefice in materia gravissima e di capitale importanza per l'unità della Chiesa» e di «atto scismatico», per cui ne consegue la scomunica, che è rivolta non solo a Lefevbre, ma anche all'altro vescovo consacrante Antonio de Castro Mayer e ai quattro neovescovi Bernard Fellay, Bernard Tissier de Mallerais, Richard Williamson e Alfonso de Galarreta. Quando Lefebvre morirà di cancro nel 1991 la sua salma, sepolta ad Ecône, verrà benedetta dal cardinale Silvio Oddi e dal nunzio apostolico in Svizzera. La Fraternità di san Pio X seguiterà ad esistere e in Italia si avranno tre filiazioni, la più importante a Montalenghe, nel Canavese; ad Ecône si continuerà a procedere nelle ordinazioni sacerdotali, l'ultima delle quali sarà il 27 giugno 2008 con dieci diaconi e otto sacerdoti a opera di monsignor Alfonso de Galarreta, che dirige il seminario nonostante la scomunica ancora operante.

L'altra disavventura di un'estrema frangia della santa casta riguarda la persona di don Lorenzo Zorza, parroco della chiesa di Sant'Agnese, nonché nunzio apostolico della Santa Sede presso le Nazioni Unite. Per la sua attività apostolica ha fondato la società Family Trading, con sede sulla Quinta Strada, dove arrivano offerte e donazioni per i poveri della sua parrocchia. Tutto bene, all'insegna del più puro apostolato cristiano. E invece il 5 febbraio 1988 il gruppo antidroga di Milano sequestra a Linate 5 chili di cocaina, e di seguito viene a galla un traffico di stupefacenti e opere d'arte, nel quale affiora il nome di Lorenzo Zorza.

Un mese e mezzo dopo, il 28 marzo, la magistratura di Roma emette un mandato di cattura internazionale nei confronti di Lorenzo Zorza, al quale si accompagna un identico mandato ad opera del procuratore di New York Rudolph Giuliani, e al quale fa seguito un'accusa di associazione mafiosa, traffico di droga e opere d'arte. Don Zorza riesce a partire da New York, ma diventa latitante. È arrestato il 7 aprile in una villa di Montecalvo di Pianoro, vicino Bologna.

Durante il processo viene alla luce un curriculum da contrabbandiere del nunzio apostolico. Nel 1962 all'aeroporto di New York dal suo bagaglio erano saltati fuori due dipinti a olio del Cinquecento, valutati sui 200 milioni, per i quali era stato processato e condannato a 3 anni di carcere, salvandosi con la condizionale. E successivamente gli erano stati sequestrati 74.000 dollari in banconote contraffatte. Senza contare che il suo nome era stato fatto nel 1982 riguardo al traffico legato al Banco Ambrosiano, a proposito di accrediti in alcune banche di San Paolo del Brasile. «E San Paolo è proprio la città dove don Zorza avrebbe voluto definitivamente stabilirsi», commenta Mario Guarino rievocando le imprese di questa "tonaca sporca" nel documentatissimo libro *I mercanti del Vaticano*.

Scandali finanziari tra processi e denunce dei "nuovi mercanti del tempio"

Il 19 ottobre 1989 viene arrestato a Roma Flavio Carboni con l'accusa di truffa e ricettazione della borsa che Roberto Calvi aveva con sé quando espatriò clandestinamente a Londra, dove è morto. E nell'*impeachment* è implicato il vescovo cecoslovacco Pavel Hnilica, che avrebbe ricevuto dal Carboni alcuni documenti relativi allo IOR in cambio del pagamento di alcuni assegni in bianco. Ma il Vaticano mostra indifferenza, sicuro che resterà fuori anche il vescovo, che comunque non viene arrestato.

Peraltro la Santa Sede di fronte allo sfascio mette a punto la riorganizzazione. Viene creato un Consiglio di Sovrintendenza, del quale è presidente dal 1989 Angelo Caloia, ordinario di Economia politica all'Università Cattolica di Milano e già membro dell'Opus Dei; la banca del Vaticano rientra in un bilancio unificato, là dove peraltro ogni amministrazione seguita comunque a operare autonomamente. In questo frangente una boccata d'ossigeno viene con il decreto dello Stato italiano che permette ai «fedeli» italiani di poter dedurre dal proprio reddito fino a 2 milioni di elargizioni per il sostenimento della Chiesa cattolica, la quale pertanto dal 1990 gestirà una quota pari all'8 per mille dell'IRPEF, secondo le dichiarazioni dei contribuenti. Ma, come è noto, la quota comporta sei opzioni, relative alla sua assegnazione alle Chiese Avventista del Settimo Giorno, Metodiste e Valdesi, Evangelica Luterana, nonché alle Assemblee di Dio in Italia e alle Comunità Ebraiche, oltre che allo Stato per le iniziative umanitarie laiche. E questo gradatamente finirà per influire su un minor gettito per la Chiesa cattolica, fino all'aperto stato di allarme che lancerà l'agenzia di stampa cattolica Adista, secondo la quale le firme dei contribuenti passeranno dall'89,82% del 2008, in base alle dichiarazioni dei redditi del 2005, all'86% del 2009 in base alle dichiarazioni dei redditi del 2006.

E non è casuale che il 9 gennaio 1990 l'Ateneo Romano della Santa Croce gestito dall'Opus Dei diventi, con apposito decreto della Santa Sede, Pontificia Università della Santa Croce: si ha a che fare con una istituzione universitaria di studi ecclesiastici, costituita dalle facoltà di Teologia, Diritto canonico, Filosofia e Comunicazione sociale istituzionale, e che conferisce i titoli accademici di baccellierato, licenza e dottorato. Tra l'altro l'Istituto Superiore di Scienze religiose all'Apollinare diventa parte integrante della stessa università ed è collegato accademicamente alla Facoltà di Teologia; e in questo contesto il palazzo e la basilica dell'Apollinare sono stati affidati all'Opus Dei.

Da tutta la vertenza giudiziaria in cui è implicata direttamente o meno la Santa Sede, l'unico che ne esce apparentemente estraneo è l'Opus Dei, che gode della sua autonomia e vede il 6 gennaio 1991 il prelato Alvaro del Portillo insignito del titolo episcopale. Marcinkus peraltro si è forzatamente dimesso e svolge in Vaticano attività puramente formali, finendo per tornarsene negli Stati Uniti, quarto parroco della chiesa di San Clemente a Sun City, in Arizona, dove morirà nel più assoluto anonimato nel 2006.

Gli anni Novanta scandiscono una serie di scandali finanziari tra processi e denunce dentro e fuori della Città del Vaticano, in ogni caso direttamente o meno a carico di personalità della sacra casta che appaiono autentici impostori, ovvero, come vengono definiti dai mass media, «i nuovi mercanti del tempio». A cominciare dal 16 aprile 1992, quando si conclude il processo di primo grado per la bancarotta fraudolenta del Banco Ambrosiano con 33 condannnati, tra i quali Licio Gelli, Francesco Pazienza, Flavio Carboni, Luigi e Alessandro Mennini.

A settembre del 1992 i mercati valutari mondiali sono scossi da quel disastro economico che passerà alla storia come la "Chernobyl delle valute" e il governo italiano è costretto ad una svalutazione della lira del 7%. Ma lo IOR ha provveduto ad acquistare, alcuni mesi prima della svalutazione, numerose quantità di marchi tedeschi, coinvolgendo nell'operazione molti ordini religiosi, così da ritrovarsi avvantaggiato al momento della crisi. Il fatto viene denunciato dal massone Giuliano Di Bernardo, gran maestro del Grande Oriente d'Italia, che accusa direttamente della speculazione il cardinale Rosario José Castillo Lara, presidente dell'APSA e della Pontificia Commissione per lo Stato della Città del Vaticano, nonché membro della Commissione Cardinalizia di Supervisione sullo IOR, precisando che l'Opus Dei «ha invaso come un polipo la finanza internazionale e anche quella italiana», come si legge su «La Stampa» del 20 settembre 1992. E pensare che a maggio Josemaria Escrivá de Balaguer è stato nominato beato. La denuncia ovviamente non ha seguito.

Il 31 ottobre 1992, dopo 359 anni, 4 mesi e 9 giorni, viene riabilitato Galileo Galilei, con la cancellazione della condanna inflitta al grande scienziato pisano il 22 giugno 1633 dal Sant'Uffizio. Lo fa una commissione pontificia istituita da Giovanni Paolo II e presieduta dal cardinale Paul Poupard, in base a ricerche di quattro gruppi di lavoro; si riconosce che lo scienziato non tentò mai di negare la verità rivelata nella Bibbia, ma soltanto dichiarò che questa non è un testo scientifico ispirato da Dio per spiegare agli uomini «come vada il cielo». Peraltro i giudici ecclesiastici lo condannarono in buona fede, per salvaguardare gli insegnamenti delle Scritture, perché ritenevano che l'adozione della teoria copernicana potesse minare la tradizione cattolica e, soprattutto, biblica. Assolto Galileo, Giovanni Paolo II osserva peraltro che l'unico suo torto fu di aver rifiutato il suggerimento del cardinale Roberto Bellarmino, presidente del Sant'Uffizio, di presentare come un'ipotesi il sistema copernicano.

Questa riabilitazione di Galilei appare in qualche modo pilotata dalla Santa Sede e ampiamente diffusa per concentrare l'attenzione dei fedeli cattolici sui rapporti tra Chiesa e scienza e farli apparire idilliaci, allontanando l'attenzione dell'opinione pubblica dalle disavventure truffaldine che sono alla base delle finanze vaticane, che proprio nel 1992 hanno una nuova boccata di ossigeno destinata a dare frutti notevoli. Il decreto legislativo 504 del governo italiano introduce l'esenzione ICI «a favore degli enti non commerciali, per gli immobili ad esclusivo utilizzo finalizzato allo svolgimento di attività assistenziali, previdenziali, sanitarie, didattiche, ricettive, culturali, ricreative e sportive, religiose e di culto». Va a pennello per la Santa Sede, con tutti suoi edifici sotto l'insegna della croce di Cristo. Si tratta di 26.000 parrocchie e diocesi, 100.000 chiese, 30.000 case generalizie e santuari, 2300 musei e biblioteche; e inoltre scuole, ospedali, case di cura e di riposo nell'ordine di

10.000 circa, nonché 2000 centri di accoglienza e pensionati, oltre a 300 librerie circa.

Una manna, almeno fino al 2004, quando il decreto salva-ICI sarà bocciato dalla Consulta, riprendendo però fiato nel 2005 grazie ad un nuovo decreto del governo Berlusconi, che sottolineerà come siano esenti gli edifici dove si svolgano attività «senza fini di lucro», ma dovrà essere definitivamente migliorato dal governo Prodi con quella frase fatidica che farà riferimento ad «attività che non abbiano natura *esclusivamente* commerciale». E allora basterà che all'interno di ospedali, case di cura, alberghi, centri culturali ci sia una cappella perché la destinazione d'uso commerciale risulti santificata e tale da essere esente da ICI. Così la Santa Sede l'avrà vinta in nome dello spirito apostolico che anima i suoi beni.

Proseguono intanto le vicende giudiziarie nelle quali la Santa Sede dovrebbe essere in qualche modo coinvolta per le sue vicissitudini finanziarie. Il 23 marzo 1993 il tribunale di Roma condanna Flavio Carboni a 5 anni e il vescovo Pavel Hnilica a 3 anni per la ricettazione della borsa di Roberto Calvi; ma il prelato cecoslovacco non va in prigione per una sorta di immunità diplomatica. Oltretutto il 6 luglio 1994 la seconda sezione della Corte di appello di Roma annullerà la sentenza di condanna per vizio di procedura. Anche se la realtà è un'altra, come apparirà chiaro l'8 marzo 2000 nell'ambito del secondo processo davanti ai giudici della settima sezione del tribunale di Roma.

Il pubblico ministero Maria Monteleone chiederà l'assoluzione di monsignor Pavel Hnilica, perché ha agito in stato di necessità per non compromettere lo stesso Giovanni Paolo II quando era entrato in possesso di alcuni documenti contenuti nella borsa di Calvi. Come a dire che bisognerebbe arrivare ad incolpare il papa. Così un altro membro della santa casta resterà intoccabile. E in aggiunta il pubblico ministero chiederà al tribunale la restituzione degli atti per procedere nei confronti di Flavio Carboni in riferimento al reato di estorsione verso lo stesso Hnilica e il Vaticano. Secondo l'accusa, il prelato era anche convinto che gli assegni in bianco consegnati all'imprenditore sardo servissero solo per finanziare una campagna di stampa a favore del Vaticano su iniziativa di Carboni. Tutto poco credibile.

Il 16 aprile 1993 vengono arrestati a Roma 55 appartenenti alla banda della Magliana. A novembre Valerio Viccei, un neofascista legato alla banda della Magliana arrestato a Londra per una rapina al Safe Deposit Centre, durante la quale sono state svaligiate alcune cassette di sicurezza, rivelerà che nelle cassette sono stati trovati documenti scottanti, tra i quali un passaporto e una carta d'identità della Città del Vaticano in bianco, oltre ad una carta d'identità intestata a Roberto Calvi e Francesco Di Carlo, boss mafioso legato a Pippo Calò. E il 9 dicembre Tommaso Buscetta, interrogato dal giudice Otello Lupacchini, che indaga sulla banda della Magliana, confermerà che Pippo Calò era il referente della banda presso Roberto Calvi e quindi presso la Santa Sede.

E, chissà perché, improvvisamente la Santa Sede riporta in ballo la scomparsa di Emanuela Orlandi per bocca del cardinale Silvio Oddi, che ha evidentemente svolto un'inchiesta all'interno della città pontificia. La Orlandi la sera della scomparsa sarebbe stata vista giungere in via di Porta Angelica a bordo di un'automobile scura, che si sarebbe fermata all'ingresso di Sant'Anna; sarebbe scesa ed entrata, passando davanti alla postazione della Guardia Svizzera, risalendo dopo pochi minuti in auto e sparendo per sempre.

Una notizia che farebbe sorgere il sospetto di un complotto all'interno del Vaticano, collegando il sequestro dell'Orlandi con l'attentato al papa. Ed è significativo il fatto che poi sia spiccato dalla magistratura italiana un avviso di reato per concorso nel sequestro della ragazza al vice capo della Vigilanza della Città del Vaticano. Al quale fa seguito un'intercettazione telefonica del 12 ottobre 1993 da parte di un monsignore della Segretaria di Stato, che ordina a quel funzionario della sicurezza di tacere e mentire al magistrato.

E rispunta, involontariamente, nel dicembre 1993, il turco Oral Celik, estradato a Roma dalla Francia, dove ha scontato una pena per traffico di droga. Dichiara di non aver partecipato all'attentato al papa, perché oltretutto in quei giorni non era assolutamente a Roma. In ogni caso è in prigione, dove lo vanno a trovare due misteriose persone che gli riferiscono l'ennesima versione dell'attentato: parlano di un complotto ideato nella Città del Vaticano da due cardinali. E, guarda caso, in qualche modo l'accusa si collega alle voci raccolte dal cardinale Oddi. Ma tutto ovviamente finisce qui.

A fronte del misterioso ritorno di fiamma di notizie e illazioni sul rapimento di Emanuela Orlandi e dell'attentato al papa, si rinnovano scandali nelle frange estreme della santa casta. Il 20 luglio 1993 è alla ribalta giudiziaria l'ospedale psichiatrico Don Pasquale Uva di Bisceglie, fondato negli anni Venti dall'intestatario monsignor Pasquale Uva con i fondi di papa Benedetto XV e gestito dalla Congregazione delle Suore Ancelle della Divina Provvidenza. Accade che Lorenzo Leone, erede della fondazione di don Uva, ribattezzata Casa della Divina Provvidenza, e come tale segretario del Consiglio generalizio delle Ancelle delle Divina Provvidenza, venga condannato insieme a monsignor Italo Lelli a 7 mesi di reclusione per omissione d'atti di ufficio. In appello ambedue vengono assolti, ma non finiranno qui le disavventure giudiziarie di Lorenzo Leone.

A settembre del 1993 sono indagati a Torino per concorso in corruzione i fratelli Stefano e Pietro Paolo Marenda; Stefano è stato segretario generale dell'UNITALSI, la società del trasporto dei malati ai santuari di Lourdes e Fatima, mentre Pietro Paolo è gentiluomo di Sua Santità e consulente della Prefettura degli affari economici della Santa Sede. Affiora una tangente di 250 milioni di lire emessa dall'impresa edile Gilardi per aggiudicarsi l'appalto di 40 miliardi nella costruzione di una sede dell'istituto torinese Galileo Ferraris; la tangente, incassata da Vito Bonsignore, era passata presso la banca dell'APSA in un conto di Stefano Marenda.

Il cardinale Ugo Poletti, ex vicario di Roma e presidente dell'UNITALSI, come si legge su «La Stampa» del 12 settembre 1993, esclude l'imbroglio «nel modo più categorico», sottolinenando che «l'UNITALSI in quegli anni non è mai stata neppure sfiorata da simili sospetti». L'inchiesta sarà archiviata con il proscioglimento dei fratelli Marenda perché, secondo quanto riporterà «La Stampa» dell'11 marzo 1994, «sul conto bancario depositato presso l'APSA del Vaticano non passarono tangenti, ma soltanto regali del costruttore torinese Gilardi a privati, in relazione ad appalti che interessavano la succursale romana della Gilardi».

Un antipapa tra prelati imbroglioni, martiri, nuovi adepti e scomunicati

A gennaio del 1994 scoppia lo scandalo della maxitangente Enimont, nel quale è coinvolta la Santa Sede perché nelle casse dello IOR sarebbero passati circa 110 miliardi, monetizzati dal giornalista dell'ANSA Luigi Bisignani, per i quali la banca vaticana avrebbe provveduto a effettuare una serie di bonifici bancari presso vari istituti di credito in Italia, Svizzera e Lussemburgo. Nel corso del dibattito il tribunale di Milano invia alla Santa Sede richieste per quantificare l'esatta cifra dei titoli transitati presso lo IOR; il nuovo presidente dell'istituto vaticano, Angelo Caloia, comunica al tribunale che la commissione percepita dalla banca vaticana è stata di «1.923.000 dollari su di un conto di pertinenza dello IOR, lo "IOR Carity Found", presso la Banca di Lugano con sede a Lugano».

Il tribunale, che peraltro non è riuscito a identificare il prelato che avrebbe compiuto l'operazione di monetizzare i 110.000 miliardi di CCT della maxitangente pagata ai politici (probabilmente da identificare in monsignor Donato De Bonis), contesta ad Angelo Caloia la mancanza di dati giustificativi della somma di 14 miliardi che, a detta dello IOR, sarebbero stati ritirati in contanti da Luigi Bisignani. Così nella sentenza viene rilevato che le risultanze «inducono a ritenere probabile che sia stata pagata allo IOR, per l'operazione di negoziazione dei titoli, una provvigione più elevata di quella oggetto dell'accredito documentalmente accertato sul conto "IOR Carity Found", ma non consentono di ritenere accertate le modalità di pagamento dell'eventuale saldo».

Ma perdura nel frattempo la diffamazione nei confronti della Santa Sede, più o meno direttamente. Così il 7 febbraio 1994 viene tratto in arresto l'ingegner Alessandro Sodano, fratello del cardinale Angelo Sodano, segretario di Stato del Vaticano, per tangenti relative all'appalto dell'ospedale di Asti; anche se poi nel 1997 verrà assolto, è chiaro che indirettamente la figura del porporato ne resta oscurata.

A ottobre in Irlanda scoppia lo scandalo Brendan Smith, un sacerdote cattolico nordirlandese accusato di abusi su minori in oltre 40 anni di attività pastorale a Belfast, Dublino e negli Stati Uniti. È uno scandalo di carattere sessuale che serve a sviare temporaneamente da quello finanziario, da anni abbattutosi sulla santa casta. Il sacerdote irlandese, arrestato e processato da una corte britannica a Belfast, è condannato per 17 casi accertati di abusi su minori, ma durante la sua detenzione saranno provate a Dublino le sue responsabilità in ulteriori 74 casi analoghi. Morirà in carcere nel 1997.

Ma tornano di attualità le vicissitudini giudiziarie della finanza vaticana. Il 16 novembre 1994, nell'aula-bunker del carcere romano di Rebibbia il pentito di mafia Vincenzo Calcara fa la sua deposizione in relazione al processo del deputato regionale Enzo Culicchia, imputato di associazione mafiosa; parlando di riciclaggio di denaro "sporco" rievoca la figura di Paul Marcinkus, che avrebbe riciclato 10 miliardi, frutto di rapine e narcotraffico. Gli replica il cardinale Rosalio Castillo Lara, ex dirigente dello IOR, secondo quanto si legge su «la Repubblica» del 17 novembre: «Le accuse non troveranno nessun riscontro perché, conoscendo personalmente l'arcivescovo Marcinkus, sono sicuro che non avrebbe accettato somme sospette di alcun genere e tantomeno da persone sconosciute. L'arcivescovo Marcinkus è negli Stati Uniti da diversi anni. Sono più che sicuro che qualcuno voglia fare di lui un capro espiatorio per coprire chissà quali crimini, denunciati del resto da pentiti sulla cui attendibilità, si sa, occorre essere sempre cauti». Una replica che nella difesa di Marcinkus appare piuttosto fragile e ridicola, senza contare che l'arcivescovo all'epoca è ancora in Vaticano, in qualche modo nascosto, essendo tornato negli Stati Uniti nel 1997.

A giugno del 1994 Roma si ritrova un secondo papa a fronte di Giovanni Paolo II. Un gruppo di religiosi cattolici di dodici paesi qualificatisi come "sedevacantisti" nei confronti della sede pontificia di Roma, ovvero non riconoscendo papa Karol Wojtyla, dopo una serie di assemblee tenute a Washington, si riunisce in una sorta di conclave ad Assisi il 25 giugno 1994 ed elegge papa Victor von Pentz, un sudafricano seminarista della Società San Pio X di Winona, nel Minnesota. È risultato vincitore di ben dieci ballottaggi, e si è sempre rifiutato di accettare, ma all'undicesimo si è piegato al volere dell'assemblea assumendo il nome di Lino II.

Appena eletto ha abolito il *Novus Ordo Missae* stabilito dal Concilio Vaticano II e ha messo su un collegio di cardinali che sia in grado di eleggere un suo successore in caso di morte. Il 29 giugno tutto il gruppo con il neoeletto in testa si trasferisce a Roma, intenzionato ad insediare Lino II nella basilica di San Giovanni in Laterano; ma la polizia impedisce l'ingresso e il gruppo si scioglie. In realtà von Pentz verrà consacrato vescovo nel novembre del 1998 a Londra, dove finisce per stabilirsi. Circolerà la voce che la consacrazione sia stata effettuata da un vescovo italiano in pensione, Arrigo Pintonello, che però smentirà con fermezza, come peraltro farà un portavoce di Lino II. In ogni caso questo antipapa potrà seguitare a contare, ancora nel 2008, su un seguito di fedeli in Inghilterra, Germania e Italia.

Il 1995 è un altro anno negativo per la Guardia Svizzera, che getta discredito sulla santa casta a causa di una decina dei suoi alabardieri. Accade che, per festeggiare lo scudetto della squadra di calcio del loro cantone, bevono alcolici fino ad ubriacarsi e vanno in giro per le strade di Roma rovinando diverse auto parcheggiate in piazza Risorgimento. Finiscono agli arresti nella caserma del Vaticano e sono radiati dall'arma.

Ma un nuovo scandalo di carattere sessuale viene dall'Austria. Un ex seminarista, Joseph Hartman, confessa di essere stato molestato dal cardinale Hans Hermann Groer, arcivescovo di Vienna; il fattaccio risale a un arco di tempo tra il 1972 e il 1976, quando l'accusatore aveva 15 anni e il prelato era il suo padre confessore nell'abbazia di Gottweig. L'arcivescovo si dimette, dopo aver dichiarato la sua non colpevolezza, ed è sostituito nell'aprile del 1995 dal vescovo di Graz Christoph Schönborn; una conferenza episcopale nel marzo 1998 dichiarerà che «le accuse corrispondevano a verità».

Il 10 giugno 1995 è di nuovo alla ribalta giudiziaria Lorenzo Leone, come presidente del manicomio di Bisceglie; è raggiunto da un mandato di cattura, risolto negli arresti domiciliari per una denuncia del sindacalista Francesco Saverio Cervone, impiegato nel manicomio, in base alla quale Leone avrebbe retribuito dieci giardinieri, senza essere stati assunti, e avrebbe peraltro assunto parenti nella clinica. La denuncia raggiunge anche il vescovo Riccardo Ruotolo, amministratore della Casa Sollievo della Sofferenza di San Giovanni Rotondo fondata da padre Pio, per tentata truffa e falso ideologico riguardo alla clinica di Bisceglie. Durante il processo vengono alla luce violazioni alle norme urbanistiche e paesaggistiche per la costruzione di una Casa del Pellegrino, e il pubblico ministero chiede una multa di 40 milioni e 6 mesi di reclusione; ma si possono mai condannare due persone collegate, direttamente o meno, ad una struttura di 100.000 metri cubi di San Giovanni Rotondo, la cui prima pietra è stata benedetta da Giovanni Paolo II? Anche questa volta finiscono tutti assolti.

E il 13 settembre 1995 tocca al sindacalista Cervone, l'accusatore di Lorenzo Leone e del vescovo Ruotolo; viene arrestato mentre distribuisce volantini contro la gestione della Casa della Provvidenza per aver emesso due anni prima un assegno a vuoto di 2 milioni. La denuncia sa chiaramente di vendetta da parte di Leone; Cervone verrà condannato e quindi cacciato dall'istituto.

Nell'ottobre 1995, in occasione delle celebrazioni per il 17° anniversario del pontificato di Giovanni Paolo II, scompaiono dalla sede della Pontificia commissione dei beni culturali nel palazzo della Cancelleria, 14 tele del Cinquecento, tra le quali opere di Sebastiano del Piombo e Bellini; e pensare che il papa aveva nominato nel 1993 una commissione finalizzata alla protezione delle opere d'arte, presieduta dall'arcivescovo Francesco Marchisano!

In questo contesto diffamante per la Chiesa dei primi cinque anni degli anni Novanta la Congregazione per la difesa della fede non si perde d'animo nel condannare altri rappresentanti della santa casta che, a suo dire, non sono in linea con la "morale cattolica". Nel 1991 il sacerdote Eugen Drewermann, teologo dell'università di Paderborn, viene sospeso *a divinis* per aver sostenuto che il legame ecclesiastico impedisce l'autocoscienza dei sacerdoti. Nel 1992 il teologo Matthew Fox, già richiamato nel 1988, è espulso dall'Ordine Domenicano per tesi non in linea con l'insegnamento morale sessuale del Vaticano. E lo stesso anno la Congregazione rifiuta il *nihil obstat* alla docenza per la facoltà di Teologia Cattolica di Strasburgo a padre Philippe Denis, colpevole di critiche all'Opus Dei; sentenza che mette in risalto la *longa manus* della prelatura personale della Santa Sede sulle direttive della congregazione e sul cardinale Ratzinger. E non è forse solo un caso che proprio in quel 1992 il fondatore dell'Opus Dei, José Maria Escrivá de Balaguer, sia beatificato.

Nel 1994 viene bloccata la traduzione inglese del nuovo *Catechismo della Chiesa Cattolica* perché usa un linguaggio ritenuto troppo femminista. E lo stesso anno è lotta aperta al femminismo con l'opposizione alla concessione della cattedra di Liturgia di Bochum, in Germania, alla teologa Teresa Berger, perché ritenuta "femminista", nonché la condanna al macero del libro *Woman at the altar* della teologa inglese Lavinia Byrne, che sostiene il sacerdozio delle donne.

Nel 1995 viene destituito il vescovo di Evreux, Jacques Gaillot, perché è favorevole al contraccettivo in funzione anti AIDS e sostiene che omosessuali e divorziati vanno considerati membri della Chiesa. Nel 1997 il teologo cingalese Tyssa Balasuriya riceve la scomunica *latae sententiae* come sostenitore di teorie non ortodosse su Maria, il peccato originale e l'infallibilità del papa. Lo stesso anno vengono contestati numerosi articoli di don Leonardo Zega, da sedici anni direttore di «Famiglia Cristiana», e viene licenziato. Nel 1998 c'è un altro scrittore vittima dell'epurazione: è il teologo gesuita Jacques Dupuis, docente alla Pontificia Università Gregoriana e direttore di «Gregorianum», sospeso dalle sue funzioni per il libro *Verso una teologia cristiana del pluralismo religioso*, nettamente in contrasto con la dichiarazione *Dominus Jesus*.

Ma ecco improvvisamente tornare il martirio di alcuni esponenti della Chiesa, estreme frange della santa casta, che in qualche modo rievoca i tempi più antichi della santa comunità nel crisma della pura fede. Nell'ottobre del 1994 in Rwanda il sacerdote Justin Furaha e una decina di persone tra sacerdoti, laici e suore appartenenti al Cammino Neocatecumenale sono uccisi in una sorta di genocidio ruandese, in quanto cristiani e appartenenti all'etnia Tutsi. Ed è in occasione della tragica circostanza che il mondo viene a conoscenza del movimento dei Neocatecumenali, fino ad allora portato ad agire in sordina.

Sono stati istituiti nel 1964 dal pittore spagnolo Francisco Argüello, detto Kiko, che avrebbe avuto una visione della Madonna con l'indicazione di «fare comunità come la Sacra Famiglia di Nazaret». Con la cofondatrice Carmen Hernández detta regole severe per i membri: i propri averi devono essere conferiti alla comunità e va praticata la fede cattolica ortodossa, con la riscoperta del Battesimo (il "neocatecumenato") come cammino da percorrere per arrivare a una fede "adulta". Le coppie sposate hanno il dovere di incrementare il numero dei figli e confessare quotidianamente i propri peccati. Partiti dalle baracche di Madrid, i Neocatecumenali sono passati attraverso varie città della Spagna e sono arrivati anche in Italia, a Roma, nelle baracche del Borghetto Latino, stabilendo la loro sede nella parrocchia di Nostra Signora del SS. Sacramento e dei Martiri Canadesi, nel quartiere Nomentano.

La crescita del movimento è notevole, come segnala Sandro Magister su «L'Espresso» del 13 giugno 1996: «In soli nove anni, dal 1987 a oggi, hanno eretto in quattro continenti 28 seminari, il primo a Roma in zona Aurelia, con già più di mille candidati al sacerdozio usciti dalle loro file. Hanno 200 famiglie in missione nelle zone più remote del mondo. In Italia le comunità sono tremila in mille parrocchie di 185 diocesi. Nella sola Roma hanno conquistato una parrocchia su tre. Ma soprattutto hanno dalla loro il papa. La cofondatrice Carmen Hernández ha la possibilità di ricevere udienza da Giovanni Paolo II a qualsiasi ora, anche dopo cena, quando in Vaticano è sacro silenzio. Se l'ora si fa tarda pernotta nel soffittone, la mansarda che sovrasta l'appartamento pontificio». Eppure il riconoscimento ufficiale da parte della Santa Sede arriverà solo il 29 giugno 2002 ad opera del Pontificio Consiglio per i Laici, quando potrà vantare di essere presente in più di 900 diocesi, per un totale di oltre 40.000 comunità in 6.000 parrocchie e con 67 seminari "Redemptoris Mater" sparsi in tutto il mondo.

Si verificano intanto le ultime disavventure del manicomio della Divina Provvidenza di Bisceglie. È accaduto che una donna ha partorito da sola un bimbo prematuro mentre era legata al letto; è scandalo. E la Santa Sede invia il cardinale Eduardo Martínez Somalo per un'ispezione: viene rinnovato il gruppo dirigente con a capo il frate Marco Fabello, amministratore dell'ospedale romano Fatebenefratteli all'Isola Tiberina, e suor Teresina Abruzzese, madre generale dell'ordine. Lo controlleranno fino alla sua chiusura, che avverrà però molto dopo il 31 dicembre 1996, data nella quale tutti i manicomi avrebbero dovuto esser chiusi. E l'illegale slittamento si verificherà oltretutto nei vari manicomi della Divina Provvidenza dislocati a Foggia, Potenza e Guidonia, allo scopo di avviare una graduale sistemazione medica alternativa dei locali, in un autentico sopruso compiuto dalla Santa Sede.

Così dietro l'etichetta ospedaliera "Residenza Don Uva", verranno installate unità Alzheimer, centri di riabilitazione per problemi cardiologici, respiratori, neurologici, ortofrenici, residenze sanitarie assistite per anziani, per disabili, oltre a un centro per malati terminali di cancro. A fronte di una serie di scandali. Nel novembre 2004 un giovane recluso verrà imbavagliato e legato al letto a dorso nudo a un termosifone acceso. Nel 2005 un sessantanovenne morirà per soffocamento causato da un panino. Il 26 maggio 2006 morirà Renato Sciortino, rinchiuso dal 1963, ritrovato sulla spiaggia, alle spalle del manicomio. Augusto Bonucci, nell'agosto del 2006, dopo undici giorni di "assidue ricerche", verrà trovato nella vasca da bagno deceduto per emorragia cerebrale; nell'inchiesta saranno coinvolte 38 persone. Il 13 dicembre 2007 un sessantasettenne morirà per soffocamento e quattro infermieri accusati della sua morte saranno assolti.

Dal bandito dell'Opus Dei ai prelati peccatori nel risanamento delle finanze vaticane

Su tutti i giornali il 10 luglio 1997 appare una notizia squalificante per la Santa Sede, anche se riguarda principalmente l'Opus Dei. La prelatura, alla cui guida dal 1994, morto Alvaro del Portillo, è Javier Echevarría, eletto vescovo nel 1995, ha concesso sepoltura nella basilica di Sant'Apollinare a Enrico De Pedis; si tratta del boss della banda della Magliana capeggiata da Pippo Calò, implicato, tra l'altro, nell'omicidio di Roberto Calvi. Chissà per quali meriti di santità il bandito, ucciso nel 1990 in via del Pellegrino in uno scontro tra bande rivali, è stato sepolto nella basilica? È anche vero che i suoi funerali a San Lorenzo in Lucina sono stati officiati da monsignor Piero Vergari, rettore della basilica di Sant'Apollinare, il che fa supporre un legame del bandito con la Santa Sede. Peraltro confermato dall'interrogazione parlamentare posta dall'onorevole Mario Borghezio sui motivi di quella sacra sepoltura, grazie alla quale si è avuta una comunicazione da parte dell'ufficio stampa del Vicariato che chiarisce che «è stato il cardinale vicario Ugo Poletti a concedere il nulla-osta per la sepoltura», dietro una generosa offerta ai poveri della basilica. Questa tomba sarà tolta di mezzo solo nel 2008, di fronte al rinnovarsi di recriminazioni dell'opinione pubblica per un collegamento di De Pedis con il rapimento di Emanuela Orlandi del 1983.

Durante il 1997 scoppia un altro scandalo, legato alla congregazione dei Legionari di Cristo. La *Congregatio Legionariorum Christi*, volgarmente detta dei Legionari di Cristo, è stata fondata il 3 gennaio 1941 dal sacerdote messicano Marcial Maciel Degollado ed eretta canonicamente in congregazione il 13 giugno 1948, finché è stata elevata al rango di diritto pontificio con il decreto di lode di Paolo VI del 6 febbraio 1965 come congregazione religiosa cattolica di diritto pontificio. Si affianca al movimento ecclesiale *Regnum Christi*, anch'esso fondato da Marcial Maciel Degollado, composto da laici, consacrati e sacerdoti diocesani. I legionari, che sono impegnati nell'attività missionaria, nell'assistenza ai giovani e ai poveri, hanno istituito collegi in diversi paesi europei e dell'America Latina contribuendo a Roma alla fondazione dell'Ateneo Pontificio Regina Apostolorum, del Collegio Maria Mater Ecclesiae e dell'Università Europea. Tutto grazie alle donazioni di fedeli votati ad una «rigenerazione spirituale», principalmente in Spagna dove «Alicia Koplowitz, una delle donne più ricche del mondo», come segnala Franco Mimmi su «L'Espresso» del 27 novembre 1997, ha deciso «di vendere la sua parte dell'azienda familiare (il 28% di "Fomento de Costrucciónes y Contratas", valore 1200 miliardi di lire) e di finanziare alcune iniziative di questo gruppo».

Tutto bene. Ma ecco che spuntano fuori gli abusi sessuali. Innumerevoli, continuati, tra gli anni Quaranta e Sessanta; sono queste le accuse rivolte a padre Marcial Maciel Degollado, fondatore e direttore dei Legionari di Cristo, da otto ex legionari sue vittime d'allora, tra le quali Juan Vaca, ex presidente dei Legionari negli Stati Uniti, e José Barba Martin, oggi professore di Filosofia all'università Itam di Città del Messico. La denuncia arriva alla Congregazione per la Dottrina della Fede, diretta dal cardinale Joseph Ratzinger, il 23 febbraio 1997, dopo una lettera indirizzata nel 1994 a Giovanni Paolo II, che non ha avuto risposta. Vi sono descritti gli approcci e gli artifici impiegati da Marcial Maciel Degollado per convincerli che, masturbandolo, stavano facendo opera buona, «con il permesso speciale di Pio XII», come si legge in un articolo pubblicato su «L'Espresso» del 21 gennaio 1999. Così dal 1998 la Congregazione per la Dottrina della Fede viene investita dell'indagine sulle accuse degli abusi sessuali e di violazione del segreto della confessione rivolte contro il fondatore Marcial Maciel Degollado. Ma l'indagine finirà in una bolla di sapone, come apparirà chiaro in un comunicato della Santa Sede del 19 maggio 2006, in cui si rileverà la decisione della congregazione pontificia «di rinunciare ad un processo canonico e di invitare il Padre ad una vita riservata di preghiera e di penitenza, rinunciando a ogni ministero pubblico», «tenendo conto sia dell'età avanzata del Rev.do Maciel che della sua salute cagionevole».

Nel 1998 le finanze della Santa Sede possono fare un po' il punto della situazione, lasciandosi alle spalle gli incidenti di percorso, puntando su quattro organismi, in parte storici, con funzioni, compiti e strutture diversificate. La Prefettura degli Affari Economici, sotto la presidenza del cardinale Sergio Sebastiani, in deficit fino al 1992, ha risalito la china e nel 1997 è arrivata ad un attivo di 19 miliardi, su ricavi per oltre 366 miliardi. La Fondazione "Centesimus Annus", che si basa su 200 imprenditori cattolici e funziona da fondo d'investimento, ha accumulato nel 1998 circa 7 miliardi, versati interamente al papa: ne è presidente il conte Lorenzo Rossi di Montelera.

Quindi c'è l'APSA. Sotto la presidenza del cardinale Attilio Nicora seguita a gestire gli stipendi degli impiegati del Vaticano, gli immobili della Santa Sede e un complesso di azioni e obbligazioni valutato nel 1998 a più di 500 miliardi. Lo IOR è risorto. Sotto la presidenza di Angelo Caloia, ex presidente del Mediocredito Lombardo, amministra tutte le congregazioni e gli ordini religiosi per un patrimonio di 7 miliardi, con partecipazioni nell'Intesa e nella Banca San Paolo di Brescia. Il settimanale «Milano Finanza» stima nel 1998 questa partecipazione pari a 421 miliardi, con un reddito annuo in crescita del 333%. È l'ultima voce cui dar credito; dopo, per alcuni anni, cala il silenzio sullo IOR, e se ne riparlerà all'alba del terzo millennio

In questo contesto di risanamento finanziario con un rinnovato assetto della situazione bancaria della Santa Sede, si registra un riordino delle strutture edilizie vaticane; così la CEI acquista nel 1998 un terreno sulla via Aurelia, al civico 796, dove istituisce il centro di produzione televisivo nazionale Sat2000; qui sono la redazione, gli uffici di produzione e gli studi televisivi.

Ma nel 1998 è alla ribalta scandalistica un altro prelato; è il cardinale Michele Giordano, arcivescovo metropolita di Napoli e membro della Congregazione per il Clero e del Pontificio Consiglio della Pastorale per gli Operatori Sanitari. Viene coinvolto in una vicenda di usura insieme a una decina di imprenditori pugliesi e campani, tra i quali è il fratello Mario Luciano Giordano. Si tratta di assegni per il valore di 70 milioni firmati dal cardinale e intestati al fratello. Pesa sull'accusa una certa recidività del porporato, sotto inchiesta già nel 1995 per l'utilizzazione di 13 chiese sconsacrate del Napoletano come autorimesse e depositi commerciali, inchiesta peraltro sospesa, anche se la Curia napoletana nel 1997 si è associata a FiatEngineering, Banca di Roma, Banco di Napoli e Crediop, investendo 300 milioni per la realizzazione dell'interporto campano di Nola. In sede processuale, nel 2000, gli assegni del cardinale verranno motivati come "prestito personale" a suo fratello per ristrutturare la casa di famiglia a Sant'Arcangelo, in provincia di Potenza; e così i Giordano saranno assolti con formula piena.

La santa casta registra nel 1998 l'ennesimo antipapa. È il sacerdote cappuccino canadese Lucian Pulvermacher, missionario in Giappone e Australia fino al 1976, entrato nelle file dei "sedevacantisti", che hanno già eletto nel 1994 Lino II. Si è isolato a Springdale, nello stato di Washington, con due fratelli sacerdoti e tre sorelle e ha denunciato al mondo che il cattolicesimo, dopo la morte dell'ultimo vero papa, Pio XII, è in mano alla setta massonica "Novus Ordo", della quale farebbero parte satanisti, rosacroce, ebrei e comunisti. Il 24 ottobre 1998 si è autoeletto papa con il nome di Pio XIII, dando alla sua elezione un carattere millenaristico, basato sulla numerologia, perché è stato eletto esattamente 40 anni dopo la morte di Pio XII e per la ricorrenza del "numero della Bestia" 666 nelle date basilari del pontificato di Paolo VI, considerato posseduto da Satana. E lancerà una serie di encicliche contro i diversi antipapi, considerati anche loro satanisti.

Tutto questo mentre un missionario del Pontificio Istituto Missioni Estere, Luciano Benedetti, è stato rapito nelle Filippine; il sequestro è avvenuto nei pressi di Sebuco, a Zamboanga del Norte, sull'isola di Mindanao, dove operano numerosi movimenti separatisti. È una vittima dell'altruismo cattolico che spinge ancora alcuni rappresentanti della santa casta a sacrificarsi mettendo a rischio la propria vita; sarà liberato il 16 novembre dopo 39 giorni di prigionia. E si può considerare positiva la conclusione di questo sequestro, se si tiene presente che altri due rapiti, padre Tullio Favalli, nel 1985, e padre Salvatore Carzedda, nel 1992, sono stati assassinati.

Ed è alla ribalta anche l'ennesimo scandalo in seno alla Guardia Svizzera, che si ripercuote in qualche modo su tutta la santa casta. Si verifica il 4 maggio 1998. Il colonnello Alois Esterman di 44 anni, nominato quello stesso giorno da Giovanni Paolo II comandante dell'arma, viene trovato ucciso nel suo appartamento insieme alla moglie Gladys Meza Romero, una dottoressa venezuelana, e alla giovane recluta di 23 anni, il vicecaporale Cedric Tornay. Secondo la versione ufficiale delle autorità pontificie si è trattato di un raptus di follia omicida del sottufficiale, che ha assassinato a bruciapelo il colonnello e la moglie, rivolgendo poi l'arma contro se stesso. Infatti sotto il corpo di Tornay è stata trovata la pistola semiautomatica dalla quale sono partiti i proiettili che hanno ucciso i tre. Peraltro il Tornay viene descritto come un giovane fortemente indisciplinato, pieno di rancore, consumatore abituale di droga e malato, secondo quanto è risultato dall'autopsia che ha rivelato la presenza di una cisti cerebrale, capace di alterare il suo comportamento.

Resta il mistero del movente, al di là del raptus. E si può supporre anche una storia passionale tra il giovane e la moglie del colonnello, oppure una storia omosessuale tra l'alabardiere e il colonnello. Si è pensato anche a un rimprovero e una punizione non tollerata dal giovane, ovvero alla gelosia del sottufficiale per la nomina a colonnello di Esterman. Ma si potrebbe far risalire il movente a cause politiche, con riferimento all'intervento di Esterman in Polonia nel 1981 per sovrintendere agli armamenti provenienti dalla Scandinavia che dovevano essere utilizzati da Solidarność. In ogni caso l'inchiesta condotta dalla signora Baudat, madre di Tornay, e dagli avvocati francesi Jacques Vergès e Luc Brossolet ha contestato le conclusioni della magistratura vaticana; e si è avviato un lungo procedimento giudiziario, destinato probabilmente a restare irrisolto.

Nel 1999, alla vigilia dell'Anno Santo, sorge un altro problema relativo ai beni immobili del Vaticano. Riguarda l'uso dell'acqua, per la quale la Santa Sede si allaccia all'ACEA, ma non si è mai sentita in obbligo di pagare le bollette attenendosi all'articolo 6, primo comma, dei Patti Lateranensi nel quale è sancito che «L'Italia provvederà, a mezzo degli accordi occorrenti con gli enti interessati alla Città del Vaticano un'adeguata dotazione d'acqua in proprietà». Il comportamento della Santa Sede è legittimo. E così lo Stato italiano deve pagare un arretrato di 44 miliardi di lire, al quale farà seguito una bolletta di 25 milioni di euro nel 2005; e va da sé che intorno al 2010 dovrà provvedere alla risoluzione di una nuova bolletta, perché il Vaticano seguiterà a non pagare.

Quell'articolo dei Patti Lateranensi può essere chiamato norma "salva ACEA" e fa compagnia alla norma "salva ICI" del 1992, rinnovata con precisione tra il 2004 e il 2005 in riferimento alla sacralità dei luoghi vaticani e allo spirito apostolico che li anima. Ma certamente la Santa Sede non mostra uno spirito apostolico nei confronti dei suoi inquilini; nel 2007 decine di famiglie e di anziani che abitano gli appartamenti di sua proprietà riceveranno ingiunzioni di sfratto per cessata locazione, delegata da Sua Santità papa Benedetto XVI al cardinale Nicora e fatta eseguire dall'avvocato Giulio Favino, legale rappresentante del Vaticano.

Dalle tariffe giubilari al messaggio ecumenico, dal vescovo sposato ai prelati pedofili

Ed è arrivato l'Anno Santo 2000. Preannunciato il 10 novembre 1994, è stato ufficialmente indetto con la lettera apostolica *Tertio Millennio adveniente* del 29 novembre 1998, alla quale sono state allegate le disposizioni per l'acquisto dell'indulgenza plenaria. In quella circostanza, in alternativa alla visita devozionale è stata indicata la possibilità di acquistare l'indulgenza plenaria «mediante iniziative che attuino in modo concreto e generoso lo spirito penitenziale», appositamente ordinate in una sorta di decalogo.

Mentre le prime quattro iniziative riguardano l'astinenza dal fumo e dalle bevande alcoliche, il digiuno e «l'astinenza per un giorno secondo le norme generali della Chiesa» e la decima richiede di «dedicare una congrua parte del proprio tempo libero ad attività che rivestono interesse per la comunità», le altre cinque sono tutte relative alle offerte: «5. Devolvere denaro ai poveri; 6. Devolvere denaro ad opere di assistenza all'infanzia abbandonata; 7. Devolvere denaro ad opere di assistenza della gioventù in difficoltà. 8. Devolvere denaro ad opere di assistenza degli anziani bisognosi. 9. Devolvere denaro ad opere di assistenza degli stranieri bisognosi». È sempre in atto dunque l'indulgenza con relativo versamento di denaro, tanto che arrivano diverse critiche, e allora il cardinale Etchegaray si sente in dovere di chiarire: «Non è un tariffario! Si tratta dell'incontro con Dio misericordioso!».

Ma nonostante le critiche l'Anno Santo resta un'occasione eccezionale per Giovanni Paolo II di richiamarsi a uno spirito ecumenico, desideroso di farsi portavoce di un universale omaggio a Cristo; in concreto si verifica con l'apertura della Porta Santa a San Paolo fuori le Mura il 18 gennaio 2000, quando l'arcivescovo di Canterbury, George Carey, e il metropolita ortodosso Athanasios, dietro suo invito, sospingono con lui i battenti. Non solo; dietro di loro varcano la soglia 50 delegati di 22 Chiese e Commissioni e del Consiglio Ecumenico di Ginevra, a testimoniare la maggior concentrazione di Chiese cristiane mai vista a Roma dopo il Concilio Vaticano II. Così Giovanni Paolo II individua l'evento di maggior rilievo del suo pontificato nell'Anno Santo e nel suo scopo precipuo, che è quello di invocare l'unione dei cristiani: la concelebrazione nella basilica di San Paolo va considerata l'inizio di quel processo di unificazione tanto bramato.

La persona stessa di Giovanni Paolo II viene esaltata, quasi glorificata in uno stato di santità; e nel vivo dell'Anno Santo il cardinale Tarcisio Bertone fa una rivelazione proprio a esaltazione della sua persona. Dichiara che il proiettile dell'attentato al papa nel 1983 è stato deviato miracolosamente dalla Vergine, mettendo così a conoscenza del mondo cristiano quello che sarebbe il terzo segreto di Fatima, dato che l'attentato è avvenuto proprio nel giorno dedicato dalla Chiesa alla Madonna di Fatima. Ma nessuno dà peso al fatto che quella rivelazione potrebbe far riferimento all'attentato subito da Paolo VI nel 1970.

E si svolge anche un simposio sull'Inquisizione che Giovanni Paolo II ha convocato in Vaticano nel 2000. Dagli atti curati dal professor Agostino Borromeo, che saranno presentati al pubblico il 15 giugno 2004, risulta che tra il 1540 e il 1700 si sono svolti oltre 44.000 processi, ma che solo l'1,8% si è concluso con il rogo e un altro 1,7% con la morte in effigie. In particolare però, su 100.000 processi di stregoneria, la metà si è conclusa con la sentenza capitale, ovvero finirono bruciate 50.000 sventurate.

Ma di streghe si parla ancora proprio contemporaneamente a quel simposio. La notte tra il 6 e il 7 giugno 2007 tre ragazze minorenni di Chiavenna uccidono a coltellate suor Maria Laura Mainetti «in nome di Satana» e «in odio alla fede». Su di loro non mette le mani l'ex Sant'Uffizio, ma la giustizia dello Stato, con una sentenza ridicola: condannate al carcere, nel giro di 7 anni tornano in libertà. La morte di suor Maria Laura sarà riconosciuta come «causa di martirio» da parte della Congregazione delle Cause dei Santi con un decreto dell'11 gennaio 2008; la vittima delle tre streghe sarà beatificata.

Nel contesto dei saltuari ritorni di voci sul rapimento di Emanuela Orlandi è importante la rivelazione dell'ex giudice Ferdinando Imposimato, autore del libro *Vaticano-Un affare di Stato*, pubblicato nel 2002: «Secondo le informazioni che sono riuscito ad avere, fino al 1997-98 la Orlandi era probabilmente ancora viva. Me lo hanno detto diversi esponenti dei Lupi Grigi. Che l'obiettivo del sequestro fosse il papa è dimostrato dal fatto che i rapitori non vollero parlare con i suoi familiari, che pure offrirono ben due miliardi per la liberazione, ma direttamente con il segretario di Stato vaticano». E così pure l'affermazione del criminologo Francesco Bruno, che ha scritto la prefazione al libro: «Emanuela Orlandi potrebbe essere stata rapita con l'ausilio della banda della Magliana. La ragazza in seguito è stata uccisa e sono stati uccisi anche i suoi killer».

Si tornerà a parlare di Emanuela Orlandi attraverso un appello rivolto nel 2003 «alla magistratura di fare il proprio dovere, e a papa Wojtyla, che ha avuto il coraggio, a Banja Luka», durante il viaggio apostolico in Serbia Erzegovina a giugno, «dell'ammissione di gravi colpe collettive, di ordinare alla segreteria di Stato vaticana l'ammissione della verità senza ulteriori indugi». L'appello, che porta la firma di diverse personalità, tra le quali Antonio Di Pietro, Gianni Vattimo, Dario Fo e Franca Rame, non avrà seguito. Quella di Emanuela Orlandi è ormai una storia verso la quale la Santa Sede sembra non avere interesse.

E poi nel vivo dell'Anno Santo ci sono i giovani che arrivano da tutto il mondo per la XV Giornata Mondiale della Gioventù sul tema «Il Verbo si fece carne e venne ad abitare in mezzo a noi», che fa riferimento alla persona del papa come vicario di Cristo in terra, verso il quale tutti i cristiani devono sentirsi rivolti.

Ma a esaltare l'Anno Santo su un piano finanziario ci pensa lo Stato italiano e in maniera duratura per la Chiesa. Il governo D'Alema con la legge 62, promossa dal ministro della Pubblica Istruzione Giovanni Berlinguer, sancisce l'entrata a pieno titolo nel sistema di istruzione nazionale delle scuole private, che pertanto devono essere considerate "alla pari" anche sul piano economico. La legge, che prevede l'applicazione del trattamento fiscale riservato agli enti "senza fine di lucro", istituisce buoni scuola per uno stanziamento di 300 miliardi di lire a decorrere dal 2001; l'aumento di 60 miliardi di lire dello stanziamento per i contributi al mantenimento delle scuole elementari parificate; l'aumento di 280 miliardi di lire dello stanziamento per le spese di partecipazione alla realizzazione del sistema prescolastico integrato; lo stanziamento di un fondo di 7 miliardi di lire per gli alunni disabili. Ovviamente le cifre in lire andranno rapportate all'euro. E si tenga presente, per apprezzare ancor più il regalo fatto alla Santa Sede, che la legge nasce ed entra in funzione aggirando l'articolo 33 della Costituzione che sancisce che le scuole private possono esistere senza oneri per lo Stato.

Ma il 5 settembre del 2000 crolla tutto il messaggio ecumenico. Il cardinale Joseph Ratzinger, presidente della Congregazione per la Dottrina della Fede, legge in piazza San Pietro la dichiarazione *Dominus Jesus*, approvata da Giovanni Paolo II, nella quale si afferma che la sola Chiesa di Roma è titolare della «pienezza della grazia della verità» e che «gli altri cristiani si trovano in posizione deficitaria per raggiungere la grazia eterna». È una dichiarazione che lascia poco spazio a una riunione delle chiese cristiane, non essendo aperta a un dialogo di chiarimento tra le stesse al di fuori dell'indice di supremazia che in ogni caso viene assegnato al cattolicesimo.

Il 26 novembre viene emanata la nuova Legge fondamentale della Città del Vaticano, che rinnova in pratica la struttura legislativa dello Stato a 71 anni dalla prima legge emanata da Pio XI nel 1929. Nasce in veste di *motu proprio*, a sottolineare quanto sia dal papa particolarmente sentita l'esigenza del rinnovamento legislativo. La legge, che entrerà in vigore il 22 febbraio 2001, festa della Cattedra di san Pietro apostolo, tra l'altro cancella definitivamente nel codice della Santa Sede la pena di morte, e questo è effettivamente un modo apostolico di esaltare l'Anno Santo. La pena capitale era stata in realtà già accantonata da Paolo VI ma, non essendo subentrata una nuova Legge fondamentale a quella del 1929 che la contemplava all'articolo 4, in realtà era legislativamente ancora possibile applicarla.

Nel 2001 è alla ribalta, sul fronte della ribellione alla Santa Sede, Emmanuel Milingo, vescovo di Lusaka, ex esorcista della Santa Sede, divenuto seguace del reverendo Sun Myung Moon, fondatore della Chiesa dell'Unificazione. Lancia critiche alla Chiesa di Roma per il celibato ecclesiastico e denuncia: «Relazioni clandestine e matrimoni, figli illegittimi, omosessualità e sesso illecito infestano il sacerdozio, tanto che la Commissione ONU per i diritti umani ha in atto una indagine sulla Chiesa di Roma per abusi sessuali».

Il vescovo Milingo scalpitava già dal 1994, quando aveva cominciato a fare apparizioni in televisione, presiedendo le messe di sanazione e partecipando al Festival di Sanremo insieme a Piero Chiambretti con la canzone *Kavundu vundu*, sui guerrieri morti che risorgono per insegnare ai giovani la danza. Finché nel 1998 aveva diretto con il cartoonist Mario Verger un film d'animazione autobiografico, *Milingo the Spirit of Africa*.

Sono precedenti che danno da pensare. Accade poi che il 27 maggio del 2001 Milingo, all'età di 71 anni, convoli a nozze a New York con la coreana Maria Sung in un matrimonio collettivo officiato dal reverendo Moon, che peraltro ha scelto personalmente la sposa per il vescovo. L'esorcista cattolico, padre Gabriele Amorth, già collega di Milingo, dichiara che il vescovo ha subito «un lavaggio del cervello dalla setta di Moon». Ma il 7 agosto di quello stesso anno, a poco più di due mesi dal matrimonio, Milingo ha un colloquio con Giovanni Paolo II, mediatore il cardinale Tarcisio Bertone, in veste di segretario della Congregazione per la Dottrina della Fede, e torna in seno alla Chiesa di Roma, lasciando la moglie, anche se il matrimonio non è ritenuto valido dalla Santa Sede. Subentrerà uno stato di silenzio e si dirà che è «in meditazione e preghiera». Si rifarà vivo a sorpresa il 12 luglio 2006 a Washington in una conferenza stampa, dichiarando di essere tornato dalla moglie Maria Sung. Il 24 settembre dello stesso anno Milingo ordinerà vescovi quattro sacerdoti sposati e appartenenti a un'associazione da lui stesso fondata, la Married Priests Now; lo comunicherà don Giuseppe Serrone, che è peraltro fondatore dell'Associazione dei sacerdoti sposati. Milingo viene sospeso *a divinis* e il suo nome è cancellato dall'*Annuario Pontificio* del 2007.

Ma un altro vescovo finisce nelle cronache a settembre del 2001, per motivi giudiziari e, indirettamente, per un caso di pedofilia. Monsignor Pierre Pican, vescovo di Bayeux, in Normandia, viene condannato dal tribunale di Caen a 3 mesi di carcere con la condizionale. Il motivo è la «mancata denuncia di crimini sessuali su minori di quindici anni operati da un sacerdote della sua diocesi e non denunciati dal vescovo». Il sacerdote in questione, tale padre René Bissey, peraltro è già in carcere, essendo stato condannato nel 1998 a 18 anni di reclusione per le sue attività pedofile all'interno della parrocchia. Durante il processo il vescovo si è trincerato nel presunto segreto professionale e non si è minimamente scusato per non aver mai ripreso il sacerdote; una condanna simbolica comunque il vescovo la sconterà, versando un franco di danni a ognuna delle quattro persone che si sono costituite a suo tempo parte civile nei confronti del prete pedofilo.

Si dà il caso che episodi di pedofilia da parte di monsignori e sacerdoti siano all'ordine del giorno un po' ovunque e specialmente negli Stati Uniti; e le notizie che appaiono su tutti i giornali tra marzo e aprile del 2002 non vengono smentite. È scandalo. Che sfiora innazitutto il cardinale di New York, Edward Egan, che fino al 2000 ha retto la diocesi di Bridgeport, nel Connecticut. Sul «The Hartford Courant» vengono denunciati, con tanto di documenti, casi di abusi sessuali compiuti da sacerdoti pedofili di quella diocesi, che il cardinale non ha neanche provveduto a spostare dalla parrocchia in cui operavano, ma ha semplicemente assegnato ad altro incarico, lontano da bambini. Tanto che il suo successore si è dovuto accordare con le famiglie delle vittime per un risarcimento in milioni di dollari.

Un altro scandalo scoppia nella diocesi di Boston con il cardinale Bernard Law, accusato dal «Boston Globe» di aver spostato per anni da una parrocchia all'altra due sacerdoti pedofili, John Geoghan e Paul Shanley, per evitare che finissero denunciati e processati; il che invece è avvenuto, con la condanna al carcere per abusi sessuali perpetrati ripetutamente su minori. Sul «New York Times» c'è una *summa* relativa alle ultime due settimane di marzo: almeno 55 sacerdoti in 17 diverse diocesi sono stati rimossi, sospesi o licenziati, tra i quali 6 a Filadelfia, 7 nel New Hampshire, 2 a Saint Louis, 2 nel Maine, uno in Nord Dakota e 12 a Los Angeles. In particolare si segnalano il reverendo Michael Hands di Long Island, riconosciuto colpevole di aver avuto rapporti sessuali con un tredicenne nel 1999 e nel 2000, e Anthony J. O'Connell, vescovo di Palm Beach, in Florida, denunciato per aver molestato un seminarista nel Missouri negli anni Settanta, che si è dimesso e per il quale la diocesi ha pagato un risarcimento di 125.000 dollari. E ancora il «New York Post» ha pubblicato la fotografia di un sacerdote di colore, Henry Mills, allontanato dalla Chiesa di New York nel 1997 per accusa di stupro su un diciasettenne e che invece celebra tranquillamente messa nella chiesa di Saint Elisabeth in Washington Heights e insegna nella scuola parrocchiale.

E la Santa Sede che fa? Provvede in tempo record. Il 23 aprile del 2002 in Vaticano si svolge un summit tra il papa e alcuni porporati americani. Vi partecipano i cardinali Eduardo Martínez Somalo, della Congregazione dei Religiosi, Jorge Arturo Medina Estevez, del Culto Divino, e Zenon Grocholewski, dell'Educazione Cattolica, oltre a uno specialista del codice canonico, monsignor Julian Herranz. Si tratta di decidere le sorti del cardinale Bernard Francis Law, arcivescovo di Boston, che sembra il prelato maggiormente preso di mira dalla stampa americana. Il summit decide per il suo allontanamento da Boston, cosa che si verifica il 13 dicembre con le dimissioni del porporato. Peraltro Bernard Francis Law finirà per essere premiato: pur sempre cardinale, si vede assegnato il titolo di arciprete della basilica di Santa Maria Maggiore: viene a risiedere nel Palazzo Apostolico della basilica papale, godendo del regime di extraterritorialità, che lo mette in salvo da qualsiasi eventuale procedimento giudiziario dovesse raggiungerlo da parte della giustizia italiana o di altro paese. Inoltre è nominato membro del Pontificio Consiglio per la Famiglia e di ben 6 congregazioni.

Infamia ed eresie nella santa casta e gli investimenti dei Focolarini

All'alba del nuovo millennio è ancora infamia sulla santa casta. Il cardinale Michele Giordano viene chiamato nuovamente in causa dalla procura di Napoli nel 2002 e rinviato a giudizio, ipotizzando i reati di concorso in frode fiscale e falso in bilancio. L'accusa è relativa all'acquisto di tre capannoni nel comune di Casoria, vicino Napoli, compiuto utilizzando i fondi della Curia dell'arcidiocesi napoletana, sulla base di un atto notarile indicante come prezzo di compravendita un valore catastale inferiore di circa un miliardo a quello commerciale, realmente pagato dall'arcidiocesi. Secondo l'accusa la differenza sarebbe stata sottratta al fisco e intascata dai consiglieri di amministrazione della società Sirio, venditrice degli immobili, accusati pertanto di frode fiscale e falso in bilancio, in ragione di 600 milioni. Il 21 maggio il cardinale è condannato a 4 mesi di carcere, con sospensione della pena, e 7000 euro di ammenda per abuso edilizio. Il 28 aprile 2005 verrà però assolto, anche se l'infamia in sostanza resta. Così che il cardinale presenterà le dimissioni dal governo dell'arcidiocesi, dimissioni che verranno accettate da Benedetto XVI, anche se appare un po' ironico che contemporaneamente sia nominato "amministratore" apostolico, finché nel 2006 verrà nominato arcivescovo "emerito" di Napoli.

Invece la condanna della Congregazione per la Dottrina della Fede si abbatte su altri ecclesiastici per motivi dottrinali già dal 2001 e prosegue fino al 2005, sotto la prefettura del cardinale Joseph Ratzinger. Nel 2001 il missionario del Sacro Cuore e scrittore australiano Paul Collins finisce sotto inchiesta per il libro pubblicato nel 1997, *Papal power*, che mette in dubbio l'infallibilità del papa; il missionario rifiuta di sottomettersi alla congregazione e lascia l'ordine religioso. Nel 2002 padre Joseph Imbach è costretto a lasciare l'insegnamento alla Pontificia Università Teologica di Roma perché nel suo libro *Miracolo* si mostra scettico sull'esistenza dei miracoli e critico verso i metodi della congregazione. Nel 2003 don Franco Barbero, favorevole al matrimonio dei sacerdoti e alle unioni gay, viene ridotto allo stato laicale; stessa fine fa padre Bernard Kroll che, durante un primo Kirchentag ecumenico della storia, celebra la messa insieme a pastori protestanti e comunica alcuni luterani.

Nel 2004 sarà colpito un altro sacerdote; viene rimosso e destituito don Aitor Urresti della diocesi di Deusta-Sant'Ignacio a Bilbao per la sua vicinanza al movimento "We are Church" aperto all'omosessualità. E nel 2005 verrà sospeso *a divinis* don Vitaliano Della Sala, parroco *no global*, che peraltro già nel 2002 è stato rimosso dall'incarico nella parrocchia di Sant'Angelo a Scala, presso Avellino. Singolare il caso del vescovo paraguaiano Fernando Lugo; il 20 gennaio 2007 verrà sospeso *a divinis* per essersi candidato alla presidenza della Repubblica del Paraguay. Sarà eletto presidente il 21 aprile 2008 e il giorno dopo chiederà perdono alla Chiesa per il «dolore» provocato con la sua disobbedienza: «Se il mio atteggiamento e la mia disobbedienza alle leggi canoniche hanno provocato dolore, chiedo sinceramente perdono ai membri della Chiesa e, in particolare, a Benedetto XVI». In pratica Lugo aveva chiesto la «rinuncia al ministero ecclesiale per tornare alla condizione di laico nella Chiesa» nelle sue funzioni politiche. Gli è stato risposto dal cardinale Giovanni Battista Re che «l'episcopato è un servizio accettato liberamente per sempre».

A fronte di questi "eretici" ecclesiastici la Santa Sede si premunisce, cercando di assorbire nelle sue frange i Neocatecumenali, approvandone il 29 giugno lo statuto, sia pure con riserva. È negativo il modo di celebrare la messa da parte del movimento; si svolge solo il sabato pomeriggio in piccoli gruppi, separati, e la comunione si svolge in forma di convito, attorno a una grande mensa quadrata, stando seduti. Inoltre, in aggiunta all'omelia, danno largo spazio ai commenti spontanei dei presenti e l'abbraccio di pace si ha all'offertorio e non prima della comunione. Dovranno correggersi.

Il 16 giugno è proclamato santo il beato Pio da Pietrelcina e risplende sempre più l'anima di Josemaria Escrivá de Balaguer, che viene canonizzato il 6 ottobre 2002; beatificato il 17 maggio 1992, aveva avuto già la dedica di una chiesa a Roma nel quartiere Ardeatino, costruita con i soldi dell'opera, subito parrocchia e gestita dai sacerdoti dell'opera, che finisce per qualificarsi come San Josemaria Escrivá. È peraltro significativo che l'Opus Dei ripristini l'*Index librorum prohibitorum*, abolito da Paolo VI nel 1966, in un personalissimo elenco che nel 2003 radunerà ben 60.541 volumi, molti dei quali risalgono all'indice elaborato dal Concilio di Trento nel 1559. In ogni caso la lettura di questi libri è proibita ai soci numerari, se non dietro concessione di un permesso.

Ma arriva quello che è un segno indelebile dell'unione del vescovo di Roma con la sua città, al di là della funzione religiosa. Il 31 ottobre 2002 il sindaco di Roma, Walter Veltroni, conferisce la cittadinanza onoraria a Karol Wojtyla; l'evento sottolinea il profondo rapporto del vertice della santa casta con la capitale d'Italia, attraverso le 738 visite apostoliche compiute, 29 negli ospedali e 301 nelle parrocchie, nonché quelle nelle carceri e alle mense dei poveri. E arriva indirettamente una conferma alla sua nomina a *civis romanus* il 14 novembre, quando Giovanni Paolo II si reca in visita al Parlamento italiano nel palazzo di Montecitorio; è la prima volta per un papa, e che il suo discorso di 47 minuti sia salutato da 22 di applausi evidenzia il coinvolgimento di Wojtyla nella vita di Roma e dell'Italia.

Ma è sempre rivolta al mondo la voce di questo papa, che non si stanca di esortare alla pace. È accorata la condanna della guerra portata contro l'Iraq nel marzo 2003; ha cercato di convincere Stati Uniti e Gran Bretagna, ma la sua voce non è stata ascoltata dalle due nazioni. I suoi appelli non hanno frenato la guerra, ma hanno comunque raccolto intorno al papa molte popolazioni, anche non cattoliche, che hanno visto in lui un difensore della pace al di là di ogni religione e regime politico. Tanto che Wojtyla ha ancora la forza di viaggiare, raggiungendo il numero di 102 viaggi, compiuti in circa 600 giorni per un milione e mezzo di chilometri percorsi. E seguita a documentare il suo pontificato nei significati liturgici e apostolici; il 17 aprile 2003 diffonde la quattordicesima enciclica, che sarà l'ultima, *Ecclesia de Eucharistia*, relativa alla Comunione, e il 28 giugno 2003 pubblica l'esortazione *Ecclesia in Europa*. E compie il suo ultimo viaggio in Slovacchia, Bosnia, Erzegovina e Croazia. Il 7 ottobre è a Pompei, che è un ennesimo omaggio alla Vergine Maria, e il 19 ottobre beatifica sul sagrato della basilica di San Pietro, davanti a 300.000 persone, Madre Teresa di Calcutta definendola «icona della carità».

Più o meno contemporaneamente alla beatificazione della suora albanese, la santa casta registra una nuova vittima sacrificale sul fronte dello spirito missonario che anima le sue estreme frange. È Annalena Tonelli, una laica di 60 anni, che aveva fondato a Forlì il "Comitato per la lotta contro la fame nel mondo" e si era votata allo spirito missionario dal 1970 assistendo e curando poveri e handicappati in Kenia, Etiopia e infine in Somalia. Il 5 ottobre 2003 rimane vittima di un gruppo di somali jihadisti legati ad al-Qaeda e la sua morte rappresenta un monito per la Santa Sede a un dialogo con la religione islamica. Un monito che però non verrà tenuto presente dal papa e sarà fonte di altri martiri.

Ma a fronte di beati e martiri nella santa casta c'è la frangia che s'industrializza; è quanto capita nel 2004 ai Focolarini in quel di Loppiano. Nel paese della cooperativa dell'Opera di Maria nasce una fattoria come Società Agricola Cooperativa, definita "Prodotto di economia di comunione", alla quale aderiscono più di 4000 soci. Così Loppiano diventa un cantiere aperto allo sfruttamento dell'immagine religiosa per fini economici. L'immagine religiosa che lo ha fatto nascere è completamente travisata. La produzione principale è rappresentata da vino e olio, ma ci sono numerosi laboratori ad ampio spettro che danno una precisa immagine del carattere commerciale assunto dalla cittadina nata con finalità religiose. Così i laboratori "Fantasy" realizzano prodotti per l'infanzia, dal corredo all'arredo delle camerette; "Gigli di Campo" è un atelier di moda femminile con tanto di indossatrici pronte a sfilare; il "Centro Ave" è una scuola di pittura, design e scultura. È una vera e propria commercializzazione delle finalità religiose che sono alle origini del movimento dei Focolarini e resta difficile pensare che tutto il ricavato di questa produzione sia finalizzato ad opere di carità e iniziative mistiche.

Le finanze della Santa Sede all'alba del terzo millennio

Il 15 ottobre 2003 due pubblici ministeri – Luca Tescaroli e Maria Monteleone – chiedono il rinvio a giudizio di quattro persone, con l'accusa dell'omicidio di Roberto Calvi: Giuseppe Calò, Ernesto Diotallevi, Flavio Carboni e Manuele Kleinszig. Secondo l'accusa Calvi è stato ucciso «per impedirgli di esercitare il potere ricattatorio nei confronti dei referenti politico-istituzionali, della massoneria e dello IOR, con i quali aveva gestito investimenti e finanziamenti di cospicue somme di denaro, anche provenienti da Cosa Nostra».

Ma ormai questa storia giudiziaria non ha più peso sulle finanze della Santa Sede, che sono definitivamente riorganizzate nelle proprie strutture in qualche modo rinnovate e che quindi possiamo ora ben definire nel loro nuovo assetto. A cominciare dalla Prefettura degli Affari Economici, che è una sorta di ministero del Bilancio e Corte dei conti, vigilando sulle amministrazioni che dipendono dalla Santa Sede. In particolare esamina le relazioni circa lo stato patrimoniale ed economico, nonché i bilanci consultivi e preventivi delle amministrazioni; redige il preventivo e il bilancio consolidato della Santa Sede; esercita la vigilanza sulle iniziative economiche delle amministrazioni, esprimemdo il parere sui progetti di maggiore importanza; indaga su eventuali danni apportati al patrimonio della Santa Sede.

E viene riordinata l'APSA, sotto la presidenza del cardinale Attilio Nicora, riconosciuta dal Fondo Monetario Internazionale come istituto finanziario. Questo ufficio, che amministra i beni di proprietà della Santa Sede, destinati a fornire i fondi necessari all'adempimento delle funzioni della Curia romana, si articola in due sezioni. La Sezione Ordinaria cura la gestione del personale attivo della Santa Sede; sovrintende alle direzioni amministrative; provvede a quanto necessario per l'attività dei dicasteri; cura gli aspetti tecnici, la manutenzione e lo sviluppo dell'infrastruttura telematica per la presenza della Santa Sede nella rete Internet; cura la contabilità e redige il bilancio preventivo e consuntivo.

La Sezione Straordinaria amministra i beni mobili propri e quelli ad essa affidati da altri enti della Santa Sede per un complesso di azioni e obbligazioni arrivato nel 2001 a più di 700 miliardi. E dal 2001 l'Unione Europea autorizza l'APSA a emettere 670.000 euro l'anno, con la possibilità di emetterne altri 201.000 in occasione di concili ecumenici, Anni Santi o Sede vacante.

Lo IOR ha mantenuto il suo assetto bancario. E una curiosità è costituita prima di tutto dalla definizione che ne dà l'*Annuario Pontificio*; lo classifica ambiguamente tra gli "Istituti Ecclesiastici di Educazione e di Istruzione", ovvero un istituto che provvede «alla custodia e all'amministrazione dei beni mobili e immobili trasferiti o affidati all'istituto medesimo da persone fisiche o giuridiche e destinati ad opere di religione o di carità». Là dove per persone giuridiche si intendono i capitoli e le congregazioni religiose, le parrocchie, le chiese, le fondazioni della Santa Sede, nonché il clero di ogni ordine e grado, e i laici al servizio della Santa Sede come dirigenti o impiegati. Al di là dell'ambiguità, l'istituto ha mantenuto la struttura di una vera e propria banca, le cui regole nel rapporto con le persone fisiche o giuridiche risalgono al Codice di Diritto Canonico.

Pertanto l'istituto, pur utilizzando strumenti bancari per le relative intermediazioni finanziarie e i servizi finanziari, andrebbe considerato un'organizzazione "senza fine di lucro", anche se risulta difficile crederlo per le disavventure giudiziarie nelle quali è stato coinvolto. Oltretutto il bilancio redatto annualmente si attiene agli *International Accounting Standars* (IAS), ovvero i principi contabili di amministrazione internazionale. È un fatto che una società svizzera di revisione, la *Revisuisse Price Waterhouse of Geneva*, controlla l'amministrazione dell'istituto dal 1997 con l'assegnazione annuale di un certificato che documenta come i bilanci finanziari presentino in maniera chiara la posizione dello IOR nel rispetto delle regole internazionali. Resta attestato che l'istituto segue le regole dettate dall'*International Accounting Standards of Admnistration* con un personale professionalmente addestrato.

In questa banca ovviamente vengono effettuati tutti i servizi bancari relativamente a operazioni di sportello e pagamento con trasferimenti bancari in tutto il mondo; tutto con denaro contante, assegni, traveller's cheque e titoli. Sono possibili anche la compravendita di monete e metalli preziosi, il servizio di cassette di sicurezza e custodia plichi, nonché di carte di credito. Le spese addebitate al cliente sono: 0,30 % annuo su gestioni obbligazionarie e 1,00% annuo su gestioni azionarie.

La sede è sempre nella Città del Vaticano, in via di Sant'Andrea; seguitano a non esistere filiali. Una sorta di succursale è però costituita dalla Missione *sui iuris* nella Grand Cayman delle Isole Cayman: è in Walkers Road 597, centro finanziario *off shore*. Qui è il deposito finale di tutte le finanze della Santa Sede; le Isole Cayman costituiscono il paradiso fiscale del Vaticano, spiritualmente sotto la giurisdizione del cardinale Adam Joseph Maida. Infatti sono state tolte alla diocesi giamaicana di Kingston e definite *Missio sui iuris*, facendo capo direttamente alla Santa Sede, ovvero sotto la giurisdizione del cardinale Adam Joseph Maida, arcivescovo di Detroit, con la nomina di Superiore, che è uno dei membri del collegio di vigilanza dello IOR.

In pratica questa *Missio sui iuris* ha ben poco di una terra di missione; si tenga presente che, secondo i dati dell'*Annuario Pontificio 2008*, vi risiede un solo sacerdote e un solo diacono, oltre a tre membri dei tre istituti religiosi esistenti sulle isole. E per 5541 cattolici (su 52.465 abitanti) non esiste una chiesa parrocchiale, ma solo i luoghi di culto dei tre istituti.

A margine di questo "paradiso fiscale" delle risorse dello IOR, si ignora quale valore si possa dare alla nota diffusa dal dipartimento del Tesoro degli Stati Uniti che, a tutto il 2002, il Vaticano possiede 289 milioni di dollari in titoli USA; e ancora sarebbe tutta da verificare la dichiarazione dell'*advisor* inglese Guthrie Group sull'esistenza di una *joint venture* tra lo IOR e partner americani per un valore di 273,6 milioni di euro. Solo illazioni?

Altresì da verificare è la dichiarazione che il 10 luglio 2007 renderà in carcere Giampiero Fiorani ai magistrati, dichiarazione che va misurata per quel che vale il suo delatore: «Alla BSI svizzera ci sono tre conti della Santa Sede che saranno, non esagero, due o tre miliardi di euro». E ancora la voce che l'APSA, a causa delle fluttuazioni del dollaro, abbia recentemente perso diversi milioni di euro sulla divisa americana. E questo nonostante tra i consulenti dell'APSA ci siano nomi prestigiosi della finanza internazionale come il banchiere statunitense Robert McCann, il francese Antoine Chappuis e l'italiano Carlo Girardi, già amministratore delegato della Benetton. Oltre a Paolo Mennini, che rievoca una famiglia impegnata nelle sventure delle finanze vaticane. E allora può esser vera l'altra voce che oggi lo IOR amministri un patrimonio di circa 5 miliardi di euro; voce anche questa da verificare, ma non verificabile.

Non sono da verificare invece le consistenti modifiche apportate dal governo Berlusconi nel 2005 alla Legge 62 relativa ai contributi alle scuole secondarie legalmente riconosciute e pareggiate, nelle quali rientrano quelle della Santa Sede, con il Decreto ministeriale 27 dell'11 febbraio con il ministro della Pubblica Istruzione Letizia Moratti. Nel decreto non si parla più di «concessioni di contributi», ma di vera e propria «partecipazione alle spese delle scuole secondarie paritarie». Innazitutto è abbassata la soglia di alunni per classe (da 10 a 8) relativamente all'accesso ai contributi; vengono innalzati i livelli massimi dei contributi, ovvero 12.000 euro per una scuola media e 18.000 per una scuola superiore; e sono più che raddoppiati i finanziamenti per i progetti formativi, ovvero dai 6 milioni di euro a oltre 13 milioni. Così l'ammontare dei contributi alle scuole non statali è di 527,5 milioni di euro, che peraltro sarà incrementato nel 2006 di 4,8 milioni di euro, mentre per i buoni-scuola è previsto un tetto di 50 milioni di euro.

Non sono da verificare neanche le donazioni che da sempre arrivano direttamente al papa. A cominciare dall'Obolo di San Pietro, che è sempre sulla cresta dell'onda; l'ufficio che se ne occupa è direttamente collegato alla Segreteria di Stato, addetto esclusivamente alla registrazione delle offerte provenienti da tutto il mondo all'insegna dell'antichissima istituzione dell'Obolo di San Pietro. Le offerte comprendono prima di tutto la colletta effettuata nelle Chiese particolari soprattutto in occasione della solennità dei santi Pietro e Paolo, ma anche i contributi provenienti da Istituti di Vita Consacrata, Società di Vita Apostolica e Fondazioni, come pure donazioni di singoli fedeli. Le offerte dei fedeli sono destinate ad assistere il papa nella sua missione apostolica e caritativa, relativamente alle opere ecclesiali, alle iniziative umanitarie e di promozione sociale, come anche al sostentamento delle attività della Santa Sede. L'ufficio ha un conto corrente presso l'Unicredit Banca d'Impresa, ma i versamenti possono pervenire anche direttamente all'ufficio tramite conto corrente postale, carta di credito e *on line*.

Altra risorsa documentata viene dalla Fondazione Centesimus Annus-

Pro Pontifice. La fondazione, che si basa su 200 imprenditori cattolici e funziona da fondo d'investimento, promuove «la conoscenza della dottrina sociale cristiana e l'informazione circa l'attività della Santa Sede», «favorisce iniziative per sviluppare la presenza e l'opera della Chiesa cattolica nei vari ambiti della società» e promuove «la raccolta di fondi per il sostegno dell'attività della Sede Apostolica». E a qualificare la fondazione va tenuto presente che la presiede un economista di prestigio come Lorenzo Rossi di Montelera, in veste di presidente e rappresentante legale.

È inoltre da considerare la donazione dei Cavalieri di Colombo al papa che il 25 ottobre 2003, per il venticinquesimo anniversario del pontificato di Giovanni Paolo II, è consistita in un assegno di 2,5 milioni di dollari, quale rendita del *Vicarius Christi Found*. Con tale offerta il totale delle donazioni dell'ordine al papa è arrivato a 35 milioni di dollari. Eppure è poca cosa rispetto ai 47 miliardi del fondo assicurativo sulla vita gestito dai Cavalieri di Colombo, al quale Standard & Poor's assegna il *rating* più elevato. L'ordine investe regolarmente nei *corporate bond* emessi da oltre 740 società statunitensi e canadesi e così, soltanto nel 2002, tra polizze vita e servizi di assistenza domiciliare per i suoi iscritti, ha incassato 4,5 miliardi di dollari. Una parte, per 28,5 milioni di dollari, è andata a diocesi, ordini religiosi, seminari, scuole cattoliche e alla Città del Vaticano. Ed è ovvio che, a fronte di queste sostanziose prebende, il cavaliere supremo dell'ordine, Virgil Dechant, sia uno dei nove consiglieri dello Stato della Città del Vaticano e anche vicepresidente dello IOR. I Cavalieri di Colombo hanno peraltro raggiunto circa 1,6 milioni di aderenti in più di 12.000 *councils* tra Stati Uniti, Canada, Messico, Filippine, Repubblica Dominicana, Puerto Rico, Panama, Bahamas, Isole Vergini, Guatemala, Guam e Saipan.

Un altro mondo finanziario, dunque, si muove all'interno delle finanze ufficiali. E tutto è ancora da verificare, ma non completamente verificabile, con un susseguirsi continuo di illazioni. Come quelle relative all'introito dell'8 per mille, che secondo i dati forniti dalla CEI assommerà nel 2007 a 991.278.769 euro e 9 centesimi, ovvero 60 milioni in più del 1996. Del resto questa entrata, come segnala Francesco Bonazzi su «L'Espresso» del 30 luglio 2007, è stata sempre in crescendo; dai 449 milioni del 1995 si è saliti ai 775 nel 1999 per arrivare a 900 milioni circa nel 2002, fino a un picco di 1.016.000 euro nel 2003.

In fondo bisogna stare a quanto comunicato ufficialmente dalla Santa Sede ogni anno, ovvero nella relazione diffusa in forma di conferenza stampa dal 1997; l'ultima delle quali, relativa al "Bilancio consuntivo consolidato 2007 della Santa Sede, del Governatorato dello stato della Città del Vaticano e Obolo di San Pietro", viene presentata il 4 luglio 2008 ed è riprodotta in appendice. Il resto non ha valore ufficiale.

Il papa dell'Opus Dei tra martiri, antiscienza e antislamismo

Sul conclave che si apre il 18 aprile 2005 aleggia lo spirito di Giovanni Paolo II, che incombe sui 115 cardinali chiamati a scegliere il suo successore e in qualche modo li condiziona; si impone una linea di continuità, con un papa che miri a portare avanti un dialogo ecumenico. E c'è chi pensa al cardinale gesuita Carlo Maria Martini, già arcivescovo di Milano e insignito del titolo di cavaliere di Gran Croce della Repubblica italiana nel 1986, un ecclesiastico di grande apertura alla modernità, ma ritiratosi dal 2002 a Gerusalemme per dedicarsi meglio ai suoi studi biblici. In realtà i giochi sono già fatti da quando il cardinale Joseph Ratzinger ha letto le sue omelie per i funerali di Giovanni Paolo II e nelle congregazioni di preparazione al conclave, che sono parse autentici manifesti di personale propaganda elettorale.

Il porporato tedesco tra il 16 e il 17 aprile ha svolto una vera e propria campagna elettorale con l'aiuto di grandi porporati e movimenti conservatori, Opus Dei in testa, fino a una riunione in una sede della prelatura fuori Roma, alla quale però non ha partecipato personalmente. «In questo modo», si legge sul quotidiano di Rio de Janeiro «O Globo», «Joseph Ratzinger entra in conclave praticamente papa»; e il giornale cita come fonte uno dei quattro cardinali brasiliani presenti nel conclave, il quale avrebbe fatto la rivelazione in forma anonima per evitare la scomunica che colpisce i segreti di un'elezione papale.

A indiretta conferma la conferenza episcopale brasiliana ha riconosciuto con «O Globo» che l'Opus Dei ha avuto un ruolo importante nell'elezione di Benedetto XVI, come appunto si è chiamato Joseph Ratzinger, perché l'opera «gode di grande prestigio in Vaticano, soprattutto tra i cardinali più conservatori». Il che è solo una conferma ai precedenti sviluppi dell'ingrandimento dell'opera. In termini più cronachistici ha valore quanto scrive su «Limes» di aprile, a pochi giorni dalla chiusura del conclave, il vaticanista Lucio Brunelli in base alle rivelazioni di un cardinale. Ratzinger avrebbe avuto subito 47 voti su 115, progredendo fino ad avere i due terzi; Martini avrebbe ottenuto solo 9 voti al primo scrutinio, facendo capire che non gradiva essere eletto. Allora avrebbe acquistato consensi il gesuita argentino Jorge Mario Bergoglio, ma non avrebbe potuto ostacolare l'avanzata di Ratzinger, eletto dopo soli quattro scrutini alle 17,50 del 19 aprile.

Il programma del suo pontificato è stato già espresso prima che fosse eletto nell'omelia preconclave, incentrata su un'arringa al relativismo che vale per Benedetto XVI solo come un «lasciarsi portare qua e là da qualsiasi vento», al quale si deve contrapporre «una fede adulta, radicata nell'amicizia con Cristo, la quale ci dona il criterio per discernere tra vero e falso, tra inganno e verità». Peraltro, come ha osservato Eugenio Scalfari su «la Repubblica» del 21 aprile 2005, è esclusa «la compatibilità della Chiesa con i cosiddetti "atei devoti" o teo-con, quelli cioè che vorrebbero usare la Chiesa come strumento politico senza aderire ai valori della fede», perché «il modello di Benedetto XVI sembra piuttosto essere una Chiesa missionaria, animata da un'incrollabile fede e destinata a riprendere l'evangelizzazione dell'Europa, dell'Occidente scristianizzato e del mondo», con un dialogo, sì, «ma da fermissime posizioni di forza».

Benedetto XVI decide di rinunciare al titolo di patriarca dell'Occidente, rinuncia che potrebbe anche essere vista come una mano tesa ai cosiddetti ortodossi, per evitare contrapposizioni con i patriarchi d'Oriente, ovvero di Alessandria, Antiochia e Gerusalemme, che non sono in piena comunione con la Chiesa di Roma. E questo sull'onda dell'ecumenismo che dovrebbe animare la Chiesa cattolica dai tempi del Concilio Vaticano II. In realtà si può ritenere, in linea con la dichiarazione di assoluta supremazia di Roma sulle altre Chiese fatta da Ratzinger già come cardinale, che Benedetto XVI voglia mettere in evidenza la sua autorità di sovrano pontefice, ancor più di quella di patriarca d'Occidente, che invece lo porrebbe evidentemente sullo stesso piano degli altri patriarchi. Benedetto XVI si dichiara solo vescovo di Roma, vicario di Gesù Cristo, successore del Principe degli apostoli, sommo pontefice della Chiesa Universale, primate d'Italia, arcivescovo e metropolita della Provincia Romana, sovrano dello Stato della Città del Vaticano, nonché servo dei servi di Dio. Fermo restando che verrà qualificato come sovrano pontefice e indicato come santo padre, rimanendo in uso la popolare definizione di papa. Peraltro automaticamente le quattro basiliche patriarcali di Roma assumono la qualifica di "papali" e un particolare cambiamento si impone per quella di San Paolo fuori le Mura con il *motu proprio L'Antica e Venerabile Basilica* del 6 maggio. Viene ridotta la sua autorità abbaziale, perché all'abate è tolta la giurisdizione pastorale territoriale, che è trasferita al Vicariato di Roma e assegnata a un arciprete di nomina papale, lasciandogli comunque la giurisdizione «*sui iuris intra septa monasteri*» e quella per la liturgia ordinaria in basilica.

La pubblicazione del *Catechismo Universale*, a luglio, vale come conferma al programma del pontificato. Il testo, già elaborato da Ratzinger in veste di prefetto della Congregazione per la dottrina della fede, ribadisce i principi della dottrina cattolica nella tradizione ortodossa, in un compendio di 598 domande, a partire da «Dio perfetto e beato in se stesso» e altrettante risposte che culminano nell'auspicio che l'umanità «sia liberata da Satana e dalle sue opere». Si tratta di un catechismo all'antica, perché il ritorno alle domande e risposte, abolite dopo il Concilio Vaticano II, costituisce un passo indietro nel rapporto con i fedeli; ma Ratzinger lo giustifica all'insegna di una «chiarezza della contemplazione».

Su questa base il rapporto fede-scienza o la questione omosessuale e pedofila, che investe anche il campo ecclesiastico con alcuni casi eclatanti, mostrano un approccio che rischia di apparire logorato. La proclamazione che «la fede supera la ragione» e che l'atto omosessuale equivale allo stupro o alla prostituzione, come peccati contro la castità, rischia di creare fratture tra i fedeli; oltretutto definire immorale la contraccezione è una dichiarazione già accantonata dalla prassi di centinaia di milioni di cattolici praticanti. Ma su certi problemi il papa tornerà più volte con esortazioni apostoliche e *motu proprio*. Resta peraltro grave l'incitamento alla disobbedienza verso lo Stato posto in riferimento alla domanda «Quando il cittadino può disobbedire alle autorità civili?». La risposta è: «Quando le leggi si oppongono alle esigenze dell'ordine morale. Bisogna obbedire a Dio piuttosto che agli uomini».

E spunta un nuovo caso di pedofilia. Il quarantaquattrenne don Pierangelo Bertagna, ex abate dell'abbazia di Farneta, nel comune di Cortona, viene arrestato l'11 luglio a seguito della denuncia di un bambino di 13 anni. Il sacerdote peraltro confessa di aver abusato di 38 ragazzi tra gli 8 e i 15 anni in tutta Italia, fin dal 1988. Viene sospeso *a divinis* e nel giugno 2007 sarà condannato a 8 anni per 16 degli abusi confessati.

A dicembre del 2005 riaffiorano calunnie su operazioni di spionaggio effettuate dalla Santa Sede, in relazione agli Ustascia e agli eventi di sterminio in Croazia. Infatti la Corte federale di San Francisco viene chiamata a giudicare su una serie di istanze di risarcimento presentate da ebrei, rom e serbi sopravvissuti alla macchina di sterminio degli Ustascia; e in un'udienza del processo, a dicembre 2005, l'agente del controspionaggio americano, William Gowen, testimonia il ruolo svolto dal cardinale Montini.

L'ultimo caso è quello di Ante Gotovina, il generale croato responsabile del massacro di 150 serbi e della deportazione di altri 200.000; sarebbe stato nascosto in un monastero francescano della Croazia, e quindi avrebbe avuto la protezione del Vaticano. Gli dava la caccia la procuratrice del tribunale internazionale dell'Aja, Carla Del Ponte, che nel luglio 2005 ha incontrato il ministro degli Esteri del Vaticano, l'arcivescovo Giovanni Lajolo, per chiedere aiuto nella ricerca del latitante. La risposta è stata che il Vaticano non possiede un'*intelligence* e comunque non ha alcun obbligo di aiutare un organismo internazionale nella caccia ai criminali di guerra. Finché l'8 dicembre 2005 Ante Gotovina viene arrestato nella località turistica di Playa Des Las Americas a Tenerife.

Il 2006 è un anno di martirio per le estreme frange della santa casta impegnate in attività missionaria nelle terre votate alla religione islamica, quasi a rievocare le origini tutte mistiche del cristianesimo. La causa risale alla pubblicazione di alcune vignette ironiche su Maometto nel settembre del 2005 su un giornale danese e riprese da un settimanale norvegese. Ha inizio il 5 febbraio con don Andrea Santoro, un sacerdote sessantenne che credeva al dialogo tra cristiani e musulmani e proprio per questo aveva scelto di andare in Turchia, dopo essere stato parroco a Roma al Tuscolano e al Collatino. Viene ucciso con un colpo di pistola mentre prega nella sua piccola chiesa di Trabzon, nel Nord della Turchia, sulle coste del mar Nero; a ucciderlo è un musulmano di 16 anni. Il 19 febbraio, durante una manifestazione nel Nord della Nigeria, una folla inferocita dà l'assalto a diverse chiese, incendiandole; muoiono 45 cattolici e il parroco di Maiduguri Michael Gajere.

È veramente inopportuno il modo in cui reagisce Benedetto XVI di fronte ai questi martiri, ai quali si dovrebbero aggiungere anche laici votati al semplice apostolato senza finalità religiose, come il giovane comunista Angelo Frammartino accoltellato a Gerusalemme, mentre è impegnato nell'assistenza a bambini palestinesi, da un militante della Jihad islamica. Durante il viaggio in Germania il 12 settembre a Regensburg, il papa prende di petto il volto violento dell'Islam dei fondamentalisti: «Dio non si compiace del sangue», dice rivolto ai rappresentanti del mondo scientifico, «la fede è frutto dell'anima, non del corpo». E nel suo intervento prende a prestito le memorie di Michele Paleologo, imperatore bizantino con il nome di Michele VIII dal 1261 al 1282: «Mostrami pure ciò che Maometto ha portato di nuovo e vi troverai soltanto delle cose cattive e disumane, come la sua direttiva di diffondere per mezzo della spada la fede che predicava».

Così sono immediate le reazioni nel mondo islamico, con proteste da Ankara al Cairo e a Islamabad, fino al grido rilanciato dalla tv Al Jazeera: «Chieda scusa all'Islam»; senza contare che il papa ha in programma un viaggio apostolico ad Ankara. Per cui il 17 settembre Benedetto XVI è costretto a presentare le scuse agli islamici a Castel Gandolfo dichiarando: «Quella citazione medievale non esprime in nessun modo il mio pensiero» e dichiara di sentirsi «vivamente rammaricato» per le reazioni suscitate. E anche se Ankara gli tende una mano e il ministro degli Esteri turco dichiara che non c'è motivo per cui il papa non vada in Turchia, è ormai troppo tardi per evitare le conseguenze drammatiche. Lo stesso giorno delle scuse si ha un'altra martire: a Mogadiscio viene uccisa la suora sessantacinquenne Leonella Sgorbati, missionaria in Kenia, ma che lavorava da quattro anni nell'ospedale pediatrico somalo. Gli assassini sono due fanatici islamici e serve a poco la dichiarazione dello sceicco somalo Muktar Robow: «Condanniamo l'assassinio, un atto barbaro contrario agli insegnamenti dell'Islam». Tutto fila liscio nel viaggio in Turchia dal 28 novembre al 1° dicembre e il papa prega anche nella moschea blu di Istanbul accanto al gran mufti.

E comuque sarà redditizio il Forum islamo-cattolico in Vaticano, svoltosi dal 4 al 6 novembre 2008, che servirà a ricucire i rapporti tra gerarchia cattolica e vertici musulmani all'insegna della dichiarazione del papa che «il nome di Dio può essere solo un nome di pace, fraternità, giustizia e amore». Ma Benedetto XVI, con questo comportamento non troppo diplomatico nel contesto della religione islamica, ha provveduto ad avere a fianco nella gestione della Chiesa una persona della quale possa avere grande fiducia. È così che al vertice della santa casta, poco al di sotto del papa, è arrivato il cardinale Tarcisio Bertone, già segretario della Congregazione per la Dottrina della Fede quando Ratzinger era presidente e arcivescovo di Genova; il 15 settembre 2006 è stato nominato segretario di Stato. E a questa carica ha fatto seguito il 4 aprile del 2007 quella di camerlengo della Santa Sede; ricopre così un doppio incarico, che consolida il suo potere in Vaticano, secondo solo al papa. Oltretutto in passato si è verificato solo due volte che il segretario di Stato sia stato anche camerlengo: con Eugenio Pacelli, futuro Pio XII, e con Jean-Marie Villot.

All'insegna del sacroprofano tra pedofilia e omosessualità

Il 13 marzo 2007 il papa ha fatto diffondere la sua esortazione apostolica *Sacramentum Caritatis* fondamentalmente dedicata all'Eucarestia, ma che finisce per diventare il programma di governo di papa Ratzinger. Si tratta, prima di tutto, di educare i sacerdoti, per i quali è confermato il celibato, a una missione che sia al servizio della liturgia per favorire la conversione dei laici, senza protagonismi e improvvisazioni, attraverso la predica e il "racconto" della messa, che potrà essere celebrata in latino in circostanze internazionali. I laici peraltro potranno essere incaricati dal vescovo di sostituire il sacerdote nella "liturgia della parola", preferendo comunque i diaconi, estrema rappresentanza della santa casta. In ogni caso un netto no all'intercomunione e alla concelebrazione con pastori cristiani di altre confessioni, il che di per sé è una chiusura alla riunificazione delle chiese cristiane. No all'interruzione delle nascite, no all'ammissione dei divorziati ai sacramenti, no all'omosessualità e ai relativi matrimoni, condanna durissima degli abusi sessuali e della pedofilia dei sacerdoti e non, con opposizione netta ai matrimoni gay. A commento non si può non citare un comunicato del presidente dell'associazione dei "Sacerdoti Lavoratori Sposati", don Giuseppe Serrone, che definisce l'esortazione «una pietra tombale per il Concilio Vaticano II».

Il sostegno a respingere aborto e contraccettivi viene peraltro tre giorni dopo la diffusione del *Sacramentum Caritatis* dal documento dell'assemblea generale della Pontificia Accademia per la Vita, presieduta dall'arcivescovo Elio Sgreccia, che è all'insegna della "mobilitazione". Infatti è questa la parola d'ordine del dicastero vaticano: «Sempre più opportuna appare una mobilitazione anche a livello politico, di quanti hanno a cuore la tutela della vita umana: è una esigenza imprescindibile della giustizia il rispetto del principio di uguaglianza, che esige di onorare e proteggere i diritti di tutti, specialmente nel caso dei soggetti più fragili e indifesi».

Ma sull'aborto il papa tornerà più volte e lo farà con decisione il 12 maggio 2008 davanti ai rappresentanti del "Movimento per la Vita", attaccando la legge 194 sull'interruzione della gravidanza: questa legge «non solo non ha risolto i problemi che affliggono molte donne e non pochi nuclei familiari, ma ha aperto un'ulteriore ferita nella nostra società già purtroppo gravata da profonde sofferenze». E ci sarà anche una dichiarazione del cardinale Renato Martino nel rilanciare la moratoria dell'ONU perché «l'ovulo fecondato è già un essere umano», con successiva accusa del radicale Marco Pannella a Ratzinger di «offesa allo Stato democratico» e una manifestazione nazionale a sostegno della 194.

Su omosessualità e pedofilia invece la Chiesa si trova coinvolta da diversi anni a livello di sacerdoti e monsignori; si segnalano in questo periodo tre casi. In Italia si è concluso a febbraio del 2008 quello di don Massimiliano Crocetti, prete di 36 anni, originario di Montefiascone, in carcere dall'agosto 2006 con l'accusa di tentata violenza sessuale su un ragazzo di 15 anni di Oriolo Romano e un tredicenne di Vetralla. In sede processuale viene condannato a 4 anni e 4 mesi. In aprile scoppia il caso di don Lelio Cantini, di 85 anni, accusato di abusi sessuali, nonché di falso misticismo per controllo e dominio delle coscienze dal 1973 al 1987. L'arcivescovo di Firenze Ennio Antonelli presenta il suo caso al papa per il procedimento canonico: gli viene proibito per 5 anni di confessare e celebrare la messa in pubblico, con l'imposizione di un'offerta caritativa e la recita quotidiana delle litanie della Madonna. È ben poco; peraltro il 31 maggio se ne parla nella trasmissione televisiva *Annozero* con due vittime che raccontano i dettagli degli abusi subiti da bambini. A marzo del 2008 verrà aperta un'inchiesta penale nei suoi confronti.

Altri due casi si segnalano in Brasile, secondo quanto riferisce Gabrielle Mira Marq sulla rivista «Isto é» del 15 agosto. A San Paolo, ai primi di agosto il sacerdote di 43 anni Félix Barbosa Carreiro è stato sorpreso in flagrante reato nella parrocchia in un'orgia con 4 adolescenti. Un altro sacerdote di 64 anni, all'insegna dell'anonimato, avrebbe commesso violenza sessuale su un chierichetto di 10 anni, che ha rivelato lo stupro alla nonna, temendo di essere arrestato, secondo quanto gli aveva suggerito il prete.

Ma la pedofilia raggiunge il suo picco negli Stati Uniti ed è di vecchia data. Qui si è registrato nel 1947 il primo caso di un prelato che ha ammesso di aver subito un abuso, quando aveva 15 anni, da parte di un sacerdote di 60 anni; si tratta di Thomas Gumbleton, di 75 anni, vescovo ausilario di Detroit. Peraltro i vescovi hanno dovuto affrontare l'emergenza dei risarcimenti alle vittime dello scandalo con polizze assicurative e donazioni di fedeli "sani", come racconta Enrico Pedemonte su «L'Espresso» del 30 luglio 2007. Così «la diocesi di Los Angeles ha firmato un accordo, impegnandosi a pagare 660 milioni di dollari per risarcire 508 vittime dei preti pedofili». È un risarcimento da far paura e «il cardinale Roger Mahony è rassicurante mentre elenca le cifre alla stampa: 250 milioni arriveranno dai conti in banca della Chiesa, rimpinguati dalla vendita di numerosi edifici, tra cui la sede amministrativa della diocesi che da sola renderà 40 milioni; altri 183 milioni saranno garantiti dai diversi ordini religiosi, anche da quelli che si sono tenuti fuori dall'accordo e con i quali sarà aperto un contenzioso; e i rimanenti 227 milioni saranno sborsati dalle assicurazioni». E Mahony ha fatto anche sapere di essere stato aggredito da un uomo inferocito per lo scandalo della pedofilia.

Va segnalato anche il caso di violenza sessuale subito per anni nella diocesi di Los Angeles a opera di sette sacerdoti da Rita Milla, a partire dall'età di 16 anni, oggi di 46 anni e madre di una figlia frutto di quella violenza; e va tenuto presente che uno dei sacerdoti aveva cercato di farla abortire dandole il denaro per andare nelle Filippine, dove poter interrompere la gravidanza. Il primo dei sacerdoti che la violentò era un certo Santiago Tamayo, che in punto di morte, nel 1999, aveva fornito alla polizia le prove della violenza perpetrata dagli altri sei sacerdoti. Su questa base il tribunale della California nel 2003 ha stabilito che il padre della figlia di Rita Milla era il sacerdote Valentie Tugade. E nel processo si arriverà a un patteggiamento, di cui si è occupato il cardinale Mahony, per cui il 5 dicembre 2007 la Milla ha avuto un risarcimento di 500.000 dollari.

Ma la Chiesa di Roma, pure a fronte di certi comportamenti anticristiani dei rappresentanti della sua santa casta, ritiene di poter affermare che la Chiesa di Cristo "sussiste" solo in quella cattolica, perché solo in essa sono tutti gli elementi istituiti da Cristo. La Chiesa ortodossa, che raccoglie 240 milioni di fedeli, che ha i sacramenti e i sacerdoti come i cattolici, non è Chiesa. Quella protestante, che raggruppa luterani, calvinisti e altri per 500 milioni di fedeli, e non ha il sacerdozio ministeriale e i sacramenti della cattolica, non è Chiesa. L'anglicana, nel misto di comunità evangeliche, pentacostali, per 25 milioni di fedeli, con donne sacerdoti e due vescovi gay sposati, non è Chiesa.

Tutto questo è dichiarato il 10 luglio 2007 dalla Congregazione per la Dottrina della Fede con un dossier di 16 pagine, che si ricollega al documento del *Dominus Jesus*, redatto nel 2000 da Ratzinger, allora prefetto dell'ex Sant'Uffizio. Tra l'altro il dossier fa osservare che «il Concilio Vaticano II non ha inteso mutare la precedente dottrina della Chiesa», affermazione che la dice lunga sull'origine di questo dossier. Che, seppure emesso sotto la prefettura del cardinale William Joseph Levada e la segreteria del cardinale Angelo Amato, risale indiscutibilmente alla dottrina di Benedetto XVI, ricollegandosi al suo *motu proprio Summorum Pontificum*, emesso il 6 luglio e relativo al ripristino della messa in latino. Che potrà essere celebrata nelle parrocchie in base a una richiesta dei parrocchiani e senza approvazione del vescovo. In sostanza, come osserva Marco Politi su «la Repubblica» dell'11 luglio 2007, «papa Ratzinger ha esautorato la primazia del Concilio universale, ha tolto ai vescovi la funzione di controllo per verificare che la messa di Pio V non diventi il pretesto per una Chiesa separata, infine ha clamorosamente ignorato l'opposizione della stragrande maggioranza dell'episcopato mondiale». Così che «il luglio del 2007 colloca il pontificato di Benedetto XVI in una trincea restauratrice rispetto alle dinamiche del Concilio Vaticano II».

Questa affermazione di Marco Politi ha il suo riscontro più forte proprio nel permesso di tornare all'uso della messa in latino indicando il modulo da seguire nel messale tridentino, il che implica la preghiera che auspica la conversione degli ebrei alla verità della Chiesa di Roma e alla fede nel ruolo salvifico di Gesù. E questo è destinato ad aprire una nuova rottura con la comunità ebraica. Il papa nella lettera di accompagnamento ai vescovi, sulle applicazioni delle norme e sulla richiesta del risultato tra tre anni, dichiara che «è infondato il timore che con la liberalizzazione della messa in latino venga messa in dubbio la riforma liturgica o l'autorità del concilio». E questo vuol dire che un dubbio sul problema c'è. Peraltro appare forte la dichiarazione del cardinale emerito di Milano Carlo Maria Martini sul «Sole 24 Ore» del 29 luglio: «Non celebrerò la messa in latino», alla quale fa seguito una profonda osservazione: «Non posso non risentire quel senso di chiuso che emanava dall'insieme di quel tipo di vita cristiana, così come allora si viveva, dove il fedele con fatica trovava quel respiro di libertà e di responsabilità da vivere in prima persona di cui parla san Paolo».

Tra l'altro l'attuazione di questo ritorno alla messa in latino avviene in sostanza a discrezione dei parroci, che ne diventano i veri gestori attuando un graduale rimpasto della liturgia senza attendere una richiesta di parrocchiani. È quanto si può riscontrare almeno a Roma in diverse chiese, tenendo presente che i parroci romani fanno parte della Famiglia Pontificia. Infatti accade che i più entusiasti seguaci del ritorno al passato istituiscano nelle proprie chiese i canti in latino, che teoricamente possono considerarsi a sé rispetto all'ordinario della messa. Così fanno cantare dal coro durante la celebrazione il *Canto di offertorio* in latino, mentre il celebrante recita a bassa voce, ovvero con il pensiero, c'è da giurarlo in latino, le preghiere di presentazione del pane e del vino; e a seguire il *Gloria in excelsis Deo* ovvero il "Gloria nell'alto dei cieli", il *Sanctus* ovvero il "Santo", il *Pater Noster* ovvero il "Padre Nostro", senza la partecipazione dei fedeli che, perlopiù ignorando il latino, restano muti. È la strada per arrivare prima o poi a gestire tutta la messa in latino, fatte salve le letture dalle sacre scritture e le preghiere di consacrazione, già mantenute in italiano dalla "controriforma" di Benedetto XVI.

E a causa di certa problematica liturgica passa quasi sotto silenzio il rapimento del sacerdote Giancarlo Bossi, missionario del Pontificio istituto missioni estere, nelle Filippine meridionali. Questo estremo rappresentante della santa casta stava andando in chiesa per celebrare la messa vicino al villaggio di Bulawa, presso Zamboanga, quando è stato rapito da una decina di esponenti del Fronte Moro Islamico. Un appello per la sua liberazione è arrivato l'11 giugno da parte di padre Federico Lombardi, direttore della Sala Stampa delle Santa Sede, in seguito all'appello del papa. Dopo otto giorni sarà liberato.

Il fatto ha riproposto il rapporto tra Chiesa cattolica e Islam, sul quale è intervenuto il patriarca di Venezia, il cardinale Angelo Scola, in un'intervista concessa a Marco Politi su «la Repubblica» del 30 luglio; viene ricordato come «un grande gesto» il fatto che il papa abbia pregato nella moschea blu di Istanbul durante il suo viaggio in Turchia del 2006, ma si precisa: i cattolici sono «pronti al dialogo con gli Islam, ma rispettino i nostri valori». E ancora sugli islamici: «Chi viene in Italia rinunci alla poligamia».

Il sacroprofano scorre durante il pontificato di Benedetto XVI nel 2008. A cominciare dalla riesumazione della salma di padre Pio da Pietrelcina, che viene annunciata dal vescovo Domenico D'Ambrosio durante la messa nel santuario di Santa Maria delle Grazie; lo scopo è quello di una ricognizione canonica con l'esposizione alla pubblica venerazione per il quarantesimo anniversario della sua morte. Nella notte tra il 2 e il 3 marzo viene riaperta la bara che contiene le spoglie mortali: secondo le dichiarazioni di alcuni presenti appaiono ben conservati unghie e mento. Il 24 aprile il corpo viene esposto a San Giovanni Rotondo all'interno di una teca appositamente costruita; a presiedere la cerimonia dell'esposizione, sul sagrato della chiesa, il cardinale José Saraiva Martins, prefetto della Congregazione per le Cause dei Santi. È una visione un po' macabra, con il volto di padre Pio conservato solo sul mento e ricoperto da una maschera di silicone a immagine delle sembianze sparite. La salma è poggiata su un plexiglass forato e la teca è rivestita di stoffa; nella parte inferiore ci sono due contenitori in pvc pieni di gel di silice per regolare l'umidità e nella teca è inserito azoto per evitare altre decomposizioni. Sono già pervenute circa 800.000 prenotazioni di pellegrini desiderosi di rendere omaggio alle spoglie del santo.

Nel frattempo si verificano due decessi. Il 30 gennaio muore Marcial Maciel Degollado, il creatore dei Legionari di Cristo: Benedetto XVI gli aveva imposto nel 2006 di ritirarsi a vita privata evitando così un processo canonico per l'accusa di abusi sessuali presentata nei suoi confronti da parte di ex preti espulsi dalla congregazione, imponendogli comunque «una vita riservata di preghiera e di penitenza». Il 14 marzo muore Chiara Lubich, la fondatrice dei Focolarini. Ai funerali c'è il messaggio di Benedetto XVI, nel quale si dichiara che la Lubich era una donna in piena sintonia con i papi; il cardinale Tarcisio Bertone, che ha benedetto la salma, la indica come uno degli «astri lucenti» del Novecento, accanto a persone sante come Madre Teresa di Calcutta.

Immobili e denaro del Vaticano tra pedofilia e crollo di banche

Per avere un quadro abbastanza concreto della ricchezza economica della Santa Sede va sempre considerato, a fronte del denaro, il patrimonio immobiliare al di fuori della Città del Vaticano, dove è ormai storicamente definito, e che ha una sua evoluzione nel tempo, rispetto a quanto già segnalato nei capitoli precedenti, oggetto com'è di compravendita continua. Fa testo quanto indicato dall'*Annuario Pontificio*, dal quale si ha l'indicazione dell'esistenza in tutto il mondo di 4851 diocesi, 50 prelature, 11 abbazie territoriali, 79 vicariati aspostolici, 45 prefetture apostoliche, 11 esarcati, che valgono come indicazioni territoriali. All'interno dei quali esistono chiese, sedi parrocchiali, case generalizie, istituti religiosi, case di cura, missioni, collegi, monasteri, case di riposo, seminari, ospedali, conventi, oratori, confraternite, ospizi, fabbricati sedi di alberghi e di abitazioni civili in affitto. In particolare in Italia il 23% degli immobili sono proprietà della Chiesa, mentre le proprietà della Congregazione per l'Evangelizzazione dei Popoli ammontano a 9 miliardi di euro.

Per avere un'idea più precisa di quanti immobili custodiscano nel mondo le 4851 diocesi si può fare un riferimento specifico a quella di Roma e riportare i dati dell'inchiesta compiuta da Sandro Orlando per il settimanale «Il Mondo» l'11 maggio 2007 e trascritta poi dal giornalista e scrittore Curzio Maltese nel libro *La questua*. E che risultano essere: 400 istituti di suore, 300 parrocchie, 250 scuole cattoliche, 200 chiese non parrocchiali, 200 case generalizie, 90 istituti religiosi, 65 case di cura, 50 missioni, 43 collegi, 30 monasteri, 20 case di riposo, altrettanti seminari, 18 ospedali, 16 conventi, 13 oratori, 10 confraternite, 6 ospizi. E va specificamente segnalata in particolare l'esistenza di circa 5000 posti letto disponibili in ex conventi ed ex collegi. Tutto a fronte di circa 2000 enti religiosi proprietari di oltre 20 mila terreni e fabbricati, suddivisi tra la capitale e la provincia.

Nel contesto di questo patrimonio immobiliare romano va in particolare segnalata in data 14 marzo 2008 la nascita dell'ultimo gioiello imprenditoriale dell'Opus Dei, la sede universitaria Campus Bio-Medico inaugurata a Trigoria, alle porte di Roma. La nuova università, presieduta dal professor Paolo Arullani e diretta dal rettore Vincenzo Lorenzelli, è un avveniristico impianto realizzato su 75 ettari di terreno, immersi nel verde, organizzato per attività didattiche, ricerca e assistenza sanitaria con 18 sale operatorie, 400 posti letto in camere singole e doppie, nonché una pista d'atterraggio per elicotteri. Lo fiancheggia un polo di ricerca avanzata in Biomedicina e Bioingegneria, realizzato dalla prelatura con il contributo di fondi pubblici italiani ed europei. L'intero progetto ha finora comportato investimenti per 180 milioni di euro; ma il tutto è "senza fini di lucro".

In questo tesoro immobiliare mondiale si ramifica la santa casta, che viene però rivelandosi un po' meno santa di quanto dovrebbe. Il viaggio a New York di Benedetto XVI dal 16 al 21 aprile fa riaffiorare infatti la situazione immorale in cui vive parte della santa casta statunitense, come già denunciato nel 2002 e nel 2007. Sempre dai giornali è preso di mira il cardinale Francis George, arcivescovo di Chicago e presidente della Conferenza Americana dei Vescovi Cattolici; un sacerdote della sua diocesi, padre Daniel McCormack, nell'agosto 2005 viene denunciato per abusi sessuali e il «Chicago Law Review Board» chiede a George di sospendere il sacerdote, ma il cardinale non fa nulla. Alcuni mesi dopo la polizia arresta McCormack per molestie sessuali su tre bambini della parrocchia, su uno dei quali l'abuso è «quasi quotidiano»; viene condannato a 5 anni. George non commenta la cosa, anche perché è impegnato a nascondere un altro sacerdote, Kenneth Martin, accusato di abusi su bambini, facendolo lavorare e vivere nel palazzo arcivescovile. E ancora ad agosto del 2007 è stato reso pubblico un dossier su padre Nicholas Aguilar Rivera, di una parrocchia di Los Angeles, in base al quale risulta che il sacerdote ha abusato di almeno 26 ragazzi; ma Thomas Curry, divenuto vescovo ausiliare di Los Angeles, per evitare l'incriminazione ha provveduto a far fuggire il sacerdote in Messico, dove peraltro ha seguitato a molestare bambini.

L'altro prelato non visto bene dall'opinione pubblica è il cardinale Roger Mahony, arcivescovo di Los Angeles, promotore del risarcimento alle vittime dei sacerdoti pedofili con una specifica assicurazione, come segnalato nel luglio 2007. Prima di tutto perché ha protetto l'operato del suo vescovo ausiliare Curry nei confronti del sacerdote Aguilar Rivera, e poi perché anche a lui fa capo lo scandalo del frate francescano Geerald Chumik. Il frate era ricercato per aver molestato bambini in Canada, da dove era fuggito nel 1994, e Mahony lo ha tenuto nascosto nel suo palazzo arcivescovile; quando nel 2005 la polizia ha chiesto all'arcivescovo la consegna del frate, Mahony lo ha spostato a Santa Barbara in Missouri.

E a fronte di tutto questo, che è inevitabilmente diffamante per la Chiesa cattolica, il 15 aprile Benedetto XVI incontra le vittime degli abusi sessuali nella cappella della Nunziatura di Washington e prega con loro, mano nella mano. Ma il 18 aprile Benedetto XVI nella chiesa di Saint Joseph di New York condanna la frammentazione delle comunità cristiane, che dovrebbero invece trovare nella Chiesa di Roma la loro radice primaria, come unica fonte della santa verità. La dichiarazione appare almeno fragile, dal momento che quegli abusi sessuali operati dai sacerdoti cattolici non sono certo un'immagine di santità.

Il 19 aprile nella cattedrale San Patrick Benedetto XVI riceve l'omaggio del sindaco di New York Michael Bloomberg, ma anche quello dell'ex sindaco Rudolph Giuliani che, sebbene pluridivorziato e risposato, s'inginocchia per ricevere la comunione. E il papa gliela dà, chissà con quanta apatia, dal momento che in una esortazione apostolica del 13 marzo ha ribadito su divorziati e risposati quanto da lui prescritto nel 1994 come prefetto della Congregazione per la Dottrina della Fede e approvato da Giovanni Paolo II: «Il loro stato e la loro condizione di vita oggettivamente contraddicono quell'unione di amore fra Cristo e la Chiesa che è significativamente attuata nell'Eucarestia».

Quindi il papa parla dello scandalo sugli abusi, riconoscendo che gli uomini di Chiesa sono segnati da «peccati e debolezze», invitando alla «purificazione e alla guarigione» ed esortando i fedeli a schierarsi con i vescovi impegnati nell'affrontare il problema. E sul problema finirà per fare una dichiarazione ufficiale a ottobre la Congregazione per l'Educazione Cattolica con il suo presidente, il cardinale Zenin Grocholewski, dichiarando l'esclusione dai seminari dei candidati al sacerdozio con tendenze omosessuali, provocando peraltro la reazione delle associazioni omosessuali che parleranno di discriminazione. Nel frattempo, proprio al ritorno del papa a Roma, scoppia a maggio uno scandalo di pedofilia fino ad allora soffocato in quel di Como.

I fatti risalgono al 2004, quando il sacerdote Mauro Stefanoni, già parroco di Laglio, sul lago di Como, avrebbe usato violenza sessuale nei confronti di un ex parrocchiano minorenne di Ponte Tresa, affetto da ritardo mentale. A novembre il vescovo di Como, monsignor Alessandro Maggiolini, convoca in Curia il sacerdote e gli comunica l'esistenza di un'indagine penale nei suoi confronti per violenza sessuale, in base alla denuncia di un ragazzo; il fatto causa l'iscrizione sul registro degli indagati anche del vescovo per favoreggiamento personale. Questa accusa è peraltro destinata a cadere, essendosi appurato che il vescovo si era limitato ad avvisare il sacerdote e aiutarlo per la ricerca di un avvocato.

In sede di tribunale il sacerdote Mauro Stefanoni respinge ogni accusa, ma secondo una ricostruzione dei fatti del pubblico ministero Vittoria Isella «la videocassetta omopornografica trovata nella casa parrocchiale, la tipologia dei film acquistati sulla tv via satellite, i siti internet navigati, le chat line frequentate, i soprannomi utilizzati per farlo e i rapporti intrattenuti con un suo ex parrocchiano di Ponte Tresa costituiscono una cornice perfetta per il quadro dipinto dalla vittima». E il pubblico ministero chiede una condanna a 8 anni di reclusione. La sentenza si ha il 29 maggio: il sacerdote è condannato non solo a 8 anni ma anche ad un risarcimento di 180.000 euro, 120.000 al ragazzo e 30.000 a ciascuno dei genitori.

Gli fa eco in Australia il suicidio di Emma Foster a Melbourne; è una delle due sorelle che hanno subito violenze da padre Kenin O'Donnell tra il 1988 e il 1993. La ragazza non è riuscita a superare il dramma subito, mentre la sorella Katherine ha problemi con l'alcool e, a seguito di un incidente stradale, ha riportato danni celebrali. I genitori Anthony e Christine Foster accusano il cardinale George Pell di aver insabbiato l'inchiesta contro padre O'Donnell, che peraltro è morto in prigione nel 1997, e hanno dovuto intraprendere una lunga battaglia legale per ottenere un risarcimento. E a luglio, nel corso della Giornata Mondiale della Gioventù che si terrà a Sidney, i due genitori cercheranno invano di farsi ricevere da Benedetto XVI per avere in qualche modo la sua partecipazione al loro dolore. Il papa si limiterà a un accenno generale nel corso del suo discorso, che sa molto di circostanza: «Desidero qui fare una pausa per riconoscere la vergogna che tutti abbiamo sentito a seguito degli abusi sessuali sui minori da parte di alcuni sacerdoti o religiosi di questa nazione. Davvero sono profondamente addolorato per il dolore e la sofferenza subita dalle vittime e assicuro loro che come loro pastore anche io condivido la loro sofferenza».

L'11 maggio i Neocatecumenali vengono definitivamente inseriti nelle frange della santa casta, con l'approvazione del loro statuto da parte del Pontificio Consiglio per i Laici; finora erano sotto esame per la curiosa celebrazione della messa. In pratica però poco è cambiato: potranno ricevere la comunione "restando al proprio posto" e il segno della pace potranno scambiarlo prima dell'offertorio anziché prima della comunione. Anche se quest'ultimo è già in uso nel rito ambrosiano e c'è da credere che Benedetto XVI sia orientato ad inserirlo in coincidenza con la celebrazione definitiva della messa in latino.

All'epoca è già scoppiato un altro scandalo di pedofilia, che fa capo a due religiosi, e proprio a Roma. Il 30 giugno viene arrestato don Ruggero Conti, parroco della Natività di Santa Maria Santissima in via Selva Candida, per abusi sessuali su quattro bambini. Pochi giorni dopo viene denunciato un non meglio individuato don José, spagnolo, parroco fino al 2005 della parrocchia di Nostra Signora di Fatima ad Aranova, con l'accusa di aver abusato di sei bambini. Ma don José è in Spagna e per il momento non può essere arrestato. In ogni caso si procede contro ambedue, perché viene fuori che entrambi per anni hanno vissuto nella stessa diocesi. Il tribunale del riesame confermerà gli arresti di don Conti e il processo porterà sicuramente a una condanna, con relativo risarcimento ai bambini oggetto degli abusi. E questi soldi poi chi li tirerà fuori? Evidentemente la diocesi di Santa Rufina alla quale i due sacerdoti fanno capo; e senza scomodare il vescovo titolare, il cardinale Roger Etchegaray, viene chiamato in causa il vicario, monsignor Gino Reali. La magistratura gli chiede come mai non abbia dato importanza alla lettera di denuncia di certi abusi che era stata presentata alla diocesi dai genitori dei ragazzi. Sarà facile per il vicario tirarsi fuori, facendo riferimento a una sua nota di "scorrettezza" inviata al sacerdote, nella quale lo invitatava a «un corso di esercizi spirituali e a una costante frequenza al sacramento della Penitenza». Sì, ma quei ragazzi e quei genitori? Certo a loro più che altro interesserà una condanna del sacerdote e un risarcimento in denaro, al limite anche da parte della Santa Sede.

E in fatto di soldi nella Santa Sede, su un altro piano, viene fuori che il papa dei best seller vale 2 milioni di euro, come segnala in un articolo su «la Repubblica» del 6 giugno il vaticanista Orazio La Rocca. Che fa riferimento innanzitutto a un catalogo di Ratzinger scrittore di ben 132 titoli tra libri, monografie e commenti, per poi arrivare al suo ultimo libro, *Gesù di Nazareth* che «finora ha venduto in tutto il mondo oltre 2.500.000 copie. Vendite da primato anche per le sue encicliche, la *Deus Caritas est*» del 2005, «con oltre 1.600.000 copie vendute, e la *Spe salvi*» del 2007 «finora arrivata intorno a 1.400.000 copie». Peraltro, «da quando Benedetto XVI è stato eletto, i diritti maturati dai suoi libri ammontano a oltre 2 milioni di euro». Che fine fa tutto questo fiume di soldi? E veniamo a sapere che «per volontà del papa sarà oculatamente gestito da una istituzione ad hoc per tutelare le opere letterarie del pontefice, la "Fondazione Ratzinger" (v.), con sede in Vaticano e in Germania. Tratto caratterizzante di questo organismo», viene peraltro assicurato in Vaticano, sarà «l'attenzione alle opere di carità, gli aiuti ai poveri e la vicinanza ai giovani studenti bisognosi con borse di studio». Bene.

È alla luce di questa iniziativa che andrebbe interpretato il messaggio che Benedetto XVI darà il 6 ottobre in Vaticano all'apertura del sinodo internazionale dei vescovi dedicato alla Sacra Scrittura: «Vediamo adesso nel crollo delle grandi banche che i soldi scompaiono, sono niente e tutte queste cose, che sembrano vere, in realtà sono di secondo ordine». Ma qui, al di là della finalità con cui il messaggio è rivolto a «chi costruisce solo sulle cose visibili e tangibili, sul successo, sulla carriera, sui soldi», il pensiero corre istintivamente allo IOR e alle passate gestioni, all'APSA e alla finalità tutta terrena di certe istituzioni della Santa Sede, alla quale ovviamente la Chiesa di Roma non può rinunciare. E alle parole del papa, riportate in un articolo di Marco Politi su «la Repubblica» del 7 ottobre, fa eco Paolo Ferrero, segretario di Rifondazione Comunista, ma anche fervente valdese: «Se i destinatari del messaggio sono i poveri, francamente trovo quelle parole perfino imbarazzanti. Andateci a parlare con chi di soldi non ne ha, andategli a spiegare che non servono, che conta la fede, che oggi stanno male ma domani si apre il regno dei cieli». E non è credibile peraltro che il messaggio fosse rivolto ai ricchi, ovvero ai «meccanismi dell'economia liberista», perché la dichiarazione sarebbe stata un autogol, implicando una critica alle stesse istituzioni sulle quali vive la Santa Sede.

Il tuonare del papa farebbe pensare anche ad una sorta di autocritica nei confronti dei disastri del passato delle finanze vaticane, dai quali peraltro la Santa Sede accuserebbe ancora uno stato di crisi. Infatti secondo il bilancio consuntivo e consolidato della Santa Sede per l'esercizio 2007 presentato il 6 luglio 2008 risulta un deficit di 9 milioni di euro. Più esattamente, a fronte di entrate per 236.737.207 euro figurano uscite per 245.805.167 euro, per un disavanzo di 9.067.960, dopo che negli ultimi tre esercizi 2004-2006 si erano registrati risultati positivi per complessivi 15.206.587 euro. Anche se va tenuto presente che invece il bilancio consuntivo dello Stato della Città del Vaticano, indipendente però da quello della Santa Sede, ha chiuso con un profitto di 21,8 milioni di euro.

Ma quel tuonare del papa e la denuncia del deficit risultano un falso. Lo ha rivelato un articolo della fine di settembre di Robert Mickens, corrispondente romano per la rivista cattolica britannica «Tablet», intitolato ironicamente «Church with a Midas touch»; vi si denuncia che la Santa Sede, previdente, aveva trasformato una parte dei suoi euro in investimenti bancari e in oro. In particolare circa 520 milioni di euro in titoli e azioni e quasi 19 milioni di euro in una tonnellata di lingotti d'oro. Logico quindi l'ironico commento del giornalista: «La roccia di Pietro, su cui è stata fondata la Chiesa, si è trasformata in una roccia d'oro». Peraltro nel rendiconto si fa riferimento a proprietà in Italia, Svizzera, Francia e Inghilterra per un valore complessivo di 424 milioni di euro, nei quali rientra un immobile a Londra venduto per 3 milioni di euro; senza contare che la sola Propaganda Fide ha proprietà, perlopiù in Italia, del valore di circa 53 milioni di euro.

La Santa Sede preferisce piangere miseria. Tanto che monsignor Vincenzo Di Mauro, segretario della Prefettura degli Affari Economici, mette le mani avanti: «I risultati del primo periodo del 2008 sono preoccupanti e non inducono all'ottimismo. Si rende sempre più necessario il richiamo delle amministrazioni della Santa Sede a operare con prudenza e con la massima oculatezza nella gestione operativa delle spese e nell'assunzione di nuovo personale». E a dicembre, piangendo miseria, ma anche protestando duramente contro il governo Berlusconi per i tagli alle scuole private previsti nella finanziaria con monsignor Bruno Stenco, direttore dell'Ufficio Nazionale per l'Educazione della CEI, convincerà al dietrofront il ministro Tremonti, che troverà chissà dove i finanziamenti opportuni.

Scandali e martiri con donne e lavoratori per un riscatto nella crisi

Al meeting di Comunione e Liberazione nell'agosto del 2008 a Rimini il cardinale Angelo Bagnasco precisa il ruolo dei cattolici nella società: «la Chiesa non fa ovviamente politica, ma non rinuncerà mai a far sentire la sua voce a favore dei bisogni della sua gente», che è un'affermazione sacrosanta, ma non implica assolutamente che la Chiesa s'impelaghi nelle questioni di governo con suoi rappresentanti. Se è vero quanto già detto da Benedetto XVI: «Protagonisti sì, ma da cattolici e non come attori, atleti, miti della televisione e del cinema, né puntando al potere politico ed economico».

Il 28 agosto è in ballo una questione finanziaria riguardante la diocesi di Salerno. Una parte dei fondi dell'8 per mille, erogati dalla Conferenza Episcopale alla Curia di Salerno, sono stati sequestrati dalla Guardia di finanza perché utilizzati "a fini di lucro". Il provvedimento infatti si inquadra nell'ambito delle indagini sul sequestro del villaggio "Angellara Home", ex colonia per ragazzi poveri trasformata in hotel a 5 stelle, con i contributi della Regione Campania. In questa vicenda sono indagate per truffa, falso e abuso d'ufficio tredici persone, tra le quali il vescovo di Salerno Gerardo Pierro.

Il 29 agosto è di nuovo l'esaltazione del macabro in riferimento alla salma di padre Pio da Pietrelcina; viene inaugurato a San Giovanni Rotondo il cosiddetto Museo della Riesumazione di Padre Pio, dove è possibile vedere la bara e i paramenti che aveva indosso la salma, ma anche gli oggetti utilizzati per recuperare i resti del santo. E si va dai trapani alle corde e alle pinze, dai guanti di plastica ai coltelli e ai cacciaviti, là dove è tutta da dimostrare la sacralità di certi strumenti di scavo e riassestamento del cadavere.

Il 3 settembre una guardia della Gendarmeria vaticana, Alessandro Benedetti, si uccide nel bagno della caserma sparandosi con la pistola; «per motivi personali», secondo una dichiarazione di padre Lombardi, capo ufficio stampa del Vaticano, e la notizia non fa grande scandalo, anche se idealmente si collega ad altri fatti di cronaca verificatisi nella Guardia Svizzera. Il 21 settembre fa più scandalo l'episodio di carattere sessuale, senza morti, che scoppia a carico di un sacerdote di Chioggia, un biblista di 53 anni, scoperto a letto con una signora sposata dal marito geloso.

Il vescovo, monsignor Angelo Daniele, lo difende con un articolo sul settimanale diocesano «Nuova Scintilla» cominciando con l'ammonimento di Gesù «Non giudicate, per non essere giudicati», per arrivare a una giustificazione del prete peccatore: infatti «c'è una fragilità e quindi una possibilità di peccare, che ci riguarda tutti. Il sacerdozio e la vita religiosa offrono molti aiuti alla fedeltà, ma non assicurano da debolezze, non garantiscono da colpe, non rendono impeccabili». E ha tirato fuori le responsabilità della donna. Infatti «pur essendo grande la responsabilità di un sacerdote, che dovrebbe essere sempre per gli altri di esempio e guida, non dobbiamo dimenticare che, a fronte di molti che per fortuna sostengono il prete, non mancano persone che direttamente o indirettamente lo spingono a mancare. Anche di queste eventuali complicità un giudizio retto dovrebbe tenere conto».

Ed è triste constatare come, a fronte di questo sacerdote don Giovanni e di questo vescovo comprensivo e in qualche modo permissivo, due giorni dopo un sacerdote salesiano perda invece la vita, ben lontano dalla Santa Sede, vittima della sua missione apostolica. È Samuel Francis, ucciso nella cappella del villaggio di Chota Rampur nell'India settentrionale da fanatici indù. Contemporaneamente un altro membro della santa casta, l'arcivescovo Raphael Cheenath, riceve lettere minatorie da parte di fondamentalisti indù all'insegna di «Uccideremo te e tutti i cristiani». È il segno di un martirio incombente che ci riporta alle origini del cristianesimo, così da costituire l'immagine più pura della santa casta e della Chiesa.

Con prospettive drammatiche in Iraq e India nella «caccia ai cristiani». Come segnala Marco Politi su «la Repubblica» del 13 ottobre 2008 «a Mosul quasi un migliaio di cristiani hanno lasciato precipitosamente le loro case» e a Bagdad già si contano «undici cristiani assassinati nelle ultime due settimane, vittime di uccisioni mirate». Mentre in India, nello stato di Orissa, «le violenze dei fondamentalisti hindu hanno già provocato trentacinque morti, la distruzione di chiese cattoliche e decine di migliaia di sfollati». Ed ecco allora l'appello di Benedetto XVI ai fondamentalisti: «Chiedo con forza ai responsabili delle violenze di rinunciare a questi e di unirsi ai loro fratelli e sorelle per costruire insieme una civiltà di amore». E questo a commento della canonizzazione della prima santa indiana, suor Alphonsa Anna Muttathupadathu, vissuta in epoca coloniale e morta nel 1946 a soli 36 anni.

La canonizzazione dà peraltro spunto al problema della vocazione femminile, che risulta in fase calante. Le suore, estrema frangia della santa casta, che si esaltano nello spirito apostolico specialmente in terra di missione, sono in netta diminuzione. Come denuncia in una intervista di Jenner Meletti su «la Repubblica» del 24 ottobre, suor Pieremilla Bertolin, segretaria generale dell'organismo pontificio USMI (Unione Superiore Maggiori d'Italia), secondo i dati del 2001 «in Italia c'erano 81.723 religiose, riunite in 627 congregazioni. Nel 1988 le religiose erano ben più numerose: 121.183, con 645 congregazioni». In pratica un terzo delle suore è scomparso in 13 anni. A fronte delle suore peraltro ci sono però le ragazze che «alla vita conventuale preferiscono la presenza apostolica in una parrocchia, assieme ad altri giovani», osserva il vicario episcopale, e «ci sono poi esperienze del tutto nuove: le missionarie del lavoro, ad esempio, all'alba di ogni giorno raccolgono frutta e verdura al mercato generale per distribuirle poi alle mense dei poveri». Interpretano la parte delle diaconesse, ben sapendo che però non possono avere questo ruolo.

Ma questo delle diaconesse sembra essere l'ultimo dei problemi per la Chiesa, che si è imbattuta più volte in situazioni scabrose. La più eclatante è avvenuta il 4 dicembre 1985. In coincidenza con il sinodo dei vescovi, una femminista americana, Baby Burke, 43 anni, madre di quattro ragazzi, ha cercato d'infrangere in San Pietro il rigido monopolio maschile dei riti sacri. Entrata nella basilica vaticana insieme a un gruppo di turisti, si è portata da sola all'altare della Cattedra in fondo all'abside; vestita di una lunga tunica nera, le braccia al cielo, con un'ostia in mano, si stava accingendo, in veste di sacerdotessa, a compiere l'atto della consacrazione. Non ha fatto in tempo; i vigilantes l'hanno presa e portata fuori di peso. «È stato un gesto di preghiera e di professione d'amore verso Dio», era scritto in inglese sul volantino da lei distribuito all'uscita dalla basilica.

A distanza di 23 anni da quell'episodio, qualcosa si muove. Al termine dell'ultimo sinodo dei vescovi, il 25 ottobre 2008, sono state presentate al papa 55 proposte sul ruolo femminile nella Chiesa, nelle quali si auspica appunto che «il ministero del lettorato sia aperto anche alle donne». A esse viene riconosciuta la capacità di «suscitare l'ascolto della Parola, la relazione personale con Dio e comunicare il senso del perdono e della conversione evangelica». E ovviamente non si tratta di fermarsi alla lettura dei testi durante la messa, alla distribuzione della Comunione o alla catechesi; il vero problema resta l'aspirazione delle donne a diventare sacerdoti ed entrare nelle frange della santa casta. E su questo argomento, come riferisce Marco Politi su «la Repubblica», è importante la dichiarazione di Maria Caterina Jacobelli, avanguardia storica della teologia femminile in Italia: «La Chiesa dovrebbe iniziare una seria riflessione su ciò che è avvenuto durante l'Ultima Cena. Perché lì Cristo ha istituito l'Eucarestia e non il sacerdozio. E quando dice "Prendete e mangiate", lo dice a tutti i discepoli, che erano sia uomini che donne».

Si attende una risposta di Benedetto XVI. Ma il timore è che si comporti come Giovanni Paolo II a Monaco di Baviera il 19 agosto 1980. «Ora il papa risponderà, risponderà», urlava lo speaker quel giorno a una ragazza che dopo la messa papale era riuscita a prendere la parola al microfono, con un testo diverso da quello concordato e avanzando domande pressanti sul posto della donna nella Chiesa cattolica. «Ora il papa risponderà, risponderà», e invece Giovanni Paolo II tagliò corto, mettendo una medaglia in mano alla ragazza. E la donna ancora oggi attende una risposta.

E una risposta l'attendono da 26 anni i lavoratori della Santa Sede, estreme diramazioni della santa casta, laici ed ecclesiastici ripartiti nei vari uffici. Dal 1982, quando è stata istituita l'Associaziome Dipendenti Laici Vaticani, che in ogni caso rappresenta anche gli ecclesiastici pur non essendo loro permessa l'iscrizione, si registra ancora l'assenza di un vero e proprio contratto di lavoro firmato dalle parti. Una conquista è peraltro rappresentata dalla normativa che dall'ottobre del 2007 riordina radicalmente la struttura dello stipendio con l'inserimento del criterio della meritocrazia. Che si traduce in un elemento di incentivo e remunerazione in rapporto a quattro fattori: «Dedizione, Professionalità, Rendimento e Correttezza».

È poco se rapportato alle conquiste sindacali dei lavoratori italiani, ma si tratta di una grande novità per i 4397 dipendenti vaticani, ripartiti tra quelli della Santa Sede (2748, dei quali 1637 laici, 778 sacerdoti, 243 frati e 90 suore) e quelli della Città del Vaticano (1649). Le retribuzioni vanno dai 1300 euro per il primo livello, ma incrementabili di 250 euro circa grazie al merito, ai 2300 euro per il decimo e ultimo livello. La caratteristica importante peraltro è che tutto è esente da tasse, perché i dipendenti vaticani non versano l'IRPEF. Ma c'è mancanza di fiducia da parte del datore di lavoro, perché contemporaneamente ai nuovi parametri di stipendio è subentrato il *badge* elettronico di controllo con scheda di valutazione, limitato per ora agli uffici del Governatorato e comunque solo per laici ed ecclesiastici, e non per alti prelati, vescovi e cardinali.

Gli ecclesiastici mugugnano; la mancanza di fiducia verso i religiosi della santa casta da parte dei vertici non è stata ben accolta. Peraltro il vescovo Renato Boccardo, segretario generale del Governatorato c consigliere di amministrazione del Centro Televisivo Vaticano dell'Ufficio del lavoro della Sede Apostolica, nonché membro della Commissione disciplinare della Curia romana, tira dritto e annuncia che «dopo l'anno di positiva sperimentazione, *badge* blu e scheda saranno adottati in tutte le amministrazioni della Santa Sede». E in sostanza quei dipendenti, ai quali il provvedimento non sta bene, possono anche andarsene. È bene ricordare quanto denunciato da monsignor Vincenzo Di Mauro, segretario della Prefettura degli affari economici e già segnalato a proposito del bilancio della Santa Sede: occorre «oculatezza nella gestione operativa delle spese e nell'assunzione di nuovo personale». Che suona come una minaccia per i poveri dipendenti.

Il primo dicembre 2008 entra in carica un nuovo comandante della Guardia Svizzera; è Daniel Rudolf Anrig, che subentra a Elmar Theodor Mãder, dimessosi per contrasti sulla divisione di competenze tra le guardie svizzere e i gendarmi vaticani. Ha 36 anni ed è sposato con una teologa, il che la dice lunga sulla scelta operata da Benedetto XVI, in qualche modo spiritualmente collegato alla signora Anrig. Il nuovo comandante è stato dal 1992 al 1994 alabardiere della Guardia Svizzera pontificia, ma poi è tornato in patria, laureandosi in Diritto civile ed ecclesiastico all'università di Friburgo, diventando assistente alla cattedra di Diritto civile. Nel 2002 è stato nominato capo della Polizia criminale del cantone di Glarona, e in questa veste si è reso protagonista di uno scabroso fatto di cronaca.

Il 3 luglio 2003 Daniel Rudolf Anrig ha fatto irruzione con i suoi uomini in un centro di accoglienza per richiedenti asilo in seguito alla segnalazione di un traffico di droga; ma Anrig con i suoi uomini è stato accusato di aver commesso violenze e abusi nel centro di assistenza, avendo fatto irruzione con il volto coperto per non essere riconosciuto, fino a umiliazioni di tipo sessuale. Oltretutto uno dei ricoverati sarebbe caduto da una finestra del terzo piano, restando gravemente ferito. L'inchiesta giudiziaria ha stabilito che l'irruzione si sarebbe svolta in modo «equo» e «nei limiti», sia pure con metodo «severo, ma opportuno», ovvero «rigoroso e adeguato», scagionando la polizia cantonale. Eppure Anrig è stato condannato a pagare 400 franchi di spese legali e la metà delle spese dell'accusa. Tutto a posto, dunque, anche se il fatto non costituisce un buon biglietto da visita del nuovo comandante della Guardia Svizzera, peraltro in linea con precedenti comandanti, costituendo in ogni modo una macchia in un membro della Famiglia Pontificia.

In ogni caso i cittadini e i lavoratori della Città del Vaticano, ecclesiastici e laici, devono misurare la loro esistenza nel contesto delle leggi proprie della Santa Sede, ovvero della Legge fondamentale del 26 novembre 2000, in riferimento alla quale Benedetto XVI, «per procedere ulteriormente nel sistematico adeguamento normativo dell'ordinamento giuridico dello Stato della Città del Vaticano», il 1° ottobre 2008 ha promulgato una legge sulle fonti del diritto che entrerà in vigore il 1° gennaio 2009. La legge blocca quel meccanismo che portava automaticamente a recepire la legislazione italiana in Vaticano, e per diversi motivi; innanzitutto per il «loro numero esorbitante», in secondo luogo per «la loro instabilità», e infine per il contrasto, con troppa frequenza evidente, di tali leggi con principi non rinunciabili da parte della Chiesa». Lo rileverà nel commento alla legge su «L'Osservatore Romano» del 30 dicembre 2008 José María Serrano Ruiz, presidente della Corte di appello dello Stato della Città del Vaticano e presidente della Commissione per la revisione della legge sulle fonti del Diritto vaticano. E specificamente non sono ammissibili in Vaticano le normative sindacali e contrattuali, quelle matrimoniali con il divorzio e tutte le conseguenze relative al patrimonio, alle quali potrebbero aggiungersi quelle decretate in seno ad una legislazione europea sulle unioni civili e le coppie omosessuali.

Il 2008 si conclude con altri due documenti della Santa Sede in gran parte complementari nel vivo della crisi economica mondiale, che in qualche modo si collegano alla legge promulgata il 1° ottobre. L'8 dicembre viene diffuso il *Messaggio di Sua Santità per la celebrazione della Giornata Mondiale della Pace*, che verrà presentato a tutti i governi il 1° gennaio 2009: affronta la crisi alimentare, indicata come causata dalla speculazione, all'insegna del monito: «Combattere la povertà, costruire la pace». Contiene un'accusa specifica alla finanza «autoreferenziale» che non si è concentrata sulla «creazione di nuove opportunità di lavoro e produzione nel lungo periodo»; occorrono nuove regole e «lotta alla criminalità», mentre si condannano i milioni di aborti condotti in nome della lotta alla povertà che non hanno certo eliminato il sottosviluppo. Di qui l'attacco alle istituzioni internazionali del mondo globalizzato, che imporrebbero ai paesi poveri il «ricatto di chi condiziona gli aiuti economici all'attuazione di politiche contrarie alla vita». Il rimedio è avviare «campagne che educhino specialmente i giovani a una sessualità pienamente rispondente alla dignità della persona». Certo non con l'uso degli anticoncezionali, ma forse con l'astinenza e la castità. Il che suona ironico.

Il 12 dicembre è pubblicato un altro documento che in qualche modo si collega al precedente. È il *Dignitatis personae*, destinato ad «aggiornare», a vent'anni di distanza, una precedente istruzione, la *Donum vitae* del 1987; curato dalla Congregazione per la Dottrina della Fede, è stato approvato espressamente dal papa. Nel nuovo documento, la Chiesa ribadisce la condanna dell'aborto, della ricerca sulle cellule staminali embrionali e dell'eutanasia, riaffermando il «rispetto incondizionato dei principi della procreazione». Secondo la Santa Sede «l'essere umano va rispettato e trattato come una persona fin dal suo concepimento e, pertanto, da quello stesso momento gli si devono riconoscere i diritti della persona, tra i quali anzitutto il diritto inviolabile di ogni essere umano innocente alla vita». Viene peraltro accettata la fecondazione assistita, ma solo se rispetta il diritto alla vita; nello stesso tempo viene ribadito il no alla diagnosi pre-impianto e al congelamento degli embrioni, così come alla loro sperimentazione per la ricerca. La manipolazione genetica, secondo monsignor Fisichella, presidente della Pontificia Accademia per la Vita, ha tutte le caratteristiche per essere definita eugenetica, quindi intrinsecamente immorale. Per il buon cattolico è obbligatorio attenersi all'istruzione; essa appartiene ai documenti che «partecipano al Magistero ordinario del Successore di Pietro», e va accolta dai fedeli con «l'assenso religioso del loro spirito».

Ma a fronte di certa problematica relativa all'aborto e alla procreazione c'è sempre il problema della crisi economica, ovvero della sopravvivenza e della povertà, che non riguarda solo il terzo mondo, perché si è fatta sentire nel 2008 nei paesi industrializzati, come l'Italia. Ed ecco che se ne occupa l'arcivescovo di Milano Dionigi Tettamanzi con un gesto a sorpresa annunciato durante l'omelia della messa di mezzanotte il 24 dicembre in Duomo. Si tratta di aiutare le famiglie della diocesi milanese, con 180.000 persone che rischiano di perdere il posto di lavoro, e allora: «Costituisco personalmente un fondo», ha detto l'arcivescovo, «attingendo dall'8 per mille destinato per opere di carità, dalle offerte pervenute in questi giorni e da scelte di sobrietà della diocesi e mie personali, e metto a disposizione la cifra iniziale di un milione di euro».

È una iniziativa che, seppure limitata territorialmente, potrebbe costituire lo stimolo a un'apertura verso la società in un raggio ben più ampio da parte della potenza finanziaria della Santa Sede, oggetto di critiche millenarie di ogni sorta. In effetti l'episodio rappresenta l'attuazione di una missione apostolica e caritatevole secondo i principi evangelici propri dei primi secoli della Chiesa. Che, se dovesse avere un seguito a vasto raggio, significherebbe una rivoluzione, un cambiamento del sistema. C'è solo da attendere.

La santa casta del terzo millennio

Il testo espone la gerarchia e la struttura della santa casta oggi, in riferimento al potere e al campo d'azione dei singoli membri in seno alla Chiesa di Roma e alle caratteristiche di natura politica e finanziaria. Nei diversi organismi sono indicati i nomi dei responsabili a livello direttivo e amministrativo, alla data del 31 dicembre 2008, mentre dei membri con esclusiva qualifica di consulenza e impiego è segnalato soltanto il numero. Tutte le notizie relative a luoghi, uffici e protagonisti della Santa Sede sono riportate in base all' Annuario Pontificio 2008, *ma integrate con fonti dirette. Le abbreviazioni* Card., Arc., Vesc., Patr., Mons., Rev., Ab. *fanno riferimento rispettivamente a "cardinale, arcivescovo, vescovo, patriarca, monsignore, reverendo, abate".*

Una famiglia patriarcale

La santa casta all'alba del terzo millennio si presenta come un'autentica famiglia patriarcale, costituita dai componenti della Casa pontificia, ovvero dell'antica corte papale, articolata nella Cappella pontificia e nella Famiglia Pontificia, ecclesiastica e laica, secondo quanto prescritto dal *motu proprio Pontificalis Domus* emesso da Paolo VI il 28 marzo 1968. Ha un assetto gerarchico che fa capo al Sommo Pontefice e si articola in una vera e propria scala sociale, ovvero politico-amministrativo-religiosa con i sommi membri ecclesiastici, dal cardinale Segretario di Stato al cardinale Camerlengo di Santa Romana Chiesa e i cardinali, i patriarchi, gli arcivescovi, i vescovi, i prelati, tutti perlopiù impegnati nelle diverse congregazioni della Curia.

Ai quali fanno seguito Vicari Apostolici, Prefetti e Amministratori Apostolici, Missionari *sui iuris*, Esarchi, Eparchi e Ordinari Militari, per estendersi nei membri ecclesiastici in veste diplomatico-apostolica che sono i Custodi della Terra Santa, i Delegati Pontifici e Apostolici e i Nunzi Pontifici. Per rientrare nelle strutture interne della Curia con il Vice Camerlengo, i Presidenti dei Pontifici Consigli, i Segretari delle Congregazioni, il Segretario Generale del Sinodo dei Vescovi, il Reggente della Penitenzieria Apostolica, il Segretario del Supremo Tribunale della Rota Romana, i Prelati Superiori dei Pontifici Consigli e delle Pontificie Commissioni, gli Abati Generali dei Canoni Regolari e degli Ordini Monastici, i Superiori Generali degli Ordini Mendicanti, gli Uditori del Tribunale della Rota Romana, i Votanti del Supremo Tribunale della Segnatura Apostolica, i Membri dei Capitoli delle quattro Basiliche Papali, gli Avvocati Concistoriali, i Parroci di Roma e i Chierici della Cappella Pontificia.

Si succedono nella gerarchia i membri della vera e propria Famiglia Pontificia, a cominciare dai *familiari pontifici ecclesiastici*, che sono il Sostituto della Segreteria di Stato, il Segretario della Segreteria di Stato per i Rapporti con gli Stati, l'Elemosiniere di Sua Santità, il Presidente della Pontificia Accademia Ecclesiastica, il Teologo della Casa Pontificia, i Protonotari Apostolici, i Prelati di Anticamera, i Cerimonieri Pontifici, i Prelati d'onore e i Cappellani di Sua Santità e il Predicatore della Casa Pontificia. Seguono i *familiari pontifici laici* che sono gli assistenti al Soglio Pontificio, il Consigliere Generale dello Stato della Città del Vaticano, il Comandante della Guardia Svizzera, i Consultori dello Stato della Città del Vaticano, il Presidente della Pontificia Accademia delle Scienze, i Gentiluomini di Sua Santità, i soci del Circolo San Pietro, i membri dell'Associazione dei Ss. Pietro Paolo, i Procuratori dei Palazzi apostolici, gli Addetti di Anticamera, l'Aiutante di Camera, il Decano di Sala e il Sottodecano di Sala.

Ma questa famiglia patriarcale arriva a comprendere in senso lato, nella sua estrema frangia, ecclesiastici e laici che operano nella Curia romana e nelle istituzioni della Santa Sede, assistenti religiosi ospedalieri, cappellani delle carceri, insegnanti ecclesiastici e laici di Religione nelle scuole, religiosi e laici di Istituti maschili e femminili di Vita Conscrata e Apostolica, che sono sacerdoti, suore, diaconi, sagrestani e missionari sparsi nel mondo come rappresentanti della Santa Chiesa Cattolica Apostolica Romana, questi ultimi esposti fino al sacrificio della propria persona, in un martirio che rinnova quelli dell'antica santa comunità dei primi secoli del cristianesimo.

Il Sommo Pontefice della Chiesa Universale

È Benedetto XVI, al secolo Joseph Ratzinger, eletto il 19 aprile 2005. I suoi titoli sono: Vescovo di Roma, Vicario di Gesù Cristo, Successore del Principe degli apostoli, Primate d'Italia, Arcivescovo e Metropolita della Provincia Romana, Sovrano dello Stato della Città del Vaticano, Servo dei Servi di Dio. Ha rinunciato al titolo di Patriarca dell'Occidente. Il titolo di Arcivescovo e Metropolita della Provincia Romana fa riferimento alle diocesi suburbicarie di Ostia, Albano, Frascati, Palestrina, Porto-Santa Rufina, Sabina-Poggio Mirteto, Velletri-Segni. Le sue insegne sono il trono, il *pedum rectum* (il bastone pastorale terminante con una croce), l'anello del Pescatore e le speciali vesti pontificali; il copricapo è una mitra come per i vescovi, ma è in uso anche il camauro. Ha gli appellativi di Sovrano Pontefice e Santo Padre, ai quali si accompagna la denominazione più antica di Papa.

La parola «papa» deriva dal greco *pàpas* (padre), come vengono tuttora chiamati i sacerdoti in Oriente. Il termine è assegnato fino al secolo IX a tutti i vescovi, ma a quello di Roma viene dato per la prima volta alla persona di Marcellino (296-304) nel termine latino *papa*, come si ricava dall'iscrizione del diacono Severo nelle catacombe romane di Callisto, «*iussu p(a)p(ae) sui Marcellini*». Dal 400, nel sinodo di Toledo, il titolo risulta esclusivo del vescovo di Roma, dal momento che in riferimento ad altri vescovi si usa quello di *episcopus*. Peraltro nel *Liber pontificalis* la parola «papa» subentra nella biografia di Agapito I (535-536), ma in sostanza non ci si pone il problema di definire il termine *ex cathedra* fino a Gregorio VII, che nel *Dictatus papae* del 1075 dichiara al riguardo: «*quod hoc unicum est nomen in mundo*». E da allora il vescovo di Roma è indicato in tutto il mondo come papa.

Il titolo di «pontefice» appartiene alla più antica tradizione romana. Risale a quel *pontifex* con il quale era indicato il sacerdote del collegio religioso pagano istituito a Roma, secondo la leggenda, dal re Numa Pompilio. Il loro superiore era il *pontifex maximus*, con incarico a vita, carica che poi gli imperatori assunsero personalmente come capi della religione dello Stato, ma anche per evidenziare la loro «divina» personalità. Come tale il titolo fu mantenuto anche da imperatori successivi a Costantino, e cristiani, finché venne abolito da Graziano nel 382. Ma il nome di *pontifex* fu il sinonimo di *episcopus* per molti secoli, e la distinzione con il vescovo di Roma si precisò nella qualifica di *pontifex maximus* e infine di «sovrano pontefice» di uno Stato.

Il papa, ovvero il Sovrano Pontefice, altrimenti chiamato Santo Padre, è il vicario di Gesù Cristo in terra, come successore del principe degli apostoli, Pietro. «Tu sei Pietro e su questa pietra fonderò la mia Chiesa, e le porte dell'inferno non prevarranno su di essa. Io ti darò le chiavi del regno dei cieli; tutto quello che legherai sulla terra sarà legato nei cieli, tutto quello che scioglierai sulla terra sarà sciolto nei cieli». È questa la frase pronunciata da Gesù nel vangelo di Matteo e sul quale si basa la Chiesa cattolica dalle sue origini, con la fede nel ministero assegnato a Pietro e da questi trasmesso ai suoi successori per assicurare l'esistenza della Chiesa e, come pastori, guidare i credenti: «Pasci le mie pecorelle».

Al papa sono state assegnate così le chiavi simboliche della Verità evangelica, quelle del sì e del no, ovvero del primato sulla terra, come vicario di Gesù Cristo. Nelle parole del figlio di Dio è anche il segno dell'infallibilità del papa, della sua autorità *ex cathedra*; un'autorità nata nell'anno in cui la frase fu pronunciata, probabilmente il 30, e rimasta in vita attraverso 265 Sovrani Pontefici. Questa autorità si esterna attraverso i suoi scritti, che sono epistole, brevi, encicliche, decretali, esortazioni apostoliche, lettere apostoliche e messaggi all'*Angelus* domenicale e nelle udienze; ma anche, nel caso dell'attuale papa, attraverso i libri che scrive come teologo.

Il papa non percepisce un preciso stipendio, ma ha a disposizione un fondo di euro presso lo IOR (v.), che è la banca della Città del Vaticano; peraltro dispone anche dell'Obolo di San Pietro (v.), del contributo annuale dei Cavalieri di Colombo (v.), oltre a lasciti anonimi e offerte di associazioni ed enti ricevuti in udienza, nonché i diritti d'autore dei suoi libri, tutelati dalla Fondazione «Joseph Ratzinger».

La sua residenza è nell'appartamento al terzo piano del Palazzo apostolico della Città del Vaticano. Alla stanza-ufficio del segretario fa seguito lo studio privato del papa in corrispondenza della seconda finestra sulla facciata che domina piazza San Pietro, dalla quale appunto il pontefice si affaccia ogni domenica per l'*Angelus*. Segue la camera da letto ad angolo, con l'ultima finestra sulla facciata sud e le prime due della facciata orientale; il bagno, la sala da pranzo, la cucina e l'*office* danno verso est; a nord si trovano il guardaroba e le dispense.

Con il papa abita, in veste di segretario, il sacerdote bavarese Georg Gaenswein, già insegnante alla Pontificia Università della Santa Croce dell'Opus Dei. Curano la cucina, le pulizie e il guardaroba quattro donne: Carmela e Loredana, appartenenti ai *Memores Domini*, il ramo monastico di Comunione e Liberazione, e le due consorelle Emanuela e Cristina.

Il Collegio cardinalizio

Il Collegio cardinalizio è costituito da 201 cardinali ripartiti nei tre ordini di Vescovi (10), Presbiteri (151) e Diaconi (40), ma tutti con dignità episcopale. I cardinali, qualificati anche come porporati, in riferimento al color porpora del loro abito, sono i più alti dignitari della Chiesa di Roma dopo il papa e suoi consiglieri; alcuni di loro presiedono congregazioni, tribunali, fondazioni, consigli della Santa Sede. Fino a 80 anni hanno diritto di voto nel conclave, dove non sono più di 120. Vengono riuniti nel *concistoro*, l'adunanza convocata dal papa per discutere su problemi di particolare importanza; è ordinario, con la convocazione dei porporati presenti a Roma, e straordinario con la presenza di tutti i cardinali.

La loro nomina è annunciata dal papa nel concistoro e ricevono poi in San Pietro le insegne della loro dignità; in sottana porpora, con pettorale e mozzetta, la mantellina chiusa da 12 bottoncini, sfilano davanti al papa per ricevere in ginocchio la berretta porpora, che ha sostituito l'antico galero, con la formula che ricorda la loro fedeltà al papa e alla Chiesa «*usque ad sanguinis effusionem*». A ciascuno viene attribuito un titolo in relazione a una chiesa di Roma, a significare il legame indissolubile con la sede di Pietro. Il giorno dopo, nel corso di una messa solenne, il papa gli consegna l'anello cardinalizio, che varia a seconda del pontefice; conclude la cerimonia la cosiddetta «visita di calore» da parte di parenti e amici del porporato, che li riceve in uno dei saloni del Vaticano.

Il cardinale decano presiede il collegio, in assenza del papa, e un eventuale conclave; il cardinale camerlengo ha il compito di amministrare le proprietà della Santa Sede, di reggere un'eventuale sede vacante e di convocare un eventuale conclave. Il cardinale presbitero e il cardinale diacono più anziani hanno la qualfica di protopresbitero e protodiacono; il protopresbitero ha l'esclusiva di celebrante ufficiale nelle cerimonie cardinalizie; il protodiacono ha il compito di annunciare un eventuale nuovo papa. Lo stipendio di un cardinale di Curia si aggira su una somma annuale netta di 150.000 euro, assegnata in rate mensili dall'APSA (v.), al quale si aggiunge il cosiddetto "rotolo cardinalizio", una somma tratta dalle rendite del Sacro Collegio.

Decano: Card. Angelo Sodano.
Vice decano: Card. Roger Etchegaray.
Segretario: Arc. Francesco Monterisi.
Sostituto: Mons. Fabio Fabene.
Archivista: Rev. Gonzalo Ruiz Freites.
Camerlengo: Card. Tarcisio Bertone.
Protopresbitero: Card. Eugênio Sales de Araújo.
Protodiacono: Card. Agostino Cacciavillani.

Il Sinodo dei vescovi

Istituito con il *motu proprio Apostolica sollicitudo* del 15 settembre 1965, è l'assemblea dei vescovi «i quali, scelti nelle diverse regioni del mondo, si riuniscono in tempi determinati per favorire una stretta unione tra il Romano Pontefice e i vescovi stessi, e per prestare aiuto con il loro consiglio al Romano Pontefice nella salvaguardia e nell'incremento della fede e dei costumi, nell'osservanza e nel consolidamento della disciplina ecclesiastica e inoltre per studiare i problemi riguardanti l'attività della Chiesa nel mondo». È composto da vescovi eletti per le singole conferenze episcopali e di altri membri nominati direttamente dal papa, ai quali si aggiungono dieci religiosi rappresentanti degli istituti religiosi clericali. Il mandato ai vescovi dura per il periodo di tempo che intercorre tra l'una e l'altra assemblea generale.

Presidente: S. P. Benedetto XVI.
Segretario generale: Arc. Nikola Eterović.
Sottosegretario: Mons. Fortunato Frezza.

Il sinodo comprende un *Consiglio ordinario* e sei *Consigli speciali* per l'Africa, il Libano, l'America, l'Asia, l'Oceania e l'Europa, i cui membri durano in carica nei due o tre anni di esistenza dell'assemblea. È assistito da una segreteria di 6 minutanti, addetti di segreteria e tecnici (uno dei quali un laico).

Lo stipendio di un vescovo si aggira su una somma annuale netta di 39.000 euro, assegnata in rate mensili, ma ognuno ha a disposizione un fondo spese dell'episcopato di competenza.

Gli uffici di segreteria sono a Roma nel palazzo del Bramante in via della Conciliazione 34.

Le Conferenze Episcopali

Sono le assemblee dei vescovi di una nazione o di un territorio, nel quale i vescovi esercitano funzioni pastorali per promuovere l'apostolato della Chiesa. Sono 114. Rientra tra di esse la CEI (*Conferenza Episcopale Italiana*).

La sede della CEI è a Roma; la presidenza è in via Aurelia 468; uffici e servizi pastorali sono alla circonvallazione Aurelia 50. La CEI detiene anche il centro di produzione televisivo nazionale Sat2000, sorto nel 1998, in via Aurelia 796; qui sono la redazione, gli uffici di produzione e gli studi televisivi.

Presidente: Card. Angelo Bagnasco.

Alla CEI risalgono:

1. *Ufficio nazionale per l'educazione*, che sovrintende alle scuole paritarie della Santa Sede.

Segretario: Mons. Bruno Stenco.

2. *Ufficio pastorale assistenza sociale dell'Ispettorato dei cappellani delle carceri* che fa capo al *Dipartimento dell'amministrazione penitenziale del dipartimento della giustizia minorile* dello Stato Italiano. Ne fanno parte 5 cappellani e un ispettore eletti su proposta dell'autorità ecclesiastica.

Ispettore: Mons. Giorgio Caniato.

L'ispettorato cura il periodico «La pastorale del Penitenziario»; direttore è Mons. Giuseppe Scotti.

Dalle Conferenze Episcopali dipendono gli *Assistenti Religiosi Ospedalieri*, ecclesiastici assunti come assistenti dalle strutture ospedaliere dello Stato italiano per la cura religiosa dei ricoverati. L'assunzione è basata su una intesa tra i presidenti delle Regioni e delle Conferenze Episcopali, e gli assistenti sono stipendiati dalla Regione di pertinenza; ne è previsto uno fino a 300 posti letto e uno ogni 350 in strutture con più di 700 posti letto. Sono messi a loro disposizione dall'ospedale gli spazi per le funzioni di culto, l'alloggio, gli arredi e le suppellettili del religioso, oltre alla risoluzione di tutte le spese relative al suo mantenimento, nonché l'illuminazione e il riscaldamento. «Al personale di assistenza religiosa», secondo l'articolo 8 della legge regionale n.13 della Regione Sardegna del 15 aprile 1997, in funzione in tutte le regioni, «si applicano le norme contrattuali vigenti in materia sul territorio regionale. Agli assistenti in rapporto di convenzione è assicurato un compenso proporzionale allo stipendio lordo della categoria di appartenenza degli assistenti in posizione di ruolo, comprensivo dell'indennità integrativa speciale e delle altre voci contrattuali fisse e continuative, nonché la tredicesima mensilità, calcolata secondo i medesimi criteri».

La Curia Romana

È il complesso degli organi centrali della Santa Sede che coadiuvano il Sommo Pontefice nel governo generale della Chiesa cattolica, come indicato nel canone 360 del *Codice di Diritto Canonico*. I dicasteri si sono venuti costituendo tra il V e il XVI secolo, quando furono meglio definiti da Sisto V nel 1588, per essere poi rinnovati più volte fino alla costituzione *Pastor Bonus* del 28 giugno 1988 di Giovanni Paolo II, così che alla Segreteria di Stato fanno seguito le Congregazioni, i Tribunali, i Pontifici Consigli, le Pontificie Commissioni, i Pontifici Comitati, gli Uffici Amministrativi, le Fondazioni, le Pontificie Accademie, i Consigli, le Commissioni, i Comitati, le Commissioni Interdicasteriali Permanenti, gli Uffici e i Servizi di Rappresentanza. Tutti organi sotto la gestione di membri della santa casta.

La Segreteria di Stato

È il dicastero che aiuta da vicino il papa nell'esercizio della sua missione: il segretario di Stato è a capo del governo della Santa Sede che si articola nei diversi dicasteri e organismi della Curia. È stato definito il «viceré del Vaticano» dal giornalista Lillo Spadini ed è in sostanza il primo ministro della Santa Sede; mentre all'interno degli organismi della Curia «la sua voce è l'eco delle preoccupazioni del Sommo Pontefice al quale rende conto della sua attività», come ha precisato Paul Poupard; la sua azione multiforme, sulla base di direttive concordate e via via puntualizzate, guida i rapporti dello Stato vaticano con gli altri governi in un contesto internazionale. Tra l'altro, in concreto, redige tutte le costituzioni e lettere che il papa gli affida, cura la pubblicazione delle opere editoriali della Santa Sede, vigila su «L'Osservatore Romano», la Radio Vaticana e il Centro Televisivo Vaticano (v.).

Può comunque contare su diversi ministri alle sue strette dipendenze: il Segretario per i Rapporti con gli Stati, che cura le relazioni con le nazioni e rappresenta la Santa Sede presso gli organismi internazionali e i congressi, equivalente a un ministro degli Esteri, con tanto di sottosegretario; l'Assessore per gli Affari generali e il Delegato per le Rappresentanze pontificie, che è «la cinghia di trasmissione delle direttive pontificie alla Curia e alle rappresentanze diplomatiche», come lo ha definito Lillo Spadini, così che «il suo ufficio è una rifornitissima centrale d'informazione, dal momento che ha un rapporto quotidiano con il papa». Il dicastero è poi assistito da un consiglio di consultori internazionali.

Segretario di Stato: Card. Tarcisio Bertone.
Segretario per i rapporti con gli Stati: Arc. Dominique Mamberti.
Assessore per gli Affari generali: Mons. Gabriele Giordano Caccia.
Sottosegretario per i Rapporti con gli Stati: Mons. Pietro Parolin.
Delegato per le Rappresentanze Pontificie: Arc. Carlo Maria Viganò.
Nunzio Apostolico con incarichi speciali: Arc. Paolo Sardi.
Nunzio Apostolico a disposizione: Arc. Luigi Travaglino.
Consultori: Arc. Marco Dino Brogi, John Bukovski, Dominik Hrusovsky, Roland Minnerath, García Justo Mullor, Paul Fouad Tabet.
Mons. Bertrand de La Soujeole.
Consiglio di consulenza: Card. Tarcisio Bertone, Godfried Danneels, Attilio Nicora, Giovanni Battista Re, Jean-Louis Tauran.

Il personale, tra capi ufficio, addetti di segreteria, diplomatici, minutanti, addetti tecnici e scrittori assomma a 182 membri, ecclesiastici e laici; inoltre esistono 3 Commissioni permanenti per il personale, le tabelle organiche e le onorificenze.

Alla Segreteria di Stato fanno capo gli *Acta Apostolicae Sedis* (bollettino ufficiale della Santa Sede) e l'*Annuario Pontificio* (registro di tutto il complesso organico della Santa Sede).

Gli uffici risiedono al primo piano del Palazzo Apostolico Vaticano.

Le Congregazioni

Sono i nove dicasteri della Curia che trattano gli affari generali della Chiesa, a ognuno dei quali è preposto un cardinale come prefetto, con l'aiuto di un collegio di cardinali e vescovi, e di vari collegi di consultori, addetti di segreteria, addetti tecnici, scrittori laici e religiosi. Ad essi sono collegati Pontifici Comitati e Pontificie Commissioni, diretti da cardinali o vescovi, e Pontifici Consigli, che mantengono però anche una loro autonomia. Sono diretti e gestiti dai membri della santa casta.

La Congregazione per la Dottrina della Fede

Già *Santa Romana e Universale Inquisizione* e *Sant'Uffizio*, secondo l'istituzione di Paolo III nel 1542, è stata rinnovata da Sisto V nel 1588 e da Pio X nel 1903, finché ha assunto la nuova definizione nel 1965; è il dicastero che ha il compito di «promuovere e tutelare la dottrina sulla fede e i costumi in tutto l'orbe cattolico», con funzione di tribunale per «i delitti contro la fede e i delitti più gravi commessi sia contro la morale sia nella celebrazione dei sacramenti». Comprende tre uffici:

1. *Ufficio Dottrinale* che si occupa della promozione della fede.
2. *Ufficio Disciplinare* che tratta i delitti contro la fede e la morale.

3. *Ufficio Matrimoniale* che s'interessa delle cause di scioglimento di matrimonio "*in favorem fidei*".

Prefetto: Card. William Joseph Levada.

Membri: Card. Francis Arinze, Tarcisio Bertone, Antonio Cañizares Llovera, Ivan Dias, Zenon Grocholewski, Julián Herranz, Walter Kasper, Polycarp Pengo, Giovanni Battista Re, Jean-Pierre Ricard, Leonardo Sandri, Christoph Schönborn, Crescenzio Sepe, James Francis Stafford, Jean-Louis Tauran.

Arc. Henryk Muszyński.

Vesc. Salvatore Fisichella, Gerhard Ludwig Müller.

Segretario: Rev. Luis Francisco Ladaria Ferrer.

Sottosegretario: Rev. Joseph Augustine Di Noia.

Promotore di Giustizia: Charles Scicluna.

Il personale, tra capi ufficio, aiutanti di studio, addetti tecnici, scrittori, applicati e consultori assomma a 95 membri, di cui 9 laici.

Sono collegate alla congregazione:

1. *Pontificia Commissione Biblica* (v. Commissioni).
2. *Commissione Teologica Internazionale* (v. Commissioni).

La sede è a Roma nel palazzo della Congregazione (già del Sant'Uffizio) in piazza Sant'Uffizio 11.

La Congregazione per le Chiese Orientali

Creata da Pio IX nel 1862 in collegamento alla congregazione di Propaganda, è stata resa autonoma da Benedetto XV nel 1917 e rinnovata da Pio XI nel 1938. È il dicastero che sovrintende a eparchie, vescovadi, clero, religiosi e fedeli di rito orientale.

Prefetto: Card. Leonardo Sandri.

Membri: Card. Aloysius Matthew Ambrozic, Francis Arinze, Tarcisio Bertone, Godfried Daneels, Emmanuele III Delly, Francis Eugene George, Jósef Glemp, Lubomyr Husar, Walter Kasper, William Henry Keeler, Bernard Francis Law, Karl Lehmann, Christoph Schönborn, Nasrallah Pierre Sfeir, Jean-Louis Tauran, Dionigi Tettamanzi, Miloslav Volk.

Patr. Laham Gregorios III, Abdel-Ahad Ignace Pierre VIII, Sabbah Michel, Antonios Naguib, Tarmouni Nerses Bedros XIX.

Arc. Piero Marini, Lucian Mureşan, Baselios Cleemis Thottunkal Moran Mor.

Vesc. Antoine Audi, Pierre Burcher, Renato Corti.

Segretario: Arc. Antonio Maria Vegliò.

Sottosegretario: Mons. Krzysztof Nitkiewicz.

Il personale, tra capi ufficio, aiutanti di studio, addetti tecnici, scrittori, applicati e consultori assomma a 45 membri, di cui 10 laici.

Fanno parte della congregazione:

1. *Commissione Speciale per la Liturgia*, con 11 consultori.
2. *Commissione Speciale per gli Studi sull'Oriente Cristiano*, con 4 consultori.
3. *Commissione Speciale per la Formazione del Clero e dei Religiosi*, con 3 consultori e 1 visitatore addetto al coordinamento per i collegi e i seminari orientali.

La congregazione ha sede a Roma in via della Conciliazione 34.
Sono collegate alla congregazione:

1. *Pontificia Missione per la Palestina*
Presidente: Mons. Robert Stern.
Vice presidente: Mons. John D. Faris.
Il personale è costituio da 4 officiali laici.
2. *Catholic Near East Welfare Association (CNEWA)*
Presidente: Card. Edward Michael Egan.
Vice presidente: Card. Marc Ouellet.
Membri: Card. William Henry Keeler.
Arc. Alexander Brunett, Terrence Thomas Prendergast.
Il personale, tra segretari, officiali amministrativi, nazionali e regionali è costituito da 18 membri, di cui 11 laici.
3. *ROACO* (Riunione Opere Aiuto Chiese Orientali)
Presidente: Card. Leonardo Sandri.
Vice presidente: Arc. Antonio Maria Vegliò.
Segretario: Rev. Leon Lemmens.
La sede è a Roma, in piazza Pio XII 3.

La Congregazione per il Culto Divino e la Disciplina dei Sacramenti

Risale a una congregazione istituita da Pio X nel 1908, rinnovata completamente e accresciuta da Paolo VI nel 1969. È il dicastero che si occupa della promozione e regolamentazione della liturgia e dei sacramenti; a questo scopo promuove studi volti a far crescere l'approfondimento della liturgia, interessandosi all'abolizione o traslazione delle feste di precetto e curando la compilazione dei testi e riti liturgici. Con speciali commissioni tratta le cause d'invalidità delle sacre ordinazioni; giudica sulla non consumazione del matrimonio e la dispensa per matrimoni tra cattolici e non cattolici; cura la prassi amministrativa sui processi di matrimonio rato e non consumato.
Prefetto: Card. Antonio Cañizares Llovera.
Membri: Card. Aloysius Matthew Ambrozic, Philippe Barbarin, Jorge Mario Bergoglio, Tarcisio Bertone, Josip Bozanić, Dario Castrillón

Hoyos, Juan Luis Cipriani Thorne, Godfried Danneels, Salvatore De Giorgi, Ivan Dias, Péter Erdö, Francis Eugene George, Zenon Grocholewski, Julián Herranz, Cláudio Hummes, Bernard Francis Law, Meisner Joachim, Cormac Murphy-O Connor, Jean-Baptiste Pham Minh Mân, George Pell, Paul Poupard, Justin Francis Rigali, Norberto Rivera Carrera, Franc Rodé, José Saraiva Martins, Angelo Scola, Christian Wiyghan Tumi, Peter Kodwo Appiah Turkson, José Saraiva Martins.

Arc. Michel-Marie-Bernard Calvet, Jean-Marie Untaani Compaoré, Alois Kothgasser, Robert Le Gall, Paulino Lukudo Loro, Thomas Menamparampil, Antonio Moreno Casamitjana, Tlhagale Buti Joseph.

Vesc. Philip Boyce, John Terence Brain, Antoni Dziemianko, Kevin Michael Manning, Tarcisius Ngalalekumtwa, Mario Olivieri.

Segretario: Arc. Albert Malcolm Ranjith Patabendige.

Sottosegretario: Mons. Anthony Ward.

Il personale, tra capi ufficio, aiutanti di studio, addetti di segreteria, addetti tecnici, scrittori e consultori, assomma a 64 membri, di cui 5 laici.

Sono collegati alla congregazione:

1. *Commissione speciale per la trattazione delle cause di dichiarazione di nullità della sacra ordinazione e di dispensa dagli obblighi dello stato clericale*; ne fanno parte 31 ecclesiastici.
2. *Commissione per la trattazione delle cause di dispensa dal matrimonio rato e non consumato*; ne fanno parte 56 membri, di cui 21 laici e 35 ecclesiastici.
3. *Studio di prassi canonico-amministrativa*; è presieduto dall'arc. Albert Malcolm Ranjith Patabendige, con 5 membri, di cui 2 laici.
4. *Comitato "Vox Clara" di consuenza sulla celebrazione del rito romano in lingua inglese*. È presieduto dal card. George Pell con 10 membri (4 cardinali, 5 arc. e 1 vesc.) e 5 consiglieri ecclesiastici.

La sede è a Roma, nel palazzo delle Congregazioni in piazza Pio XII 10.

La Congregazione delle Cause dei Santi

Istituita da Paolo VI con la costituzione *Sacra Rituum Congregatio* dell'8 maggio 1969, si ricollega a quella istituita da Sisto V nel 1588, relativa appunto alla trattazione delle cause dei santi. Infatti è questo il dicastero che soprassiede alle cause di canonizzazione, con annesso *Studio* per la formazione dei collaboratori del dicastero. Qualunque battezzato può chiedere alla congregazione che una persona sia beatificata e poi canonizzata. Il candidato è detto «servo di Dio» e, se si accerta «l'eroicità delle virtù», diviene «venerabile». Dopo l'accertamento di un miracolo avvenuto per sua intercessione, è dichiarato «beato». Con la prova di un secondo miracolo può essere proclamato «santo». Non si può presentare domanda prima di cinque anni dalla morte del candidato, salvo dispensa del papa, come sembra sarà per Giovanni Paolo II. Tutto inizia da un postulatore, che deve essere residente in Roma, il quale presenta al vescovo del luogo dove il servo di Dio è morto biografia e scritti del candidato agli onori degli altari, nonché certificati di una eventuale guarigione miracolosa. Il vescovo fa un'indagine, convoca i testimoni e gli eventuali medici curanti del malato guarito, trasmettendo poi una relazione alla congregazione, che è presieduta dal cardinale prefetto. La congregazione sente il collegio dei relatori, il collegio dei teologi e una commissione di medici ed esprime un parere che viene riferito al papa, al quale compete la decisione finale. Con Giovanni Paolo II il numero degli eletti è divenuto eccezionale. In 26 anni di pontificato sono stati proclamati 1345 beati, ovvero due terzi di tutta la storia della Chiesa, e ben 483 santi, eliminando la necessità del miracolo per i martiri.

Prefetto: Arc. Angelo Amato.

Membri: Card. Francis Arinze, Juan Luis Cipriani Thorne, Julián Herranz, William Joseph Levada, Javier Lozano Barragán, Sergio Sebastiani, James Francis Stafford, Jean-Claude Turcotte, Agostino Vallini.

Arc. Ottorino Pietro Alberti, Pier Giacomo De Nicolò, Piergiorgio Silvano Nesti.

Vesc. Salvatore Boccaccio, Giovanni Paolo Benotto, Lorenzo Chiarinelli, Franco Croci, Javier Echevarría Rodriguez, Salvatore Fisichella, Lino Fumagalli, Girolamo Grillo.

Segretario: Arc. Michele Di Ruberto.

Sottosegretario: Mons. Marcello Bartolucci.

Prelato Teologo: Mons. Sandro Corradini.

Preside dello Studio: Arc. Michele Di Roberto.

Il personale, tra relatori, aiutanti di Studio, addetti di Segreteria, addetti tenici e scrittori, assomma a 83 ecclesiastici e 9 laici.

La sede è a Roma, nel palazzo delle Congregazioni in piazza Pio XII 10.

La Congregazione per i Vescovi

Risale alla congregazione istituita da Sisto V nel 1588, rinnovata da Pio X nel 1908 e completamente definita da Paolo VI nel 1967 e ampliata nelle sue finalità da Giovanni Paolo II nel 1988. È il dicastero che svolge quanto concerne la costituzione delle chiese e dei loro consigli, provvede alla nomina dei vescovi, indice le visite apostoliche, organizza la celebrazione delle conferenze episcopali. L'ambito in cui la congregazione esercita i suoi poteri è ristretto, in quanto al rito, a quello latino, ma abbraccia tutto il mondo quanto a territorio.

Prefetto: Card. Giovanni Battista Re.

Membri: Card. Tarcisio Bertone, Darío Castrillón Hoyos, Salvatore De Giorgi, Zenn Grocholewski, Julian Herranz, Cláudio Hummes, Bernard

Francis Law, Karl Lehmann, William Joseph Levada, Javier Lozano Barragán, Joachim Meisner, Attilio Nicora, Justin Francis Rigali, Franc Rodé, Antonio Maria Rouco Varela, Camillo Ruini, José Saraiva Martins, Sergio Sebastiani, James Francis Stafford, Jean-Louis Tauran, Agostino Vallini.

Segretario: Arc. Francesco Monterisi.

Sottosegretario: Mons. Giovanni Maria Rossi.

Il personale, tra capi ufficio, aiutanti di studio, addetti di segreteria e consultori assomma a 35 membri, di cui 2 laici.

Sono collegati alla congregazione:

1. *Ufficio Centrale di coordinamento pastorale degli Ordini Militari*; ne fanno parte 7 membri; ad esso fa capo l'Ordinariato Militare in Italia (OMI) (v.).

2. *Ufficio di coordinamento delle visite "ad limina"*, ovvero degli incontri romani dei vescovi e dei rapporti con i dicasteri interessati.

3. *Pontificia Commissione per l'America Latina* (v. Commissioni).

La sede è a Roma, nel palazzo delle Congregazioni in piazza Pio XII 10.

La Congregazione per l'Evangelizzazione dei Popoli

Istituita in forma di commissione cardinalizia da Pio V e Gregorio XIII, è diventata congregazione *De Propagamda Fide* con Clemente VIII nel 1599 e si è rinnovata nel 1622 con Gregorio XV; ha assunto l'attuale impostazione e la nuova denominazione insieme all'originaria nel 1967 a opera di Paolo VI, finché nel 1988 con Giovanni Paolo II ha avuto l'attuale denominazione singola. È il dicastero che sovrintende all'opera missionaria della Santa Sede, relativa ad alcune regioni delle Americhe, quasi tutta l'Africa, l'Estremo Oriente e l'Oceania, al di fuori dell'Australia e delle Isole Filippine. È la congregazione più ricca della Santa Sede, in cui confluisce moltissimo denaro attraverso vari canali di commissioni, comitati e consigli collegati al dicastero, nonché grazie alla raccolta di offerte in tutto il mondo in specifiche giornate durante l'anno.

Prefetto: Card. Ivan Dias. È soprannominato il «papa rosso», in riferimento al colore del sangue versato spesso dai missionari della congregazione, come vittime di persecuzioni.

Membri: Card. Francis Arinze, Tarcisio Bertone, Carlo Caffarra, Dario Castrillón Hoyos, Godfried Danneels, Julius Riyadi Darmaatmadja, Francis Eugene George, Zenon Grocholewski, Julián Herranz, Michael Michai Kitbunchu, Bernard Francis Law, Lozano Barragán Javier, Renato Raffaele Martino, Napier Wilfrid Fox, Attilio Nicora, Anthony Olobunmi Okogie, Polycarp Pengo, Jean-Baptiste Pahm Minh Mân, Paul Poupard, Vinko Puljic, Giovanni Battista Re, Franc Rodé, Sebastiani Sergio, James Francis Stafford, Placidus Toppo Telesphore, Christian Wiyggan Tumi, Agostino Vallini, Ricardo Vidal, Friedrich Wetter, Thomas Stafford Williams, Joseph Zen Ze-kiun, Wako Gabriel Zubeir.

Arc. Andreas Choi Chang-mou, Giuseppe De Andrea.

Vesc. Antonio Bayter Abud, Jean Bonfils, Wiktor Skworc.

Direttori e superiori delle Pontificie opere missionarie: Daniel Lagni, Peter-Hans Kolvenbach, Jan Piotrowski, José Rodriguez Carballo, Ignacio Siluvai, Gian Battista Zanchi.

Segretario: Arc. Robert Sarah.

Segretario aggiunto: Arc. Henryk Hoser.

Sottosegretario: Rev. Massimo Cenci.

Il personale, tra capi ufficio, minutanti, addetti di segreteria, addetti tecnici e scrittori, assomma a 21 membri, di cui 5 laici.

Fanno parte della congregazione:

1. *Archivio Storico*
Archivista: Rev. Luis Manuel Cuña Ramos.
Addetti e applicati: 5 laici.
La sede è a Roma in via Urbano VIII 16.

2. *Amministrazione*
Capo ufficio: Mons. Ermes Giovanni Viale.
Il personale comprende 9 laici contabili e addetti tecnici, e 43 consultori, dei quali solo 3 laici.

Sono collegati alla congregazione:

1. *Commissione per la Revisione di Sinodi e Conferenze episcopali* (v. Commissioni).
2. *Comitato Supremo delle Pontificie Opere Missionarie* (v. Comitati).
3. *Comitato Esecutivo delle Pontificie Opere Missionarie* (v. Comitati).
4. *Pontificia Colletta Pro Afris*. Cura la raccolta delle offerte per le terre missionarie africane. Sorta per la liberazione degli schiavi in Africa su iniziativa di Leone XIII nel 1890, nel 1976 fu finalizzata da Paolo VI a tutti i catechisti in Africa.
5. *Consiglio Superiore delle Pontificie Opere Missionarie della Propagazione della Fede di San Pietro Apostolo, della Santa Infanzia e dell'Unione Missionaria*. Provvede alla raccolta di offerte in denaro per la formazione e l'educazione del clero, per il riscatto e l'educazione cristiana dei fanciulli pagani, e la propaganda missionaria tra il clero secolare e regolare. Ne fanno parte 7 ecclesiastici e i presidenti delle varie opere missionarie.
6. *Pontificia Opera Missionaria della Propagazione della Fede*. Provvede a suscitare tra i fedeli l'interesse per l'evangelizzazione dei pagani. Ne fanno parte 4 ecclesiastici e 6 laici. L'opera risale all'iniziativa di Pauline Marie Jaricot (1799-1862), che nel 1816 fa voto di castità con estrema devozione all'Eucarestia e al Sacro Cuore di Gesù, radunando

intorno a sé le ragazze lavoratrici delle fabbriche di suo padre in una associazione spirituale semplicemente detta delle «Riparatrici». Nel 1818 questo gruppo assume anche la dimensione di preghiera e di animazione missionaria, con l'offerta facoltativa settimanale di un soldo. L'iniziativa prende consistenza e nel 1822 si arriva a costituire l'*Associazione della Propagazione della Fede* con 500 iscritti; l'associazione si qualifica quindi come opera e pubblica gli *Annales* che riportano le lettere dei missionari e mantiene un rapporto stretto con la Congregazione di Propaganda Fide, con una più precisa definizione finanziaria. I soci ordinari pagano una modesta quota annuale e s'impegnano a recitare ogni giorno un Pater e un'Ave Maria, seguiti dall'invocazione «San Francesco Saverio, prega per noi». I soci perpetui pagano una notevole somma, ma *una tantum*. I soci usufruiscono di indugenze, assicurate all'opera dal papa. L'opera inoltre accetta doni di qualsiasi natura, dal denaro agli immobili e agli oggetti preziosi. A conferma del suo spirito missionario e del servizio alla Chiesa universale, il 3 maggio 1922 Pio XI con il *motu proprio "Romanorum Pontificum"*, dichiara "pontificia" l'Opera, che assume così la denominazione attuale, confluendo nella congregazione. Notevoli i sussidi annuali in denaro attuali che si aggirano sui 25 milioni di dollari.

7. *Agenzia internazionale Fides*. È l'organo di informazione missionaria per la stampa. Ne fanno parte 11 laici.

8. *Pontificia Opera Missionaria di San Pietro Apostolo*. Cura l'amministrazione delle offerte destinate all'educazione del clero missionario; è collegata al *Collegio di San Pietro Apostolo* che cura il completamento degli studi per i missionari. Ne fanno parte 3 ecclesiastici e 7 laici. La nascita di quest'opera risale al 1888 all'iniziativa del vicario apostolico di Nagasaki, monsignor Cousin, delle *Missions Etrangères* di Parigi, di voler istituire un clero locale in terra di missione, specificamente in Giappone; coinvolge nel progetto la ricca signora Jeanne Bigard (1859-1934), che propaganda l'iniziativa nelle diocesi europee e costruisce una chiesa a Kyoto, sacrificando tutti i suoi averi e impegnandosi alla raccolta dei fondi necessari per il seminario giapponese. Fonda nel 1889 a Caen l'associazione *Opera di San Pietro Apostolo*, per la quale stampa un manifesto rivolto a tutti i cristiani per un aiuto allo sviluppo delle missioni cattoliche. Nel 1901 la sede viene portata a Parigi e poi a Friburgo in Svizzera, finché nel 1920 è trasferita a Roma. Leone XIII con la lettera *Ad extremas Orientis* raccomanda l'opera a tutta la cristianità e il 3 maggio 1922 Pio XI la dichiara «Pontificia». Notevoli i sussidi raccolti annualmente, che si aggirano sui 10 milioni di dollari.

9. *Pontificia Opera Missionaria della Santa Infanzia*. Cura l'amministrazione delle offerte per il riscatto dei fanciulli pagani. Ne fanno parte 2 ecclesiastici e 6 laici. La nascita di questa opera risale all'iniziativa del vescovo di Nancy monsignor Charles Auguste Marie de Forbin-Janson

(1785-1844) di dare un'impostazione missionaria alla devozione a Gesù Bambino, creando un movimento di bambini cristiani per l'aiuto e la salvezza dei bambini pagani. Il 19 maggio 1843 si definisce *Associazione della Santa Infanzia*. Ha un assetto in scala ridotta, perché i soci sono gli stessi bambini sotto i 12 anni, impegnati quotidianamente a recitare un'Ave Maria, seguita dalla preghiera: «Vergine Maria, san Giuseppe, pregate per noi e per tutti i fanciulli infedeli». Alla fine di ogni mese i soci dovrebbero versare un piccolo contributo; nonostante questa modesta impostazione i contributi arrivano e l'associazione va avanti, diffondendosi in diverse nazioni europee e anche negli Stati Uniti; così che Pio XI nel 1922 la dichiara «Pontificia». La sede fino agli anni Sessanta del Novecento è a Parigi, finché non viene trasferita a Roma presso la congregazione; notevoli le raccolte di offerte che non sono inferiori a una media annuale di 20 milioni di euro, con un incremento del 47% annuo.

10. *Pontificia Unione Missionaria*. È il titolo abbreviato della *Pontificia Unione Missionaria del Clero*, che risale alla Unione Missionaria fondata dal padre Paolo Manna (1872-1952) nel 1908 allo scopo di raccogliere i contributi provenienti dai sacerdoti di tutto il mondo; riconosciuta da Benedetto XV nel 1916 e dichiarata nel 1956 «Pontificia» da Pio XII, che consentì anche ai seminaristi e suore di esserne soci, attualmente nel numero 300.000. Il fine dell'unione è prevalentemete spirituale e scarsamente finanziario, con esortazione alla preghiera, alla vocazione e alla predicazione. Ne fanno parte 2 ecclesiastici e 3 laici.

11. *Amministrazione Pontificie Opere Missionarie*. Cura la gestione amministrativa della congregazione. Ne fanno parte 1 ecclesiastico e 10 laici.

12. *Domus Missionalis*. Fondazione pontificia per la gestione dei collegi dipendenti dalle Opere San Pietro, San Paolo, Mater Ecclesiae, Foyer Paolo VI, San Giuseppe. Ne fanno parte 2 ecclesiastici e 2 laici.

13. *Domus Urbaniana*. La sede è a Roma in via Urbano VIII 16. Ne fanno parte 1 ecclesiastico e 1 laico.

14. *Centro Internazionale di Animazione Missionaria*. La sede è a Roma in via Urbano VIII 16. Lo dirige un ecclesiastico.

15. *Consiglio per i Rapporti tra la Congregazione e le Unioni Internazionali dei Superiori e delle Superiore Generali*. È costituito da 19 ecclesiastici.

Esistono quattro giornate dedicate alla raccolta mondiale delle offerte da parte dei fedeli:

1. *Giornata Missionaria Mondiale*: penultima domenica di ottobre.
2. *Giornata Mondiale della Sofferenza del Malato*: 11 febbraio.
3. *Giornata Mondiale dell'Infanzia Missionaria*: 6 gennaio (festa dell'Epifania).
4. *Domenica del Buon Pastore*: quarta domenica di Pasqua.

Due le feste dei patroni delle missioni:

1. San Francesco Saverio: *Giornata Missionaria dei sacerdoti e religiosi* (3 dicembre).
2. Santa Teresa di Gesù Bambino (1° ottobre): *Giornata Missionaria delle religiose*.

Le raccolte delle giornate e feste consistenti in offerte e lasciti, insieme ai contributi derivati da iniziative particolari di animazione missionaria, vengono inviati dai direttori nazionali delle Pontificie Opere Missionarie delle singole nazioni ai Segretariati generali e costituiscono un fondo comune, il *Fondo Universale di Solidarietà*, gestito dalla congregazione.
La sede della congregazione è a Roma nel palazzo di Propaganda Fide in via di Propaganda 1 e piazza di Spagna 48.

La Congregazione per il Clero

Risale ad un dicastero istituito da Pio IV nel 1564, rinnovato da Sisto V nel 1586, da Pio IX nel 1849 e da Pio X nel 1908, per essere completamente ristrutturata da Paolo VI nel 1967. È il dicastero che promuove iniziative per l'aggiornamento intellettuale e pastorale del clero e per la loro formazione permanente; è competente anche in materia di amministrazione dei beni ecclesiastici appartenenti alle persone giuridiche pubbliche, e a trattare le dispense dagli obblighi assunti con la sacra ordinazione.
Prefetto: Card. Claudio Hummes.
Membri: Card. Aloysius Matthew Ambrozic, Jorge Mario Bergoglio, Tarcisio Bertone, Giacomo Biffi, Salvatore De Giorgi, Michele Giordano, Julián Herranz, Bernard Francis Law, Nicolás de Jesús López Rodriguez, Adam Joseph Maida, Jaime Ortega y Alamino, Severinio Poletto, Norberto Rivera Carrera, Oscar Andres Rodriguez Madariaga, Antonio Maria Rouco Varela, Angelo Scola, Sergio Sebastiani, Crescenzio Sepe, Dionigi Tettamanzi.
Arc. Tadeusz Kondrusiewicz.
Vesc. Thomas George Doran, Fernando Antônio Figueiredo, Klaus Küng, Heinrich Mussinghoff.
Segretario: Arc. Mauro Piacenza.
Sottosegretario: Mons. Giovanni Carrù.
Il personale, tra capi ufficio, aiutanti di studio, addetti di segreteria, addetti tecnici e scrittori, assomma a 20 membri, dei quali un solo laico; i consultori sono 36, di cui 3 arc., 6 vesc., 22 ecclesiastici e 5 laici.
Sono collegati alla congregazione:

1. *Commissione speciale per la trattazione delle cause di dispensa dagli obbighi del diaconato e del presbiteriato*, di cui fanno parte 40 ecclesiastici.

2. *Studio di prassi amministrativo-canonica*, di cui è presidente l'arc. Mauro Piacenza. Istituisce corsi triennali di formazione con rilascio di un diploma che permette di esercitare l'ufficio di cancelliere e addetto catechistico e amministrativo presso qualsiasi curia diocesana.

3. *Istituto "Sacrum Ministerium"* per la formazione permanente dei presbiteri, di cui è presidente l'arc. Mauro Piacenza.

4. *Consiglio internazionale per la catechesi* (v. Consigli).

La sede è a Roma, nel palazzo delle Congregazioni in piazza Pio XII 3.

La Congregazione per l'Educazione Cattolica

Creata da Sisto V nel 1588 in riferimento agli studi della Sapienza, è stata rinnovata da Leone XII nel 1824, assumendo più specifiche indicazioni su università e seminari cattolici con Pio X nel 1908 e con Benedetto XV nel 1915, essendo completamente rinnovata da Paolo VI nel 1967. È il dicastero che sovrintende a tutti i seminari e le case di formazione di istituti religiosi, su tutte le università di studi ecclesiastici e le scuole di istruzione dipendenti dall'autorità ecclesiastica.

Prefetto: Card. Zenon Grocholewski.

Membri: Card. Audrys Juozas Backis, Giacomo Biffi, Dario Castrillón Hoyos, Godfried Danneels, Ivan Dias, Stanislaw Dziwisz, Péter Erdö, Zenon Grocholewski, Cláudio Hummes, Bernard Francis Law, William Joseph Levada, Adam Joseph Maida, Francesco Marchisano, Marc Ouellet, José da Cruz Policarpo, Paul Poupard, Franc Rodé, Antonio Maria Rouco Varela, Pedro Rubiano Sáenz, Juan Sandoval Iñiguez, Christoph Schönborn, Adrianus Johannes Simonis, Georg Maximilian Sterzinsky, Dionigi Tettamanzi, Christian Wiyghan Tumi, Ricardo Vidal.

Arc. Edwin Frederick O'Brien, Jósef Miroslaw Zycinski.

Vesc. Diego Coletti, Gil Antônio Moreira.

Segretario: Arc. Jean-Louis Bruguès.

Sottosegretario: Mons. Angelo Vincenzo Zani.

Il personale, tra capi ufficio, aiutanti di studio, addetti tecnici e consultori, assomma a 52 membri, di cui 8 laici.

È collegata alla congregazione la *Pontificia Opera delle Vocazioni Sacerdotali*. *Presidente*: Card. Zenon Grocholewski.

Vice presidente: Arc. Jean-Louis Bruguès.

Sono collegate alla congregazione le *Commissioni Interdicasteriali permanenti* (v.). Dipendono dalla congregazione gli *Insegnanti di Religione* nelle scuole statali e private; sono ecclesiastici e laici designati dal vescovo e assunti dallo Stato italiano in base alla legge 186 del 2003, diventando dipendenti statali a tutti gli effetti, con stato giuridico e trattamento economico equivalente agli altri insegnanti. Sono oltre 15.000 e un'eventuale revoca all'abilitazione da parte del vescovo comporta l'obbligo per lo Stato di provvedere al loro impiego alternativo nei ruoli della scuola.

La sede della congregazione è a Roma, nel palazzo delle Congregazioni in piazza Pio XII, 3.

La Congregazione per gli Istituti di Vita Consacrata e le Società di Vita Apostolica

Risale alla Congregazione sulla *Consultazione dei Regolari* istituita nel 1586 da Sisto V e rinnovata nel 1601 da Clemente VIII, nel 1652 da Innocenzo X, nel 1695 da Innocenzo XII, da Pio IX nel 1846 e nel 1908 da Pio X, per essere completamente ridefinita da Paolo VI nel 1967. È il dicastero che soprassiede agli Istituti di vita consacrata (ordini e congregazioni religiose maschili e femminili, istituti secolari) e le Società di vita apostolica, Associazioni di vita eremitica e di vergini consacrate. In pratica raggruppa Gesuiti, Francescani, Benedettini, Domenicani e tutti gli altri ordini di monaci, frati, sacerdoti e suore: più o meno un milione di donne e 300.000 uomini, oltre agli appartenenti alle Società di vita apostolica, laici dei due sessi, in parte legati a voti di castità e povertà. Il controllo è principalmente a livello organizzativo, ovvero nell'erigere, approvare o sopprimere gli stessi istituti e società, definirne le costituzioni, l'apostolato, la dimissione dei membri, nonché l'amministrazione dei beni. Fermo restando che su alcuni specifici problemi sono addetti altri dicasteri. Dal maggio 1975 la congregazione pubblica un bollettino di informazioni, divenuto dal gennaio 2005 la rivista «Sequela Christi».

Prefetto: Card. Franc Rodé.

Membri: Card. Philippe Barbarin, Jorge Maria Bergoglio, Francisco Javier Errázuriz Ossa, Francis Eugene George, Bernard Francis Law, Nicolás de Jesús López Rodriguez, Wilfrid Fox Napier, Sean Patrick O'Malley, Iñiguez Juan Sandoval, Adrianus Johannes Simonis, Agostino Vallini.

Arc. Nestor Assogba, Thomas Menamparampil, Fernando Sebastián Aguilar.

Ves. Viktor Joseph Dammertz.

Rev. Pascual Chávez Villanueva (Rettore Salesiani), Jacques Hazebrouq (Resp. Ist. Notre-Dame de Vie), Peter-Hans Kolvenbach (Preposto Gesuiti), Robert Maloney, José Rodriguez Carballo (Min. Gen. Frati Minori Francescani), Dominic Sammon Seán (Sup. Gen. Maristi), Teresino Serra (Sup. Gen. Comboniani), Notker Wolf (Primate Benedettini).

Segretario: Arc. Gianfranco Agostino Gardin.

Sottosegretario: suor Rosanna Enrica.

Il personale, tra capi ufficio, aiutanti di studio, addetti di segreteria, addetti tecnici, scrittori, assomma a 35 persone, di cui 2 laici. I consultori sono 36, di cui 5 vescovi, 23 sacerdoti, 8 laici.

È collegato alla congregazione un *Consiglio per i Rapporti tra la Congregazione e le Unioni Internazionali dei Superiori e delle Superiore Generali*, di cui fanno parte 9 sacerdoti e 9 suore.

La sede è a Roma, nel palazzo delle Congregazioni in piazza Pio XII 3.

I tribunali

Sono i tre organi mediante i quali il collegio episcopale con il papa esercita nella Chiesa la potestà giudiziale, in ordine alla tutela dei diritti individuali o comunitari. L'autorità giudiziaria, gestita dai membri della santa casta, è relativa a controversie in materia di sacramenti, a violazione di leggi ecclesiastiche e controversie di carattere amministrativo. In relazione esistono tre tipi di giudizio:

1. *Tribunale di prima istanza* a carattere diocesano presieduto da un vicario giudiziale nominato dal vescovo.
2. *Tribunale di seconda istanza*, per appello a quello di prima istanza.
3. *Tribunale di terza istanza*: rientrano in questa giurisdizione la Penitenzieria apostolica, il Supremo tribunale della segnatura apostolica e il Tribunale della Rota Romana con relativo Studio Rotale.

La Penitenzieria Apostolica

Risale ad un tribunale istituito nel 1193 da Celestino III, ma sul quale poco si sa, mentre assume una sua qualifica con precise competenze nel 1338 in una costituzione di Benedetto XII e una sua giurisdizione nel 1484 ad opera di Sisto IV. Viene rinnovato più volte, da Pio V nel 1569, da Urbano VIII nel 1634 e da Benedetto XIV nel 1744, con qualifiche sempre più precise riguardanti il foro interno nel 1908 ad opera di Pio X e con Pio XI nel 1935, per assumere l'attuale impostazione con Giovanni Paolo II nel 1988. È il supremo tribunale della Chiesa per il foro interno e ha potestà amministrativa, in base alla quale il papa in persona concede la grazia e l'assoluzione da peccati e da censure relative a: profanazione dell'ostia consacrata, corresponsabilità in un aborto, reati sessuali, pedofilia, violazione del segreto confessionale, dispense da impedimenti matrimoniali occulti e da irregolarità, giuramenti, commutazioni di voti e oneri derivanti da fondazioni pie, sanazioni di professioni religiose invalide, uso e concessione delle indulgenze.

Penitenziere maggiore: Card. James Francis Stafford.

Il penitenziere è assistito da un reggente vescovo, 5 consiglieri ecclesiastici, 2 aiutanti di studio e 1 addetto di segreteria ecclesiastici, un archivista laico.

La sede è a Roma nel palazzo della Cancelleria in piazza della Cancelleria 1.

Il Supremo Tribunale della Segnatura Apostolica

Deriva da una *Segnatura della Giustizia*, esaurita nel 1870, e ricostituita da Pio X nel 1908 come supremo organo giudiziario ecclesiastico, al quale Benedetto XV ampliò i poteri fino ad essere definita con l'attuale denominazione da Pio XI nel 1922, per assumere la nuova struttura con Paolo VI nel 1967. Provvede alla retta amministrazione della giustizia nella Chiesa per ricorsi contro le sentenze della Sacra Rota e nei conflitti di competenza tra tribunali e dicasteri.

Prefetto: Card. Raymond Leo Burke.

È assistito da un collegio di 11 cardinali e 6 vescovi, 2 promotori di giustizia e 2 difensori del vincolo («espositori degli argomenti addotti contro la nullità o lo scioglimento»); la cancelleria ha 2 notari e 5 addetti, 2 cursori laici e 9 votanti e referendari ecclesiastici.

La sede è a Roma nel palazzo della Cancelleria in piazza della Cancelleria 1.

Il Tribunale della Rota Romana

Antichissimo tribunale, dalle origini imprecisate, ha assunto una impostazione definita nel XII secolo, avendo una sua organizzazione con un preciso regolamento nel 1331 ad opera di Giovanni XXII. Il termine Rota s'incontra per la prima volta nel 1337 e diventa ufficiale denominazione del tribunale nel 1424 con Martino V, derivando dal banco circolare sul quale sedevano gli uditori riuniti in giudizio, o forse per il cambio degli uditori giudicanti "a ruota" ovvero "per turno". Diverse furono le modifiche in riferimento alle numerose sedi del tribunale e fu importante il rinnovamento operato da Pio IV nel 1561, con l'estensione del tribunale in tutto il mondo. Ha avuto un'impostazione valida con Pio VII nel 1814; non più in funzione dopo il 1870, è stato riattivato nel 1878 ad opera di Leone XIII, ma senza essere utilizzato. La nuova impostazione è stata data da Pio X nel 1908, finché alcuni articoli delle norme rotali sono stati mutati da Giovanni Paolo II nel 1982. Il tribunale provvede a giudicare i vescovi nelle cause contenziose, gli abati di congregazioni monastiche, le diocesi; e agisce in seconda istanza per appello ai giudizi di prima istanza e in terza istanza sulle cause già giudicate dalla Rota o da qualunque altro tribunale. È particolare la funzione di giudizio per gli annullamenti dei matrimoni. Presso il tribunale funziona uno speciale *Studio Rotale* per la preparazione degli avvocati abilitati a patrocinare presso la stessa Rota e per la formazione dei giudici ecclesiastici.

Le motivazioni che vengono valutate per avviare una causa di annullamento matrimoniale sono: ipersessualità, psicosi maniaco-depressiva, narcisismo, grave debolezza sessuale o carenza erotica, immaturità psico-affettiva, personalità paranoica, disturbo antisociale di personalità, sindrome borderline, alcolismo cronico e tossicodipendenza, disturbo dissociativo da trance, abnorme dipendenza dalla madre. E si segnala il caso d'impotenza di un ultrasessantenne che, qualche mese prima di sposarsi, perse la "potentia coeundi" in seguito ad una terapia farmacologica diretta a curare un carcinoma prostatico. Questi i tempi dei processi: due anni per avere una sentenza di prima istanza, che, se è favorevole alla nullità, determina una seconda istanza con un processo di un anno; se occorre una terza istanza ci vogliono altri due anni. Costo: si parte da 8000 euro, con l'aggiunta di 4000 ed eventualmente altri 3000.

Decano: Card. Antoni Stankiewicz.

È assistito da un collegio di 30 prelati uditori, 6 officiali, 2 notari, 11 segretari, 6 dei quali laici.

Lo *Studio Rotale* è costituito da 12 ecclesiastici e 2 laici.

La sede è a Roma nel palazzo della Cancelleria in piazza della Cancelleria 1.

I Pontifici Consigli

Sono gli undici dicasteri della Curia romana che coadiuvano il papa nell'esercizio del suo ufficio pastorale, diretti e gestiti da membri della santa casta.

Pontificio Consiglio per i Laici

Ha la competenza dell'apostolato dei laici, ovvero la loro partecipazione alla missione della Chiesa.

Presidente: Card. Stanislaw Rylko.

Lo assiste un comitato di 5 cardinali e un consiglio di 33 membri (7 card., 2 arc., 1 vesc. e 23 laici) con 2 segretari e un personale di 39 persone tra capi ufficio, addetti di segreteria, tecnici, scrittori e consultori.

La sede è a Roma in piazza San Callisto 16.

Pontificio Consiglio per la Promozione dell'Unità dei Cristiani

Ha la competenza di favorire l'unità dei cristiani.

Presidente: Card. Walter Kasper.

Lo assiste un comitato di 16 cardinali e un consiglio di 24 membri (1 patr., 11 arc., 12 vesc.) con 2 segretari e un personale di 39 persone tra capi ufficio, archivisti e consultori, oltre ad un *Consiglio di gestione* con 12 ecclesiastici e 4 laici.

Fanno capo al consiglio una *Commissione per i rapporti religiosi con*

l'ebraismo (v. Commissioni) e un *Comitato cattolico per la collaborazione culturale* (v. Comitati).
La sede è a Roma in via della Conciliazione 5.

Pontificio Consiglio per la Famiglia

Ha la competenza di promuovere l'apostolato in campo familiare, secondo gli insegnamenti del magistero ecclesiastico, in modo che le famiglie siano aiutate a compiere la missione educatrice cattolica.
Presidente: Card. Ennio Antonelli.
Lo assiste un comitato di presidenza di 23 membri (15 card., 2 arc. e 6 vesc.) e un consiglio laico di 20 coppie di coniugi, con 2 segretari e un personale di 50 membri tra officiali e consultori, di cui 33 laici.
La sede è a Roma in piazza San Callisto 16.

Pontificio Consiglio della Giustizia e della Pace

Ha la competenza di promuovere opere di giustizia e di pace, diffondendo la dottrina della Chiesa nel mondo del lavoro, in relazione alla tutela dei diritti umani.
Presidente: Card. Renato Raffaele Martino.
Lo assiste un comitato di 28 membri (il patriarca di Gerusalemme, 5 card., 6 arc., 3 vesc. e 13 laici), con 1 segretario e un organico di 16 officiali (di cui 11 laici) e 16 consultori (di cui 7 laici).
La sede è a Roma in piazza San Callisto 16.

Pontificio Consiglio "Cor Unum"

Ha la competenza di promuovere la catechesi della carità e stimolare i fedeli a dare testimonianza di carità evangelica; a questo scopo il dicastero coordina le iniziative delle varie istituzioni cattoliche internazionali che aiutano i popoli nell'indigenza. Una filiazione del dicastero è la confederazione della *Caritas Internationalis*.
Presidente: Card. Paul Josef Cordes.
Lo assiste un comitato di 21 membri (6 card., 5 arc., 6 vesc., 1 sacerdote, 1 suora, 2 laici), con 2 segretari e un organico di 14 membri (di cui 8 laici).
Fanno capo al consiglio la *Fondazione Giovanni Paolo II per il Sabel* e la "*Populorum Progressio*" (v. Fondazioni).
Il consiglio inoltre è in collegamento con le istituzioni cattoliche: *Aiuto alla Chiesa che soffre*, *Association Internationale des Charités*, *Associazione volontari per il servizio internazionale*, *Caritas Hong Kong*, *Caritas Messico*, *Caritas Polska*, *Caritas Spagna*, *Catholic Charities*

(USA), *Catholic Relief Services* (USA), *Deutscher Caritasverband* (Germania), *FIDESCO*, *Manos Unidas* (Spagna), *Secours Catholique* (Francia), *Société de Saint Vincent de Paul-Conseil Général International*, *Unione internazionale delle superiore generali*, *Unione dei superiori generali*.

La Caritas Internationalis ha avuto personalità giuridica canonica con il chirografo pontificio *Nell'Ultima Cena* del 16 settembre 2004, definita «come una confederazione di organismi caritativi, in genere nazionali... che senza togliere ad esse l'autonomia che loro compete, ne favorisce la collaborazione, svolgendo compiti di animazione, coordinamento e rappresentanza».

Presidente: Card. Oscar Andrés Rodriguez Maradiaga.

Lo assistono 1 delegato, 1 segretario generale e 1 tesoriere, con 7 vicepresidenti, 1 rappresentante del "Cor Unum" e 7 officiali (di cui 5 laici). La sede è a Roma in piazza San Callisto 16.

La sede del consiglio è a Roma nel palazzo San Pio X, in via della Conciliazione 5.

Pontificio Consiglio per i Migranti e gli Itineranti

Ha il compito di provvedere all'applicazione della pastorale per la «gente in movimento», ovvero migranti, esuli, rifugiati, marittimi, aeronaviganti, addetti ai trasporti stradali, nomadi, circensi, lunaparchisti, rom, pellegrini, turisti.

Presidente: Card. Renato Raffaele Martino.

Lo assiste un comitato di 37 membri (di cui 7 card., 14 arc. e 16 vesc.) con 2 segretari e un organico di 12 officiali (di cui 5 laici) e 17 consultori (di cui 8 laici).

Il cosiglio cura due pubblicazioni: «People on the Move» e «Quaderni Universitari».

La sede è a Roma in piazza San Callisto 16.

Pontificio Consiglio per gli Operatori Sanitari

Promuove l'opera di formazione, studio e azione svolta nel campo sanitario da gruppi e associazioni, con lo scopo di spiegare e diffondere gli insegnamenti della Chiesa.

Presidente: Card. Javier Lozano Barragán.

Lo assiste un comitato di 29 membri (5 card., 3 arc., 8 vesc. e 13 eccl. e 6 laici) e 2 segretari, con un organico di di 48 membri tra officiali e consultori (di cui 26 laici).

La sede è a Roma in via della Conciliazione 3.

Pontificio Consiglio per i Testi Legislativi

Ha il compito di interpretare le leggi della Chiesa e svolgere un aiuto tecnico agli altri dicasteri con un esame degli organismi episcopali.
Presidente: Arc. Francesco Coccopalmiero.
Lo assiste un comitato di 15 membri (1 arc. vicepresidente, 13 cardinali, il patrono della Cilicia e il vescovo dei Maroniti) e 2 segretari, con un organico di 49 membri, tra addetti di segreteria, scrittori e consultori (di cui 9 laici).
La sede è a Roma nel palazzo delle Congregazioni in piazza Pio XII 19.

Pontificio Consiglio per il Dialogo Interreligioso

Ha il compito di favorire e regolare i rapporti con i membri e i gruppi delle religioni che non sono comprese sotto il nome cristiano e con coloro che sono dotati comunque di senso religioso.
Presidente: Card. Jean-Louis Tauran.
Lo assiste un comitato di 34 membri (il patriarca degli Armeni, 9 card., 6 arc., 18 vesc.) e 2 segretari, con un organico di 32 membri tra addetti di segreteria, tecnici e consultori (di cui 5 laici).
Fa capo al consiglio la *Commissione per i Rapporti Religiosi con i Musulmani* (v. Commissioni).
La sede è a Roma in via della Conciliazione 5.

Pontificio Consiglio della Cultura

Ha il compito di promuovere lo studio del problema della non credenza e dell'indifferenza religiosa presente in varie forme nei diversi ambienti culturali, indagandone le cause e le conseguenze per quanto riguarda la fede cristiana.
Presidente: Arc. Gianfranco Ravasi.
Lo assiste un comitato di 35 membri (21 card., 8 arc., 6 vesc.) e 2 segretari, con un organico di 33 membri tra addetti di segreteria, tecnici e consultori (di cui 18 laici).
Rientra in questo dicastero il *Consiglio di Coordinamento fra Accademie Pontificie*, che serve a collegare il lavoro delle diverse accademie, sotto la direzione del presidente del dicastero e dei 7 presidenti delle accademie di S. Tommaso d'Aquino, di Teologia, dell'Immacolata, Mariana Internazionale, delle Belle Arti e Lettere, dei Virtuosi al Pantheon, Romana di Archeologia, «Cultorum Martyrum» (v. Accademie).
La sede è a Roma in via della Conciliazione 5.

Pontificio Consiglio delle Comunicazioni Sociali

Il dicastero «attende alla precipua funzione di suscitare e sostenere tempestivamente e adeguatamente l'azione della Chiesa e dei fedeli nelle molteplici forme della comunicazione sociale; di adoperarsi perché, sia i giornali e gli altri scritti periodici, sia gli spettacoli cinematografici, sia le trasmissioni radiofoniche e televisive siano sempre più permeati di spirito umano e cristiano».

Presidente: Arc. Claudio Maria Celli.

Lo assiste un comitato di 26 membri (16 card., 5 arc., 3 vesc., 2 laici), con 3 segretari e un organico di 40 membri tra addetti di segreteria, tecnici, scrittori e consultori (di cui 26 laici).

Fa capo al dicastero la *Filmoteca Vaticana* che «ha lo scopo di raccogliere e conservare film e registrazioni delle riprese televisive che hanno attinenza con la vita della Chiesa». La dirige il presidente del Pontificio Consiglio con l'assistenza di un officiale delegato laico.

La sede è a Roma in via della Conciliazione 5.

Le Pontificie Commissioni

Sono cinque organi di magistero ecclesiastico e di tutela dei beni della Santa Sede, diretti e gestiti da membri della santa casta.

Pontificia Commissione per l'America Latina

Ha il compito di studiare le principali questioni della vita cattolica, la difesa della fede e l'incremento della religione nell'America Latina, stando in costante contatto con le conferenze episcopali di quel continente.

Presidente: Card. Giovanni Battista Re.

Vice presidente: Arc. José Octavio Ruiz Arenas.

Consiglieri: Card. Jorge Mario Bergoglio, Darío Castrillón Hoyos, Juan Luis Cipriani Thorne, Ivan Dias, Francisco Javier Errázuriz Ossa, Cláudio Hummes, Nicolás de Jesús López Rodriguez, Javier Lozano Barragán, Theodore Edgar McCarrick, Jaime Lucas Ortega y Alamino, Marc Ouellet, Oscar Andrés Rodriguez Maradiaga, Iñiguez Juan Sandoval, Eusébio Oscar Scheid.

Arc. Edmundo Luis Flavio Abastoflor Montero, Héctor Rubén Aguer, Nicolás Cotugno Fanizzi.

Mons. Joseph Serge Miot.

Membri: Card. Carlos Amigo Vallejo, Rodolfo Quezada Toruño, Norberto Rivera Carrera, Jorge Liberato Urosa Savino.

Arc. Héctor Miguel Cabrejos Vidarte, José Dimas Cedegno Delgado,

Nikola Eterović, José Guadalupe Martín Rábago, Francesco Monterisi, Fernando Sáenz Lacalle.

Vesc. Franz Grave.

Sono assistiti da 2 officiali e 2 scrittori (1 laico).

La sede è a Roma nel palazzo di San Paolo in via della Conciliazione 1.

Pontificia Commissione di Archeologia Sacra

Sovrintende «i sacri cimiteri antichi, per curarne preventivamente la conservazione, le ulteriori esplorazioni, le investigazioni, lo studio, per tutelarne inoltre le più vetuste memorie dei primi secoli cristiani, i monumenti insigni, le basiliche venerande in Roma, nel suburbio e nel suolo romano e anche nelle altre diocesi».

Presidente: Arc. Gianfranco Ravasi.

Vice presidente: Ab. Michael John Zielinski.

Membri: Rev. Antonio Baruffa.

Mons. Carlo Chenis, Gian Carlo Menis, Romano Penna, Crispino Valenziano.

Prof. Rosamaria Bonaca Carra, Vincenzo Fiocchi Nicolai, Danilo Mazzoleni.

Dott. Giuseppe Basili, Valnea Scrinari Santa Maria.

La commissione è collegata con la Pontificia Accademia Romana di Archeologia (v.).

La sede è a Roma in via Napoleone III 1.

Pontificia Commissione per i Beni Culturali della Chiesa

Ha il compito di «presiedere all'animazione delle attività che, nella Chiesa, si compiono per la conservazione, la fruizione e la produzione dei beni culturali della comunità ecclesiale».

Presidente: Arc. Gianfranco Ravasi.

Vice presidente: Ab. Michael John Zielinski.

Membri: Card. Ivan Dias, Francis Eugene George, Francesco Marchisano, Christoph Schönborn, Peter Kodwo Appiah Turkson.

Arc. Héctor Rubén Aguer, Marin Barisic, Csaba Ternyàk.

Vesc. Sergio Pagano.

Segretario: Prof. Francesco Busanelli.

Sottosegretario: Mons. José Manuel Del Río Carrasco.

Il personale dell'ufficio è costituito da 11 componenti, tra addetti di segreteria, tecnici, scrittori e consultori (di cui 2 ecclesiastici).

La sede è a Roma nel palazzo della Cancelleria, in piazza della Cancelleria 1.

Pontificia Commissione Biblica

Ha il compito di «promuovere il progresso degli studi biblici e di curarne l'immunità da errori».
Presidente: Card. William Joseph Levada.
Membri: Mons. Giuseppe Giberti.
Rev. Jean-Noel Aletti. Olivier Artus, Miguel Antonio Barriola, Willem Beuken, Denis M. Farfasfalvy, Marc Girard, Prosper Grech, Maurice Hogan, Brasil Pereira Ney, Ryszard Rubinkiewicz, Jordi Sánchez Bosch, Dinald Senior, Ramón Trevijano Etcheverría, Ugo Vanni, Henry Wansbrough, Carlos Zesati Estrada.
Segretario: Rev. Klemens Stock.
Segretario tecnico: Rev. Alessandro Belano.
La sede è a Roma nel palazzo della Congregazione per la dottrina della fede in piazza Sant'Uffizio 11.

Pontificia Commissione «Ecclesia Dei»

Ha il compito di «collaborare con i vescovi, con i dicasteri della Curia romana e con gli ambienti interessati, allo scopo di facilitare la piena comunione ecclesiale dei sacerdoti, seminaristi, comunità o singoli religiosi e religiose».
Presidente: Card. Dario Castrillón Hoyos.
Membri: Card. Antonio Cañizares Llovera, Julián Herranz, William Joseph Levada, Jean-Pierre Ricard, Franc Rodé.
Esperti permanenti: Mons. Giovanni Carrù, Fernando Ocáriz, Giovanni Maria Rossi.
Segretario: Mons. Camille Perl.
Segretario aggiunto: Mario Marini.
Officiali: Mons. Luciano Alimandi, Arthur Burton Calkins.
Sig.ra Sandra Colavecchi Minazzi.
La sede è a Roma nel palazzo della Congregazione per la dottrina della fede in piazza Sant'Uffizio 11.

I Pontifici Comitati

Sono due organismi apostolici e culturali della Santa Sede.

Pontificio Comitato di Scienze Storiche

Ha il compito di «rappresentare la stessa Santa Sede come membro del "Comité International des Sciences Historiques"».
Presidente: Mons. Walter Brandmuller.

È assistito da 3 segretari (due dei quali laici) e da un collegio di 23 membri (15 dei quali laici).

La sede è a Roma nel palazzo delle Congregazioni in piazza Pio XII 3.

Pontificio Comitato per i Congressi Eucaristici Internazionali

Ha il compito di «far sempre meglio conoscere, amare e servire Nostro Signore Gesù Cristo nel suo Mistero Eucaristico, centro della vita della Chiesa e della sua missione per la salvezza del mondo».

Presidente: Arc. Piero Marini.

Lo assiste un collegio di 10 membri (3 card., 2 arc., 2 vesc., 2 mons. e 2 laici), oltre ad un segretario e un tesoriere (laico).

La sede è nella Città del Vaticano.

Gli Uffici Amministrativi

Rientrano in questa categoria cinque istituzioni di carattere economico-finanziario della Santa Sede, sotto la gestione di membri della santa casta.

Camera Apostolica

Ufficio che dal secolo IX ha gestito l'amministrazione finanziaria della Curia e dei beni temporali della Chiesa con il cardinale camerario in veste di amministratore, e oggi tiene l'ufficio di amministrazione dei beni e diritti temporali della Santa Sede solo in tempo di sede vacante.

Camerlengo: Card. Tarcisio Bertone.

Vice camerlengo: Arc. Paolo Sardi.

Uditore generale: Arc. Bruno Bertagna.

Sono assistiti da un collegio di prelati chierici di Camera nel numero di 7, oltre ad un laico in veste di notaro.

La sede è nella Città del Vaticano nel Palazzo Apostolico.

Amministrazione del Patrimonio della Santa Sede (APSA)

Questo ufficio amministra i beni di proprietà della Santa Sede, destinati a fornire i fondi necessari all'adempimento delle funzioni della Curia romana. Si articola in due sezioni. La *sezione ordinaria* cura la gestione del personale attivo della Santa Sede; sovrintende alle direzioni amministrative; provvede a quanto necessario per l'attività dei dicasteri; cura gli aspetti tecnici, la manutenzione e lo sviluppo dell'infrastruttura telematica per la presenza della Santa Sede nella rete Internet; cura la contabilità e redige il bilancio preventivo e consuntivo. La *sezione straordi-*

naria amministra i beni mobili propri e quelli a essa affidati da altri enti della Santa Sede.

Presidente: Card. Attilio Nicora.

Membri: Card. Darío Castrillón Hoyos, Karl Lehmann, Renato Raffaele Martino, Theodore Edgar McCarrick, Cormac Murphy-O'Connor, Giovanni Battista Re, Justin Francis Rigali, Camillo Ruini, Jean-Louis Tauran, Agostino Vallini.

Segretario: Arciv. Domenico Calcagno.

Sezione ordinaria

Delegato: Mons. Massimo Boroatto.

Il personale si articola in 11 uffici di *Archivio e protocollo*, *Centro elaborazione dati*, *Cassa*, *Contabilità*, *Immobiliare*, *Internet*, *Legale*, *Personale*, *Segreteria e Economato*, *Verifica* con 64 componenti, di cui solo 3 ecclesiastici; esiste un gruppo di 3 consultori laici.

Sezione straordinaria

Delegato: Dott. Paolo Mennini.

Direttore: Dott. Piero Menchini.

Direttore amministrativo: Rag. Bruno de Angelis.

Il personale si articola in 2 uffici di *Segreteria* e *Contabilità* con 14 componenti, di cui solo 1 ecclesiastico; esiste un gruppo di 5 consultori laici.

La sede è nel Palazzo Apostolico della Città del Vaticano.

Prefettura degli Affari Economici della Santa Sede

Questo ufficio vigila sulle amministrazioni che dipendono dalla Santa Sede; in particolare esamina le relazioni circa lo stato patrimoniale ed economico, nonché i bilanci consultivi e preventivi delle Amministrazioni; redige il preventivo ed il bilancio consolidato della Santa Sede; esercita la vigilanza sulle iniziative economiche delle Amministrazioni, esprimendo il parere sui progetti di maggiore importanza; indaga su eventuali danni apportati al patrimonio della Santa Sede.

Presidente: Vesc. Velasio de Paolis.

Membri: Card. Edward Michael Egan, Roger Michael Mahony, Joachim Meisner, Severino Poletto, Antonio Maria Rouco Varela, Juan Sandoval Iñíguez, Angelo Scola.

Segretario: Vesc. Vincenzo Di Mauro.

Ragioniere generale: Comm. Paolo Trombetta.

Il personale si articola in 3 collegi di officiali, consultori e revisori, con 29 componenti, di cui solo 3 ecclesiastici.

La sede è a Roma nel palazzo delle Congregazioni, largo del Colonnato 3.

Istituto per le Opere di Religione (IOR)

Secondo l'*Annuario Pontificio*, che classifica ambiguamente questo ufficio tra gli "Istituti ecclesiastici di educazione e di istruzione", si tratta di un istituto che provvede «alla custodia e all'amministrazione dei beni mobili ed immobili trasferiti o affidati all'istituto medesimo da persone fisiche o giuridiche e destinati ad opere di religione o di carità». Là dove per persone giuridiche si intendono i capitoli e le congregazioni religiose, le parrocchie, le chiese, le fondazioni della Santa Sede, nonché il clero di ogni ordine e grado, e i laici al servizio della Santa Sede come dirigenti o impiegati. Peraltro l'istituto è una vera e propria banca, le cui regole nel rapporto con le persone fisiche o giuridiche risalgono al Codice di Diritto Canonico; e l'istituto, pur utilizzando strumenti bancari per le relative intermediazioni finanziarie e i servizi finanziari, va considerato un'organizzazione "senza fine di lucro", anche se risulta difficile crederlo per le disavventure giudiziarie nelle quali è stato coinvolto. Oltretutto il bilancio redatto annualmente si attiene agli *International Accounting Standars* (IAS), ovvero i principi contabili di amministrazione internazionale. È un fatto che una società svizzera di revisione, la *Revisuisse Price Waterhouse of Geneva*, controlla l'amministrazione dell'istituto dal 1997 con l'assegnazione annuale di un certificato che documenta come i bilanci finanziari presentino in maniera chiara la posizione dello IOR nel rispetto delle regole internazionali. Resta attestato che l'istituto segue le regole dettate dall'*International Accounting Standards of Admnistration* con un personale professionalmente addestrato.

Vengono effettuati tutti i servizi bancari relativamente a operazioni di sportello e pagamento con trasferimenti bancari in tutto il mondo; tutto relativamente a denaro contante, assegni, traveller's cheques e titoli. Sono possibili anche la compravendita di monete e metalli preziosi, il servizio di cassette di sicurezza e custodia plichi, nonché di carte di credito. Le spese addebitate al cliente sono: 0,30 % annuo su gestioni obbligazionarie e 1,00% annuo su gestioni azionarie.

Commissione cardinalizia di vigilanza: Tarcisio Bertone, Adam Joseph Maida, Attilio Nicora, Juan Sandoval Iñíguez, Angelo Sodano.

Prelato: Mons. Piero Pioppo.

Consiglio di sovrintendenza: Prof. Angelo Caloia (presidente), Sig. Virgil C. Dechant (vice presidente), Dott. Ronaldo Hermann Schmitz, Dott. Manuel Soto Serrano, Dott. Robert Studer.

Direzione generale: Sig. Paolo Cipriani (direttore generale, con potere di firma), Dott. Massimo Tulli (vice direttore generale).

Dirigenti: Dott. Lucio Lamberti, Sig.ra Mehrety Tewolde.

Revisori: Dott. Mark Martinelli, Dott. Rodolfo Molinuevo, Dott. Angelo Roncareggi.

La sede è nella Città del Vaticano, in via di Sant'Andrea; non esistono filiali. Una sorta di succursale è però costituita dalla Missione *sui iuris* (v.) nella Grand Cayman delle Isole Caimane: è in Walkers Road 597, centro finanziario *off shore*, sotto la sovrintendenza del cardinale Adam Joseph Maida.

Ufficio dell'Obolo di San Pietro

Questo ufficio, direttamente collegato alla Segreteria di Stato, è addetto esclusivamente alla registrazione delle offerte provenienti da tutto il mondo all'insegna dell'antichissima istituzione dell'Obolo di San Pietro. Le offerte comprendono prima di tutto la colletta effettuata nelle chiese particolari in occasione della solennità dei santi Pietro e Paolo (il 29 giugno), o comunque la domenica più vicina alla festività, ma anche i contributi provenienti da Istituti di vita consacrata, Società di vita apostolica e fondazioni, come pure donazioni di singoli fedeli. Le offerte dei fedeli sono destinate ad assistere il papa nella sua missione apostolica e caritativa, relativamente alle opere ecclesiali, alle iniziative umanitarie e di promozione sociale, come anche al sostentamento delle attività della Santa Sede. L'ufficio ha un conto corrente presso l'Unicredit Banca d'Impresa (IT/o4/B/03226/03202/000005329965 CIN-B, ABI-03226, CAB-03202, Swift-UNCRIT2VRMX)), ma i versamenti possono pervenire anche direttamente all'ufficio tramite conto corrente postale (n.75070003), carta di credito con notifica via fax (06.6988.3954) e *on line* (e.mail:obolo.sp@segstat.va). E l'offerta può essere inviata direttamente al papa: Sua Santità Benedetto XVI-00120 Città del Vaticano.
Direttore generale: Mons. Tullio Poli.

Le Fondazioni

Sono dodici istituzioni di personalità giuridica con amministrazione propria relativamente a beni della Santa Sede destinati ad uno scopo culturale o morale, sotto la gestione di membri della santa casta.

Fondazione Pio XII per l'Apostolato dei Laici

«Scopo della fondazione è provvedere all'amministrazione del patrimonio iniziale della fondazione medesima e dei beni immobili che ad essa furono o in futuro saranno trasferiti per sostenere e promuovere le opere cattoliche dell'apostolato dei laici, specialmente quelle a carattere internazionale». È sotto il controllo della Segretaria di Stato.
Presidente: Card. Tarcisio Bertone.
Delegato: Arc. Fernando Filoni.

Membri: Cav. Guzmán Carriquiry e Fermina Álvarez Alonso.
La sede è nella Città del Vaticano.

Fondazione «Fundaja Jana Pawla II»

«Finalità peculiari della Fondazione sono: documentazione e studio del magistero e del pontificato di Giovanni Paolo II, in collaborazione con organismi di carattere analogo; assistenza ai pellegrini a Roma ospiti della fondazione; aiuto per la formazione del clero e dei laici, in particolare quelli provenienti dai paesi dell'Europa centro-orientale. Il consiglio di amministrazione mantiene i contatti con i benefattori, tutela il patrimonio, esamina e conferma i programmi delle istituzioni appartenenti alla fondazione».
Presidente: Card. Stanislaw Rylko.
Membri: Arc. Józef Kowalczyk, Vesc. Thomas J. Paprocki, Mons. Pawel Ptasznik, Mons. Stanislaw Budyn, Sig.re Ewa Bednarkiewicz, Christiane Tomkiewicz, Danuta Warszawska, Sig.ri Maciej Bednarkiewicz, Maciej Bednarkiewicz.
La sede è a Roma in via Cassia 1200.

Fondazione «Giovanni Paolo II per il Sahel»

Scopo primario della fondazione è «la formazione di persone che lottino contro la siccità e la desertificazione ed il soccorso alle vittime della siccità nella regione sahelina» relativamente ai seguenti stati: Burkina Faso, Capo Verde, Ciad, Gambia, Guinea-Bissau, Mali, Mauritania, Niger e Senegal.
Rappresentante legale: Card. Paul Josef Cordes.
Osservatore della Santa Sede: Mons. Karel Kasteel.
Consiglio di amministrazione: Vesc. Jean-Pierre Bassène (*Presidente, membro per il Senegal*), Arc. Michel Christian Cartatéguy (*Vice presidente, membro per il Niger*), Vesc. Jean-Baptiste Tiama (*membro per il Mali*), Vesc. Furtado Arlindo Gomes (*membro per il Capo Verde*), Vesc. Robert Patrick Ellison (*membro per il Gambia*), Vesc. Martin Albert Happe (*membro per la Mauritania*), Vesc. Carlos Pedro Zilli (*membro per la Guinea Bissau*), Rev. Henry Coudray (*membro per il Ciad*).
Segretario generale: Rev. Fulgence Coly.
La sede è a Roma in via della Conciliazione 5.

Fondazione «Nostra Aetate»

Scopo della fondazione «è aiutare studiosi credenti di altre religioni che desiderano approfondire la conoscenza del cristianesimo a Roma presso gli atenei e istituti pontifici in vista di un futuro insegnamento del cristianesimo nei loro paesi».

Presidente: Arc. Pier Luigi Celata.

Vice presidente: Mons. Denis Isizoh Chidi.

La sede è a Roma in via della Conciliazione 5.

Fondazione «Giovanni Paolo II per la Gioventù»

Gli scopi primari della fondazione sono «concorrere alla "messa in pratica" dell'insegnamento del magistero della Chiesa cattolica in ordine alla "priorità della pastorale giovanile", particolarmente manifestata nelle "Giornate Mondiali della Gioventù"; promuovere l'evangelizzazione dei giovani; collaborare alla promozione della "Giornata Mondiale della Gioventù" indetta dal Santo Padre».

Presidente: Dott. Marcello Bedeschi.

La sede è a Roma in piazza San Callisto 16.

Fondazione «Populorum Progressio»

«Scopo prioritario è l'aiuto economico per la promozione integrale delle comunità contadine più povere dell'America Latina, siano esse indigene o di etnie miste».

Presidente-Rapp. legale: Card. Paul Josef Cordes.

Consiglio di amministrazione

Presidente: Arc. Fabio Betancour Tirado.

Vice presidente: Arc. Alberto Taveira Corrêa.

Membri: Card. Juan Iñiguez Sandoval, Arc. Edmundo Luis Flavio Abastoflor Montero, Arc. Antonio Arregui Yarza, Vesc. José Luis Astigarraga Lizzarralde, Mons. Segundo Tejado Muñoz.

Segretario: Avv. Juan Vicente Isaza Ocampo.

La sede è a Roma in via della Conciliazione 5.

Fondazione «Centesimus Annus-Pro Pontifice»

La fondazione promuove «la conoscenza della dottrina sociale cristiana e l'informazione circa l'attività della Santa Sede», «favorisce iniziative per sviluppare la presenza e l'opera della Chiesa cattolica nei vari ambiti della società» e promuove «la raccolta di fondi per il sostegno dell'attività della Sede Apostolica». I fondi vengono devoluti direttamente al papa.

Presidente-Rapp. legale: Dott. Lorenzo Rossi di Montelera.

Vice presidente: Dott. Domingo Sugranyes.

Amministratori: Sig.ra Grazia Bottiglieri Rizzo, Prof. Pellegrino Ca-

paldo, Avv. Fabio Fedi, Sig. Alois K. Fürst zu Löwenstein, Dott. Paolo Galardi, Mr. Robert Nalewajek, Dott. Attilio Tranquilli.
Collegio dei revisori dei conti: Dott. Andrea Gibellini, Pasquale Marino, Rag. Piero Melazzini.
La sede è nella Città del Vaticano.

Fondazione «Il Buon Samaritano»

Scopo della fodazione è «sostenere economicamente gli infermi più bisognosi, in particolare i malati di AIDS».
Presidente-Rapp. legale: Card. Javier Lozano Barragán.
La sede è nella Città del Vaticano.

Fondazione per i Beni e le Attività Artistiche della Chiesa

La fondazione si propone la «promozione dei beni culturali e delle attività artistiche nei settori della pittura, scultura, architettura, mosaico, musica, opere letterarie, teatrali e cinematografiche... La sua attività si concretizza con la promozione di eventi artistici e culturali».
Presidente: Dott. Comm. Giovanni Morello.
Vice presidente: Vesc. Carlo Chenis.
Segretario generale: Dott. Marco Simeon.
Tesoriere: Dott. Paolo Bedeschi.
Collegio dei revisori dei conti: Dott. Fulvio Maldi Colombo (*presidente*), Dott. Antonio Grasso, Dott. Riccardo La Longa, Sergio Oderda (*supplente*), Rag. Marco Lucidi (*supplente*).
La sede è a Roma nel palazzo della Cancelleria.

Fondazione «San Matteo»

La fondazione è stata creata in memoria del cardinale François-Xavier Nguyên van Thuân, arcivescovo di Saigon, in prigione per nove anni ad Hanoi, liberato nel 1981, morto nel 2002 dopo lunga malattia. La fondazione «si propone di promuovere la formazione dei giovani ai valori della giustizia e alla pace, promuovere e organizzare corsi di formazione e di studio, convegni, incontri, iniziative finalizzate alla realizzazione di opere umanitarie nei paesi in via di sviluppo».
Presidente: Card. Renato Raffaele Martino.
Vice presidente: Vesc. Giampaolo Crepaldi.
Consiglio di amministrazione: Prof. Carl Albert Anderson, Sig. Juan Esteban Caselli, Principe don Prospero Colonna, Rev. Giovanni D'Ercole, Dott. José Ignacio Mariscal Torroella, Dott. Mauro Miccio, Sig. François Michelin, Sig. Jan Hauser Przemyslaw, Dott. Ettore Quadrani.
La sede è a Roma in piazza San Callisto 16.

Fondazione «Latinitas»

Scopo della fondazione è «promuovere, mediante appropriate iniziative, lo studio della lingua e delle lettere latine, classiche e cristiane, nonché del latino medievale».

Presidente: Rev. Anacleto Pavanetto.

Amministratore: Rag. Marco Perugini.

Segretario: Rev. Piotr Tisler.

Collegio dei revisori dei conti: Mons. Ermes Giovanni Viale, Dott. Aldo Caporali, Dott. Francesco de Strobel.

La sede è nella Città del Vaticano, in via della Tipografia.

Fondazione «Joseph Ratzinger - Papa Benedetto XVI»

Inaugurata il 12 novembre 2008 a Monaco di Baviera, tutela le opere letterarie di Benedetto XVI e ne gestisce i diritti.

Il consiglio di amministrazione è costituito da ex allievi del papa riuniti nel *Ratzinger Schülerkreis* (Circolo degli Studenti di Ratzinger).

Presidente: Prof. Stephan Otto Horn.

Direttore del comitato: Card. Christoph Schönborn.

La sede è a Monaco di Baviera.

Le Pontificie Accademie

Sono dieci istituti di studio a carattere scientifico, artistico e letterario di istituzione pontificia, diretti e gestiti da membri della santa casta.

Pontificia Accademia delle Scienze

Fondata nel 1603 come Accademia dei Lincei e ricostituita come accademia pontificia nel 1847 come "Pontificia Accademia dei Nuovi Lincei", ha assunto il titolo attuale nel 1936. Ha per scopo di «onorare la scienza pura dovunque essa si trovi, assicurarne la libertà e favorirne le ricerche, che costituiscono la base indispensabile per il progresso delle scienze».

Presidente: Prof. Nicola Cabibbo.

Lo assiste un collegio di 80 accademici pontifici (tutti laici), 5 accademici onorari (con i 2 cardinali Carlo Maria Martini e Georges Marie Martin Cottier), 4 accademici "Perdurante Munere" ecclesiastici, un Consiglio di 7 membri (di cui 1 Vesc.), un cancelliere vescovo e 4 officali di segreteria laici.

L'accademia pubblica 4 periodici: *«Pontificiae Academiae Scientiarum*

Acta», *«Pontificiae Academiae Scientiarum Commentarii»*, *«Pontificiae Academiae Scientiarum Documenta»*, *«Pontificiae Academiae Scientiarum Scripta varia»*.

La sede è nei Giardini vaticani nella Casina di Pio IV, costruita su progetto di Pirro Ligorio su incarico di Paolo IV, ma terminata nel 1561, quando era papa Pio IV.

Pontificia Accademia per la Vita

Ha lo scopo di «studiare i problemi riguardanti la promozione e la difesa dei valori della vita umana e della dignità della persona, di informarne i reponsabili della Chiesa, le varie istituzioni di scienze biomediche e le organizzazioni sociosanitarie e di formare ad una cultura della vita nel rispetto del magistero della Chiesa».

Presidente: Vesc. Elio Sgreccia.

Vice presidente: Mons. Jean Laffitte.

Sono assistiti da un cancelliere, un collegio direttivo di 6 consiglieri (di cui 4 laici) e di 52 membri (di cui 42 laici) e 12 "ad honorem" (di cui 10 laici), oltre ad un laico in veste di notaro.

È collegato all'accademia un Ufficio centrale, con una Sezione scientifica di 2 ecclesiastici e 1 laico, e una Sezione tecnico-amministrativa di 2 laici.

Consiglio di amministrazione

Presidente: Vesc. Elio Sgreccia.

Vice presidente. Mons. Jean Laffitte.

Consiglieri: Dott. Carlo Casini, Prof. Gonzalo Herranz Rodriguez, Prof. Paolo Preziosi.

La sede è a Roma in via della Conciliazione 1.

Pontificia Accademia di San Tommaso d'Aquino

«La sua missione specifica consiste nella ricerca, nella difesa e nella diffusione della dottrina del *Dottore Angelico*», le cui «affermazioni sulla dignità della persona umana e sull'uso della ragione pienamente consono alla fede, fanno di san Tommaso un maestro per il nostro tempo».

Presidente: Rev. Edward Kaczynski.

Lo assiste un Consiglio accademico di 5 membri (di cui 2 laici), un collegio di 40 accademici ordinari (di cui 24 laici), un collegio di 20 accademici onorari (di cui 17 card. e 3 mons.), un collegio di 16 accademici emeriti (di cui 1 card., 13 mons., e 3 laici) e 70 accademici corrispondenti (di cui 37 laici e 33 ecclesiastici).

La sede è a Roma nel palazzo della Cancelleria in piazza della Cancelleria 1.

Pontificia Accademia di Teologia

Ha lo scopo «di curare e promuovere gli studi teologici e il dialogo tra le discipline teologiche e filosofiche» come centro di studio e organizzazione di convegni.
Presidente: Mons. Marcello Bordoni.
Lo assiste un Consiglio accademico di 5 membri (ecclesiastici), un collegio di 40 accademici ordinari (ecclesastici, di cui 1 card.), un collegio di 6 accademici emeriti (ecclesiastici, di cui 2 card.) e 24 soci corrispondenti (di cui 1 laico e 23 ecclesiastici).
La sede è a Roma nel palazzo della Cancelleria in piazza della Cancelleria 1.

Pontificia Accademia dell'Immacolata

Fondata come circolo giovanile nel 1835 in onore della Vergine Immacolata, accademia dal 1847 e pontificia dal 1864, assolve l'iniziativa del solenne annuale "Omaggio floreale" dell'8 dicembre al monumento dell'Immacolata di piazza di Spagna a Roma.
Presidente: Card. Andrzej Maria Deskur.
Vice presidenti: Card. Angelo Comastri e Arc. Stanislaw Nowak.
Li assistono un delegato per la Consulta giovanile e 2 segretari.
La segreteria è a Roma in via del Serafico 1.

Pontificia Accademia Mariana Internazionale

Ha lo scopo «di promuovere gli studi scientifici, speculativi e storico-critici sulla Beata Vergine Maria».
Presidente: Rev. Vincenzo Battaglia.
È assistito da un segretario e da un Consiglio accademico di 11 membri (di cui 1 arc., e 1 laico).
La segreteria è a Roma in via Merulana 124.

Pontificia Insigne Accademia di Belle Arti e Lettere dei Virtuosi al Pantheon

Ha lo scopo «di favorire lo studio, l'esercizio ed il perfezionamento delle Lettere e Belle Arti, con particolare riguardo alla letteratura d'ispirazione cristiana e all'arte sacra, e di promuovere l'elevazione spirituale degli artisti».
Presidente: Prof. Vitaliano Tiberia.
È assistito da un Consiglio di 7 membri (di cui 5 laici). Gli accademici sono nominati «tra eminenti personalità di ogni nazione, giunti alla fa-

ma nell'esercizio della loro arte, noti per retto sentire e morale operare». Gli accademici ordinari sono 50 (di cui 5 ecclesiastici) divisi in 5 classi di architetti, pittori e cineasti, scultori, studiosi o cultori di discipline attinenti alle arti e musicisti, poeti e scrittori. Gli accademici ordinari all'ottantesimo anno di età diventano Emeriti (sono 6, di cui 1 card.); ci sono poi 71 accademici *ad honorem* (di cui 5 ecclesiastici, 1 card.).

L'accademia cura la pubblicazione degli *Annali* della stessa accademia.

La sede storica è a Roma al Pantheon, ma la sede operante è in piazza della Cancelleria 1.

Pontificia Accademia Romana di Archeologia

Ha lo scopo «di promuovere lo studio dell'archeologia e della storia dell'arte antica e medievale».

Protettore: Card. Tarcisio Bertone.

Presidente: Prof. Letizia Pani Ermini.

L'assiste un Consiglio accademico di 8 laici. L'accademia si compone di 140 soci, di cui 20 onorari, 40 effettivi e 80 corrispondenti.

La sede è a Roma in piazza della Cancelleria 1.

Pontificia Accademia «Cultorum Martyrum»

Ha lo scopo «di promuovere il culto dei santi martiri e di incrementare e approfondire l'esatta storia dei Testimoni della Fede e dei monumenti ad essi collegati»; patrocina inoltre lo svolgimento della liturgia nazionale.

Presidente-Magister: Prof. Fabrizio Bisconti.

Lo assiste un Consiglio accademico di 11 *sodales* (di cui 1 ecclesiastico).

La sede è nella Città del Vaticano, presso Santa Maria in Camposanto; la segreteria è a Roma nel Palazzo Pontificio di Archeologia Cristiana in via Napoleone III 1.

Pontificia Accademia Ecclesiastica

Ha lo scopo «di preparare, con un corso di speciali studi, giovani ecclesiastici al servizio diplomatico della Santa Sede, dopo il conseguimento di una laurea ecclesiastica». Al corso, di durata biennale, partecipano una dozzina di sacerdoti di età inferiore ai 35 anni, e le materie sono relative alla storia della diplomazia, stile diplomatico e anche una sezione riservata allo studio delle lingue inglese e spagnola.

Protettore: Card. Tarcisio Bertone.

Presidente: Arc. Beniamino Stella.

La sede è a Roma in piazza della Minerva 74.

I Consigli

Sono 6 assemblee di consultazione istituite dal sovrano pontefice per studiare e valutare problemi di carattere pastorale, in ideale collegamento con il Sinodo dei vescovi, le Congregazioni e le Accademie (v.); sono dirette e gestite da membri della santa casta.

Consiglio di Cardinali per lo studio dei problemi organizzativi ed economici della Santa Sede

Consiglio di studio e consulenza cardinalizia sui problemi di carattere organizzativo ed economico della Santa Sede facenti capo a congregazioni, consiglie commissioni.
È costituito da 15 cardinali:
Jinsuk Nicholas Cheong, Juan Luis Cipriani Thorne, Edward Michael Egan, Roger Michael Mahony, Joachim Meisner, Cormac Murphy-O'Connor, Wilfrid Fox Napier, Anthony Olubunmi Okogie, Marc Ouellet, George Pell, Antonio Maria Rouco Valera, Gaudencio B. Rosales, Camillo Ruini, Eusébio Oscar Scheid, Dionigi Tettamanzi.
La sede è nel Palazzo Apostolico della Città del Vaticano.

Consiglio delle Conferenze Episcopali d'Europa (CCEE)

Organismo costituito per rispondere alle finalità pastorali «come organo di servizio, di collegamento e di collaborazione tra le conferenze episcopali d'Europa» per i compiti di evangelizzazione in Europa.
Presidente: Arc. Péter Erdö.
Vice presidenti: Arc. Josip Bozanic e Jean-Pierre Ricard.
Segretario: Mons. Aldo Giordano.
La sede della segreteria è a Sankt Gallen, in Svizzera, Gallusstrasse 24.

Consiglio di Coordinamento fra Accademie Pontificie

Coordina le attività delle sette accademie di S. Tommaso d'Aquino, di Teologia, dell'Immacolata, delle Belle Arti e Lettere dei Virtuosi al Pantheon, Romana di Archeologia, "Cultorm Martyrum" e Mariana. Ne fanno parte i rispettivi presidenti.
Presidente: Arc. Gianfranco Ravasi.
La sede è a Roma in via della Conciliazione 5.

Consiglio Episcopale Latino-Americano (CELAM)

Ha lo scopo di «studiare i problemi di interesse comune per la Chiesa dell'America Latina, ricercarne la soluzione, procurare il coordinamento delle attività cattoliche».

Presidente: Arc. Raymundo Damasceno Assis.
Vice presidenti: Arc. Baltazar Enrique Porras Cardozo, Andrés Stanovnik.
Presidente del Comitato economico: Vesc. Emilio Aranguren Echeverría.
Segretario generale: Vesc. Victor Sánchez Espinosa.
La sede della segreteria è a Bogotá, in Colombia, Carrera 5°, 118-31.

Consiglio Internazionale per la Catechesi

Sovrintende alla problematica della diffusione della catechesi e fa capo alla Congregazione per il Clero (v.).

Presidente: Card. Claudio Hummes.
Vice presidente: Arc. Mauro Piacenza.
Li assistono 12 consiglieri: 1 arc. 4 vesc. 5 ecclesiastici, una suora e una laica.
La sede è a Roma nel palazzo delle Congregazioni, piazza Pio XII 3.

Consiglio dei Patriarchi Cattolici d'Oriente (CPCO)

È sorto per il «coordinamento dell'attività pastorale, la promozione della giustizia e della pace, il riconoscimento e il rispetto dei diritti dell'uomo, l'incoraggiamento del dialogo ecumenico e di quello interreligioso».

Presidente: Card. Pierre Sfeir Nasrallah.
Segretario: Rev. Khalil Alwan.
La sede è a Zouch Mosbech, nel Libano, nel Tribunal Ecclesiastique Maronite, B.P.92.

Le Commissioni

Sono sette organismi di consultazione costituiti parallelamente alle Pontificie Commissioni per affrontare problemi di carattere dottrinale, diretti e gestiti da membri della santa casta.

Commissione degli Episcopati della Comunità Europea

È stata creata «per favorire una cooperazione più stretta tra gli episcopati degli Stati membri della Comunità Europea».

Presidente: Vesc. Adrianus Herman van Luyn.
Vice presidenti: Arc. Diarmund Martin e Vesc. Piotr Jarecki.
Segretario generale: Mons. Noel Treanor.
La segreteria è a Bruxelles, in rue Stévin 42.

Commissione Disciplinare della Curia romana

Ha il compito «di esaminare i casi che, per superiore disposizione, le vengono affidati al fine di esprimere in merito un giudizio collegiale e proporre eventuali provvedimenti».
Presidente: Card. Julián Herranz.
Lo assiste un collegio di 6 membri (di cui 2 arc., 1 vesc., 2 mons. e 1 sacerdote).
La sede è nella Città del Vaticano.

Commissione per i Rapporti Religiosi con i Musulmani

Ha il compito «di promuovere e stimolare i rapporti religiosi tra musulmani e cattolici».
Presidente: Card. Jean-Louis Tauran.
Vice presidente: Arc. Pier Lugi Celata.
Li assistono un segretario e 8 consultori (di cui 3 laici).
La sede è a Roma, in via della Conciliazione 5.

Commissione per i Rapporti Religiosi con l'Ebraismo

Organismo che ha il compito «di promuovere e stimolare i rapporti religiosi tra ebrei e cattolici».
Presidente: Card. Walter Kasper.
Vice presidente: Vesc. Brian Farrell.
Li assistono un segretario e un collegio di 8 consultori (di cui un laico).
La sede è a Roma, in via della Conciliazione 5.

Commissione per la Revisione dei Sinodi e Conferenze episcopali

Fa capo alla Congregazione per l'evangelizzazione dei popoli (v.) e provvede alla «revisione degli statuti delle conferenze episcopali, delle costituzioni di società di vita apostolica e degli statuti dei seminari.
Lo dirige il Rev. Joseph Koonamparampil.

Commissione permanente per la tutela dei Monumenti Storici ed Artistici della Santa Sede

Provvede alla conservazione dei monumenti della Santa Sede d'importanza storica e artistica.
Presidente: Card. Francesco Marchisano.
Lo assiste un consiglio di 6 laici e un ecclesiastico in veste di segretario.
La sede è nella Città del Vaticano.

Commissione Teologica Internazionale

Ha il compito di «aiutare la Santa Sede e precipuamente la Congregazione per la Dottrina della Fede (v.) nell'esame delle questioni dottrinali di maggior importanza».
Presidente: Card. William Joseph Levada.
Lo assiste un collegio di 30 membri (di cui 3 arc., 1 vesc., 3 laici), con 2 segretari.
La sede è a Roma nel palazzo della Congregazione per la dottrina della fede in piazza Sant'Uffizio 11.

I Comitati

Sono tre organismi di studio e ricerca su problemi di carattere apostolico costituiti parallelamente ai Pontifici Comitati e in sussidio a quelli, diretti e gestiti da membri della santa casta.

Comitato cattolico per la collaborazione culturale

È nato da una iniziativa del Pontificio Consiglio per la Promozione dell'Unità dei Cristiani (v.), «ne applica gli scopi istituzionali... a favore delle Chiese ortodosse di tradizione bizantina e di espressione greca e slava... Distribuisce borse di studio per il conseguimento di una licenza o di un dottorato... incoraggia la collaborazione cattolico-ortodossa nei vari contesti locali».
È costituto da un collegio di membri *de iure* e da un Consiglio di gestione diretti dal Card. Walter Kasper.
La sede è a Roma, in via della Conciliazione 3.

Comitato supremo delle Pontificie Opere Missionarie

Fa capo alla Congregazione per l'Evangelizzazione dei Popoli (v.) e sovrintende alla organizzazione di opere particolari da attuare in sede di missione.
Presidente: Card. Ivan Dias.
Lo assistono 2 arc. come vice presidenti e un collegio di 12 membri (di cui 4 card. e 8 mons.).
La sede è nel palazzo De Propaganda Fide, via di Propaganda 1.

Comitato esecutivo delle Pontificie Opere Missionarie

Fa capo alla Congregazione della Evangelizzazione dei Popoli (v.) e sovrintende all'applicazione dei provvedimenti in terra di missione.
Presidente: Arc. Henryk Hoser.
Lo assiste un collegio di 4 monsignori.
Amministratore: Mons. Silvano Rossi.
La sede è nel palazzo De Propaganda Fide, via di Propaganda 1.

Le commissioni interdicasteriali permanenti

Sono cinque organismi istituiti a norma della costituzione apostolica *Pastor Bonus* del 28 giugno 1988 come sussidio ai dicasteri per trattare argomenti specifici su delega degli stessi; sono diretti e gestiti da membri della santa casta.
La sede è nella Città del Vaticano.

Commissione per la provvista di Chiese particolari

Sovrintende alla costituzione di chiese e al loro mutamento negli organismi.
Presidente: Card. Tarcisio Bertone.
Lo assistono 2 arc. e 2 mons.

Commissione per la Chiesa in Europa Orientale

Sovrintende alla costituzione di chiese e al loro mutamento negli organismi negli Stati dell'Europa dell'Est.
Presidente: Card. Tarcisio Bertone.
Lo assistono 4 arc. e 2 mons.

Commissione per le questioni riguardanti i membri degli Istituti di vita consacrata in territori di missione

Sovrintende alle questioni riguardanti i membri degli istituti di vita consacrata eretti nei territori di missione.
Presidente: Card. Ivan Dias.
Lo assistono 1 card., 2 mons. e 1 suora.

Commissione per la formazione dei candidati agli Ordini Sacri

Sovrintende all'organizzazione degli istituti per la formazione dei sacerdoti.
Presidente: Card. Zenon Grocholewski.
Lo assistono 3 card. e 3 arc.

Commissione per la distribuzione più equa dei sacerdoti nel mondo

Sovrintende all'assegnazione di terre missionarie.
Presidente: Card. Zenon Grocholewski.
Lo assistono 4 arc.

Gli uffici e i servizi di rappresentanza

Rientrano in questa categoria tutte le istituzioni di carattere rappresentativo e culturale della Santa Sede, dirette e gestite da membri della santa casta.

Prefettura della Casa pontificia

L'ufficio vigila sulla disciplina all'interno della Casa pontificia, regolando il servizio nelle udienze del Santo Padre, disponendo le regole per le cerimonie pontificie, organizzando gli esercizi spirituali del papa e dei cardinali, e sovrintendendo ai viaggi del papa.
Prefetto: Arc. James Michael Harvey.
Reggente: Mons. Paolo De Nicolò.
Sono assistiti da 3 addetti di segreteria.
La sede è nel Palazzo Apostolico del Vaticano.

Cappella Pontificia

Servizio religioso officiato dal papa assistito dai chierici appositanente eletti, con il supporto di rappresentanti ecclesiastici, quali cardinali, patriarchi, arcivescovi, segretari di congregazioni, reggente della Penitenzieria apostolica, segretario della Segnatura apostolica, decano e prelati della Sacra Rota, prelati di pontifici consigli e commissioni, abati generali degli Ordini monastici, superiore dell'Ordine dei Mendicanti, membri dei capitoli delle basiliche papali, parroci di Roma, membri laici ed ecclesiastici della Famiglia Pontificia. Il servizio è limitato a solennità straordinarie.

Chierici della Cappella: Mons. Nazzareno Cinti, Giuseppe D'Ascola, Pio Dominici, Luigi Giuliani, Gyula Tóth.

La sede è nel Palazzo Apostolico del Vaticano.

Cappella Musicale Pontificia

Servizio che fa capo alla *Schola cantorum* di san Gregorio Magno ed è stata riorganizzata da Giovanni XXIII in *Schola Puerorum* come semiconvitto con scuola media interna parificata, aggiornandola con l'inserimento di cantori adulti. L'istituto dipende direttamente dalla Prefettura della Casa pontificia.

Maestro direttore: Mons. Giuseppe Liberto.

Maestro dei "pueri cantores": Mons. Marcos Pavan.

Amministratore: Dott. Marco Lauciani.

Cantori: Gianluca Alonzi, Francescantonio Bille, Pietro Bisignani, Adriano Caroletti, Vittorio Catarci, Roberto Colavalle, Ermenegildo Corsini, Giuseppe Dalli Cardillo, Fernando Di Carlo (archivista), Stefano Fioravanti, Augusto Oswaldo Garay, Luciano Luciani, Sergio Maccabei, Raimundo Pereira Martinez, Fabrizio Pica Alfieri, Umberto Rinaldi, Arkadiusz Stoch Cezary, Massimo Valentini (decano).

La sede è a Roma in via Monte della Farina 64.

Ufficio delle Celebrazioni Liturgiche del Sommo Pontefice

Antichissimo ufficio che presiede a tutto quanto è necessario per le celebrazioni liturgiche e le sacre celebrazioni presiedute dal sommo pontefice, provvedendo al loro degno svolgimennto e all'attiva partecipazione dei fedeli.

Maestro delle celebrazioni: Mons. Guido Marini.

Lo assiste un complesso di 9 cerimonieri, 7 officiali (di cui 1 laico), 5 addetti alla Sagrestia (di cui 3 custodi laici) e 7 consultori.

La sede è nel Palazzo Apostolico del Vaticano.

Ufficio Centrale di Statistica della Chiesa

L'ufficio « ha il compito di raccogliere ed ordinare sistematicamente i dati che si stimassero necessari o utili per meglio conoscere le condizioni della Chiesa e per fornire ai suoi pastori un sussidio per la loro azione pastorale». Gli compete la redazione dell'*Annuario Pontificio* e dell'*Annuarium Statisticum Ecclesiae*.

Minutante incaricato: Mons. Vittorio Formenti.

Lo assistono 3 laici come addetti di segreteria.

La sede è nel Palazzo Apostolico del Vaticano.

Sala Stampa della Santa Sede

È l'ufficio della Santa Sede incaricato di diffondere le notizie riguardanti gli atti del sommo pontefice e l'attività della Santa Sede. È collegato all'ufficio il *Vatican Information Service*, organo di informazioni tempestive sulle attività magisteriali e pastorali del papa e della Santa Sede in lingua inglese, spagnola, francese e italiana, ma anche in e-mail e internet.

Direttore: Rev. S. J. Federico Lombardi.

Vice direttore: Rev. Ciro Benedettini.

Li assistono 11 addetti tecnici e di segreteria (1 solo ecclesiastico).

La sede è a Roma in via della Conciliazione 54.

Il *Vatican Information Service* dispone di 7 redattori laici; la sede è a Roma nel palazzo dei Propilei di via dei Corridori 32.

Corpo della Guardia Svizzera

Guardia del corpo del sovrano pontefice, di sorveglianza al Palazzo Apostolico e agli ingressi esterni della Città del Vaticano. Attualmente costituita da 110 membri, di cui 5 ufficiali compreso il comandante, 1 cappellano, 26 sottufficiali e 78 alabardieri.

Il comandante, Daniel Rudolf Anrig, con il grado di colonnello, fa parte della Famiglia Pontificia.

Il tenente colonnello Jean Daniel Pitteloud e il maggiore Peter Hasler sono Gentiluomini di Sua Santità.

La caserma è nella Città del Vaticano al viale del Belvedere.

Ordine Equestre del Santo Sepolcro di Gerusalemme

Istituzione che risale alla fine della prima crociata del 1096, con canonici guerrieri in difesa del Santo Sepolcro di Gerusalemme. Posto sotto la protezione della Santa Sede, è divenuto un ordine di subcollazione pontificia a carattere internazionale, essendo presente in numerose nazioni, ma avendo perso le sue caratteristiche militari e affermandosi in uno spirito di apostolica fratellanza cristiana nella società, come indicano le alte nomine dell'ordine affidate ad ecclesiastici.

Gran maestro: Card. John Patrick Foley.

Gran maestro emerito: Card. Carlo Furno.

Gran priore: Arc. Michel Sabbah, patrono di Gerusalemme dei Latini.

Assessore: Arc. Edward Nowak.

Fanno parte dell'ordine 11 membri laici con i titoli di cavalieri, 1 membro laico commendatore, 2 membri laici ufficiali, 1 laica con titolo di dama di commenda e 2 mons. in veste di cerimoniere e cancelliere.

La sede è a Roma nel Palazzo dei Penitenzieri in via della Conciliazione; l'ordine ha anche la sovrintendenza sulla chiesa di Sant'Onofrio al Gianicolo.

Ordini Equestri Pontifici

Sono onorificenze assegnate con una lettera apostolica dal papa ai laici per speciali benemerenze acquisite sia verso la Chiesa sia verso il pontificato. Sono cinque:

1. *Ordine Supremo del Cristo*. Istituito da Giovanni XXII nel 1319 ha come decorazione una croce di smalto rosso, caricata da una croce bianca più piccola, sormontata da una corona reale.
2. *Ordine dello Speron d'Oro*. Istituito in epoca imprecisata, se ne ha la prima notizia nel Cinquecento, ed appare ben definitto come decorazione da Gregorio XVI nel 1841, per essere quindi completamente qualificato da Pio X nel 1905. La decorazione consiste in una croce di otto punte smaltata di giallo, con uno speroncino d'oro pendente.
3. *Ordine Piano*. Risale all'Ordine dei Cavalieri Pii e fu definito come onorificenza da Pio IX nel 1847. Assegna il titolo di quattro classi: cavalieri e dame di collare; cavalieri e dame di gran croce; commendatori e dame di commenda; cavalieri e dame. La decorazione è una stella a otto punte decorata d'azzurro.
4. *Ordine di San Gregorio Magno*. Istituito da Gregorio XVI nel 1831 e riformato da Pio X nel 1905, assegna il titolo di quattro classi: cavalieri e dame di gran croce; commendatori e dame di commenda con placca; cavalieri e dame di commenda; cavalieri e dame.
5. *Ordine di San Silvestro Papa*. Istituito da Gregorio XVI nel 1841 in collegamento allo Speron d'oro, fu isolato da Pio X nel 1905, assegnando il titolo a quattro classi: cavalieri e dame di gran croce; commendatori e dame di commenda con placca; commendatori e dame di commenda; cavalieri e dame. La decorazione è costituita da una croce biforcata ad otto punte smaltata di bianco, con la scritta centrale "Sanctus Silvester P.M.".

Vengono anche assegnate la *Croce pro Ecclesia et Pontefice* e la *Medaglia benemerenti* come distintivi di onore.

Le istituzioni della Città del Vaticano

Sono chiese, palazzi, uffici, luoghi, istituzioni religiose e finanziarie, associazioni culturali, istituzioni lavorative, nella Città del Vaticano e in Roma e provincia, collegate alla Città del Vaticano, che sono sotto la gestione e l'utilizzo delle frange della santa casta.

La Pontificia Commissione per lo Stato della Città del Vaticano

Commissione cardinalizia delegata a presiedere «al Governatorato dello Stato della Città del Vaticano ed uffici annessi, compresa anche l'autonomia delle Ville Pontificie di Castel Gandolfo», eletta per un quinquennio con un presidente e coadiuvata da un organo consultivo, cioè la Consulta dello Stato con un consigliere generale, al quale spetta «l'esercizio del potere esecutivo ed in genere ogni attribuzione che le leggi e i regolamenti vigenti assegnino alla competenza del Governatore dello Stato, ad eccezione del potere di emanare regolamenti».
Presidente: Card. Giovanni Lajolo.
Membri: Card. Renato Raffaele Martino, Attilio Nicora, Giovanni Battista Re, José Saraiva Martins, Jean-Louis Tauran.
Consiglieri dello Stato: Ing. Daniele Dalvai (*Consigliere Generale*), Arc. Bruno Bertagna, Vesc. Francesco Saverio Salerno, Principe Alessandro Torlonia, Prof. Carlo Balestrieri, Prof. Angelo Caloia, Sig. Virgil Dechant, Prof. Alberto Quadrio-Curzio, Dott. Francesco Silvano, Prof. Massimo Vari.
La sede della Pontificia Commissione per la Città del Vaticano è nel palazzo del Governatorato della Città del Vaticano, piazzale del Governatorato.

Il Governatorato dello Stato della Città del Vaticano

È l'organizzazione burocratica che regola uffici e servizi dello Stato della Città del Vaticano, nei quali è impiegato un personale inserito nel ruolo amministrativo, tecnico e artistico-scientifico, assunto dalla Pontificia Commissione per lo Stato della Città del Vaticano (v.). L'organizzazione è alle dipendenze del cardinale segretario di Stato, rappresentato da una Segreteria; il personale, se non diversamente indicato, è costituito da laici.
Presidente: Card. Giovanni Lajolo.
Segretario generale: Vesc. Renato Boccardo.
Vice segretario generale: Mons. Giorgio Corbellini.
Funzionario di Segreteria: Dott. Georgina Bernett.

Uffici centrali

Giuridico; *Personale*; *Stato civile*, *Anagrafe e Notariato*; *Filatelico e Numismatico*; *Sistemi informativi*; *Pellegrini e turisti*; *Archivio di Stato* (6 capi ufficio, di cui 1 ecclesiastico e 10 funzionari).

Direzione della Ragioneria dello Stato

Direttore: Dott. Eugenio Borgognoni.
Capi contabili: Dott. Antonio Alessandrini, Prof. Claudio Ceci, Rag. Giorgio Capriotti.
Funzionari: Dott. Enrico Bartelucci, Rag. Roberto Marini.

Direzione dei Servizi economici

Direttore: Dott. Sabatino Napolitano.
Capo ufficio acquisti: Dott. Michele Arnese.
Funzionari: Dott. Stefano Baldi, Dott. Angela De Blasis, Rag. Giovanni Orfei.

Direzione dei Servizi Generali

1 direttore, 2 vice direttori e 3 funzionari.

Direzione dei Servizi di sicurezza e protezione civile

1 direttore.
Corpo di Gendarmeria (1 ispettore generale, 1 vice ispettore, 1 sovrastante maggiore, 5 sovrastanti e 1 cappellano).
Vigili del Fuoco (1 ufficiale).

Direzione di Sanità e Igiene

1 direttore, 1 vice direttore, 2 funzionari, 16 officiali sanitari.

Farmacia vaticana

Rev. Joseph Kattakkal (direttore amministrativo), Dott. Giancarlo Carucci (capo ufficio), Dott. Andrea Avesani, Dott. Paola Guasti, Dott. Vito Marchese, Dott. Antonella Mestriner, Dott. Francesco Marchese (farmacisti).

Direzione dei musei

Direttore: Prof. Antonio Paoluccci.
Segretario: Dott. Edith Cicerchia.
Amministratore: Dott. Francesco Riccardi.
Funzonario: Mons. Paolo Nicolini.
Assistente: Dott. Sabrina Borgognoni.
Fa parte della direzione un complesso di 28 persone per i Reparti, i Servizi di direzione, Consulenti, Laboratorio di restauro, Gabinetto di ricerche scientifiche e i Rapporti con i "Patrons of the Arts" dei Musei Vaticani, di cui 4 ecclesiastici.

Ufficio vendita pubblicazioni e riproduzioni
Amministratore: Dott. Francesco Riccardi.

Direzione dei Servizi tecnici
Direttore: Dott. Pier Carlo Cuscianna.
Vice direttore: Dott. Giuseppe Facchini.
Fa parte della direzione un complesso di 13 funzionari e tecnici per i Servizi centrali, gli Uffici progetti, il Servizio dell'edilizia, il Servizio dei laboratori ed impianti e i Giardini Vaticani.

Direzione delle telecomunicazioni
Direttore: Dott. Pier Carlo Cuscianna.
Fa parte della direzione un complesso di 9 ispettori e funzionari, di cui 4 ecclesiastici.

Direzione delle Ville Pontificie
Direttore: Dott. Saverio Petrillo.
Lo assistono 2 funzionari.

Comitato per la sicurezza
Presidente: Avv. Gianluigi Marrone.
Lo assiste un complesso di 10 membri, di cui 3 ecclesiastici, e 1 aggregato.

Commissione per il personale
Presidente: Mons. Giorgio Corbellini.
Lo assiste un segretario e un complesso di 4 membri.

Commissione disciplinare
Presidente: Mons. Egidio Turnaturi.
Lo assiste un segretario e un complesso di 4 membri, dei quali 1 ecclesiastico.
La sede è nel Palazzo del Governatorato della Città del Vaticano, piazzale del Governatorato.

I Tribunali dello Stato della Città del Vaticano

Sono gli organi giudizieri che esercitano le proprie attribuzioni in nome del Sommo Pontefice.
Giudice unico
Avv. Gianluigi Marrone.
Lo assiste un notaro attuario.

Tribunale
Presidente: Conte Giuseppe Dalla Torre del Tempio di Sanguinetto.
Lo assiste un complesso di 3 giudici, 2 promotori di giustizia e 1 notaro.

Corte d'appello

Presidente: Mons. José María Serrano Ruiz.

Lo assistono 6 giudici, dei quali 3 ecclesiastici, 1 promotore di giustizia e 1 notaro.

Corte di cassazione

Presidente: Card. Agostino Vallini.

Lo assistono 2 cardinali membri, 1 promotore di giustizia ecclesiastico e 1 notaro.

La sede dei Tribunali della Città del Vaticano è in piazza Santa Marta.

Il Vicariato della Città del Vaticano

Presiede alla cura pastorale della Città del Vaticano.

Vicario generale di Sua Santità: Card. Angelo Comastri, arciprete della Basilica Vaticana.

Lo assistono 1 ecclesiastico addetto ai matrimoni, 1 laica addetta al protocollo, 1 laico addetto alla Cappella musicale, i parroci della Basilica Vaticana e di Sant'Anna in Vaticano, e 13 assistenti spirituali ecclesiastici.

Tribunale ecclesiastico del Vicariato Città del Vaticano

Tribunale ordinato sul modello dei tribunali ecclesiastici relativo esclusivamente al Vicariato della Città del Vaticano.

Vicario giudiziale: Mons. Renzo Civili.

Lo assistono 2 giudici, 1 promotore di giustizia, 1 difensore del vincolo («espositore degli argomenti addotti contro la nullità o lo scioglimento dell'ordinazione sacerdotale») e 1 notaro.

La Basilica Papale di San Pietro in Vaticano

Il primo progetto dell'attuale basilica risale al 1452 e ad esso ne sono succeduti numerosi altri con la parallela istituzione della *Fabbrica di San Pietro*, rimasta in pratica in funzione ancora oggi per sovrintendere a restauri e ristrutturazioni. Risale invece al 1053 l'istituzione del *Capitolo Vaticano*, che sovrintende alla liturgia nella basilica per le le domeniche e le feste di precetto. Nel 2005 Benedetto XVI ha qualificato la basilica come «papale» da patriarcale che era, in riferimento al titolo di patriarca d'Occidente, che egli ha voluto abbandonare: la qualfica di "papale" collega più direttamente al sovrano pontefice l'antichissima basilica. Alla solenne liturgia della basilica è preposto il *Capitolo Vaticano*, mentre è sempre in funzione la *Fabbrica di San Pietro* che sovrintende alla cura architettonica e artistica della basilica.

Capitolo Vaticano

Arciprete: Card. Angelo Comastri.
Vicario: Vesc. Vittorio Lanzani.
Segretario del Capitolo: Arc. Giuseppe De Andrea.
Camerlengo coordinatore: Mons. Giuseppe Bordin.
Camerlenghi: Mons. Renato Bruni e Dario Rezza.
Prefetto della Cappella musicale: Mons. Tarcisio Cola.
Visitatore Chiese filiali: Vesc. Emery Kabongo Kanundowi.
Sindaci: Mons. Eutizio Fanano e Francesco Rosso.
Censore: Mons. Giuseppe Simonazzi.
Cerimoniere: Mons. Cesare Burgazzi.
Prefetto dei Coadiutori: Mons. Valerio Valeri.

Fabbrica di San Pietro

Comitato di amministrazione
Presidente: Card. Angelo Comastri.
Delegato: Vesc. Vittorio Lanzani.
Membri: Dott. Eugenio Antilici, Dott. Benedetto Carlini e Prof. Cesare Mirabelli.
Capo ufficio: Dott. Maria Cristina Carlo-Stella.
Ufficio amministrativo
Dirigente amministrativo: Dott. Antonio Grasso.
Contabili: Rag. Renato Piacentini, Lorenzo Semprini, Marco Solazzi.
Addetto di amministrazione: Dott. Riccardo Cattani.
Ufficio tecnico-storico
Ne fanno parte 22 persone, tutti laici, come addetti, assistenti e ispettori per la Necropoli, le celebrazioni liturgiche e l'archivio storico.
Studio del mosaico
Presidente: Vesc. Vittorio Lanzani.
Ne fanno parte 10 mosaicisti, tutti laici.

L'Elemosineria Apostolica

Istituzione che risale al 1271 e ha il compito di «esercitare la carità verso i poveri in nome del papa mediante modeste elargizioni».
Elemosiniere: Arc. Félix del Blanco Prieto.
Lo assistono come officiali 2 suore, 2 ecclesiastici e 4 laici.

La Biblioteca Apostolica Vaticana

Istituita da Niccolò V nel 1452, ha avuto rendite, officiali e uffici con Sisto IV nel 1475, fino ad avere nel 1590, con Sisto V, una sede propria all'interno del Palazzo Apostolico e a fronte del cortile del Belvedere, su progetto di Domenico Fontana; è il cosiddetto Salone Sistino, oggi incluso nel percorso dei Musei Vaticani (v.). L'attuale biblioteca di studio, alla quale si è ammessi previa autorizzazione, apre sul cortile del Belvedere; all'ingresso è la statua di *Sant'Ippolito*, venuta alla luce nel 1551 dal cimitero della via Tiburtina e qui disposta nel 1959 da Giovanni XXIII. Sempre numerosi i fondi in arrivo alla Biblioteca, tra i quali quelli di Federico da Montefeltro, Cristina di Svezia, Capponi e Ottoboni, fino alle moderne acquisizioni fatte da Leone XIII dai fondi Borghese, Barberini e Borgia, e da Pio XI, con il fondo Chigi donato dallo Stato italiano nel 1933. Attualmente la Biblioteca possiede circa 75.000 volumi manoscritti, 70.000 volumi archivistici, 100.000 autografi separati, 8200 incunaboli, un milione di opere stampate e 100.000 incisioni e carte geografiche. Al catalogo scientifico dei manoscritti lavorano gli "scriptores" e a quello delle opere stampate gli "assistenti". Esiste poi un sotterraneo in cemento armato ricavato sotto al cortile della Biblioteca, inaugurato nel 1985, ufficialmente destinato a quelle migliaia di carte antiche e preziosissime, alle quali fa da "custode" una statua di *San Giuseppe*. È annessa alla biblioteca la *Scuola Vaticana di Biblioteconomia*.

Bibiotecario: Card. Raffaele Farina.
Prefetto: Rev. Cesare Pasini.
Vice prefetto: Dott. Ambrogio Piazzoni.
Sono assistiti da un Consiglio di 7 membri e da 5 *scriptores*. La Biblioteca fa capo a 4 direttori di Dipartimento, con un personale di 62 persone tra assistenti, addetti tecnici, applicati di segreteria, restauratori, legatori, analisti e informatici (uno solo dei quali ecclesiastico).

Economato

Economo: Dott. Stefano Righetti.
Assistente: Rag. Giovanni Werlen.
Applicati: Giuseppe di Mastromatteo, Carlo Vechioni, Antonio Zuccari.

Scuola Vaticana di Biblioteconomia

Direttore: Rev. Cesare Pasini.
Lo assistono 7 docenti.
La scuola ha sede a Roma in via della Conciliazione 1.

L'Archivio Segreto Vaticano

L'Archivio Segreto Vaticano risale a Clemente VIII, che nel 1593 fa riunire il materiale archivistico a Castel Sant'Angelo; Paolo V tra il 1611 e il 1614, raccoglie tutte le scritture che si riferiscono all'attività pontificia dagli inizi del secolo VIII disponendolo nel Palazzo Apostolico in tre ambienti adiacenti al Salone Sistino della Biblioteca Vaticana, dove è ancora oggi. Vi sono custoditi bolle e registri della Dataria e Cancelleria, documenti della Segreteria di Stato, dei Brevi, della Sacra Rota e delle congregazioni, dei concili e delle diverse nunziature, nonché delle relazioni dei conclavi redatte dal cardinale camerlengo chiuse in busta sigillata che «non potranno essere aperte da nessuno, se il Sommo Pontefice non l'avrà permesso esplicitamente». I depositi dell'Archivio erano nei corridoi del cortile del Belvedere fino al 1991, quando sono stati trasferiti in un edificio sotterraneo nel cortile della Pigna, a 20 metri di profondità, sviluppando 54 chilometri di documenti. Solo nel 1880 l'archivio è stato messo a disposizione degli studiosi da Leone XIII, i quali devono essere accreditati e in pratica raccomandati, adducendo a pretesto un lavoro erudito in corso. Oltretutto, una volta entrati, si rischia di perdersi in un labirinto di enigmi interpretabili solo da competenti e con doti specifiche da archivisti. La missione scientifica dell'archivio in pratica si vanifica ai fini di un servizio pubblico, restando legata a un certo tipo di "studioso": così anche la scoperta di un segreto d'archivio è spesso fine a se stessa. Resta d'altronde la constatazione fatta da Leone XIII che l'Archivio Segreto «serve prima di tutto e principalmente al romano pontefice ed alla sua Curia, ossia alla Santa Sede». Come a dire, i segreti restano, anche per un contorno adeguato ai sacri misteri; è appunto il "mistero della fede", dietro il quale si nascondono piccoli e grandi episodi della storia. Si segnala il rotolo di 80 pergamene relativo al "Processo ai Templari dello Stato Pontificio e degli Abruzzi", che va dal settembre 13408 al 28 luglio 1310. Prezioso il "Sommario del processo contro Giordano Bruno", datato 1597, a lungo tenuto segreto e ritrovato nel fondo Pio IX nel 1940; il testo deriva dagli incartamenti del processo, un tempo conservati nell'archivio del Sant'Uffizio e successivamente spariti. Altrettanto prezioso è un "Estratto degli atti del processo di Galileo Galilei", atti anche questi spariti: questo estratto fu fatto sequestrare da Napoleone nel 1810, finendo nelle mani del duca di Blacas, ma grazie alla vedova del duca tornò in Vaticano nel 1843. È servito come riferimento per la riabilitazione di Galilei nel 1992.

Rientra nell'Ufficio la *Scuola vaticana di paleografia, diplomatica e archivistica*.

Archivista di S.R.C.: Card. Raffaele Farina.
Prefetto: Vesc. Sergio Pagano.
Vice prefetto: Rev. Marcel Chappin.
Segretario generale: Dott. Luca Carboni.

Li assiste un complesso di 51 membri tra archivisti, scrittori, assistenti e addetti di archivio, segretari, responsabili di laboratorio, applicati e addetti di archivio.

Scuola vaticana di paleografia, diplomatica e archivistica

Archivista di S.R.C.: Card. Raffaele Farina.
Prefetto dell'Archivio: Mons. Sergio Pagano.

Prefetto della Biblioteca Apostolica: Rev. Cesare Pasini.

Li assiste un corpo docente di 9 insegnanti (dei quali 2 ecclesiastici), con 2 direttori e un segretario.

La Tipografia vaticana

Istituita nel 1565 da Pio IV, stampa i documenti ufficiali della Santa Sede, della Curia romana e dello Stato della Città del Vaticano, nonché le edizioni dei libri liturgici e «L'Osservatore Romano».

Presidente: Dott. Giovanni Battista Dadda.

Lo assiste un Consiglio di sovrintendenza di 4 membri e un segretario (2 dei quali ecclesiastici) e una Direzione di 3 membri.

Amministrazione

Capo ufficio: Rag. Claudio Alpigiani.

Addetti di segreteria: Ivano Basso e Saverio Di Pofi.

Addetto di amministrazione: Fortunato Estivo.

La sede è nel viale della Tipografia.

«L'Osservatore Romano»

Giornale quotidiano politico-religioso fondato da Pio IX; il primo numero uscì il 1° luglio 1861.

Consiglio di sovrintendenza

Presidente: Dott. Giovanni Battista Dadda.

Lo assistono 4 membri (dei quali 1 ecclesiastico) e 1 segretario.

Direttore responsabile: Prof. Giovanni Maria Vian.

Vice direttore: Carlo Di Cicco.

La redazione è di 21 giornalisti, oltre a 5 incaricati per le edizioni settimanali (dei quali 1 ecclesiastico) e 2 addetti al servizio fotografico.

Direttore generale: Rev. Elio Torrigiani.

Segretario: Dott. Antonio Pacella.

Direttore tecnico: Comm. Giuseppe Canesso.

Capo ufficio amministrativo: Rag. Claudio Alpigiani.

Addetti di amministrazione: Ivan Basso, Rag. Saverio Di Pofi, Fortunato Estivo.

Collegio dei revisori dei conti: Dott. Luciano La Camera (*Presidente*), Dott. Giorgio Ciccioriccio e Dott. Francesco Perrotta (*Membri*).

La sede è in via del Pellegrino.

La Libreria Editrice Vaticana

È sorta nel 1926 come autonomo organismo rispetto alla Tipografia Vaticana. Cura l'edizione di tutte le pubblicazioni periodiche della Santa Sede. Alla casa editrice fa capo la *Libreria internazionale Giovanni Paolo II*.

Presidente del Consiglio di amministrazione: Mons. Giuseppe Antonio Scotti.

Membri del Consiglio di amministrazione: Dott. Giovanni Battista Dadda, Mons. Giampietro Fasani, Rev. Vito Fracchiolla, Rev. Gilberto Zini.

Capo ufficio amministrativo: Rag. Rosanna Rinaldi.

Aiuto amministrativo: Rag. Marco Perugini, Rag. Francesco Servadei.

Capo ufficio commerciale: Dott. Piergiorgio Giovannini.

Responsabile fatturazioni: Fabio Palombi.

Addetti fatturazioni: Suor Maria Emerenziana Persini, Sig. Maria Rosaria Sica.

Collegio dei revisori: Dott. Romano Mosconi (presidente), Dott. Antonio Di Iorio e Dott. Maurizio Zelli (membri).

Editoriale: 1 responsabile e 1 redattore.

Commissione editoriale: 1 presidente, 1 segretario e 3 membri (tutti ecclesiastici).

Magazzinieri: 4 membri.

Libreria internazionale Giovanni Paolo II

Dott. Ottaviano Foschini (gestore negozio), Sig.ra Patrizia Minori (addetto negozio), Giampietro Gianni, Gabriella Piccioni e Maria Emanuela Rizzica (commessi negozio)

La sede è nella Città del Vaticano in via della Posta. La libreria è in piazza San Pietro.

La Radio Vaticana

È stata inaugurata il 12 febbraio 1931 e fu realizzata da Guglielmo Marconi; il primo trasmettitore fu installato nella torre dei Venti, successivamente sede della Specola. Dal 1955 il centro di radiodiffusione è stato spostato a Santa Maria di Galeria, mentre il complesso degli studi è stato dislocato nel Palazzo Pio, l'edificio a fronte del Castel Sant'Angelo, sulla destra di via della Conciliazione.

Direttore generale: Rev. S. J. Federico Lombardi.

Lo assistono 3 responsabili delle promozioni e relazioni internazionali, un complesso di 43 direttori e funzionari per la direzione dei programmi (di cui 20 ecclesiastici), una redazione di 39 membri (di cui 4 ecclesiastici) e una redazione tecnica di 24 membri.

Direzione amministrativa

Dott. Alberto Gasparri (direttore); Dott. Giovanni Ercole Di Francesco, Maurizio Lanzi, Alberto Falcinelli, Bianca Maria Gandolfi (funzionari).

La sede è a Roma nel Palazzo Pio in piazza Pia 3.

Il Centro Televisivo Vaticano

Istituito nel 1983 «come agenzia televisiva di informazione, approfondimento e documentazione delle attività della Santa Sede, ha il compito di promuovere la presenza della Sede Apostolica nel campo della televisione e dell'audiovisivo in tutto il mondo. Pertanto assicura la ripresa, la distribuzione a terzi, la diffusione con collegamenti anche satellitari, la registrazione audiovisiva delle attività del Sommo Pontefice e dei vari dicasteri della Santa Sede, degli avvenimenti non solo di carattere religioso che si svolgono nel territorio della Città del Vaticano e relativi immobili con privilegio di extraterritorialità». È collegato con il canale satellitare Sat2000 di proprietà della Conferenza Episcopale Italiana (v.), ma ha ceduto l'esclusiva di diverse trasmissioni a Telepace (v.).

Consiglio di amministrazione

Membri: Vesc. Renato Boccardo, Mons. Massimo Boroatto, Carlo Maria Polvani, Guido Todeschini, Rev. Franco Lever, Prof. Gianpiero Gamaleri, Dott. Ettore Bernabei, Angela Buttiglione, comm Angelo Scelzo.

Segretario e direttore generale: Rev. Federico Lombardi.

Revisori dei conti: Dott. Flavio Pizzini (presidente), Dott. Gianni Artegiani, Prof. Paolo Resta.

Addetti di amministrazione: Dott. Roberto Romolo (segretario), Carla Di Mauro, Lorena Morrone e Stefania Sciurpi (addetti), Cinzia Marsicano (applicato).

Fanno parte del centro anche 15 redattori e applicati del settore archivistico e tecnico.

Gli Uffici sono nella Città del Vaticano.

La Specola Vaticana

Istituita nel 1578 nella torre dei Venti della Città del Vaticano, è stata poi trasferita a Castel Gandolfo, dove sono anche la direzione, la biblioteca e una raccolta di meteoriti. Ha una sede distaccata a Tucson, in Arizona.

Direttore: Rev. José Gabriel Funes.

Vice direttore amministrativo: Rev. Giuseppe Koch.

Li assiste un complesso di 12 astronomi e matematici.

I Musei Vaticani

È il grande complesso dei Musei della Città del Vaticano, istituzione che risale al primo nucleo di statue esposto da Giulio II nel cortile Ottagono nel 1506, ma organizzato nel suo primo assetto espositivo da Clemente XIV nel 1771. Rientra nel complesso la gestione dei *Giardini Vaticani*.

Direttore: Prof. Antonio Paolucci.
Segretario: Dott. Edith Cicerchia.
Amministratore: Dott. Francesco Riccardi.
Funzionario: Mons. Paolo Nicolini.
Assistente: Dott. Sabrina Borgognoni.
Sono coadiuvati da 16 collaboratori dei reparti come direttori, ispettori e assistenti (2 dei quali ecclesiastici); da 8 consulenti (uno dei quali ecclesiastico); da 4 dirigenti del laboratorio di restauro e del gabinetto di ricerche scientifiche.
Amministratore vendita pubblicazioni e riproduzioni: Dott. Francesco Riccardi.
Pubblicazioni periodiche della direzione: *Bollettino dei Monumenti, Musei e Gallerie Pontificie* e *Annali del Pontificio Museo Missionario Etnologico*.
Capotecnico dei Giardini Vaticani: Comm. Elio Cortelessa.
L'ingresso è sul viale Vaticano: il costo del biglietto ai Musei è di 14 euro (ridotto 8 euro), ai Giardini è di 18 euro (ridotto 14 euro). I visitatori sono circa 4 milioni l'anno, per una media di quaranta al minuto, con code agli ingressi che si prolungano dal viale Vaticano lungo i bastioni su piazza del Risorgimento fino al colonnato di San Pietro. Nella gestione dell'affluenza dei visitatori si riscontra molta scorrettezza dannosa per le opere d'arte, con gli uscieri che tollerano il vocio dei visitatori, facendoli entrare in numero sovrabbondante nella Cappella Sistina e con le guide che parlano ad alta voce.

I Vigili del Fuoco

Corpo istituito nel 1941. È composto da 30 vigili.
Ufficiale: Ing. Paolo De Angelis.
La caserma con autorimessa, a fronte del cortile Belvedere, dispone di una autoscala-piattaforma, un'autobotte da 1250 litri, un carro attrezzi per la rimozione dei veicoli, un veicolo polisoccorso, due vetture di servizio e 500 idranti stradali e interni.

La Gendarmeria

Risale al corpo della Gendarmeria istituito nel 1816 e rinnovato più volte, l'attuale è stato costituito nel 2002; è formato da 130 gendarmi.
Ispettore generale: Dott. Domenico Giani.
Caserma in via del Pellegrino.

I Servizi della Città del Vaticano

Farmacia vaticana
La sede della Farmacia è nella Città del Vaticano in via di Porta Sant'Anna (Tel. 06.69890561; 06.69885361; 06.69885426).
Annona
È in via della Tipografia.
Distributore di benzina
È davanti a palazzo San Carlo.
Poste vaticane
Succursali in piazza San Pietro e presso i Musei Vaticani (Tel. 39 06 69883406; Fax:39 06 69885378).
Ufficio filatelico numismatico
La sede di servizio dell'Ufficio filatelico e numismatico è in piazza S. Marta (Tel. 39.06.69883414; 39.06.69883165; 39.06.69864310. Fax: 39.06.69881308. E-mail: order.ufn@scv.va).
Una rivendita di numismatica del Vaticano è anche a Roma in via Ostiense 130.

Le istituzioni collegate con la Santa Sede

Sono chiese, santuari, palazzi, uffici, luoghi, istituzioni religiose e finanziarie, associazioni culturali, istituzioni lavorative, nel mondo, che sono sotto la gestione e l'utilizzo delle frange della santa casta.

La Basilica papale di San Giovanni in Laterano di Roma

Gia basilica patriarcale, è stata qualificata da Benedetto XVI "papale", a significare la sua stretta dipendenza dal papa, considerando anche che è la cattedrale di Roma, e quindi propria del vescovo di Roma, ovvero del papa.
Arciprete: Card. Camillo Ruini.
Lo assiste un complesso di 15 ecclesiastici, in veste di segretari, camerlenghi, sindaci, prefetti, 2 laici come addetti di mansionari e coadiutori.
Addetto di amministrazione: Dott. Francesco Lavezzo.
Gli uffici sono nel Palazzo Lateranense in piazza San Giovanni in Laterano.

La Basilica papale di San Paolo fuori le Mura di Roma

La basilica godeva di una sua autonomia, derivatagli dallo stato di abbazia benedettina, retta da un abate; ma Benedetto XVI nel 2005 con il *motu proprio L'Antica e Venerabile Basilica* ha ridotto l'autorità abba-

ziale sotto la qualfica principale di basilica "papale", dando all'abate la giurisdizione «*sui iuris intra septa monasteri*» e quella per la liturgia ordinaria in basilica, ma abolendo la sua giurisdizione pastorale territoriale, che è stata trasferita al Vicariato di Roma. La giurisdizione ordinaria in basilica è affidata a un arciprete di nomina papale.
Arciprete: Card. Andrea Cordero Lanza di Montezemolo.
Abate: Rev. Edmund Power.
Parroco: Rev. Flavio Allegro.
Li assistono 8 ecclesiastici per la Pastorale e la Sagrestia, 3 laici come segretari.
Delegato per l'amministrazione: Ing. Pier Carlo Visconti.

Consiglio per gli affari amministrativi

Presidente: Card. Andrea Cordero Lanza di Montezemolo.
Vice presidente: Ing. Pier Carlo Visconti.
Membri: Rev. Piero Pennacchini, Tullio Poli e Edmund Power; Ing. Luca Dalla Zonca e Comm. Angelo Sironi.
Gli uffici sono nel complesso extraterritoriale della basilica di San Paolo.

La Basilica papale di Santa Maria Maggiore di Roma

Già basilica patriarcale, è stata qualificata da Benedetto XVI nel 2005 basilica "papale", a significare la sua stretta dipendenza dal papa.
Arciprete: Card. Bernard Francis Law.
Lo assiste un complesso di 22 ecclesiastici in veste di vicario, prefetto, sindaco, camerlengo, cerimonieri e 1 laico come addetto tecnico.
Gli uffici sono nel complesso extraterritoriale della basilica di Santa Maria Maggiore, in via Liberiana 27.

Le ville pontificie di Castel Gandolfo

È il complesso residenziale di Castel Gandolfo di proprietà della Santa Sede dal 1596, eletto a luogo di villeggiatura dal 1626. Gode di extraterritorialità.
Direttore: Dott. Saverio Petrillo.
Capotecnico: Per. Agron. Giuseppe Belladonna.
Funzionario: Rag. Pier Paolo Turoli.

La Delegazione Pontificia per il Santuario della Beata Maria Vergine del S. Rosario di Pompei

Santuario fondato nel 1872 dal beato Bartolo Longo con annesse opere di carità e dato in eredità al papa nel 1894; è stato istituito come prelatura nel 1926.

Delegato: Arc. Carlo Liberati.
Vicario generale: Mons. Pasquale Mocerino.
Delegato del prelato per l'amministrazione: Dott. Eduardo Romano.

Consiglio di Amministrazione

Presidente: Arc. Carlo Liberati.
Membri: Mons. Pasquale Mocerino, Francesco Rosso, Francesco Paolo Soprano, Suor Angelica Bruno, Avv. Arturo Amato, Prof. Carlo Galateri di Genola, Dott. Roberto Giordano, Rag. Edoardo Lacetera.

Collegio dei revisori dei conti

Presidente: Prof. Vincenzo Maggioni.
Membri: Dott. Paola Adinolfi e Dott. Angelino Mafera.
Gli uffici sono a Pompei, in piazza Bartolo Longo.

La Delegazione Pontificia per il Santuario della Santa Casa di Loreto

Soggetta alla Santa Sede dal 1507, dopo il 1870 la Santa Casa di Loreto è stata assegnata alla Santa Sede insieme alla basilica; è stata istituita come prelatura nel 1965.
Delegato: Arc. Giovanni Tonucci.
Vicario generale: Rev. Stefano Vita.
Ragioniere responsabile Centro elaborazione dati: Rag. Alessandro Agnesi.
Addetto contabilità: Dott. Enrico Mercuri.
Li assistono 2 laici per la segreteria e il settore tecnico.

Consiglio di amministrazione

Presidente: Arc. Giovanni Tonucci.
Consiglieri: Rev. Stefano Vita, Rag. Antonio Chiminello, Dott. Claudio Quattrini, Dott. Giovanbattista Santucci.
Segretario: Dott. Andrea Ambrogini.

Collegio dei revisori dei conti

Presidente: Dott. Marco Lori.
Membri: Dott. Giorgio Ciccioriccio e Rag. Alberico Novelli.
Gli uffici sono a Loreto, in piazza della Madonna 1.

La Delegazione Pontificia per la Basilica di Sant'Antonio di Padova

Dal 1929 ceduta alla Santa Sede con diritto di extraterritorialità, dal 1933 è stata sottratta al vescovo di Padova per passare sotto la diretta giurisdizione pontificia.

Delegato: Arc. Francesco Gioia.
Segretario: Rev. Agostino Varotto.
Responsabile amministrativo: Geom. Luigi Ruco.

Consiglio di amministrazione

Presidente: Arc. Francesco Gioia.
Membri: Rev. Giuliano Abram e Rino Pittarello, Mons. Francesco Rosso e Dott. Gianni Artegiani.

Collegio dei revisori dei conti

Presidente: Prof. Enrico Nenna.
Membri: Dott. Liliana Bellotto e Piersandro Peraro.
Gli uffici sono a Padova, piazza del Santo 11.

Le Basiliche della Terra Santa

Sono 3 e fanno capo alla missione Custodia della Terra Santa (v.), con il supporto dell'*Associazione di Terra Santa*, che sovrintende alla cura dei luoghi santi; è diretta dal frate Pier Battista Pizzaballa.

La basilica del Santo Sepolcro di Gerusalemme

Chiamata anche Chiesa della Resurrezione dai cristiani di rito ortodosso, è costruita sul luogo in cui secondo la tradizione Gesù fu crocifisso e sepolto. È all'interno delle mura della città vecchia di Gerusalemme, alla fine della via Dolorosa, inglobando la collina del Golgota e il sepolcro. È sede del patriarca di Gerusalemme, Teofilo III, e dell'arciprete cattolico della basilica del Santo Sepolcro.

La basilica dell'Annunciazione di Nazareth

Sorge sul luogo in cui, secondo la tradizione, l'arcangelo Gabriele annunciò a Maria la nascita di Gesù. È stata costruita nel 1969 sui resti di una preesistente chiesa bizantina e nel sotterraneo custodisce la grotta dell'Annunciazione, addossata alla quale era la casa in muratura della Vergine trasportata intorno al 1294 a Loreto, dove è conservata come Santuario della Santa Casa (v.).

La basilica della Natività di Betlemme

Sorge sul luogo in cui, secondo la tradizione, nacque Gesù, come indica la grotta ancora esistente, ritenuta il luogo preciso della nascita. La struttura originaria risale al VII secolo, oggetto di successive ristrutturazioni e trasformazioni.

I Santuari

Sono 5 luoghi di culto riconosciuti dalla Chiesa di Roma in riferimento al verificarsi di eventi miracolosi e gestiti dalla Santa Sede, come oggetto di pellegrinaggi perlopiù organizzati dalle agenzie che fanno capo alla Santa Sede, l'Opera romana pellegrinaggi e l'UNITALSI (v.).

Il santuario di Jasna Gora

È il santuario della Polonia che custodisce l'icona della *Madonna di Czestochowa*, l'immagine nera venerata dal Medioevo; risale alla prima costruzione del Seicento, custodita dai monaci paolini. È visitata da oltre 4 milioni di pellegrini l'anno.
Delegato apostolico: Arc. Stanislaw Nowak.

Il santuario del Divino Amore

È il santuario di Castel di Leva, zona 23 dell'Agro Romano, sulla via Ardeatina; è costituito da due chiese, la più antica delle quali risale al 1745 e la seconda al 1999. Sorse in seguito all'evento miracoloso del 1740, quando un pellegrino diretto alla basilica di San Pietro fu assalito sulla via Ardeatina da un branco di cani rabbiosi, dai quali si salvò invocando la Vergine raffigurata su una icona appesa alla torre di un vicino castello. L'icona fu tolta dalla torre e portata nella vicina tenuta della Falconara, dove è la chiesa di *Santa Maria ad Magos*, per essere poi trasferita nella chiesa di nuova costruzione, opera di Filippo Raguzzini. E cominciarono i pellegrinaggi al santuario, per i quali Benedetto XIV concesse l'indulgenza plenaria; aumentarono i pellegrinaggi, in un misto di sacro e profano, con l'allestimento di bancarelle di fave, vino e porchetta. Lo riscattò nel 1930 il Vicariato, prendendolo sotto la sua dipendenza con un rettore, divenuto anche parroco della chiesa che ha il titolo di Santa Maria del Divino Amore a Castel di Leva. Pio XII, in coincidenza della battaglia per la conquista di Roma tra nazisti e alleati, fece trasferire l'icona a San Lorenzo in Lucina il 28 maggio 1944, invitando i romani a pregare per la salvezza della città durante l'ottavario della Pentecoste; data l'enorme affluenza di fedeli, l'icona venne trasferita a Sant'Ignazio e il 4 giugno fu riportata nel santuario.
Rettore: Mons. Pasquale Silla.
Il santuario è al vicolo del Santuario 10 (all'altezza del km 12 della via Ardeatina).

Il santuario di Fatima

È legato alle sei apparizioni della Vergine ai tre piccoli pastori Lucia dos Santos, Francisco e Jacinta Marto nel 1917 a Fatima, nel Portogallo, ed è stato edificato tra il 1928 e il 1951. Le apparizioni sono legate a tre rivelazioni della Vergine, l'ultima delle quali è stato indicata tradizio-

nalmente come "terzo segreto di Fatima", che fu rivelato durante l'Anno Santo 2000 in riferimento all'attentato al papa. Il santuario è la più frequentata meta di pellegrinaggio.
Rettore: Mons. Luciano Guerra.

Il santuario della Madonna di Lourdes

Chiamato anche *Nostra Signora del Rosario*, è il santuario costruito nella località francese di Lourdes, presso il borgo di Massabielle, a fronte di una grotta dove nel 1858 la Vergine apparve alla contadina quattordicenne Bernadette Soubirous. È costituito da tre basiliche, *Superiore*, *San Pio* X e *del Rosario*; l'utima vanta sulla facciata i mosaici di padre Marko Ivan Rupnik e del Centro Aletti, raffigauranti i *Misteri della Luce*, inaugurati nel 2007.
Rettore: Don Isidoro Crepaldi.

Il santuario di San Giovanni Rotondo

È il santuario inaugurato nel 1959 a fronte del convento in cui viveva san Pio da Pietrelcina: la nuova chiesa è stata costruita tra il 1994 e il 2004 su progetto di Renzo Piano. L'opera sviluppa una superficie di 9200 mq con una capacità di 7000 posti a sedere.
Delegato pontificio: Arc. Domencio D'Ambrosio.
Al santuario è collegata *Tele Radio Padre Pio*, con esclusiva su tutte le trasmissioni relative alle cerimonie.
Direttore responsabile: Stefano Campanella.

L'Istituto Centrale per il Sostentamento del Clero

È l'istituto centrale della Santa Sede che provvede all'assegnazione dello stipendio del clero; dipende dalla CEI e si dirama nei singoli istituti di ogni diocesi. Provvede allo stipendio di vescovi e sacerdoti, che è uguale per tutti a seconda degli anni di anzianità, integrando con i fondi dell'8 per mille la somma che ogni istituto diocesano ricava dai benefici parrocchiali. La somma base è di 833,03 euro mensili, con scatti di anzianità ogni cinque anni; i vescovi hanno uno stipendio mensile che si aggira sui 3000 euro.
Presidente del Consiglio di amministrazione: Mons. Luigino Trivero.
Presidente dei revisori dei conti: Mons. Giampietro Fasani.
Direttore generale: Dott. Cesare Testa.
La sede è a Roma in via Aurelia 796.

L'Ufficio del Lavoro della Sede Apostolica (ULSA)

Organismo istituito da Giovanni Paolo II nel 1989 per la tutela dei legittimi interessi degli appartenenti alla comunità di lavoro della Santa

Sede e assicurare loro armonia e perequazione nella pluralità delle mansioni. L'ufficio regola le proposte legislative e le funzioni promozionali degli impiegati.

Presidente: Card. Francesco Marchisano.

Vice presidente: Vesc. Franco Croci.

Assessori: Prof. Roberto Pessi, Avv. Giovanni Giustiniani.

Li assistono una *Direzione generale* di 5 membri, un *Consiglio* di 10 membri (di cui 5 ecclesiastici), rappresentanti di 10 uffici, e un *Collegio di conciliazione e arbitrato* di 5 membri (di cui 1 ecclesiastico).

La sede è a Roma in via della Conciliazione 1.

A fronte di questo ufficio va idealmente posta l'*Associazione dipendenti laici vaticani* (ADLV), un'associazione parasindacale sorta nel 1982 per concessione di Giovanni Paolo II che lo riteneva «uno degli strumenti atti a meglio garantire la giustizia sociale nei rapporti tra lavoratore e datore di lavoro». Il segretario è Alessandro Cardi, capo reparto della Radio Vaticana.

Il Fondo Pensioni

Istituito da Giovanni Paolo II nel 1992, cura le disposizioni relative al pensionamento del personale ecclesiastico e laico dipendente della Santa Sede.

Consiglio di amministrazione

Presidente: Card. Attilio Nicora.

Membri: Vesc. Vittorio Lanzani, Mons. Francesco di Muzio e Tullio Poli; Dott. Alberto Gasparri, Sergio Piccinin e Sergio Valci.

Ufficio del Fondo

Direttore: Rag. Maurizio Trombetta.

Aiutante di studio: Avv. Stefano Di Pinto.

Addetto di segreteria: Dott. Corrado Rossi.

Addetto tecnico: Rag. Pietro Salvati.

Collegio dei sindaci

Presidente: Prof. Enrico Nenna.

Membri: Dott. Gianni Artegiani e Franco Podda.

Gli uffici sono nel Palazzo Apostolico della Città del Vaticano.

Il Fondo Assistenza Sanitaria (FAS)

Istituito nel 1953 per l'assistenza sanitaria del personale dell'APSA, nel 1995 è stato esteso a tutti i dipendenti della Santa Sede.

Consiglio di amministrazione

Presidente: Arc. Domenico Calcagno.

Membri: Mons. Giorgio Corbellini e Ermes Giovanni Viale, Rev. Joseph Kattakkal, Prof. Giulio Cesare Nicotra e Giovanni Rocchi, Dott. Eugenio Borgognoni e Alberto Gasparri, Rag. Giuseppe Costanza.

Segretario: Rag. Bruno Lilli.

Ufficio del Fondo

Direttore: Prof. Giulio Cesare Nicotra.

Capo ufficio: Rag. Bruno Lilli.

Addetti di amministrazione: Rag. Paolo De Sibi; Sig. Massimo Fionelli, Francesco Rancaccia, Maurizio Ricci, Franco Mariani, Uzdula Mucha.

Scrittori: Ignazia Bellia, Emanuele Callipo, Francesco Gasparro, Danilo Zollo.

Collegio dei sindaci

Presidente: Dott. Angela De Blasis.

Membri: Prof. Enrico Nenna e Rag. Umberto D'Amico.

Gli uffici sono nella Città del Vaticano.

L'Associazione dei SS. Pietro e Paolo

Fondata nel 1971 accogliendo gli ex membri della Guardia Palatina, opera iniziative di volontariato con i suoi soci «desiderosi di rendere una particolare testimonianza di vita cristiana, di apostolato e di fedeltà alla Sede Apostolica». Ha una *Sezione per le attività liturgiche*, che esplica un servizio di vigilanza durante le cerimonie pontificie; una *Sezione per le attività culturali*, che cura corsi di catechesi; una *Sezione caritativa*, che esplica assistenza a famiglie bisognose presso l'ospedale Santo Spirito in Sassia.

Presidente: Avv. Gianluigi Marrone.

La sede è nella Città del Vaticano, nel Palazzo Apostolico, con ingresso dal cortile di san Damaso.

Il Circolo San Pietro

Fondato nel 1869 a Roma, nel palazzo Lancellotti, sovrintende ad una serie di servizi sociali che fanno capo a varie commissioni. La *Commissione delle cucine economiche* distribuisce quotidianamente pasti in appositi punti mensa; la *Commissione degli asili notturni* provvede all'ospitalità per indigenti presso un asilo notturno nel numero di 270 persone; la *Commissione casa-famiglia* assiste madri e bambini ricoverati presso l'ospedale romano Bambin Gesù; la *Commissione guardaroba* provvede alle richieste di vestiario; la *Commissione dei servizi d'onore* coadiuva con la Prefettura della Casa Pontificia (v.) nelle cerimonie papali. Inoltre il circolo cura la raccolta dell'Obolo di San Pietro (v.) nella diocesi di Roma.

Presidente generale: Duca Leopoldo Torlonia.

Segretario generale: Comm. Stefano Catania.

Economo generale: Cav. Piero Fusco.

Ass. eccl.: Mons. Franco Camaldo.

La sede è a Roma nel palazzo di San Callisto, piazza San Callisto 16.

La Fondazione Pro Musica e Arte Sacra

Fondata il 21 giugno 2002, è un ente morale senza scopo di lucro che ha come fini istituzionali la promozione della musica sacra ad altissimo livello ed il restauro di tesori di arte sacra. È iscritta nel Registro delle persone giuridiche della Prefettura di Roma al n. 162/2002 ai sensi del DPR 361/2000.

Fondatore e presidente: Dott. h.c. Hans-Albert Courtial, ambasciatore di Roma nel mondo.

Consiglio direttivo: Dott. Hans-Albert Courtial, Mons. Pablo Colino e Valentino Miserachs Grau, Sig.ra Nicole Anneliese Courtial.

Presidente onorario: Card. Angelo Comastri, Arciprete della Basilica Papale Vaticana, Vicario generale per lo Stato della Città del Vaticano, Presidente della Fabbrica di San Pietro.

Comitato d'onore: Card. Andrea Cordero Lanza di Montezemolo, Edward Egan, Bernard Francis Law, William Joseph Levada, Francesco Marchisano, Paul Poupard, Camillo Ruini, Camillo Ruini.

Mons. Gianfranco Ravasi e Giovanni Tonucci.

Prof. Nikolaus Harnoncourt, Dott. Gianni Letta, Ing. Wolfgang D. Schrempp, Direttore d'orchestra Franz Welser-Möst.

La sede è a Roma in via Paolo VI 29, presso piazza San Pietro.

L'Ordinariato militare in Italia (OMI)

È la circoscrizione ecclesiastica, assimilata giuridicamente alle diocesi, eretta il 6 marzo 1925, che assicura l'assistenza spirituale ai fedeli impegnati nella vita militare in Italia. Fa capo ad un Ufficio Centrale di Coordinamento Pastorale, gestito dalla Congregazione dei Vescovi (v.), ed è guidato da un arcivescovo ordinario militare designato dal papa e nominato con decreto del presidente della Repubblica. L'ordinariato è suddiviso in 16 zone pastorali.

Presidente: Arc. Vincenzo Pelvi.

Fanno parte dell'Ordinariato 194 sacerdoti (159 secolari e 35 regolari), nonché 93 religiosi (35 uomini e 58 donne); hanno il titolo di cappellani.

La chiesa principale dell'Ordinariato è Santa Caterina da Siena a Magnanapoli in Roma; la succursale è il Santissimo Sudario, in via del Sudario a Roma; ma la chiesa titolare del vescovo ordinario militare è Santa Maria ad Martyres in Roma.

La sede è a Roma alla Salita del Grillo 37.

La Prelatura personale dell'Opus Dei

Istituita il 28 novembre 1982, è «una struttura giurisdizionale secolare, di carattere personale, cioè non circoscritta al criterio della territorialità, costituita per peculiari finalità pastorali; è formata da presbiteri e da diaconi del clero secolare» con l'inserimento di laici dediti «alle opere apostoliche». È retta da un prelato come «Ordinario proprio, il quale ha il diritto di erigere un seminario nazionale o internazionale e di incardinare gli alunni e di promuoverli agli ordini con il titolo del servizio della prelatura». Ha un'amministrazione autonoma, che non rientra nel bilancio della Santa Sede.

Prelato: Vesc. Javier Echevarría Rodriguez.

Vicario generale: Mons. Fernando Ocáriz.

Vicario per l'Italia: Mons. Lucio Norbedo.

Vicario della delegazione di Roma: Don Normann Insam.

Alla prelatura fanno capo 1828 chiese e centri pastorali, 1956 sacerdoti, 37 sacerdoti ordinati, 351 seminaristi maggiori, 86.305 laici. La prelatura pubblica il bollettino *Romana*.

Alla prelatura fanno capo in Roma:

1. Il SAFI, Istituto Professionale dei Servizi Alberghieri e della Ristorazione, con sede in via Sebastiano Satta 54.
2. L'ELIS, Scuola di "Educazione-Lavoro-Istruzione-Sport", con sede in via Sandro Sandri 71. Sorge a fianco alla parrocchia San Giovanni Battista al Collatino, affidata ai sacerdoti della prelatura.
3. La *Pontificia Università della Santa Croce*, fino al 1990 *Ateneo romano della Santa Croce*, con sede in piazza Sant'Apollinare 49 nel palazzo dell'Apollinare della Santa Sede. È una istituzione universitaria di studi ecclesiastici, costituita dalle facoltà di Teologia, Diritto canonico, Filosofia e Comunicazione sociale istituzionale, e che conferisce i titoli accademici di baccellierato, licenza e dottorato; è parte integrante dell'università l'*Istituto Superiore di Scienze Religiose dell'Apollinare*, collegato accademicamente alla Facoltà di Teologia.
4. L'*Università Campus Bio-Medico*, in via Alvaro del Portillo 5 (Trigoria).

Alla prelatura sono affidate le parrocchie romane di Santa Maria della Pace, Sant'Eugenio, San Josemaría Escrivá de Ballaguer, San Giovanni Battista al Collatino e la basilica di Sant'Apollinare.

La sede generale della prelatura è in Roma, viale Bruno Buozzi 73.
La sede del Vicariato per l'Italia è a Milano, via Alberto da Giussano 6.
La sede del Vicariato per la Delegazione di Roma è in via M. Prestinari 9.

I Cavalieri di Colombo

I "Cavalieri di Colombo" sono una confraternita che presta assistenza finanziaria ai propri affiliati e ai loro familiari malati, disabili e bisognosi. È nata il 2 ottobre 1881 nello scantinato della chiesa di St. Mary in Hillhouse Avenue a New Haven, nel Connecticut, ad opera del parroco Michael J. McGivney, a difesa della propria fede nell'ideale di Cristoforo Colombo, dalle cui mani fu portata la Cristianità nel Nuovo Mondo, costituendosi come società il 29 marzo 1882. L'ordine è stato chiamato "il forte braccio destro della Chiesa" per l'evangelizzazione e l'educazione cattolica, l'assistenza civica e l'aiuto ai bisognosi. Ha quasi due milioni di aderenti in più di 12.000 "councils" situati negli Stati Uniti, Canada, Filippine, Messico, Repubblica Domenicana, Porto Rico, Panama, Bahamas, Isole Vergini, Guatemala, Guam e Saipan.

L'ordine fornisce ai suoi aderenti, oltre a molti altri benefici fraternalistici, i migliori prodotti assicurativi, vitalizi e prodotti di lungo-termine; il Consiglio Supremo è il corpo governante dei Cavalieri di Colombo ed è responsabile dello sviluppo dell'intera organizzazione e la protezione delle famiglie dei membri attraverso i suoi programmi di assicurazioni. Investe nei *corporate bond* emessi da più di 740 società statunitensi e canadesi, piazzando polizze sulla vita e sui servizi di assistenza domiciliare ai suoi iscritti attraverso 1400 agenti, 47 miliardi di dollari del fondo assicurativo sulla vita, al quale la *Standard & Poor's* assegna da anni un *rating* quanto mai elevato. Annualmente l'ordine incassa una media di 5 miliardi di dollari annui; una parte delle entrate, 150 milioni di dollari, viene girata a diocesi, ordini religiosi, seminari, scuole cattoliche, mentre al Vaticano è destinato il *Vicarius Christi Fund*, istituito nel 1981 e consegnato annualmente al papa nel corso di un'udienza riservata. Il fondo non è inferiore ai 2 milioni e mezzo di dollari ed è relativo alla rendita specifica del papa, alle nunziature apostoliche di Stati Uniti e Jugoslavia, alla missione della Santa Sede di osservatore permanente all'ONU e al restauro della basilica di San Pietro.

Cavaliere Supremo: Professor Carl A. Anderson.
Cappellano Supremo: Vesc. William E. Lori.
La sede principale è a Roma in piazza della Città Leonina 1.
La sede principale negli Stati Uniti è a Columbus Plaza 1, New Haven.

Il Vicariato di Roma

È la Curia della diocesi romana e si articola in 29 uffici pastorali, un ufficio amministrativo e 3 tribunali.

Vicario: Card. Agostino Vallini.

Vice gerente: Mons. Luigi Moretti.

Sono supportati da sei ausiliari vescovi e un prelato in veste di segretario.

L'Ufficio amministrativo

Direttore economo: Mons. Mario Scala.

Vice direttore: Rev. Antonio Interguglielmi.

Segreteria: Dott. Giovanni Franchi de' Cavalieri, Paolo Bencetti e Anna Paola Gasperini.

Ragioneria e Cassa: Dott. Simona Di Giacinto, Cav. Riccardo Ferri, Rag. Roberto Liso, Cav. Alberto Pontecorvi e Rag. Antonio Vollera.

Patrimonio: Dott. Riccardo Bencetti, Avv. Alcide Iacolucci, Cav. Federico Valesi-Penso.

Arte sacra e beni culturali: Vesc. Ernesto Mandara (*responsabile*).

Economato-assicurazioni sociali: Rag. Antonio Batti, Sig. Paolo Di Giacomo, Sig. Vito Antonio Chirichello, Rag. Franco Poleti.

Il Tribunale ordinario della Diocesi di Roma

Vicario giudiziale: Mons. Gianfranco Bella.

È assistito da un vicario aggiunto e da un difensore del vincolo (ecclesiastici), da 2 cancellieri e uno scrittore (laici).

Il Tribunale di prima istanza per le cause di nullità di matrimonio della Regione Lazio

Vicario giudiziale: Rev. Sabino Ardito.

Il personale del tribunale è costituito da 76 membri (vicari aggiunti, giudici, uditori, difensori del vincolo, cancellieri, notai e patroni), di cui 44 ecclesiastici.

Il Tribunale di appello

Esamina in seconda istanza le cause matrimoniali e in appello le altre cause delle diocesi di Roma e del Lazio, oltre a quelle dell'Opus Dei.

Vicario giudiziale: Mons. Slawomir Oder.

Il personale del tribunale è costituito da 48 membri (vicari aggiunti, giudici, difensori del vincolo, cancellieri, notai, scrittori), di cui 31 ecclesiastici.

L'Amministrazione del Tribunale

Prof. Roberto Morabito.

La sede centrale è a Roma nel Palazzo Lateranense in piazza San Giovanni 6.

L'Opera Romana per la Preservazione della Fede e la provvista di nuove chiese in Roma

Organismo istituito nel 1930, ha per compiti la tutela della fede in Roma con la costruzione di nuove parrocchie.
Presidente: Card. Agostino Vallini.
Segretario: Vesc. Ernesto Mandara.
L'ufficio è a Roma in piazza San Giovanni in Laterano 6/a.

L'Opera Romana Pellegrinaggi

Organismo preposto all'organizzazione dei pellegrinaggi ai santuari effettuati con pullman e treni.
Direttore generale: Mons. Liberio Andreatta.
Amministratore delegato: Rev. Cesare Atuire.
La sede è a Roma in via della Pigna 13/a.

L'Opera Vocazioni Sacerdotali

Organismo diocesano preposto alla cura delle vocazioni sacerdotali.
Presidente: Mons. Paolo Salvadagi.
L'ufficio è a Roma in piazza San Giovanni in Laterano 6/a.

L'ufficio diocesano delle PP.OO.MM.

Organismo diocesano preposto alle Pontificie opere missionarie.
Direttore: Vesc. Enzo Dieci
L'ufficio è a Roma in piazza San Giovanni in Laterano 6/a.

L'Opera Diocesana Assistenza (ODA)

Ente morale per l'assistenza ai minori disabili fondato nel 1962 e riconosciuto con decreto della Presidenza della Repubblica.
L'ufficio è a Roma in piazza San Giovanni in Laterano 6/a.

Le Istituzioni culturali

Sono gli Atenei, le Università, i Seminari e i Collegi finalizzati agli studi religiosi, distribuiti in diverse città, perlopiù sotto la giurisdizione della Santa Sede.

Gli atenei romani

Pontificia Università Antonianum. È dei Frati Minori. Via Merulana 124.

Pontificia Università Gregoriana. È dei Gesuiti. Piazza della Pilotta 4.

Pontificia Università Lateranense. Fa capo alla Congregazione per l'educazione cattolica (v.). Piazza San Giovanni in Laterano 4.

Pontificia Università Salesiana. È dei Salesiani. Piazza dell'Ateneo Salesiano 1.

Pontifica Università della Santa Croce. È dell'Opus Dei. Piazza Sant'Apollinare 49.

Pontificia Università San Tommaso d'Aquino. È dei Frati Predicatori. Largo Angelicum 1.

Pontificia Università Urbaniana. Fa capo alla Congregazione per l'Educazione dei Popoli (v.).Via Urbano VIII 16.

Pontificio Ateneo Sant'Anselmo. È dei Padri Benedettini. Piazza dei Cavalieri di Malta 5.

Pontificio Ateneo «Regina Apostolorum». È dei Legionari di Cristo. Via degli Aldobrandeschi 190.

Pontificia Facoltà di Scienze dell'Educazione «Auxilium». È delle Figlie di Maria Ausiliatrice. Via Cremolino 141.

Pontificia Facoltà Teologica «San Bonaventura». È dei Frati Minori Comventuali. Via del Serafico 1.

Pontificia Facoltà Teologica «Teresianum». È dei Carmelitani Scalzi. Piazza San Pancrazio 5/a.

Pontificia Facoltà Teologica «Marianum». È dei Servi di Maria. Via Trenta Aprile 6.

Pontificio Istituto di Archeologia Cristiana. Fa capo alla Pontificia Commissione di Archeologia Sacra (v.). Via Napoleone III 1.

Pontificio Istituto Biblico. È dei Gesuiti. Via della Pilotta 25.

Pontificio Istituto «Giovanni Paolo II*» per Studi su Matrimonio e Famiglia*. Fa capo alla Pontificia Università Lateranense. Piazza S. Giovanni in Laterano 4.

Pontificio Istituto di Latinità. È dei Salesiani. Piazza dell'Ateneo Salesiano 1.

Pontificio Istituto di Musica Sacra. Via di Torre Rossa 21 e piazza Sant'Agostino 20A. Fa capo alla Fondazione pro Musica e Arte Sacra (v.).

Pontificio Istituto Orientale. È dei Gesuiti. Piazza Santa Maria Maggiore 7.

Pontificio Istituto di Studi Arabi e d'Islamistica. È dei Missionari d'Africa. Viale di Trastevere 89.

I convitti romani

Sono sei istituti con vitto e alloggio per ecclesiastici.

Casa Balthasar. Istituto di educazione e istruzione per giovani aspiranti alla vita consacrata. Via Nomentana 234.

Domus Internationalis Paulus VI. Convitto per ecclesiastici in servizio nella Curia romana o ecclesiastici diplomatici di passaggio a Roma. Via della Scrofa 70.

Domus Romana Sacerdotalis. Convitto per ecclesiastici in servizio nella Curia romana o ecclesiastici diplomatici di passaggio a Roma. Via della Traspontina 18.

Fondazionde Giovanni XXIII. Convitto per sacerdoti anziani. Via di Torre Rossa 68.

Ospizio Ecclesiastico dei Cento Preti. Casa per sacerdoti anziani e inabili. Piazza San Giovanni in Laterano 6/a.

Villa Stritch. Convitto per i sacerdoti statunitensi impiegati nella Curia romana. Via della Nocetta 63.

Le università cattoliche

Sono cinquanta sedi universitarie erette canonicamente dalla Santa Sede in Europa, America e Asia. Rientrano in questo gruppo 3 università italiane.

Libera Università Maria Ss.ma Assunta. Roma, via della Traspontina 21.

Libera Università degli Studi San Pio V. Roma, via delle Sette Chiese 139.

Università Cattolica del Sacro Cuore di Milano. Milano, largo Gemelli 1.

Gli istituti superiori di studi ecclesiastici

Sono 123 istituti universitari di Teologia per alunni sacerdoti, eretti canonicamente dalla Santa Sede nei cinque continenti. Rientrano in questo gruppo 9 facoltà italiane.

Facoltà di Filosofia "Aloisianum". Gallarate (Varese). Via San Luigi Gonzaga 8.

Facoltà Teologica dell'Italia Centrale. Firenze. Via Cosimo il Vecchio 26.

Facoltà Teologica dell'Italia Meridionale. Napoli. Viale Colli Aminei 2 - Via Petrarca 115.

Facoltà Teologica dell'Italia Settentrionale. Milano. Piazza Paolo VI 6.

Facoltà Teologica Pugliese. Bari. Piazzetta Bisanzio e Rainaldo 15-18.

Facoltà Teologica di Sicilia. Palermo. Corso Vittorio Emanuele 463.

Facoltà Teologica del Triveneto. Padova. Via del Seminario 29.

Pontificia Facoltà Teologica della Sardegna. Cagliari. Via Sanjust 13.

Pontificio Istituto Ambrosiano di Musica Sacra. Milano. Viale Gorizia 5.

I seminari e collegi ecclesiastici romani

Sono 64, tutti insediati a Roma come istituzione pontificia. Il più antico è l'*Almo Collegio Capranica*, istituito dal cardinale Domenico Capranica nel 1457. Al 1565 risale l'istituzione del *Pontificio Seminario Romano*, fondato da Pio IV e affidato fino al 1772 ai Gesuiti, per passare poi al clero diocesano; nel 1913 fu distinto in "Seminario Romano Maggiore", assegnato al Laterano, e "Seminario Romano Minore" assegnato al Vaticano. Risale al 1577 il *Pontificio Collegio Greco*, in via del Babuino 159; al 1579 risalgono il *Pontificio Collegio Germanico-Ungarico*, che è in via San Nicola da Tolentino 13, e il *Venerabile Collegio Inglese*, che è in via Monserrato 45; ai quali segue per storicità il *Pontificio Collegio Polacco*, in piazza Remuria 2, fondato nel 1584. Al 1600 risale la fondazione del *Pontificio Collegio Scozzese*, che è in via Cassia 481; del 1627 è la fondazione del *Pontificio Collegio Urbano "de Propaganda Fide"*, collegato alla Congregazione per la Propaganda della Fede, in via Urbano VIII 16; mentre il *Pontificio Collegio Irlandese*, in via dei Santi Quattro 1, risale al 1628. Tutti di più recente fondazione, tra il XIX secolo e i primi anni del XXI, gli altri 55, in gran parte istituiti per ecclesiastici non italiani.

I pontifici seminari

Sono 15, tutti sorti nel XX secolo, per seminaristi di vari ordini religiosi; 13 sono Regionali d'Italia. Ad essi vanno aggiunti il *Pontificio Seminario Minore Italo-Albanese* di Grottaferrata (Rettore: Rev. Nicola Cuccia) e lo statunitense *The Pontifical College Josephinum* (*Theological Seminary and Preparatory Department*) di Columbus (Rettore: Mons. Paul J. Langsfeld).

I collegi romani di religiosi

Sono 61, eretti per i seminaristi di diversi ordini religiosi. Il più antico è il *Collegio di Santa Monica*, a Roma, fondato nel 1324 per gli Agostiniani, nella chiesa di Sant'Agostino, ma poi trasferito in via Paolo VI 25. Risale al 1587 il *Collegio di San Bonaventura* in via del Serafico 1, fondato da Sisto V per i Frati Minori conventuali, mentre ben 7 risalgono al Seicento. Il *San Carlino alle Quattro Fontane* del 1612 per l'Ordine della Santissima Trinità; il *Collegio di Sant'Isidoro* del 1625 per i Frati Minori in via degli Artisti 41; il *Collegio di San Norberto* del 1626 in viale Giotto 27; il *Collegio di Sant'Alessio Falconieri*, fondato nel 1669 all'insegna di Enrico Gandavense, in viale Trenta Aprile 6; il *Collegio dei Chierici Mariani* del 1673 in via Corsica 1; il *Collegio di San Clemente* del 1677 in via Labicana 95; il *Collegio di Sant'Anselmo* del

1687 in piazza dei Cavalieri di Malta 5. Seguono per antichità il *Collegio Maronita Mariamita* a San Pietro in Vincoli, del 1707, e il *Collegio della SS. Trinità* fondato nel 1741 per i Trinitari Spagnoli in via dei Condotti 41. Gli altri 50 risalgono tutti al XIX secolo e XX secolo.

Istituzioni ecclesiastiche diplomatico-amministrative della Santa Sede

Le Rappresentanze Pontificie

Sono le Nunziature Apostoliche con carattere diplomatico e le Delegazioni Apostoliche di semplice rappresentanza, presenti in 188 nazioni del mondo; sono rette da arcivescovi e monsignori. Ad esse vanno aggiunte le 17 rappresentanze presso le Organizzazioni internazionali governative, tra le quali ONU, FAO e Consiglio d'Europa, e le 8 rappresentanze presso le Organizzazioni Internazionali non governative, tra le quali il Comitato Internazionale di Storia dell'Arte (CIHA) e l'Alleanza Internazionale del Turismo (AIT).

Nunziatura apostolica in Italia

Nunzio apostolico: Arc. Giuseppe Bertello.
Consiglieri: Mons. Giorgio Lingua e Luciano Suriani.
La sede è a Roma in via Po 27-29.

I Patriarcati

Sedi storicamente importanti della Chiesa cattolica e delle Chiese orientali, ma che non godono di specifica potestà di governo, a meno che essa non venga espressamente concessa ad alcuni per privilegio apostolico. Sono 13. Vi rientrano quelli ortodossi di Alessandria, Antiochia e Gerusalemme, che non sono in piena comunione con la Santa Sede. Mentre sono in comunione i patriarcati Alessandrino dei Copti, tre di Antiochia (dei Greco-Melkiti, dei Siri e dei Maroniti), oltre a uno per gli Armeni del titolo di Sis e Cilicia e uno per i Caldei del titolo di Babilonia. Le uniche europee sono quelle di Lisbona e Venezia.

Patriarcato di Lisbona

Patriarca: Card. José da Cruz Policarpo.
Vicario: Vesc. Tomás Pedro Barbosa da Silva Nunes.

Patriarcato di Venezia

Patriarca: Card. Angelo Scola.
Vicario: Mons. Beniamino Pizziol.
La sede patriarcale è la basilica di San Marco.

I Vicariati Apostolici

Sono le circoscrizioni ecclesiastiche stabilite in luoghi di missione dove non è stata ancora organizzata la gerarchia ecclesiastica. Sono 79 nei continenti extraeuropei.

Il più antico è quello di *Istanbul*, che risale al 1742, avendo mutato nome dall'originario *Costantinopolitanus* nel 1990; è retto dal Vesc. Louis Pelâtre, assistito dal vicario Rev. Lorenzo Piretto.

Le Prefetture Apostoliche

Sono le circoscrizioni ecclesiastiche stabilite in luoghi di missione prossimi ad assumere una gerarchia ecclesiastica precisa come diocesi. Sono 45 nei continenti extraeuropei. La più antica è in Cina ad *Ankang*, istituita nel 1928.

Le Amministrazioni Apostoliche

Sono circoscrizioni ecclesiastiche che hanno la cura pastorale e il governo, in nome del papa, di «una determinata porzione del popolo di Dio che, per ragioni speciali e particolarmente gravi, non viene eretta come diocesi». Sono 10 nel mondo. La più antica è in Estonia, a *Tallinn*, istituita nel 1924.

Le Missioni «sui iuris»

Sono circoscrizioni ecclesiastiche nei territori di missione, che non fanno parte di alcun vicariato o prefettura; sovrintendono alle stazioni del personale missionario del territorio. Le Missioni sono 9; gli ecclesiastici sono 28, i diaconi 3, i membri degli istituti religiosi 69.

Tra le Missioni *sui iuris* sono le *Isole Cayman* (*Insularum Caimanensium*), già in parte arcidiocesi di Kingston, in Giamaica, dalla quale sono state distaccate. È un autentico deposito delle finanze pontificie, centro finanziario *off shore*; la sede è in Walkers Road, Grand Cayman 1102 (tel. 345.949-6797; fax 345.945-2594; e-mail: ignatius@candw.ky). È retta dal Card. Adam Joseph Maida, Arc. di Detroit, con la qualfica di *Superiore*. Vi risiedono un solo sacerdote, un solo diacono e tre membri di tre istituti religiosi maschili; ma per i 5541 cattolici (su 52.465 abitanti) non esiste una chiesa parrocchiale, ma solo i luoghi di culto dei tre istituti.

Gli Istituti di vita consacrata

Sono gli istituti religiosi diffusi in tutto il mondo, classificati come *Ordini*, i cui membri pronunciano i voti solenni; sono regolari se di sesso maschile e monache se di sesso femminile. Tra i maschili i più popolari sono gli Agostiniani, i Benedettini, i Cappuccini, i Domenicani, i Francescani, i Gesuiti, i Maristi e i Mercedari. Tra i femminili le Benedettine, le Clarisse, le Francescane, le Oblate, le Orsoline e le Trappiste. Rientrano in questo raggruppamento le *Congregazioni religiose*, i cui membri pronunciano solo i voti semplici, e gli *Istituti secolari*, i cui membri «praticano i consigli evangelici resi obbligatori da un vincolo sacro» ma «non mutano la condizione che hanno nel secolo» svolgendo una professione o un mestiere. Tra i maschili sono i Giuseppini del Murialdo e i Salesiani; tra i femminili le Suore Ancelle dell'Incarnazione, le Suore Teatine dell'Immacolata Concezione e le Figlie di Maria Ausiliatrice.

Le Società di vita apostolica

Sono associazioni «di vita apostolica i cui membri, senza voti religiosi, perseguono il fine apostolico proprio della società e conducono vita fraterna in comune». Diffuse in tutto il mondo, possono essere clericali o laicali, maschili o femminili.

AGESCI

Organismo laico cattolico italiano, filiazione del movimento fondato dall'ufficiale inglese Baden Powell nel 1908, costituitosi nel 1912 in associazione aconfessionale ad opera di Carlo Colombo e nel 1916 come Associazione Scoutistica Cattolica Italiana; è diventata AGESCI (Associazione Guide e Scouts Cattolici Italiani) nel 1975 con uno statuto approvato dalla CEI. È suddiviso nelle diocesi per reparti, che fanno capo alle parrocchie, dove sono assistiti da un ecclesiastico.
Presidente: Marco Sala.
La sede centrale è a Roma in piazza Pasquale Paoli 18.

Azione Cattolica

Organismo laico cattolico italiano sorto nel 1867 con lo scopo di un apostolato sotto il nome di *Società della gioventù cattolica*; approvato da Pio IX nel 1868, è sorta nel 1894 in seno al circolo universitario di Roma la FUCI, Federazione Universitaria Cattolica Italiana, e nel 1905

assunse il nome di Azione Cattolica. È l'unica organizzazione cattolica laica a non essere stata sciolta durante il fascismo e ha avuto una consacrazione nel Concilio Vaticano II. Ogni sezione fa capo ad una parrocchia ed è assistita da un ecclesiastico.
Presidente: Prof. Francesco Miano.
La sede della presidenza è a Roma in via della Conciliazione 1; la sede amministrativa è in via Aurelia 481.

Legio Mariae

Organizzazione di laici fondata a Dublino nel 1921 da Frank Duff con lo scopo di operare apostolato e raggiungere la santificazione personale. Ha avuto il riconoscimento canonico nel 1954 e fa parte della Consulta nazionale delle aggregazioni laicali e delle diverse consulte diocesane delle aggregazioni laicali.
Presidente diocesano: Tommaso Matera.
Assistente ecclesiastico: Mons. Virgilio La Rosa.
La sede centrale in Italia è a Roma in piazza Iside 2.

Comunione e Liberazione

È una comunità cristiana laica che risale alla *Gioventù studentesca* fondata nel 1954 da don Luigi Giussani e don Francesco Ricci, assumendo l'attuale denominazione nel 1969; è stata riconosciuta nel 1982 come associazione laicale di diritto pontificio. In seno a essa si è costituita la sezione monastica *Memores Domini*. È presente in circa 70 paesi.
Presidente: Don Julián Carrón.
La comunità pubblica la rivista «Tracce».
Direttore: Davide Perillo.
La sede principale è a Roma in via Malpighi 2.

Comunità di Sant'Egidio

È una comunità cristiana riconosciuta come associazione internazionale laicale della Chiesa cattolica in veste di onlus. Nata a Roma nel 1968 per iniziativa di Andrea Riccardi in collegamento con la Gioventù Studentesca, per poi rendersi autonoma nel 1972 con sede nel convento di Sant'Egidio di Roma, dal quale ha preso nome. Ha ottenuto il riconoscimento pontificio nel 1986. Lo scopo è quello di una comunità senza frontiere attraverso la preghiera e la comunicazione del Vangelo con un fine missionario.
Presidente: Prof. Marco Impagliazzo.
La sede è a Roma in piazza Sant'Egidio 3/a.

Opus Mariae

Movimento laico cattolico affermatosi con il nome di *Focolarini*, in riferimento alle cellule della vita comunitaria degli associati detti *Focolari*. È nato a Trento nel 1943 ad opera di Chiara Lubich, morta nel 2008; ha avuto una prima approvazione vescovile nel 1947, fino ad una approvazione pontificia nel 1990. Scopo del movimento è il dialogo con le altre realtà della Chiesa cattolica e con le persone di altra religione.

La sede centrale è il paese di Loppiano, cittadella costruita dal movimento nel comune di Incisa Val d'Arno con un santuario e diventata un autentico centro commerciale, il cui ricavato è gestito per scopi apostolici.

Presidente: Maria Voce.

Il gruppo Abele

È una onlus cattolica fondata a Torino nel 1965 da don Luigi Ciotti. È impegnata nell'assistenza a tossicodipendenti, alcolisti, carcerati, immigrati, transessuali e malati di AIDS; gestisce servizi di prima accoglienza. È presente in alcuni Stati africani.

Presidente: don Luigi Ciotti.

La onlus ha una casa editrice, Ega Editore, con oltre 400 titoli in catalogo, e pubblica le riviste «Animazione sociale» e «Narcomafie».

Fa capo al gruppo il Consorzio sociale Abele, centro di informazione e orientamento per chi cerca lavoro.

La sede principale è a Torino in corso Trapani 91b/95.

I Legionari di Cristo

Sono una congregazione religiosa cattolica di diritto pontificio, che ha la missione di estendere il Regno di Cristo nella società, secondo giustizia e carità cristana, in collaborazione con i vescovi. Fondata il 3 gennaio 1941 dal sacerdote messicano Marcial Maciel Degollado, è stata eletta a congregazione nel 1948, con il riconoscimento pontificio nel 1965. La congregazione è presente in 21 paesi.

Nel 1988 Marcial Maciel Degollado è stato accusato di abusi sessuali e violazione del sacramento della confessione da alcuni ex legionari e nel 2006 il papa gli ha imposto «una vita riservata di preghiera e di penitenza, rinunciando ad ogni ministero pubblico», anziché sottoporlo a processo canonico; è morto nel 2008.

Alla congregazione è affidata la parrocchia di Roma Nostra Signora di Guadalupe e San Filippo in via Aurelia 675.

Alla congregazione si affiancano il movimento ecclesiale *Regnum Christi* con sacerdoti diocesani e l'*Università europea di Roma*.

Direttore generale: padre Alvaro Corcuera.

La sede centrale è a Roma in via Aurelia 677.
La sede dell'università è a Roma in via Aldobrandeschi 190.

I Neocatecumenali

Movimento comunitario cattolico fondato da Francisco José Gomez Arguello Wirtz, detto Kiko, e Carmen Hernández nel 1970 a Majadahonda, presso Madrid, dopo un'esperienza apostolica nelle baraccopoli della capitale spagnola e del Borghetto Latino a Roma, con attività specifica nella parrocchia romana di Nostra Signora del Santissimo Sacramento e Santi Martiri Canadesi nel quartiere Nomentano. Scopo del movimento è «creare comunità cristiane come la Sacra Famiglia di Nazareth che vivano in umiltà, semplicità e lode e dove l'altro è Cristo». Approvato nel 2002, ha subito una serie di reprimende da parte della Santa Sede relativamente alla celebrazione della santa messa il sabato pomeriggio e non la domenica, facendo la comunione seduti e scambiando il segno della pace prima dell'offertorio anziché prima della comunione. Ma è stato definitivamente riconosciuto dalla Santa Sede nel maggio 2008, pur mantenendo le sue caratteristiche nella celebrazione della messa, solo disponendola anche alla domenica. È presente in 107 paesi, con 19.000 comunità e in 1200 chiese.
Presidenti: José Gomez Arguello Wirtz e Carmen Hernández.
Presbitero: Mario Pezzi.
La sede centrale è a Roma in una villa di via dei Gonzaga 205.

I centri radiotelevisivi

Sono le stazioni rediotelevisive che si qualficano come cattoliche e sono collegate nelle loro programmazioni alla Santa Sede.

Radio Maria

Emittente radiofonica cattolica nata nel 1983 ad Arcellasco d'Erba, in provincia di Como, dal 1987 ha assunto l'attuale denominazione, diventando emittente nazionale. Con la legge finanziaria del 2005 ha avuto lo stanziamento di 1 milione di euro per il potenziamento e l'aggiornamento tecnologico e dal 2006 riceve le offerte anche attraverso il canale del 5 per mille. La programmazione comprende trasmissioni di catechesi, sacra scrittura e telogia.
Direttore: Livio Fanzaga.
La sede è a Erba (Como) in via F. Turati 7.

Telepace

Emittente televisiva fondata nel 1979 a Cerna, presso Verona, da Maria Antonietta Calabrò, è stata autorizzata ad accedere al seguito papale nei viaggi internazionali e dal 1990 ha l'esclusiva per l'udienza del mercoledì, l'*Angelus*, il Rosario. Dal 1996 trasmette via satellite.
Direttore: Maria Antonietta Calabrò.
La sede principale è a Cerna (Verona).

Appendici

Elenco cronologico di papi e antipapi

I 265 papi

1. S. Pietro, Simone, di Betsaida (Galilea), 30-67
2. S. Lino, di Volterra (Tuscia), 67-76
3. S. Anacleto, di Roma, 76-88
4. S. Clemente I, di Roma, 88-97
5. S. Evaristo, di Betlemme (Giudea), 97-105
6. S. Alessandro I, di Roma, 105-115
7. S. Sisto I, di Roma, 115-125
8. S. Telesforo, di Terranuova (Calabria), 125-136
9. S. Igino, di Atene, 136-140
10. S. Pio I, di Aquileia, 140-155
11. S. Aniceto, della Siria, 155-166
12. S. Sotero, di Fondi, 166-175;
13. S. Eleuterio, di Nicopoli (Epiro), 175-189
14. S. Vittore I, dell'Africa, 189-199
15. S. Zefirino, di Roma, 199-217
16. S. Callisto I, di Roma, 217-222
17. S. Urbano I, di Roma, 222-230
18. S. Ponziano, di Roma, 230-235
19. S. Aniero, della Grecia, 235-236
20. S. Fabiano, di Roma, 236-250
21. S. Cornelio, di Roma, 251-253
22. S. Lucio I, di Roma, 253-254
23. S. Stefano I, di Roma, 254-257
24. S. Sisto II, della Grecia, 257-258
25. S. Dionisio, di patria ignota, 259-268
26. S. Felice I, di Roma, 269-274
27. S. Eutichiano, di Luni (Etruria), 275-283
28. S. Caio, della Dalmazia, 283-296
29. S. Marcellino, di Roma, 296-304
30. S. Marcello, I, di Roma, 308-309
31. S. Eusebio, della Grecia, 309
32. S. Miliziade, dell'Africa, 311-314
33. S. Silvestro I, di Roma, 314-335
34. S. Marco, di Roma, 336-336
35. S. Giulio I, di Roma, 337-352
36. S. Liberio, di Roma, 352-366

37. S. Damasio, della Spagna, 366-384
38. S. Siricio, di Roma, 384-399
39. S. Anastasio I, di Roma, 399-401
40. S. Innocenzo I, di Albano, 401-417
41. S. Zosimo, della Grecia, 417-418
42. S. Bonifacio I, di Roma, 418-422
43. S. Celestino I, della Campania, 422-432
44. S. Sisto III, di Roma, 432-440
45. S. Leone I Magno, di Volterra (Tuscia), 440-461
46. S. Ilario, della Sardegna, 461-468
47. S. Simplicio, di Tivoli, 468-483
48. S. Felice III, di Roma, 483-492
49. S. Gelasio I, dell'Africa, 492-496
50. S. Anastasio II, di Roma, 496-498
51. S. Simmaco, della Sardegna, 498-514
52. S. Ormisda, di Frosinone, 514-523
53. S. Giovanni I, della Tuscia, 523-526
54. S. Felice IV, del Sannio, 526-530
55. Bonifacio II, di Roma, 530-532
56. Giovanni II, Mercurio o Mercuriale, di Roma, 533-535
57. S. Acapito I, di Roma, 535-536
58. S. Silverio, della Campania, 536-537
59. Vigilio, di Roma, 537-555)
60. Pelagio I, di Roma, 556-561
61. Giovanni III, Catelino (?), di Roma, 561-574
62. Benedetto I, Bonosio (?), di Roma, 575-579
63. Pelagio II, di Roma, 579-590
64. S. Gregorio I Magno, di Roma, 590-604
65. Sabiniano, di Blera (Viterbo), 604-606
66. Bonifacio III, di Roma, 607
67. S. Bonifacio IV, della Marsica, 608-615
68. S. Adeodato I, di Roma, 615-618
69. Bonifacio V, di Napoli, 619-625
70. Onorio I, della Campania, 625-638
71. Severino, di Roma, 640
72. Giovanni IV, della Dalmazia, 640-642
73. Teodoro I, della Grecia, 642-649
74. S. Martino I, di Todi, 649-655
75. S. Eugenio I, di Roma, 654-657
76. S. Vitaliano, di Segni, 657-672
77. Adeodato II, di Roma, 672-676
78. Dono, di Roma, 676-678
79. S. Agatone, di Palermo, 678-681
80. S. Leone II, della Sicilia, 682-683
81. S. Benedetto II, di Roma, 684-685
82. Giovanni V, di Antiochia, 685-686
83. Conone, di patria ignota, 686-687
84. S. Sergio I, di Palermo, 687-701
85. Giovanni VI, della Grecia, 701-705
86. Giovanni VII, della Grecia, 705-707
87. Sisinnio, della Siria, 708-708

88. Costantino, della Siria, 708-715
89. S. Gregorio II, di Roma 715-731
90. S. Gregorio III, della Siria, 731-741
91. S. Zaccaria, di S. Severina (Calabria), 741-752
92. Stefano II, di Roma, 752-757
93. S. Paolo I, di Roma, 757-767
94. Stefano III, della Sicilia, 768-772
95. Adriano I, di Roma, 772-795
96. S. Leone III, di Roma, 795-816
97. Stefano IV, di Roma, 816-817
98. S. Pasquale I, di Roma, 817-824
99. Eugenio II, di Roma, 824-827
100. Valentino, di Roma, 827
101. Gregorio IV, di Roma, 827-844
102. Sergio II, di Roma, 844-847
103. S. Leone IV, di Roma, 847-855
104. Benedetto III, di Roma, 855-858
105. S. Niccolò I Magno, di Roma, 858-867
106. Adriano II, di Roma, 867-872
107. Giovanni VIII, di Roma, 872-882
108. Marino I, di Gallese, 882-884
109. S. Adriano III, di Roma, 884-885
110. Stefano V, di Roma, 885-891
111. Formoso, di Roma, 891-896
112. Bonifacio VI, di Roma, 896
113. Stefano VI, di Roma, 896-897
114. Romano, di Gallese, 897
115. Teodoro II, di Roma, 897
116. Giovanni II, di Tivoli, 898-900
117. Benedetto IV, di Roma, 900-903
118. Leone V, di Ardea, 903
119. Sergio III, di Roma, 904-911
120. Anastasio III, di Roma,911-913
121. Landone, della Sabina, 913-914
122. Giovanni, di Tossignano (Imola), 914-928
123. Leone VI, di Roma, 928
124. Stefano VII, di Roma, 928-931
125. Giovanni XI, di Roma, 931-935
126. Leone VII, di Roma, 936-939
127. Stefano VIII, di Roma, 939-942
128. Marino II, di Roma, 942-946
129. Agapito I, di Roma, 946-955
130. Giovanni XII, Ottaviano dei Conti di Tuscolo, di Roma, 955-964
131. Leone VIII, di Roma, 963-965
132. Benedetto V, di Roma, 964-966
133. Giovanni XIII, di Roma, 965-972
134, Benedetto VI, di Roma, 973-974
135. Benedetto VII, di Roma, 974-983;
136. Giovanni XIV, Pietro, di Pavia, 983-984
137. Giovanni XV, di Roma, 985-996
138. Gregorio V, Brunone dei duchi di Carinzia, della Sassonia, 996-999

139. Silvestro II, Gerberto, di Belliac (Alvernia), 999-1003
140. Giovanni XVII, Siccone Sicconi, di Roma, 1003
141. Giovanni XVIII, Fasano, di Roma, 1004-1009
142. Sergio IV, Pietro, di Roma, 1009-1012
143. Benedetto VIII, Teofilatto dei Conti di Tuscolo, di Roma, 1012-1024
144. Giovanni XIX, Romano dei Conti di Tuscolo, di Roma, 1024-1032
145. Benedetto IX, Teofilatto dei Conti di Tuscolo, di Roma, 1032-1044
146. Silvestro III, Giovanni, di Roma, 1045
147. Benedetto IX (per la seconda volta), 1045
148. Gregorio VI, Giovanni Graziano, di Roma, 1045-1046
149. Clemente II, Suitgero di Morsleben e Honburg, della Sassonia, 1046-1047
150. Benedetto IX (per la terza volta), 1047-1048
151. Damaso II, Poppone, della Baviera, 1048
152. S. Leone IX, Brunone dei conti di Egisheim-Dagsburg, dell'Alsazia, 1049-1054
153. Vittore II, Gebeardo dei conti di Dollnstein-Hierschberg, della Germania, 1055-1057
154. Stefano IX, Federico dei duchi di Lorena, della Lorena, 1057-1058
155. Niccolò II, Gerardo, di Chevron (Savoia), 1059-1061
156. Alessandro II, Anselmo, di Baggio (Milano), 1061-1073
157. S. Gregorio VII, Ildebrando, di Soana (Tuscia), 1073-1085
158. Vittore III, Desiderio, di Benevento, 1086-1087
159. Urbano II, Eudes de Lagery, di Chatillon-sur-Marne (Francia), 1088-1099
160. Pasquale II, Raniero, di Blera (Viterbo), 1099-1118
161. Gelasio II, Giovanni Caetani, di Gaeta, 1118-1119
162. Callisto II, Guy, della Borgogna, 1119-1124
163. Onorio II, Lamberto, di Fiagnano (Imola), 1124-1130
164. Innocenzo II, Gregorio Papareschi, di Roma, 1130-1143
165. Celestino II, Guido, di Città di Castello, 1143-1144
166. Lucio II, Gerardo Caccianemici, di Bologna, 1144-1145
167. Eugenio III, Bernardo dei Paganelli di Montemagno, di Pisa, 1145-1153
168. Anastasio IV, Corrado, di Roma, 1153-1154
169. Adriano IV, Nicholas Breakspear, di Langley (Inghilterra), 1154-1159
170. Alessandro III, Rolando Bandinelli, di Siena, 1159-1181
171. Lucio III, Ubaldo Allucingoli, di Lucca, 1181-1185
172. Urbano III, Uberto Crivelli, di Milano, 1185-1187
173. Gregorio VII, Alberto de Morra, di Benevento, 1187
174. Clemente III, Paolo Scolari, di Roma, 1187
175. Celestino III, Giacinto Bobone, di Roma, 1191-1198
176. Innocenzo III, Lotario dei Conti di Segni, di Gavignano (Roma), 1198-1216
177. Onorio III, Cencio Savelli, di Roma, 1216-1227
178. Gregorio IX, Ugolino dei Conti di Segni, di Anagni, 1227-1241
179. Celestino IV, Goffredo Castiglioni, di Milano 1241
180. Innocenzo IV, Sinibaldo Fieschi, di Genova, 1243-1254
181. Alessandro IV, Rinaldo dei Conti di Segni, di Jenne (Anagni), 1254-1261
182. Urbano IV, Jacques Pantaléon, di Troyes (Francia), 1261-1264
183. Clemente IV, Guy Foulques, di St. Gilles (Nîmes), 1265-1268
184. Gregorio X, Tebaldo Visconti, di Piacenza, 1272-1276
185. Innocenzo VI, Pierre de Taranteise, della Savoia, 1276
186. Adriano V, Ottobono Fieschi, di Genova, 1276
187. Giovanni XXI, Pietro Juliani, detto Pietro Ispano, di Lisbona, 1276-1277

188. Niccolò III, Giovanni Gaetano Orsini, di Roma, 1277-1280
189. Martino IV, Simone de Brion, della Francia, 1281-1285
190. Onorio IV, Giacomo Savelli, di Roma, 1285-1287
191. Niccolò IV, Girolamo Masci, di Lisciano (Ascoli Piceno), 1288-1292
192. S. Celestino V, Pietro Angeleri, di Isernia, 1294-1294
193. Bonifacio VIII, Benedetto Caetani, di Anagni, 1295-1303
194. Benedetto XI, Niccolò Boccassini, di Treviso, 1303-1304
195. Clemente V, Bertrand de Got, di Villandraut (Gironda), 1305-1314
196. Giovanni XXII, Jacques-Arnaud d'Euse, di Cahors (Francia), 1316-1334
197. Benedetto XII, Jacques Fournier, di Savardin (Foix), 1335-1342
198. Clemente VI, Pierre Roger, di Malmont (Francia), 1342-1352
199. Innocenzo VI, Etienne Aubert, di Mont-Beyssac (Francia), 1352-1362
200. Urbano V, Guillaume de Grimoard, di Grisac (Alvernia), 1362-1370
201. Gregorio XI, Pierre Roger de Beaufort, di Rosier-d'Egleton (Francia), 1371-1378
202. Urbano VI, Bartolomeo Prignano, di Napoli, 1378-1389
203. Bonifacio IX, Pietro Tomacelli, di Napoli, 1389-1404
204. Innocenzo VII, Cosma Migliorati, di Sulmona, 1404-1406
205. Gregorio XII, Angelo Correr, di Venezia, 1406-1415
206. Martino V, Oddone Colonna, di Genazzano (Roma), 1417-1431
207. Eugenio IV, Gabriele Condulmer, di Venezia, 1431-1447
208. Niccolò V, Tommaso Parentucelli, di Sarzana, 1447-1455
209. Callisto III, Alonso de Borja, di Játiva (Valencia), 1455-1458
210. Pio II, Enea Silvio Piccolomini, di Corsignano (Siena), 1458-1464
211. Paolo II, Pietro Barbo, di Venezia, 1464-1471
212. Sisto IV, Francesco della Rovere, di Celle Ligure (Savona), 1471-1484
213. Innocenzo VIII, Giovanni Battista Cibo, di Genova, 1484-1492
214. Alessandro VI, Rodrigo de Borja, di Játiva (Valencia), 1492-1503
215. Pio III, Francesco Todeschini Piccolomini, di Siena, 1503
216. Giulio II, Giuliano Della Rovere, di Albisola (Savona), 1503-1513
217. Leone X, Giovanni de' Medici, di Firenze, 1513-1521
218. Adriano VI, Adriaan Florensz, di Utrecht, 1522-1523
219. Clemente VII, Giulio de' Medici, di Firenze, 1523-1534
220. Paolo III, Alessandro Farnese, di Canino (Viterbo), 1534-1549
221. Giulio III, Giovanni Maria Ciocchi del Monte, di Roma, 1550-1555
222. Marcello II, Marcello Cervini, di Montepulciano (Siena), 1555
223. Paolo IV, Gian Pietro Carafa, di Sant'Angelo della Scala (Avellino), 1555-1559
224. Pio IV, Giovan Angelo de' Medici, di Milano, 1560-1565
225. S. Pio V, Michele Ghislieri, di Bosco Marengo (Alessandria), 1566-1572
226. Gregorio XIII, Ugo Boncompagni, di Bologna, 1572-1585
227. Sisto V, Felice Peretti, di Grottammare (Ascoli Piceno), 1585-1590
228. Urbano VII, Giovanni Battista Castagna, di Roma, 1590
229. Gregorio XIV, Niccolò Sfondrati, di Somma Lombardo (Cremona), 1590-1591
230. Innocenzo IX, Giovanni Antonio Facchinetti, di Bologna, 1591
231. Clemente VIII, Ippolito Aldobrandini, di Fano, 1592-1605
232. Leone XI, Alessandro de' Medici, di Firenze, 1605
233. Paolo V, Camillo Borghese, di Roma, 1605-1621
234. Gregorio XV, Alessandro Ludovisi, di Bologna, 1621-1623
235. Urbano VIII, Maffeo Barberini, di Firenze, 1623-1644

236. Innocenzo x, Giovanni Battista Pamphilj, di Roma, 1644-1655
237. Alessandro vii, Fabio Chigi di Siena, 1655-1667
238. Clemente ix, Giulio Rospigliosi, di Pistoia, 1667-1669
239. Clemente x, Emilio Altieri, di Roma, 1670-1676
240. Innocenzo xi, Benedetto Odescalchi, di Como, 1676-1689
241. Alessandro viii, Pietro Ottoboni, di Venezia, 1689-1691
242. Innocenzo xii, Antonio Pignatelli, di Spinazzola (Bari), 1691-1700
243. Clemente xi, Giovanni Francesco Albani, di Urbino, 1700-1721
244. Innocenzo xiii, Michelangelo Conti, di Poli (Palestrina), 1721-1724
245. Benedetto xiii, Pier Francesco Orsini, di Gravina (Bari), 1724-1730
246. Clemente xii, Lorenzo Corsini, di Firenze, 1730-1740
247. Benedetto xiv, Prospero Lambertini, di Bologna, 1740-1758
248. Clemente xiii, Carlo Rezzonico, di Venezia, 1758-1769
249. Clemente xiv, Gian Vincenzo Antonio Ganganelli, di S. Arcangelo (Rimini), 1769-1774
250. Pio vi, Giovanni Angelo Braschi, di Cesena, 1775-1799
251. Pio vii, Barnaba Chiaramonti, di Cesena, 1800-1823
252. Leone xii, Annibale Sermattei della Genga, di Genga (Ancona), 1823-1829
253. Pio viii, Francesco Saverio Castiglioni, di Cingoli (Macerata), 1829-1830
254. Gregorio xvi, Bartolomeo Mauro Cappellari, di Belluno, 1831-1846
255. Pio ix, Giovanni Maria Mastai Ferretti, di Senigallia (Ancona), 1846-1878
256. Leone xiii, Gioacchino Pecci, di Carpineto (Anagni), 1878-1903
257. S. Pio x, Giuseppe Sarto, di Riese (Treviso), 1903-1914
258. Benedetto xv, Giacomo Della Chiesa, di Genova, 1914-1922
259. Pio xi, Achille Ratti, di Desio (Milano), 1922-1939
260. Pio xii, Eugenio Pacelli, di Roma, 1939-1958
261. Giovanni xxiii, Angelo Giuseppe Roncalli, di Brusicco di Sotto il Monte (Bergamo), 1958-1963
262. Paolo vi, Giovanni Battista Montini, di Concesio (Brescia), 1963-1978
263. Giovanni Paolo i, Albino Luciani, di Forno di Canale d'Agordo (Belluno), 1978
264. Giovanni Paolo ii, Karol Wojtyla, di Wadowice (Cracovia), 1978-2005
265. Benedetto xvi, Joseph Ratzinger, di Marktl am Inn (Monaco), 2005-

I 37 antipapi

1. S. Ippolito, di Roma, 217-235
2. Novaziano, di Roma, 251
3. Felice ii, di Roma, 355-365
4. Ursino, 366-367
5. Eulalio, 418-419
6. Lorenzo, 498 e 501-505
7. Dioscuro, di Alessandria, 530
8. Teodoro, 687
9. Pasquale, 687
10. Costantino, di Nepi, 767-769
11. Filippo, 768
12. Giovanni, 844
13. Anastasio, 855
14. Cristoforo, di Roma, 903-904
15. Bonifacio vii, Francone, di Roma, 974 e 984-985

16. Giovanni XVI, Giovanni Filagato, di Rossano Calabro, 997-998
17. Gregorio, di Roma, 1012
18. Benedetto X, Giovanni, di Roma, 1058-1059
19. Onorio II, Cadalo, del veronese, 1061-1072
20. Clemente III, Guiberto, di Parma, 1080 e 1084-1100
21. Teodorico, vescovo di S. Rufina, 1100-1102
22. Alberto, vescovo di Sabina, 1102
23. Silvestro IV, Maginulfo, di Roma, 1105-1111
24. Gregorio VIII, Maurice Bourdin, della Francia, 1118-1121
25. Celestino II, Tebaldo Boccadipecora, di Roma, 1124
26. Anacleto II, Pietro Pierleoni, di Roma, 1130-1138
27. Vittore IV, Gregorio, di patria ignota, 1138
28. Vittore V, Ottaviano Monticelli, di Tivoli, 1159-1164
29. Pasquale III, Guido, di Crema, 1164-1168
30. Callisto III, Giovanni, abate di Strumi, Arezzo, 1168-1178
31. Innocenzo III, Lando dei Landi, di Sezze, 1179-1180
32. Niccolò V, Pietro Rainalducci, di Corvaro, Rieti, 1328-1330
33. Clemente VII, Robert de Cenevois, della Francia, 1378-1394
34. Benedetto XIII, Pedro de Luna, dell'Aragona, 1394-1423
35. Alessandro V, Pietro Filargo, di Creta, 1409-1410
36. Giovanni XXIII, Baldassarre Cossa, di Napoli, 1410-1415
37. Felice V, Amedeo VIII duca di Savoia, della Savoia, 1440-1449

Gli antipapi non riconosciuti dalla Santa Sede

1. Clemente VIII, Gil Sánchez de Muñoz, 1423-1426
2. Benedetto XV, Bernard Garnier de Rodez, 1425-1430
3. Clemente XV, Michel-Auguste-Marie Colin, 1962-1974
4. Gregorio XVII, Jean-Grégoire de la Trinité, Gaston Tremblay, 1968-2005
5. Gregorio XVII, Clemente Domínguez y Gómez, 1978-2005
6. Emmanuel I, Gino Frediani, 1973-84
7. Pietro II, Chester Olszewski, in Pennsylvania, 1980-
8. Pietro II, Aimé Baudet, in Belgio, 1984-
9. Adriano VII, Francis Konrad Schuckardt, Copuer d'Alene (USA), 1984-
10. Pietro II, Pierre Henry Bubois, Bruxelles, 1985-
11. Michele, David Allen Bawden, Kansas, 1990-
12. Timothy Blasio Ahitler, Kenia, 1991-
13. Pietro II, Maurice Archieri, Francia, 1995-
14. Lino II, Victor von Penz, 1998-
15. Pietro II, Julius Tischler, Germania, 1998-
16. Pio XIII, Lucian Pulvermacher, 1998-
17. Pio XIV, Thsung Zhong Huai, 1998-2002
18. Gregorio XIX, Reinaldus Michael Beniamins, New York, 2001-
19. Pietro II, Manuel Corral, Spagna, 2005-
20. Alessandro IX, Joachim Centelles-Borgia, Sicilia, 2005-

Legge fondamentale dello Stato della Città del Vaticano 26 novembre 2000

Legge fondamentale dello Stato della Città del Vaticano del 26 novembre 2000 emanata dal Sommo Pontefice «di Suo *Motu Proprio* e certa scienza, con la pienezza della Sua sovrana autorità», entrata in vigore il 22 febbraio 2001, Festa della Cattedra di San Pietro Apostolo.

Art. 1

1. Il Sommo Pontefice, Sovrano dello Stato della Città del Vaticano, ha la pienezza dei poteri legislativo, esecutivo e giudiziario.
2. Durante il periodo di Sede vacante, gli stessi poteri appartengono al Collegio dei Cardinali, il quale tuttavia potrà emanare disposizioni legislative solo in caso di urgenza e con efficacia limitata alla durata della vacanza, salvo che esse siano confermate dal Sommo Pontefice successivamente eletto a norma della legge canonica.

Art. 2

La rappresentanza dello Stato nei rapporti con gli Stati esteri e con gli altri soggetti di diritto internazionale, per le relazioni diplomatiche e per la conclusione dei trattati, è riservata al Sommo Pontefice, che la esercita per mezzo della Segreteria di Stato.

Art. 3

1. Il potere legislativo, salvi i casi che il Sommo Pontefice intenda riservare a Se stesso o ad altre istanze, è esercitato da una Commissione composta da un Cardinale Presidente e da altri Cardinali, tutti nominati dal Sommo Pontefice per un quinquennio.
2. In caso di assenza o di impedimento del Presidente, la Commissione è presieduta dal primo dei Cardinali Membri.
3. Le adunanze della Commissione sono convocate e presiedute dal Presidente e vi partecipano, con voto consultivo, il Segretario Generale e il Vice Segretario Generale.

Art. 4

1. La Commissione esercita il suo potere entro i limiti della Legge sulle fonti del diritto, secondo le disposizioni di seguito indicate ed il proprio Regolamento.
2. Per l'elaborazione dei progetti di legge, la Commissione si avvale della collaborazione dei Consiglieri dello Stato, di altri esperti nonché degli Organismi della Santa Sede e dello Stato che possano esserne interessati.

3. I progetti di legge sono previamente sottoposti, per il tramite della Segreteria di Stato, alla considerazione del Sommo Pontefice.

Art. 5

1. Il potere esecutivo è esercitato dal Presidente della Commissione, in conformità con la presente Legge e con le altre disposizioni normative vigenti.
2. Nell'esercizio di tale potere il Presidente è coadiuvato dal Segretario Generale e dal Vice Segretario Generale.
3. Le questioni di maggiore importanza sono sottoposte dal Presidente all'esame della Commissione.

Art. 6

Nelle materie di maggiore importanza si procede di concerto con la Segreteria di Stato.

Art. 7

1. Il Presidente della Commissione può emanare Ordinanze, in attuazione di norme legislative e regolamentari.
2. In casi di urgente necessità, egli può emanare disposizioni aventi forza di legge, le quali tuttavia perdono efficacia se non sono confermate dalla Commissione entro novanta giorni.
3. Il potere di emanare Regolamenti generali resta riservato alla Commissione.

Art. 8

1. Fermo restando quanto disposto agli artt. 1 e 2, il Presidente della Commissione rappresenta lo Stato.
2. Egli può delegare la rappresentanza legale al Segretario Generale per l'ordinaria attività amministrativa.

Art. 9

1. Il Segretario Generale coadiuva nelle sue funzioni il Presidente della Commissione. Secondo le modalità indicate nelle Leggi e sotto le direttive del Presidente della Commissione, egli:

a) sovraintende all'applicazione delle Leggi e delle altre disposizioni normative ed all'attuazione delle decisioni e delle direttive del Presidente della Commissione;
b) sovraintende all'attività amministrativa del Governatorato e coordina le funzioni delle varie Direzioni.

2. In caso di assenza o impedimento sostituisce il Presidente della Commissione, eccetto per quanto disposto all'art. 7, n. 2.

Art. 10

1. Il Vice Segretario Generale, d'intesa con il Segretario Generale, sovraintende all'attività di preparazione e redazione degli atti e della corrispondenza e svolge le altre funzioni a lui attribuite.
2. Egli sostituisce il Segretario Generale in caso di sua assenza o impedimento.

Art. 11

1. Per la predisposizione e l'esame dei bilanci e per altri affari di ordine generale riguardanti il personale e l'attività dello Stato, il Presidente della Commissione è assistito dal Consiglio dei Direttori, da lui periodicamente convocato e da lui presieduto.

2. Ad esso prendono parte anche il Segretario Generale ed il Vice Segretario Generale.

Art. 12

I bilanci preventivo e consuntivo dello Stato, dopo l'approvazione da parte della Commissione, sono sottoposti al Sommo Pontefice per il tramite della Segreteria di Stato.

Art. 13

1. Il Consigliere Generale ed i Consiglieri dello Stato, nominati dal Sommo Pontefice per un quinquennio, prestano la loro assistenza nell'elaborazione delle Leggi e in altre materie di particolare importanza.

2. I Consiglieri possono essere consultati sia singolarmente che collegialmente.

3. Il Consigliere Generale presiede le riunioni dei Consiglieri; esercita altresì funzioni di coordinamento e di rappresentanza dello Stato, secondo le indicazioni del Presidente della Commissione.

Art. 14

Il Presidente della Commissione, oltre ad avvalersi del Corpo di Vigilanza, ai fini della sicurezza e della polizia può richiedere l'assistenza della Guardia Svizzera Pontificia.

Art. 15

1. Il potere giudiziario è esercitato, a nome del Sommo Pontefice, dagli organi costituiti secondo l'ordinamento giudiziario dello Stato.

2. La competenza dei singoli organi è regolata dalla legge.

3. Gli atti giurisdizionali debbono essere compiuti entro il territorio dello Stato.

Art. 16

In qualunque causa civile o penale ed in qualsiasi stadio della medesima, il Sommo Pontefice può deferirne l'istruttoria e la decisione ad una particolare istanza, anche con facoltà di pronunciare secondo equità e con esclusione di qualsiasi ulteriore gravame.

Art. 17

1. Fatto salvo quanto disposto nell'articolo seguente, chiunque ritenga leso un proprio diritto o interesse legittimo da un atto amministrativo può proporre ricorso gerarchico ovvero adire l'autorità giudiziaria competente.

2. Il ricorso gerarchico preclude, nella stessa materia, l'azione giudiziaria, tranne che il Sommo Pontefice non l'autorizzi nel singolo caso.

Art. 18

1. Le controversie relative al rapporto di lavoro tra i dipendenti dello Stato e l'Amministrazione sono di competenza dell'Ufficio del Lavoro della Sede Apostolica, a norma del proprio Statuto.

2. I ricorsi avverso i provvedimenti disciplinari disposti nei confronti dei dipendenti dello Stato possono essere proposti dinanzi alla Corte di Appello, secondo le norme proprie.

Art. 19

La facoltà di concedere amnistie, indulti, condoni e grazie è riservata al Sommo Pontefice.

Art. 20

1. La bandiera dello Stato della Città del Vaticano è costituita da due campi divisi verticalmente, uno giallo aderente all'asta e l'altro bianco, e porta in quest'ultimo la tiara con le chiavi, il tutto secondo il modello, che forma l'allegato A della presente Legge.

2. Lo stemma è costituito dalla tiara con le chiavi, secondo il modello che forma l'allegato B della presente Legge.

3. Il sigillo dello Stato porta nel centro la tiara con le chiavi ed intorno le parole "Stato della Città del Vaticano", secondo il modello che forma l'allegato C della presente Legge.

La presente Legge fondamentale sostituisce integralmente la Legge fondamentale della Città del Vaticano, 7 giugno 1929, n. I. Parimenti sono abrogate tutte le norme vigenti nello Stato in contrasto con la presente Legge.

Essa entrerà in vigore il 22 febbraio 2001, Festa della Cattedra di San Pietro Apostolo.

Comandiamo che l'originale della presente Legge, munito del sigillo dello Stato, sia depositato nell'Archivio delle Leggi dello Stato della Città del Vaticano, e che il testo corrispondente sia pubblicato nel Supplemento degli Acta Apostolicae Sedis *mandando a chiunque spetti di osservarla e di farla osservare.*

Data dal Nostro Palazzo Apostolico Vaticano il ventisei novembre duemila, Solennità di Nostro Signore Gesù Cristo, Re dell'Universo, anno XXIII del Nostro Pontificato.

IOANNES PAULUS II, PP

Legge sulle fonti del diritto nella Città del Vaticano
1 ottobre 2008

BENEDETTO PP. XVI

Per procedere ulteriormente nel sistematico adeguamento normativo dell'ordinamento giuridico dello Stato della Città del Vaticano, avviato con la legge fondamentale del 26 novembre 2000, di Nostro Motu Proprio *e certa scienza, con la pienezza della Nostra Sovrana autorità, abbiamo ordinato ed ordiniamo quanto appresso, da osservarsi come legge dello Stato:*

Art. 1 (*Fonti principali del diritto*)

1. L'ordinamento giuridico vaticano riconosce nell'ordinamento canonico la prima fonte normativa e il primo criterio di riferimento interpretativo.
2. Sono fonti principali del diritto la legge fondamentale e le leggi promulgate per lo Stato della Città del Vaticano dal Sommo Pontefice, dalla Pontificia Commissione o da altre autorità alle quali Egli abbia conferito l'esercizio del potere legislativo.
3. Quanto disposto circa le leggi riguarda anche i decreti, i regolamenti e ogni altra disposizione normativa legittimamente emanati.
4. L'ordinamento giuridico vaticano si conforma alle norme di diritto internazionale generale e a quelle derivanti da trattati e altri accordi di cui la Santa Sede è parte, salvo quanto prescritto al n. 1.

Art. 2 (*Pubblicazione, entrata in vigore e conservazione*)

1. Le leggi sono pubblicate con la data e con il numero romano progressivo per la durata di ciascun pontificato.
2. Le leggi entrano in vigore il settimo giorno successivo alla loro pubblicazione, salvo che le leggi stesse stabiliscano un diverso termine.
3. Le leggi indicate nell'art. 1 n. 2 sono depositate nell'apposito Archivio del Governatorato e pubblicate nello speciale supplemento degli Acta Apostolicae Sedis, eccetto che in casi particolari sia prescritta nella legge medesima una diversa forma di pubblicazione.

Art. 3 (*Recezione della legislazione italiana*)

1. Nelle materie alle quali non provvedono le fonti indicate nell'art. 1, si osservano, in via suppletiva e previo recepimento da parte della competente autorità vaticana, le leggi e gli altri atti normativi emanati nello Stato Italiano.
2. Il recepimento è disposto purché i medesimi non risultino contrari ai precetti di diritto divino, né ai principi generali del diritto canonico, nonché alle norme dei

Patti Lateranensi e successivi Accordi e sempre che, in relazione allo stato di fatto esistente nella Città del Vaticano, risultino ivi applicabili.

Art. 4 (*Norme civili*)

Sotto le riserve specificate nell'art. 3, si osserva il Codice civile italiano del 16 marzo 1942 con le leggi che lo hanno modificato fino all'entrata in vigore della presente legge, salve le seguenti riserve:

a) la cittadinanza vaticana è regolata da apposita legge vaticana;

b) la capacità a compiere qualsiasi atto giuridico, ad acquistare e disporre per negozio tra vivi o a causa di morte dei chierici, dei membri degli Istituti di vita consacrata religiosi e delle Società di vita apostolica, che siano cittadini vaticani, è regolata dalla legge canonica;

c) il matrimonio è regolato esclusivamente dalla legge canonica;

d) l'adozione è autorizzata dal Sommo Pontefice;

e) la prescrizione, quanto ai beni ecclesiastici, è regolata dai cann. 197-199 e 1268-1270 del Codex iuris canonici, osservandosi inoltre il can. 76 § 2 del medesimo Codex;

f) le donazioni ed i lasciti per causa di morte a favore delle pie cause sono regolati dai cann. 1299-1300; 1308-1310 dello stesso Codex;

g) gli atti di nascita, di matrimonio e di morte sono redatti a norma della legislazione vaticana;

h) i registri di cittadinanza e di anagrafe sono tenuti presso il Governatorato;

i) i rapporti di lavoro sono disciplinati da apposita normativa vaticana;

l) le funzioni di notaro sono esercitate da avvocati della Santa Sede designati dal Presidente del Governatorato. Con le stesse modalità, possono essere designati, per l'esercizio delle funzioni notarili, anche avvocati rotali o civili che abbiano un rapporto organico, o di collaborazione per contratto, con il Governatorato;

m) le funzioni del conservatore delle ipoteche, agli effetti delle trascrizioni e delle iscrizioni ipotecarie, sono esercitate dalla Direzione dei Servizi Tecnici. La stessa Direzione provvede anche alla tenuta ed aggiornamento del catasto.

Art. 5 (*Norme di procedura civile*)

Si osserva il Codice di procedura civile vaticano del 1° maggio 1946, con le modificazioni successive, anche per la semplificazione e l'abbreviazione del rito.

Art. 6 (*Poteri del giudice in materia civile*)

Quando una controversia civile non si possa decidere con il riferimento ad una norma prevista dalle fonti indicate nei precedenti articoli, il giudice decide tenuti presenti i precetti del diritto divino e del diritto naturale, nonché i principi generali dell'ordinamento giuridico vaticano.

Art. 7 (*Norme penali*)

1. Fino a che non si provveda a nuova definizione del sistema penale, si osserva, sotto le riserve specificate nell'art. 3, il Codice penale italiano recepito con la legge 7 giugno 1929, n. II, come modificato ed integrato dalle leggi vaticane.

2. La legge prevede i casi nei quali alle pene detentive possono essere sostituite sanzioni alternative e ne indica la natura, avuta presente la funzione educativa della pena.

3. Le pene pecuniarie espresse in lire italiane, convertite in Euro ai sensi della legge 28 dicembre 2001, n. CCCLXXI, sono determinate con provvedimento amministrativo del Cardinale Presidente del Governatorato dello Stato della Città del Vaticano.
4. Gli illeciti amministrativi e le relative sanzioni sono regolati da apposita legge vaticana.

Art. 8 (*Norme di procedura penale*)

Sino a che non si provveda a nuova disciplina del rito, si osserva, sotto le riserve specificate nell'art. 3, il Codice di procedura penale italiano recepito con la legge 7 giugno 1929, n. II, come modificato ed integrato dalle leggi vaticane.

Art. 9 (*Poteri del giudice in materia penale*)

Qualora manchi qualunque disposizione penale e tuttavia sia commesso un fatto che offenda i principi della religione o della morale, l'ordine pubblico o la sicurezza delle persone o delle cose, il giudice può richiamarsi ai principi generali della legislazione per comminare pene pecuniarie sino ad Euro tremila, ovvero pene detentive sino a sei mesi, applicando, se del caso, le sanzioni alternative di cui alla legge 14 dicembre 1994, n. CCXXVII.

Art. 10 (*Rappresentanza, Patrocinio e Giuramento nel giudizio*)

1. La rappresentanza ed il patrocinio nelle diverse sedi di giudizio sono regolati da apposita legge.
2. Nei giudizi il giuramento delle parti, dei testimoni, dei periti o di altri deve prestarsi nelle forme osservate dinanzi ai tribunali ecclesiastici.

Art. 11 (*Istruzione scolastica*)

1. Ferma restando la specificità dell'ordinamento vaticano, che si ispira in materia di istruzione e formazione alle indicazioni del Magistero della Chiesa con particolare riguardo alla primaria responsabilità dei genitori, l'istruzione scolastica è obbligatoria, dall'età di sei anni a quella di diciotto compiuti.
2. All'obbligo si soddisfa con la frequenza di strutture scolastiche legalmente riconosciute, secondo la legislazione dei diversi Stati, salvo che i genitori e tutori dimostrino di poter impartire privatamente l'istruzione a loro cura e spese e con idonei strumenti didattici.
3. Con provvedimento amministrativo saranno stabilite le modalità applicative.

Art. 12 (*Norme amministrative*)

1. Salva specifica normativa vaticana e sotto le riserve indicate nell'art. 3, si osservano nella Città del Vaticano:

a) la legislazione dello Stato italiano vigente all'entrata in vigore della presente legge, compresi i regolamenti e i trattati ratificati dall'Italia e le norme di esecuzione dei trattati medesimi, concernente:
1) i pesi e misure di ogni genere;
2) i brevetti di invenzione e i marchi e brevetti di fabbrica;
3) le ferrovie;
4) le poste;

5) le telecomunicazioni ed i relativi servizi, sia su rete fissa che mobile, nelle loro diverse componenti;
6) la trasmissione dell'energia elettrica;
7) l'aviazione;
8) gli automobili e la loro circolazione;
9) la difesa contro le malattie infettive e contagiose.

b) le leggi dello Stato italiano, con i relativi regolamenti generali e speciali, e con i regolamenti della Regione Lazio, della Provincia e del Comune di Roma, concernenti la polizia edilizia ed urbana e l'igiene e la sanità pubblica.

2. In caso di necessità dettato da pubblica utilità, per l'acquisizione allo Stato di beni privati, l'utilizzo temporaneo dei medesimi, le prestazioni di opere e servizi, provvede il Presidente del Governatorato con decreto motivato, stabilendo il relativo indennizzo.

3. Per autorità dello Stato previste nelle leggi e nei regolamenti richiamati in quest'articolo si intende il Presidente del Governatorato, salvo espressa delega da parte del medesimo.

Art. 13 (*Abrogazione ed entrata in vigore*)

La presente legge sulle fonti del diritto sostituisce integralmente la legge sulle fonti del diritto 7 giugno 1929, n. II. Essa entrerà in vigore il 1° gennaio 2009.

Comandiamo che l'originale della presente legge, munito del sigillo dello Stato, sia depositato nell'Archivio delle leggi dello Stato della Città del Vaticano, e che il testo corrispondente sia pubblicato nel supplemento degli Acta Apostolicae Sedis, *mandando a chiunque spetti di osservarla e di farla osservare.*

Dato dal Nostro Palazzo Apostolico Vaticano il primo ottobre 2008, anno IV del Nostro Pontificato.

BENEDETTO PP. XVI

Bilancio consuntivo consolidato 2007

Bilancio Consuntivo Consolidato 2007 della Santa Sede, del Governatorato dello Stato della Città del Vaticano e Obolo di San Pietro

Giovedì 3 luglio e venerdì 4 luglio 2008 si è svolta in Vaticano la 42ª riunione del Consiglio di Cardinali per lo Studio dei Problemi Organizzativi ed Economici della Santa Sede, presieduta dal Segretario di Stato, Sua Eminenza Rev.ma il Cardinale Tarcisio Bertone. Vi hanno partecipato gli Em.mi Cardinali Roger Michael Mahony, Arciv. di Los Angeles (USA), Camillo Ruini, già Vicario di Roma (Italia), Antonio Maria Rouco Varela, Arciv. di Madrid (Spagna), Anthony Olubunmi Okogie, Arciv. di Lagos (Nigeria), Juan Luis Cipriani Thorne, Arciv. di Lima (Perú), Edward Michael Egan, Arciv. di New York (USA), Eusébio Oscar Scheid, Arciv. di São Sebastião do Rio de Janeiro (Brasile), Gaudencio B. Rosales, Arciv. di Manila (Filippine) e Nicholas Cheong Jinsuk, Arciv. di Seoul (Corea). La Prefettura degli Affari Economici della Santa Sede era rappresentata dal Presidente Sua Ecc.za Rev.ma Mons. Velasio De Paolis, c.s., dal Segretario Sua Ecc.za Mons. Vincenzo Di Mauro e dal Ragioniere Generale Comm. Paolo Trombetta. Il Governatorato dello Stato della Città del Vaticano e l'Amministrazione del Patrimonio della Sede Apostolica erano rappresentati rispettivamente dal Presidente, Sua Em.za il Cardinale Giovanni Lajolo, e dal Segretario, Sua Ecc.za Mons. Domenico Calcagno. Su invito del Cardinale Segretario di Stato era presente il Dr. Gr. Uff. Alberto Gasbarri, Direttore Amministrativo della Radio Vaticana.

I punti all'ordine del giorno sono stati i seguenti:

– Bilancio Consuntivo Consolidato della Santa Sede per l'esercizio 2007;
– Bilancio Consuntivo del Governatorato dello Stato della Città del Vaticano per il 2007;
– Obolo di San Pietro e contributi in base al can. 1271 del C.I.C., ricevuti nel 2007.

Santa Sede - Consuntivo Consolidato 2007

La riunione ha avuto inizio con la presentazione, da parte di Sua Ecc.za Mons. Velasio De Paolis, del Bilancio Consuntivo Consolidato 2007 della Santa Sede, dove figurano entrate per 236.737.207 euro e uscite per 245.805.167 euro. Il risultato netto è quindi un disavanzo di 9.067.960 dopo che negli ultimi tre esercizi (2004, 2005 e 2006) si erano registrati risultati positivi per complessivi 15.206.587 euro.

Le voci del bilancio economico della Santa Sede, sono raccolte nei seguenti settori: attività istituzionale, attività finanziaria, attività immobiliare e attività mediatica.

1) Attività istituzionale. Questo settore ingloba tutti i Dicasteri della Curia Romana: Segreteria di Stato, Rappresentanze Pontificie, Congregazioni Romane, Pontifici Consigli, il Sinodo dei Vescovi ed altri uffici. Trattandosi di organismi che assistono da vicino il Santo Padre nella sua missione di Pastore universale a servizio delle Chiese locali e a beneficio dell'intera umanità, essi non producono ricavi. Da qui il senso della disposizione in base al can. 1271 che richiama i Vescovi a venire incontro alle necessità della Santa Sede per sostenerne l'attività. Nel 2007, oltre ad altri introiti di minore entità, la massa contributiva proveniente da Conferenze Episcopali, Diocesi, Istituti religiosi, Istituzioni e Enti vari è rimasta sostanzialmente invariata (86.022.372 euro nel 2006, 86.143.257 euro nel 2007). All'interno dei settore, gli introiti del can. 1271 C.I.C. ammontano a 21,4 milioni di euro, mentre i contributi da Istituzioni, Fondazioni ed Istituti Religiosi salgono complessivamente a 64,8 milioni di euro.

Anche i costi dell'intero settore, direttamente connessi con l'attività della Curia Romana, sono rimasti sostanzialmente immutati: si è passati da 126,2 milioni di euro nel 2006 a 125,4 milioni di euro nel 2007. Sono continuati anche per il 2007 i lavori di consolidamento dell'immobile di Piazza di Spagna, sede della Congregazione per l'Evangelizzazione dei Popoli e sono stati effettuati lavori straordinari al Palazzo del Sant'Uffizio, Palazzo dei Propilei e Palazzo dei Convertendi.

2) Attività finanziaria. In questo settore sono raccolte le attività finanziarie delle amministrazioni consolidate. Il settore si è chiuso con un avanzo netto di 1,4 milioni di euro contro 13,7 milioni di euro del 2006; si è avuta perciò una flessione di circa 12 milioni di euro, ascrivibile principalmente alla brusca ed assai accentuata inversione di tendenza nella fluttuazione dei tassi di cambio, soprattutto del dollaro statunitense. All'interno del settore, gli introiti derivanti dagli investimenti in titoli passano da 18,4 milioni di euro a 17,8 milioni di euro. Gli impieghi nel comparto finanziario a breve termine ascendono a 13,7 milioni, rispetto ai 10 milioni di euro del 2006.

3) Il settore immobiliare ha ottenuto un risultato positivo netto di 36,3 milioni di euro, superiore a quello registrato nel 2006 che si attestò a 32,3 milioni di euro. L'incremento in termini assoluti è di 4 milioni di euro, imputabile sia al maggior gettito delle locazioni, sia alle plusvalenze realizzate per la vendita di alcuni cespiti immobiliari. In aumento anche le spese dirette su immobili a reddito che da 15,4 milioni passano a 18,2 milioni di euro, con un aumento del 18%. In sostanza l'aumento globale dei ricavi ha permesso di sostenere gli oneri per la manutenzione e l'ammodernamento degli immobili a reddito.

4) Nel settore delle "Attività di quattro Istituzioni collegate con la S. Sede" sono comprese le "aziende mediatiche": Radio Vaticana, Tipografia Vaticana - Editrice «L'Osservatore Romano», Libreria Editrice Vaticana e Centro Televisivo Vaticano. L'insieme di queste attività sono strettamente legate alla diffusione della voce e dell'immagine del Papa. Questo settore ha chiuso con un saldo negativo di 14,6 milioni di euro, riferibile sostanzialmente al deficit della Radio Vaticana e ai costi per la pubblicazione de «L'Osservatore Romano». Risultati positivi sono invece venuti dalla Tipografia Vaticana che ha chiuso il proprio bilancio con un avanzo di 1 milione di euro, dal Centro Televisivo Vaticano, con un avanzo di 458.754 e dalla Libreria Editrice Vaticana con un utile di 1,6 milioni di euro.

Nella Curia Romana lavorano complessivamente 2748 persone (44 unità in più del 2006), di cui 778 ecclesiastici, 333 religiosi e 1637 laici (di cui 425 donne). Il costo sostenuto nel 2007 è stato di 102,5 milioni di euro, di cui 24,6 milioni per oneri sociali. I pensionati sono 929, con un costo complessivo di 18,2 milioni.

Il bilancio è stato sottoposto prima all'esame del Consiglio dei Revisori Internazionali e poi al Consiglio di Cardinali per lo studio dei problemi organizzativi ed economici della Santa Sede. Ora esso sarà tradotto nelle principali lingue ed inviato a tutti i Vescovi e ai Superiori Generali degli Istituti di Vita Consacrata e delle Società di Vita Apostolica.

Governatorato Sacra Città del Vaticano - Consuntivo 2007

L'esercizio 2007 si è chiuso con un risultato positivo di 6,7 milioni di euro, in diminuzione rispetto al precedente esercizio 2006 che si concluse con un avanzo di 21,8 milioni di euro. La flessione del risultato è da attribuire al settore finanziario che da un effetto positivo del 2006 pari a 7,2 milioni di euro, è passato a un esito negativo per 8 milioni di euro nel 2007. Notevole è stato l'impegno economico e finanziario sostenuto per la tutela, valorizzazione e restauro del patrimonio artistico della Santa Sede (restauro della Cappella Paolina, interventi alle Basiliche di San Paolo fuori le mura e Santa Maria Maggiore). Come pure importanti sono stati i costi sostenuti per la sicurezza all'interno della Città del Vaticano. Positivo sotto tutti i punti di vista il risultato dei Musei Vaticani riconducibile soprattutto all'aumentato numero dei visitatori che per il 2007 ha raggiunto la cifra di 4,3 milioni di presenze. Anche per l'esercizio 2007 il Governatorato si è impegnato a sostenere i costi della Radio Vaticana, contribuendo alla copertura di metà del deficit (12,2 milioni di euro). I dipendenti del Governatorato al 31/12/2007 erano 1795 (102 unità in più del 2006) con un costo complessivo di 62,3 milioni di euro di cui 10,6 milioni di oneri sociali. I pensionati a carico del Governatorato sono 567, con un costo complessivo di 11,8 milioni di euro.

Obolo di San Pietro 2007

Nel corso del 2007 sono pervenuti donativi per un totale di USD 79.837.843. Il Santo Padre ha destinato l'Obolo per interventi caritativi alle popolazioni di vari Paesi del mondo colpiti da calamità di diversa natura, per sostenere numerose iniziative delle Comunità ecclesiali del Terzo Mondo e per aiutare le Chiese locali più povere. Nel 2007 le maggiori contribuzioni sono arrivate dalle seguenti Nazioni:

	NAZIONI	VALORI ASSOLUTI (IN USD)	%
1	Stati Uniti	18.725.327	28,29%
2	Italia	8.632.171	13,04%
3	Germania	4.026.308	6,08%
4	Spagna	2.715.524	4,10%
5	Francia	2.436.935	3,68%
6	Irlanda	2.205.917	3,33%
7	Brasile	1.441.987	2,18%
8	Rep. di Corea	1.055.701	1,60%

Inoltre è pervenuta alla Santa Sede una offerta (USD 14.309.400) da parte di un donatore che ha voluto mantenere l'anonimato.

Contributi a norma del can. 1271 C.I.C.

Sono inviati dai Vescovi, secondo le possibilità delle Diocesi, per fornire alla Santa Sede i mezzi per il suo servizio alla Chiesa Universale. Nel 2007 questi contributi hanno raggiunto l'ammontare di USD 29.552.843.

Nel 2007 le maggiori contribuzioni sono arrivate dalle seguenti Nazioni:

	NAZIONI	VALORI ASSOLUTI (IN USD)	%
1	Germania	9.330.708	31,57%
2	Stati Uniti	8.366.817	28,31%
3	Italia	5.584.912	18,90%
4	Austria	1.107.352	3,75%
5	Canada	1.023.312	3,46%
6	Spagna	939.111	3,18%
7	Rep. di Corea	681.542	2,31%

Il glossario della santa casta

Abati. Superiori di una *abbazia territoriale*, ovvero un monastero autonomo con clero separato da qualsiasi diocesi, eletto dal capitolo conventuale con conferma del papa. Sono caodiuvati nel governo dal capitolo conventuale e da un consiglio di anziani.

Abbreviatore. Delegato nella Cancelleria pontificia alla compilazione e trascrizione di bolle, brevi e altri atti del papa.

Abati Generali dei Canonici Regolari e degli Ordini Monastici. Sono i superiori degli ecclesiastici appartenenti al capitolo di una cattedrale o di una collegiata e degli ordini religiosi monastici.

Accademie Pontificie. Sono quelle istituzioni a carattere culturale che promuovono studi nei vari campi della scienza, della letteratura e dell'arte secondo i principi della religione cattolica. La più antica è la Pontificia Accademia delle Scienze.

Acta Apostolicae Sedis. Bollettino ufficiale della Santa Sede contenente gli atti del papa.

Addetti di anticamera. Laici, originariamente chiamati bussolanti, che prestano servizio ordinario di anticamera nella Sala degli Arazzi del palazzo Apostolico in tutte quelle occasioni in cui il papa esce dalle proprie stanze, secondo gli ordini loro opportunamente impartiti.

AGESCI. Associazione Guide E Scout Cattolici Italiani, organismo laico cattolico italiano suddiviso nelle diocesi per reparti, che fanno capo alle parrocchie, dove sono assistiti da un ecclesiastico.

Agostiniani. Membri religiosi maschili e femminili di uno dei diversi ordini che seguono la regola di sant'Agostino.

Aiutante di camera. Laico, anticamente detto cubiculario, addetto al servizio intimo di Sua Santità.

Allocuzione. Discorso che il papa indirizza ai fedeli in circostanze solenni.

Amministratori apostolici. Sono gli ecclesiastici che hanno la cura pastorale e il governo, in nome del papa, di una *Amministrazione apostolica*, ovvero «una determinata porzione del popolo di Dio che, per ragioni speciali e particolarmente gravi, non viene eretta come diocesi».

Anatema. La maggior scomunica contro eretici e scismatici, con la radiazione perpetua dalla Chiesa.

Anello piscatorio. Anello del papa, con il quale sono sigillati i documenti; viene spezzato alla morte del pontefice.

Angelus. Indica la preghiera alla Madonna, composta con le parole dell'Annunciazione, che si recita al mattino, a mezzogiomo e alla sera; per estensione è il suono della campana che invita alla preghiera. Nel caso del papa, si riferisce specificamente alla preghiera che ogni domenica a mezzogiorno recita dalla finestra del suo appartamento insieme ai fedeli raccolti in piazza San Pietro, con la relativa omelia e benedizione.

Anno Santo. È il ternine con cui viene chiamato anche il giubileo, specialmente quello ordinario, che si svolge dal 1450 ogni 25 anni.

Annuario Pontificio. Repertorio ufficiale della Chiesa cattolica pubblicato dalla Segreteria di Stato del Vaticano.

Antipapa. È l'antagonista del papa, eletto irregolarmente; presente nella storia pontificia fino al 1449. Secondo il diritto canonico è considerato tale chi è eletto con norme contrarie a quelle stabilite dalla costituzione pontificia in vigore. La Chiesa di Roma ne considera 37, ma in realtà ne sono esistiti 39; dopo il Concilio Vaticano II ne sono stati eletti altri da diverse comunità della Chiesa opposte alla Chiesa di Roma.

Apocrisario. Termine derivante dal greco; significa messo o ambasciatore. Identificava l'inviato del papa a Costantinopoli per notificare messaggi all'imperatore ovvero il rappresentante del papa nei concili. La carica fu abolita nel secolo VIII.

Apostata. È il battezzato che rinnega in seguito la sua fede.

Apostolo. Dal greco *apostóllein* «inviare», per indicare colui che è inviato come missionario ad annunciare il Vangelo e amministrare i sacramenti, come Gesù con i suoi dodici.

APSA. È l'Amministrazione del Patrimonio della Santa Sede, ufficio amministrativo che gestisce i fondi finanziari della Città del Vaticano e della Santa Sede.

Archiatra pontificio. Il protomedico della corte pontificia, nonché medico personale del papa. È una carica abolita, impersonata per ultimo da Riccardo Galeazzi Lisi con Pio XII, anche se ogni papa ha sempre un suo medico di fiducia.

Arcidiacono. Anticamente il capo dei diaconi di una chiesa, che provvedeva all'amministrazione; oggi è il primo dignitario del capitolo cattedrale.

Arcivescovi. Sesti dignitari della gerarchia, perlopiù ordinari di una diocesi metropolitana; nell'ordine e nel ministero sono pari ai vescovi, rispetto ai quali il loro titolo ha spesso un valore puramente onorifico. Hanno l'appellativo di Eminenza.

Assistenti al soglio pontificio. Sono i due principi romani delle famiglie Colonna e Torlonia, che si alternano nella rappresentanza e prestano servizio durante le visite dei capi di Stato.

Assistenti ecclesiastici. Sacerdoti nominati dall'autorità ecclesiastica competente per rappresentarla nelle associazioni cattoliche.

Assunzionisti. Religiosi e religiose appartenenti a una delle congregazioni che prendono nome dall'Assunzione di Maria; così gli Agostiniani, le Suore dell'Assunzione, le Oblate dell'Assunzione e le Piccole Sorelle dell'Assunzione,

Avvocati concistoriali. Sono laici che hanno la facoltà di patrocinare le cause matrimoniali presso tutti i tribunali ecclesiastici ed esercitare funzioni notarili nello Stato della Città del Vaticano; la loro attività va ad esaurirsi e saranno sostituiti dagli Avvocati della Santa Sede (v.).

Avvocati della Santa Sede. Avvocati che hanno l'esclusiva di difendere la pubblica amministrazione ecclesiastica davanti ai trbunali della Santa Sede; eletti per cinque anni dal cardinale Segretario di Stato, costituiscono il collegio degli avvocati rotali.

Azione Cattolica. Organismo laico cattolico italiano diviso in sezioni, che fanno capo alle parrocchie e sono assistite da un ecclesiastico.

Basilica. Chiesa a pianta rettangolare, divisa a navate da file di colonne, derivante dall'antica basilica pagana, che sorgeva in prossimità dei fori, edificata perlopiù sui luoghi di sepoltura dei martiri, e comunque di quelli di speciale importanza. È canonica un distinzione tra basilica patriarcale o papale e minore; le patriarcali o papali a Roma sono cinque: San Giovanni in Laterano, Santa Maria Maggiore, San Pietro in Vaticano, San Paolo fuori le Mura e San Lorenzo fuori le Mura.

Basiliani. Monaci e monache che si ispirano alla regola monastica di san Basilio, di rito greco e latino. Così la Congregazione di S. Maria di Grottaferrata, l'Ordine di San Giosafat, l'Ordine dei Melchiti.

Beato. Titolo assegnato dalla Chiesa a persona morta in «odore di santità», riconosciuta tale con la prova di un miracolo e con la *fama signorum,* ovvero i «segni» che hanno del soprannaturale. Lo decreta la Congregazione per le Cause dei Santi, ma con approvazione finale del papa.

Benedettini e **Benedettine.** Monaci e monache di tutte le famiglie religiose che hanno seguito nei secoli la regola di san Benedetto, riunite in gran parte nella *Confederazione benedettina di Sant'Anselmo* costituita nel 1893.

Benedizione Urbi et Orbi. Benedizione impartita dal papa «alla città di Roma e a tutto il mondo» in determinate occasioni; è accompagnata dall'indulgenza plenaria.

Berretta. Copricapo a croce con tre spicchi, rosso porpora per i cardinali, rosso violaceo per i vescovi, nero per monsignori e sacerdoti.

Bolla. Dal latino *bulla* «sigillo», indica il sigillo pontificio di piombo che reca da una parte il nome del papa e dall'altra la raffigurazione delle teste dei santi Pietro e Paolo; viene appeso ai documenti ufficiali del papa redatti in latino, su pergamena, dalla Cancelleria della Curia. Indica, per estensione, il documento stesso. Può essere dogmatica, come quella della definizione dell'Immacolata Concezione, o contenere i decreti di canonizzazione, nuove istituzioni di diocesi, nomine di vescovi. Caratteristica era la sua emanazione come scomunica.

Breve. È una lettera apostolica in *forma brevi,* caratterizzata dal sigillo di cera rossa con l'impronta dell'anello piscatorio. Viene usata, tra l'altro, per decreti di beatificazione e per l'erezione di chiese a basiliche, nomine, concessioni e onorificenze: è redatta su carta comune in carattere corsivo.

Breviario. Compendio delle preghiere giornaliere per l'obbligatoria recita liturgica quotidiana da parte dei sacerdoti e delle varie cominità religiose. Dopo il Concilio Vaticano II ha preso il nome di "liturgia delle ore", con una ripartizione delle preghiere in sei momenti della giornata.

Camauro. Berretto pontificio con copriorecchie; lo usava molto Giovanni XXIII. Un tempo era sinonimo di mitra.

Camera Apostolica. Il più antico ufficio amministrativo della Santa Sede, un tempo proprio del Tesoro pontificio: attualmente cura i beni e i diritti temporali della Chiesa in «sede vacante».

Camerlengo di Santa Romana Chiesa. È il cardinale preposto alla Reverenda Camera Apostolica, ma che esplica le sue funzioni principalmente durante il periodo di "sede vacante", avendo l'amministrazione dei beni e dei diritti temporali della Santa Sede.

Camilliani e **Camilliane.** Chierici regolari maschili e femminili dell'ordine fondato da Camillo de Lellis nel 1584 e approvato nel 1591; la denominazione ufficiale maschile è *Ministri degli infermi*, mentre le Camilliane sono articolate in diverse comunità, quali *Ministre degli infermi*, *Figlie di San Camillo* e *Missionarie degli infermi*.

Canone. Decreto conciliare di carattere dogmatico. Per gli apostoli era la regola in materia di fede, ma indicava anche l'elenco degli ecclesiastici addetti alle funzioni nelle chiese. È anche la parte della Messa contenente la consacrazione.

Canonico. Come aggettivo, qualifica quanto si fonda sull'ordinamento della Chiesa; come sostantivo, indica il dignitario ecclesiastico che riceve da una chiesa una rendita.

Canonizzazione. Decreto con il quale il papa dichiara santa una persona che, morta «in odore di santità», abbia compiuto più di un miracolo.
CANOSSIANE. Dette anche Figlie della Carità, costituiscono la congregazione religiosa fondata da Maddalena di Canossa nel 1808 e approvata nel 1828.
Cappella papale. Sacra funzione celebrata dal papa solennemente con canti e musiche speciali, alla presenza della Cappella e della Famiglia Pontificia.
Cappella Pontificia. È costituita dagli ecclesiastici che partecipano alle sacre cerimonie papali con gli abiti liturgici, cioè i cardinali, i patriarchi, gli arcivescovi, i vescovi, i prelati superiori di Congregazioni e Segretariati, i parroci della diocesi di Roma e tutti gli ecclesiastici della Famiglia Pontificia; ne fanno parte anche gli uditori di Rota, gli avvocati concistoriali e i familiari del papa.
Cappellani di Sua Santità. Già qualificati come camerieri segreti soprannumerari, svolgono il servizio di cappella pontificia, dipendendo dal Prefetto della Casa Pontificia (v.); nominati con biglietto della Segreteria di Stato, ne fanno parte comunque i canonici del Capitolo dei Ss. Celso e Giuliano di Roma e i canonici del Capitolo di Lodi. Il titolo non decade in sede vacante.
Cardinali. Sono i più alti dignitari della Chiesa di Roma dopo il papa e suoi consiglieri. Hanno l'appellativo di Eminenza e costituiscono il *Collegio cardinalizio* (v.) suddiviso nei tre ordini di vescovi, presbiteri e diaconi, ma tutti con dignità episcopale. Sono elettori del papa, fino all'età di 80 anni, e vengono convocati in assemblea dal papa nel *concistoro*. Che è di tre tipi: "ordinario segreto" per la comunicazione della nomina di nuovi cardinali o provvisione di diocesi; "ordinario pubblico" per la celebrazione di particolari solennità alla presenza di prelati e rappresentanti diplomatici; "straordinario" per la trattazione di questioni particolarmente gravi. Molti di loro dirigono dicasteri della Curia romana o dello Stato della Città del Vaticano.
Cardinal nepote. Figura originaria del segretario di Stato pontificio, scelto dal papa tra i parenti all'epoca del nepotismo.
Carisma. Dal greco *charisma* «dono di grazia», indica i doni dello Spirito Santo che danno al papa il potere di doti particolari nella guida della Chiesa.
Carmelitani e **Carmelitane.** Membri maschili e femminili dell'ordine religioso che prende nome dal monte Carmelo in Palestina, fondato da sant'Alberto da Vercelli nel 1209 e approvato da Onorio III nel 1266. Da santa Teresa d'Avila e san Giovanni della Croce derivano i *Carmelitani scalzi* e le *Carmelitane scalze*, ordini approvati da Clemente VIII nel 1593.
Cattedra. Seggio, spesso con baldacchino, riservato al papa o al vescovo quando presiede le celebrazioni liturgiche; fa riferimento al magistero e alla dignità papale o episcopale.
Cattedrale. È la chiesa principale di una diocesi ed è riservata al vescovo; quella di Roma è San Giovanni in Laterano.
Cattolicesimo. Deriva dal greco e significa «universale»: è la Chiesa di Roma sviluppata sotto la gerarchia dei vescovi romani indicati con il nome di papi.
CEI. La Conferenza Episcopale Italiana, ovvero l'assemblea generale di tutti i vescovi italiani.
Celibato ecelesiastico. L'obbligo per il clero cattolico di non sposarsi, secondo quanto sancito dal concilio di Trento.
Cerimonieri pontifici. Ecclesiastici incaricati di predisporre le celebrazioni liturgiche e preparare i ministri a compierle con decoro e devozione.
Certosini e **Certosine.** Membri maschili e femminili dell'ordine monastico fondato da san Bruno nel 1084 per gli uomini, mentre per le donne fu istituito nel 1145; caratterizzati dal vivere in celle separate, riunendosi solo per la preghiera.

Chierici. Termine che indica tutti i religiosi membri di una congregazione e distinti come *Regolari*, perché legati ai voti, e *Secolari*, perché non legati dai voti.

Chierici della Cappella Pontificia. Sono i membri della Cappella Pontificia (v.) che assistono il Sovrano Pontefice nelle cerimonie ecclesiastiche sotto la guida dei Cerimonieri Pontifici (v.).

Chiesa. Comunità di fedeli che professano la stessa fede, e anche l'edificio sacro destinato al culto.

Chinea. Cavallo bianco che i sovrani di Napoli offrivano al papa il giorno dei santi Pietro e Paolo, come omaggio feudale del loro regno, sul quale lo Stato Pontificio vantava la sovranità temporale dal secolo XI. L'usanza cessò nel 1788.

Ciellini. Membri dell'associazione Comunione e Liberazione (v.).

Circolo San Pietro. Sodalizio pontificio di assistenza ai poveri, noto per le cucine e i suoi ostelli nella città di Roma.

Cistercensi. Membri dell'ordine monastico sorto a Citeaux ad opera di san Roberto abate nel 1098, nell'osservanza della regola di san Benedetto. L'ordine fu definito nel 1119 dall'abate Stefano Harding e approvato da Callisto II; nel 1664 si originarono dall'ordine i *Trappisti* a opera di Armand-Jean Le Bouthillier de Rancé, abate di La Trappe, e il nuovo ordine fu approvato da Clemente XI nel 1795.

Città del Vaticano. Il territorio dello Stato Pontificio, esteso per 44 ettari all'intemo di Roma; è sorto l'11 febbraio 1929 con la firma dei Patti Lateranensi tra l'Italia e la Santa Sede.

Clarisse. Religiose del secondo Ordine Francescano fondato da santa Chiara, approvato nel 1253 e modficato da Urbano IV nel 1263.

Clero. Termine di origine ignota, designa l'insieme degli ecclesiastici che costituiscono l'organismo della Chiesa.

Comandante della Guardia Svizzera. È il colonnello della Guardia Svizzera e rientra anche nel numero dei Gentiluomini di Sua Santità (v.).

Comunione e Liberazione. Comunità cristiana laica di diritto pontificio, con sezione monastica *Memores Domini*; i suoi membri sono chiamati *Ciellini*.

Comunità di Sant'Egidio. Associazione internazionale laicale della Chiesa cattolica in veste di onlus con riconoscimento pontificio, caratterizzata da un'attività missionaria.

Conciliabolo. Un concilio indetto da prelati scismatici e quindi non riconosciuto dalla Chiesa.

Concilio. Assemblea dei vescovi riuniti per discutere questioni riguardanti la vita della Chiesa, deliberando su argomenti dottrinali, disciplinari e pastorali. Un *concilio ecumenico* è una legittima riunione di tutti i vescovi e alti prelati rappresentanti la Chiesa universale ed è convocato dal papa. I concili ecumenici sono stati 21: 1) Nicea I (325); 2) Costantinopoli I (381); 3) Efeso (431); 4) Calcedonia (451); 5) Costantinopoli II (553); 6) Costantinopoli III (680-681); 7) Nicea II (787); 8) Costantinopoli IV (869-870); 9) Laterano I (1123); 10) Laterano II (1139); 11) Laterano III (1179); 12) Laterano IV (1215); 13) Lione I (1245); 14) Lione II (1274); 15) Vienna (1311-1312); 16) Costanza (1414-1418); 17) Basilea-Ferrara-Firenze (1431-1437); 18) Laterano V (1512-1517); 19) Trento (1545-1563): 20) Vaticano I (1869-1870); 21) Vaticano II (1962-1965). Il *concilio plenario* è quello celebrato da tutte le Chiese di una stessa conferenza di vescovi; il concilio provinciale è quello tenuto da vescovi di una stessa provincia ecclesiastica.

Concistoro. È l'adunanza dei cardinali convocati dal papa per discutere su problemi di particolare importanza: può essere ordinario, con la convocazione dei porporati presenti a Roma, e avere anche carattere pubblico, e straordinario, con la presenza di tutti i cardinali.

Conclave. È l'adunanza dei cardinali per procedere all'elezione del papa e indica anche il luogo di riunione; vi partecipano solo i cardinali, nel numero di 120, che non abbiano superato 80 anni.

Concordato. Trattato tra la Santa Sede e uno Stato per regolare questioni di interesse comune relativi a persone, istituzioni e beni ecclesiastici.

Congregazioni cardinalizie. Sono le commissioni stabili dei cardinali nella Curia di Roma che assistono il papa nel governo della Chiesa; costituiscono in pratica dei dicasteri con l'organizzazione propria di un ministero statale. Sono nove e fanno capo alla Segreteria di Stato; in ognuna c'è un cardinale in veste di prefetto, assistito da un segretario e da un sottosegretario.

Congregazioni religiose. Istituti religiosi i cui membri emettono i voti semplici.

Consacrazione. Atto solenne con il quale si dedicano a Dio luoghi e persone. Nella Messa è il momento della transustanziazione, ovvero del cambiamento del pane e del vino nel corpo e sangue di Cristo.

Consigliere Generale dello Stato della Città del Vaticano. È un laico con funzione consultiva simile a quella svolta dal presidente del Consiglio di Stato italiano, che è tenuto «a dar parere tutte le volte che sia stabilito per legge o quando ne sia richiesto dal Sommo Pontefice o dal Governatore». Percepisce una indennità di carica.

Consultori dello Stato della Città del Vaticano. Laici competenti di varie materie economiche e giuridiche, sulle quali svolgono un lavoro di consulenza in base a richieste espresse dal Governatore. Fanno capo a diversi uffici della Santa Sede.

Cotta. Paramento sacerdotale bianco dalle larghe maniche, sul quale s'indossa la stola.

Croccia. L'abito rosso porpora dei cardinali.

Curia. Governo centrale della Chiesa di Roma, istituito con una precisa organizzazione da Sisto V, attualmente costituito da nove congregazioni, tre segretariati, cinque consigli, venti commissioni, tre comitati, tre tribunali e sette uffici amministrativi.

Custodi della Terra Santa. Sono i Frati Minori dell'Ordine Francescano, al quale è affidata la custodia della Terra Santa fin dal 1333; dal 1558 risiedono nel convento del Santissimo Salvatore a Gerusalemme.

Dalmatica. Paramento sacro portato dal papa nelle funzioni solenni: giunge fino alle ginocchia, è aperta ai lati e ha le maniche corte e larghe.

Decano del tribunale della Rota Romana. È il prelato presidente del tribunale apostolico della Rota Romana (v.), nominato soltanto per un determinato periodo dal Sommo Pontefice, che lo sceglie tra i giudici rotali; è anche presidente della Corte d'appello dei Tribunali della Città del Vaticano (v.) e direttore dello Studio Rotale (v.).

Decano di sala. Penultimo laico dei familiari del papa, è il capo degli aiutanti di anticamera e durante il servizio indossa la marsina con panciotto nero, pantaloni corti e calze nere.

Decretali. Costituzioni papali e decisioni dei concili ecumenici che contengono norme di diritto canonico.

Delegati apostolici. Sono i legati del papa senza carattere diplomatico e che sono addetti a vigilare sulle condizioni della Chiesa in alcuni Stati.

Delegati pontifici. Sono i rappresentati del papa presso i santuari di Pompei e Loreto e la basilica di Sant'Antonio di Padova. Sono 3 arcivescovi che sovrintendono alla gestione ecclesiastica e all'amministrazione del bene immobile; a questo scopo sono affiancati da un Consiglio di amministrazione e da un Collegio dei revisori dei conti.

Diaconi. Laici dediti agli uffici ecclesiastici, esenti dai voti di castità e povertà: esistenti nei primi secoli del cristianesimo, sono stati ripristinati dopo il Concilio Vaticano II anche tra gli uomini sposati. Secondo l'enciclica *Lumen Gentium* emessa da Paolo VI il 16 novembre 1964, «appartiene al diacono amministrare solennemente il battesimo, conservare e distribuire l'eucarestia, in nome della Chiesa assistere e benedire il matrimonio, portare il viatico ai moribondi, leggere la Sacra Scrittura ai fedeli, istruire ed esortare il popolo, presiedere al culto e alla preghiera dei fedeli, amministrare i sacramenti, presiedere al rito del funerale e della sepoltura».

Dogma. Principio di fede definito dalla Chiesa, ma anche verità divina rivelata attraverso le Sacre Scritture.

Domenicani e **Domenicane.** Membri maschili e femminili degli ordini dei frati predicatori e monache missionarie fondati da san Domenico di Guzman e approvato nel 1216 da Onorio III. I membri maschili, docenti di teologia in varie università, assunsero la direzione dei tribunali d'Inquisizione.

Eccellenza. Titolo onorifico di vescovi e arcivescovi.

Ecumenico. Vale per universale e si usa specialmente in riferimento al concilio; è anche un titolo proprio dei patriarchi di Costantinopoli.

Ecumenismo. È la base della dottrina che ispira la Chiesa con il fine di raggiungere l'unità di tutti i cristiani.

Elemosiniere di Sua Santità. È il prelato responsabile dell'Elemosineria apostolica (v.), dirigendo il servizio di assistenza verso i poveri.

Eminenza. Titolo onorifico che spetta ai cardinali.

Enciclica. Detta anche «Lettera enciclica», è la lettera circolare che il papa invia ai vescovi, ai sacerdoti e a tutti i cattolici per dare un orientamento autorevole in materia di fede e morale, nonché su problemi sociali e d'interesse universale. Ha un carattere dottrinale, ma non dogmatico.

Eparchi. Sono i prelati che sovrintendono alle eparchie, ovvero le diocesi, della Chiesa Orientale.

Episcopato. La dignità e il ministero del vescovo.

Episcopo. Termine antico per vescovo.

Eresia. Dal greco, per indicare una «scelta», e in senso lato un'opinione preferita ad un'altra. Per la Chiesa indica ogni affermazione contraria ad una verità di fede rivelata da Dio e da essa riproposta come indiscutibile riferimento del *Credo*.

Esarchi. Sono i prelati che esercitano la giurisdizione di territori della Chiesa orientale su delega di un patriarca o un vescovo della Chiesa orientale; sono chiamati *esarchi patriarcali* e *esarchi arcivescovili*. Esistono anche gli *esarchi apostolici* e gli *ordinari*, che sovrintendono gli Esarcati e gli Ordinariati, ovvero le strutture ecclesiastiche geografiche stabilite per le comunità cattoliche orientali, che non hanno gerarchia propria del luogo. Sono nominati dalla Santa Sede e dipendono dalla Congregazione per le Chiese orientali.

Esortazione apostolica. Documento indirizzato dal papa a tutti i cattolici, diverso dall'enciclica per il carattere esclusivamente pastorale e non dottrinale; è spesso frutto di un sinodo.

Ex cathedra. Espressione latina «dalla cattedra» per qualificare decisioni del papa in materia di fede, dove la cattedra (v.) è il luogo dal quale il papa simbolicamente le enuncerebbe.

Faldistorio. Sedia con braccioli e senza spalliera usata dal papa e dai vescovi nelle funzioni solenni invece del trono.

Famiglia Pontificia. È l'insieme di ecclesiastici e laici accreditati presso la Santa Sede per incarichi diversi. Gli ecclesiastici sono: il sostituto della Segreteria di

Stato, il segretario del Consiglio per gli Affari Pubblici della Chiesa, l'elemosiniere, il vicario generate per la Città del Vaticano, il presidente della Pontificia Accademia Ecclesiastica, il predicatore e il teologo della Casa Pontificia, i protonotari apostolici, i prelati di anticamera, i prelati d'onore e i cappellani di Sua Santità. I laici sono: gli assistenti al Soglio, il delegato speciale della Pontificia Commissione per lo Stato della Città del Vaticano, l'architetto dei palazzi apostolici, il comandante della Guardia Svizzera, i consultori della Città del Vaticano, il presidente delta Pontificia Accademia delle Scienze, i gentiluomini di Sua Santità, i procuratori dei palazzi apostolici, gli addetti di anticamera e l'aiutante di Camera.

Fanone. Veste pontificia consistente in due mozzette di seta sovrapposte a strisce bianche e oro; era usata nei pontificali.

Flabelli. Grossi ventagli di penne bianche di pavone che, in cima ad aste, si portavano ai lati del papa nelle cerimonie solenni secondo un fasto ormai abolito. La funzione pratica di tali strumenti era *ad refrigerandum aerem* e *ad abigendas muscas*, ma simbolicamente rappresentavano i serafini riverenti intorno al trono del vicario di Cristo.

Focolari. Movimento laico cattolico definito *Opus Mariae*, ma affermatosi con il nome di *Focolari*, in riferimento alle cellule della vita comunitaria degli associati detti *focolarini*.

Francescani. Gli appartenenti a uno dei tre ordini della famiglia francescana: frati, clarisse e laici. L'ordine, fondato da san Francesco e approvato definitivamente da Onorio III nel 1223, portò nel Trecento alla divisone tra *Osservanti*, rigidi osservanti della regola, e *Conventuali*, più lassisti, ma i primi ebbero la meglio e furono approvati nel 1517. Nel Cinquecento sorse la diramazione dei *Cappuccini*.

Fratelli delle scuole cristiane. Membri della congregazione religiosa di laici fondata da san Giovanni Battista de la Salle, dediti all'educazione e alla formazione dei ragazzi in apposite scuole da loro costruite.

FUCI. Federazione di laici sorta a Fiesole nel 1896 come movimento cattolico universitario per un impegno nel sociale.

Galero. Cappello a falde larghe, rosso porpora con due ali rivoltate e sostenute da un cordoncino d'oro per il papa; rosso con cinque ordini di flocchi in seta rossa per il cardinale; nero o verde con dodici flocchi per il vescovo. Non è più in uso.

Gendarmeria Pontificia. La polizia del Vaticano, costituita alle origini dalla Guardia Corsa, attualmente chiamata Ufficio centrale di vigilanza.

Gentiluomini di Sua Santità. Dignitari laici, già accreditati come camerieri di spada e cappa, forieri maggiori, cavallerizzi maggiori, sopraintendenti generali delle Poste, latori della Rosa d'oro, segretari per le ambasciate, guardie nobili, guardie palatine, guardie d'onore di Sua Santità; sono alle dipendenze della Prefettura della Casa Pontificia (v.) e partecipano alle cerimonie civili e alle udienze papali, nonché ai ricevimenti dei capi di Stato. Sono soci del Circolo San Pietro (v.).

Gerolamiti e **Gerolamite.** Congregazione religiosa maschile e femminile che prende il nome da san Gerolamo e segue la regola agostiniana, diffusasi in Spagna e approvata nel 1373 da Gregorio XI.

Gesuiti. Membri della Compagnia di Gesù, fondata da Ignazio di Loyola e approvata nel 1540.

Giubileo. Celebrazione religiosa indetta dal papa con l'acquisizione dell'indulgenza plenaria da parte dei fedeli in base a particolari condizioni liturgiche. Si identifica più generalmente con l'Anno Santo, ma può essere istituito dal papa in collegamento a particolari celebrazioni e per periodi anche brevi, essendo qualificati come giubilei straordinari. Gli Anni Santi finora celebrati sono stati 26; il primo è stato indetto da Bonifacio VIII nel 1300 e l'ultimo da Giovanni Paolo II nel 2000. I giubilei straordinari sono stati 79: il primo fu indetto da Pio IV il 15 novembre 1560, per la prosecuzione del concilio di Trento, e l'ultimo (annuale) da Giovanni Paolo II nel 1983 per il 1950° anno della morte di Cristo.

Governatorato della Città del Vaticano. Ufficio amministrativo della Città del Vaticano che sovrintende, tra l'altro, alle poste, ai monumenti e ai musei pontifici, oltre a gestire la Radio Vaticana, la Farmacia, l'Annona e i Servizi sanitari della Città del Vaticano.

Gruppo Abele. È una onlus cattolica impegnata nell'assistenza a tossicodipendenti, alcolisti, carcerati, immigrati, transessuali e malati di AIDS; sono attivi servizi di prima accoglienza.

Guardia nobile. Corpo militare costituito dai rappresentanti dell'aristocrazia pontificia con funzioni puramente decorative. È stato abolito da Paolo VI.

Guardia palatina. Corpo militare pontificio costituito dai rappresentanti dell'alta borghesia romana con funzioni puramente decorative. È stato abolito da Paolo VI.

Guardia svizzera. Guardia del corpo pontificia, istituita nel 1506 per volere di Giulio II; è formata prevalentemente da cattolici reclutati nei cantoni svizzero-tedeschi.

Habemus papam. Espressione latina, «Abbiamo il papa», con la quale il cardinale decano annuncia dalla loggia della basilica di San Pietro l'avvenuta elezione del papa, alla quale fa seguire il nome dell'eletto e quello che assume come pontefice.

Indulgenza. Remissione della pena temporale davanti a Dio per i peccati, concessa dall'autorità ecclesiastica come assoluzione per i vivi e a suffragio per i morti: può essere parziale o plenaria, per la liberazione limitata o completa della pena.

Infallibilità. Dogma della religione cattolica, secondo il quale il papa, esprimendosi *ex cathedra,* è ritenuto ispirato dallo Spirito Santo.

Infula. Striscia di lana bianca che i sacerdoti portano in testa in segno di autorità.

Inquisizione. Il tribunale ecclesiastico, le cui origini risalgono alle procedure legislative definite da Lucio III nel 1184 per combattere le eresie; ridefinito nel tempo e affidato per la sua giurisdizione ai Domenicani, fu centralizzato a Roma nel 1542 con il Sant'Uffizio, sostituito nel 1965 con la Congregazione per la dottrina della fede.

Interdetto. Censura o pena ecclesiastica che priva i fedeli dell'uso di alcune cose sacre, come sacramenti e sepoltura ecclesiastica; è l'effetto della scomunica che, scagliata contro una città, aveva un tempo gravi conseguenze economiche e finanziarie, costituendo una sorta di *embargo*.

IOR. È l'Istituto per le Opere di Religione, ovvero la banca della Città del Vaticano.

Legato del Romano Pontefice. Rappresentante diplomatico del papa presso altri Stati, altre Chiese e concili. Si hanno varie specie: *delegati apostolici*, sono nominati stabilmente presso le altre Chiese; *nunzi*, hanno funzione di ambasciatori presso gli Stati; *pro-nunzi*, sostituti temporanei dei nunzi; *internunzi*, ministri plenipotenziari; *delegati apostolici*, inviati della Santa Sede presso un governo; *reggitori*, rappresentanti pontifici stabili, ma in veste suppletiva; *delegati*, rappresentanti in concili con diritto di voto; *osservatori*, rappresentati in concili senza diritto di voto; *legati a latere*, cardinali in missione temporanea.

Legio Mariae. Organizzazione di laici fondata nel 1921, che ha per fine l'apostolato e il raggiungimento della sanitifcazione dei suoi membri.

Legionari di Cristo. Membri di una congregazione religiosa cattolica di diritto pontificio, che ha la missione di estendere il Regno di Cristo nella società, secondo giustizia e carità cristiana, in collaborazione con i vescovi.

Lettera apostolica. Documento che il papa indirizza in forma di lettera ad una determinata persona o comunità, ma destinato, in prospettiva, a tutta l'umanità: non definisce una verità dogmatica, ma fornisce orientamenti in materia di fede e morale, in termini molto simili alla esortazione apostolica.

Liber pontificalis. Raccolta di biografie dei vescovi di Roma da san Pietro a Pio II.

Maestro di camera. Sovrintendente all'appartamento pontificio.

Mantelletta. Mantello ridotto usato al posto della mozzetta: lungo fino alle ginocchia, senza maniche, rosso per i cardinali e violaceo per i vescovi.

Mantellate. V. Servite.

Maresciallo del conclave. Il laico che aveva l'incarico di custodire all'esterno il conclave; incarico assegnato originariamente ai Savelli e in seguito ai Chigi, è stato abolito da Paolo VI.

Maristi e **Mariste.** Membri della Società di Maria fondata da J.C.M. Colin nel 1824 e approvata nel 1836, dalla quale si è orginato l'Ordine delle *Suore Mariste*, approvato nel 1884.

Membri dei Capitoli delle quattro basiliche papali. Sono i canonici dei collegi ecclesiastici che sovrintendono alla celebrazione del culto divino nelle basiliche papali romane di San Pietro in Vaticano, San Giovanni in Laterano, San Paolo e Santa Maria Maggiore.

Membri dell'Associazione dei Ss. Pietro e Paolo. Ex membri della Guardia palatina, operano iniziative di volontariato «desiderosi di rendere una particolare testimonianza di vita cristiana, di apostolato e di fedeltà alla Sede Apostolica». Svolgono attività liturgiche e culturali, con un servizio di vigilanza durante le cerimonie pontificie e la cura di corsi di catechesi, e opere di carità presso l'ospedale Santo Spirito in Sassia.

Metropolita. Arcivescovo con giurisdizione sui vescovi della propria provincia ecclesiastica.

Missionari. Sono le persone che, secondo la *Redemptoris missio* di Giovanni Paolo II del 1990, «inviati dalla legittima autorità, si portano per spirito di fede e di obbedienza verso coloro che sono lontani da Cristo» e che si assumono come dovere specifico il compito dell'evangelizzazione.

Missionari «sui iuris». Sono gli ecclesiastici e i membri di istituti religiosi nei territori di missione, non facendo parte di alcun vicariato o prefettura; sovrintendono alle stazioni al personale missionario del territorio. Singolare missione "sui iuris" è costituita dalle Isole Caimane, autentico deposito delle finanze pontificie, centro finanziario *off shore*; vi risiedono un solo sacerdote, un solo diacono e 3 membri di 3 istituti religiosi maschili.

Missionarie della Carità. Più note come *Suore di Madre Teresa di Calcutta*, sono state fondate nel 1950 da Madre Teresa, al secolo Agnes Ganxha Bojaxhiu, missionaria in India, beatificata nel 2003, per essere al servizio dei «poveri più poveri».

Mitra. Copricapo ornamentale usato dai vescovi, simbolo mistico della salute, con i due apici rievocanti l'antico e nuovo Testamento, e le due fasce pendenti sulle spalle lo spirito e la lettera delle Sacre Scritture.

Monaco e **Monaca.** Membro maschile e femminile degli ordini monastici.

Monsignore. Titolo riservato ai vescovi e agli alti prelati.

Motu proprio. Documento pontificio che porta a conoscenza del mondo un'importante decisione presa, come dice il nome, personalmente dal papa.

Mozzetta. Dal latino *mutius* «(veste) mozza» è la mantellina corta, di vario colore, con un piccolo cappuccio e chiusa sul davanti da una fila di bottoni: indossata fuori delle funzioni liturgiche sopra il rocchetto (v.), è rossa per il papa e i cardinali, viola per i vescovi e alcuni prelati.

Neocatecumenali. Movimento comunitario cattolico che ha il fine di «creare comunità cristiane come la Sacra Famiglia di Nazareth che vivano in umiltà, semplicità e lode e dove l'altro è Cristo».

Nepotismo. Politica tipica di alcuni papi dal Rinascimento alla fine del Settecento, in base alla quale venivano favoriti i parenti con cariche, doni e privilegi.

Nunzi apostolici. Sono i legati del papa, ai quali è affidata la rappresentanza diplomatica personale e in modo stabile presso gli Stati e i governi civili nelle diverse nazioni. Il nunzio ha il compito di «promuovere e sostenere le relazioni tra la Santa Sede e le autorità dello Stato, affrontare le questioni che riguardano i rapporti tra Stato e Chiesa, trattare in modo particolare la stipulazione e l'attuazione dei concordati e delle altre convenzioni similari».

Oblati. Membri di diversi ordini religiosi, il cui nome deriva da *oblati*, participio passato del verbo *offerre* e indica «colui che si offre» a Dio.

Obolo di San Pietro. Offerta in denaro che i cattolici di tutto il mondo fanno al papa nel giorno dei santi Pietro e Paolo.

Opus Dei. L'unica prelatura personale con autonomia giuridica esistente nella Chiesa di Roma, istituita dalla Santa Sede per l'attuazione di iniziative pastorali a livello internazionale.

Ordinari militari. Sono i presidenti degli Ordinariati militari, perlopiù vescovi, coadiuvati dagli ufficiali di Curia e da un congruo numero di cappellani militari, scelti tra il clero secolare e regolare, per assicurare assistenza spirituale ai fedeli impegnati nella vita militare. Gli Ordinariati fanno capo ad un Ufficio centrale di coordinamento pastorale, gestito dalla Congregazione dei Vescovi.

Ordini religiosi. Comunità di persone che praticano una vita religiosa avendo come «regola di vita la sequela di Cristo proposta dal Vangelo nelle costituzioni del proprio istituto». Quelle che si impegnano con la professione dei voti di povertà castità e obbedienza si dividono in ordini monastici, canonici regolari, ordini mendicanti, chierici regolari; quelle i cui membri emettono voti semplici sono dette congregazioni (v.).

Orsoline. Suore dell'Ordine di Sant'Orsola fondato a Brescia nel 1535 da Angela Merici e approvato nel 1544.

Ortodossia. Credenza conforme ai principi e alle dottrine proclamati ufficialmente, in genere qualificante la Chiesa d'Oriente in opposizione alle Chiese settarie greche.

Osservatore Romano. Organo di stampa della Santa Sede fondato nel 1861.

Pallio. Stola circolare di lana bianca con due lembi che scendono sul petto e sul dorso, con quattro croci nere sulla zona circolare e una croce su ciascuno dei lembi. Tessuti con lana di agnello offerti al papa dal Capitolo Lateranense nella festa di sant'Agnese del 21 gennaio; custoditi in un'urna d'argento vicino alla tomba di san Pietro, sono benedetti dal papa la sera della vigilia della festa dei santi Pietro e Paolo.

Pallottini. Membri della *Società missionaria dell'apostolato cattolico* fondato nel 1835 da Vincenzo Pallotti e approvato nel 1904 da Pio X. Operano nella formazione degli adulti, nelle case per ciechi e nelle prigioni.

Paolini e **Paoline.** Sono così chiamati i *monaci di san Paolo primo eremita di Polonia*; i *membri della Società San Paolo* fondata nel 1914 ad Alba da Giacono Alberione e approvata nel 1949 da Pio XII, che esplica la sua attività nell'editoria, pubblicando anche le riviste «Jesus» e «Famiglia Cristiana»; gli appartenenti alla *Compagnia di san Paolo* fondata a Milano nel 1920 e approvata nel 1950.

Paolotti. Frati dell'Ordine dei *Minimi* fondato da san Francesco di Paola nel 1435 e i membri della *Congregazione di san Vincenzo de' Paoli* detti anche *lazzaristi*.

Papa. Termine derivante dal greco *pápas* «padre» e indica il vescovo di Roma e come tale il capo della Chiesa cattolica; ne sono stati eletti 365.
Parroci di Roma. Sacerdoti a capo delle *parrocchie*, le comunità dei fedeli che fanno capo alle chiese parrocchiali della diocesi di Roma.
Parusia. Dal greco *parousia* «presenza», indica teologicamente il ritorno di Cristo che coincide con la fine del mondo.
Pasquinata. Scritto satirico anonimo che veniva affisso clandestinamente alle cosiddette statue parlanti di Roma e prende nome dalla più famosa di queste statue, Pasquino; le altre erano Marforio, sul Campidoglio, Babuino, nella via omonima, Abate Luigi, di fianco a Sant'Andrea della Valle, Facchino, in via Lata, e Madama Lucrezia, a piazza San Marco. Era indirizzata perlopiù verso il papa e i suoi famigliari, e numerose erano quelle che venivano scritte durante i conclavi.
Passionisti e **Passioniste.** Membri maschili e femminili della congregazione fondata da san Paolo della Croce nel 1737.
Pastorale. Bastone impugnato dal pastore che conduce le mandrie al pascolo, indica anche l'alto bastone dei vescovi, impreziosito da metalli e pietre pregiate usato nelle solenni funzioni. È simbolo del potere del vescovo sulla sua diocesi.
Pater Patrum. È uno dei titoli del romano pontefice, «Padre dei Padri», abbreviato nella firma in PP.
Patriarca. Titolo assegnato ai vescovi di alcune sedi storicamente importanti della Chiesa cattolica e delle Chiese orientali, ma che non godono di specifica potestà di governo, a meno che essa non venga espressamente concessa ad alcuni per privilegio apostolico.
Patti Lateranensi. Accordi stipulati tra Santa Sede e lo Stato italiano l'll febbraio 1929 nel palazzo del Laterano, determinando anche la rifondazione dello Stato Pontificio con la Città del Vaticano.
Pedum rectum. Il bastone pastorale del papa in argento terminante con una croce.
Pianeta. Veste liturgica che il sacerdote indossa per celebrare la Messa.
Piccoli Fratelli di Gesù. Comunità istituita dal sacerdote francese René Voillaume nel 1933, ma che venera come suo fondatore Charles de Foucauld; è costituita da membri che svolgono la loro professione e si riuniscono in vita contemplativa e per l'apostolato.
Piccole Sorelle di Gesù. Comunità di suore sorta sulla scia dei Piccoli Fratelli di Gesù (v.) nel 1939 nel Sahara e divenuta nel 1947 congregazione di diritto episcopale, ottenendo il riconoscimento papale nel 1964.
Piviale. Paramento sacro detto anche «pluviale» perché in origine serviva come difesa dalla pioggia nelle processioni all'aperto; è usato dal papa, ma anche da vescovi e sacerdoti, nonché da alcuni laici della Famiglia Pontificia durante le solenni funzioni.
Pontefice. L'antico *pontifex* dei Romani diventato il termine che contraddistingue il capo dela Chiesa cattolica.
Pontificale. Solenne Messa cantata caratterizzata da grande fasto, nello sfoggio imponente del prestigio pontificio, con tutti i membri della Famiglia Pontificia, ecclesiastici e laici, in alta uniforme nell'interminabile corteo di apertura e chiusura di una lunghissima funzione tra squilli di trombe d'argento e suono di campane a distesa. Tutto il fasto è stato abolito.
Pontificato. Termine relativo alla dignità del papa e al periodo storico della sovranità di un papa.
Porporato. Attributo con cui viene indicato anche il cardinale, in riferimento al color porpora del suo abito.
Prebenda. Diritto spettante a persona ecclesiastica dalle rendite di una chiesa.

Predicatore di Sua Santità. Titolo e incarico riservato a un frate minore cappuccino, che tiene le prediche tutti i venerdì di Quaresima e di Avvento nella cappella *Redemptoris Mater* nel Palazzo Apostolico Vaticano e abita nella Curia Generalizia dei Cappuccini di Roma.

Prefetti Apostolici. Sono gli ecclesiastici che sovrintendono le Prefetture Apostoliche (v.).

Prefetture Apostoliche. Circoscrizioni ecclesiastiche stabilite in luoghi di missione prossimi ad assumere una gerarchia ecclesiastica precisa come diocesi.

Prefettura degli Affari Economici della Santa Sede. È una sorta di Corte dei conti della Santa Sede, perché sorveglia tutti gli organismi economico-finanziari, ad eccezione dello IOR.

Prefettura della Casa Pontificia. Ufficio speciale del cerimoniale di corte pontificia: fa capo ad un prelato che presiede la Cappella e la Famiglia Pontificia.

Prelati. Titolo assegnato a chi «governa a modo di vescovo diocesano» una prelatura territoriale (v.) o una prelatura personale (v.); ha il titolo onorifico di monsignore.

Prelati di anticamera. Sono ecclesiastici, un tempo detti camerieri segreti, partecipanti alla mensa del papa, con sovrintendenza alla sua tavola, come custodi dell'arredo e a disposizione del papa nell'anticamera.

Prelati d'Onore di Sua Santità. Titolo onorifico di cui sono insigniti chierici benemeriti come familiari del papa. Lo detengono i protonotari apostolici (v.), gli Uditori di Rota (v.), i chierici della Camera Apostolica (v.), i Canonici della Primaziale di Pisa, le dignità del Capitolo metropolitano di Catania, i canonici del Capitolo metropolitano di Vercelli, il *seniore* dei canonici della perinsigne basilica di San Lorenzo in Damaso di Roma, i cappellani della Cappella del Tesoro di San Gennaro di Napoli, l'arciprete del Capitolo dei Ss. Celso e Giuliano in Roma, i giudici del tribunale della Rota della Nunziatura apostolica di Spagna, i canonici della cattedrale di Siena, il prevosto *pro tempore* di Clusone (Bergamo), il preposito e il decano della Collegiata di Prabuty (Polonia).

Prelati Superiori dei Pontifici Consigli e delle Pontificie Commissioni. Sono i presidenti dei Pontifici Consigli (v.) e delle Pontificie Commissioni (v.), che coadiuvano il papa nell'esercizio del suo supremo ufficio pastorale.

Prelatura personale. È «una struttura giurisdizionale secolare, di carattere personale, cioè non circoscritta al criterio della territorialità, costituita per peculiari finalità pastorali; è formata da presbiteri e da diaconi del clero secolare» con l'inserimento di laici dediti «alle opere apostoliche». Il prelato che la presiede è «Ordinario proprio, il quale ha il diritto di erigere un seminario nazionale o internazionale e di incardinare gli alunni e di promuoverli agli ordini con il titolo del servizio della prelatura». Questa prelatura gode di un'amministrazione autonoma, che non rientra nel bilancio della Santa Sede; esiste una sola prelatura personale, l'*Opus Dei* (v.).

Prelatura territoriale. È «una determinata porzione del popolo di Dio, circoscritta territorialmente», diretta da un prelato.

Prete. Termine derivato dall'antico "presbitero" per indicare il sacerdote.

Preti operai. Sacerdoti aderenti al movimento sorto in Francia negli anni Trenta, teso a superare la separazione esitente tra il mondo operaio e la Chiesa impegnando i sacerdoti come operai in prima persona nel mondo del lavoro. Il movimento si è esaurito negli anni Sessanta.

Primate. È l'arcivescovo superiore dei metropolitani, inferiore solo al patriarca e al papa; il papa è anche primate d'Italia.

Procuratori dei Palazzi Apostolici. Laici accreditati a difendere le cause davanti al tribunale della Rota Romana; la loro attività va ad esaurirsi e saranno sostituiti dagli avvocati della Santa Sede (v.).

Protonotari Apostolici. Sono i prelati di due categorie: protonotari apostolici di numero, 7, che registrano tutti gli atti emanati dalla Curia, e protonotari soprannumerari. Questi ultimi sono *ad vitam* nelle persone dei canonici delle basiliche papali di Roma e *durante munere* nelle persone dei canonici prelati del Capitolo patriarcale di Venezia, dei Capitoli metropolitani di Bologna, Cagliari, Esztergom, Firenze, Goriia, Mata, Modena, Palermo, Reggio Calabria, Udine, delle cattedrali di Bergamo, Concordia, Padova, Treviso, nonché i canonici della collegiata di S. Maria ad Martyres di Roma e della Cappella Palatina di Palermo, il rettore della Hofburgkapelle di Vienna, gli arcipreti del Capitolo della cattedrale di Lodi e della collegiata di Brisighella (Faenza), della parrocchia dei Santi Stefano e Martino in Riolo Terme (Imola) e l'arcidiacono del Cadore.

Protoscrinario Apostolico. Primo archivista della Cancelleria pontificia addetto alla redazione dei documenti del papa.

Rappresentanti apostolici. Sono i legati del papa presso organizzazioni internazionali governative, tra le quali l'ONU e il Consiglio d'Europa, e non governative, tra le quali il Comitato internazionale di scienze storiche.

Redentoristi e **Redentoriste.** Appartenenti alla congregazione fondata da sant'Alfonso Maria de' Liguori nel 1732 e approvata da Benedetto XIV nel 1749 per gli uomini con la prescrizione dei voti perpetui e nel 1750 per le donne, con la stretta clausura. Gli uomini sono impegnati nella missione di apostolato negli ospedali e nell'assistenza ai tossicodipendenti,

Reggente della Penitenzieria Apostolica. È il prelato superiore del tribunale della Sacra Penitenzieria Apostolica (v.), al quale spetta di provvedere all'amministrazione del dicastero.

Religiosi. Sono uomini e donne che hanno consacrato la loro vita a Dio, con i voti di povertà, castità e obbedienza; sono distribuiti nei diversi Istituti di vita consacrata. Gli Istituti religiosi maschili sono canonici regolari, monaci, frati, ordini mendicanti, chierici regolari e membri di congregazioni religiose clericali, ordini e congregazioni di vita apostolica orientali, qualificati come sacerdoti (v.). Quelli femminili raggruppano le suore (v.) in ordini, istituti con case autonome e istituti centralizzati. Rientrano in questa classificazione i sagrestani (v.) e i diaconi (v.), laici che sono esenti dai voti di povertà e castità.

Reliquie. Sono i resti mortali o oggetti che sono stati a contatto con il corpo di un santo o un beato. Sono state oggetto di commercio tra il VII e il XII secolo con una diffusione di frammenti della Croce e del prepuzio di Gesù, della paglia di Betlemme e resti di teste di martiri con inverosimili doppioni; il concilio di Trento ha qualificato l'autenticità di alcune di esse e il *Codice di diritto canonico* ha stabilito quali sono le reliquie «insigni», ovvero il corpo, la testa, il braccio, il cuore, la lingua, la mano, la coscia, e quali le secondarie, assegnando la dichiarazione di autenticità ad un esperto e bandendone il commercio. Ciò nonostante esiste ancora il traffico delle reliquie *on line*, come quello relativo alle millantate lingua di sant'Antonio e polvere di santa Rita da Cascia; fino alla vendita di reliquie delle vesti di Giovanni Paolo II in un negozio di via del Mascherino a Roma, a due passi dal Vaticano.

Reverenda Fabbrica di San Pietro. L'ufficio che gestisce la Fabbrica di San Pietro dalle origini della nuova basilica.

Rocchetto. Paramento sacerdotale simile alla cotta, con maniche strette: è usato dal papa, da cardinali, vescovi e prelati.

Rosario. Preghiera mariana formatasi nel XV secolo, con 150 Ave Maria divise in decine, intercalate dal Padre Nostro e dal Gloria e dall'enunciazione della vita di Cristo, chiamata Mistero, e terminanti con un Salve Regina; fu approvata nel luglio del 1483 da Sisto IV.

Sacerdoti. Uomini che hanno ricevuto il sacramento dell'ordine con il potere di amministrare i sacramenti e celebrare il culto.

Sacra Penitenzieria Apostolica. Tribunale della Santa Sede sovrintendente i problemi di coscienza, nonché la concessione e l'uso delle indulgenze.

Sacra Rota. Tribunale della Santa Sede che studia le cause di annullamento di matrimonio; prende nome dal recinto circolare in cui si adunavano o sedevano i cosiddetti uditori ovvero i magistrati.

Sacro Collegio. L'insieme dei cardinali costituenti una sorta di Senato dello Stato Pontificio.

Sagrestani. Laici che hanno consacrato la loro vita alla Chiesa, essendo esenti dai voti di povertà e castità; hanno il compito di manutenzione di chiese e delle mansioni connesse al culto.

Salesiani. Denominazione che qualifica 5 congregazioni religiose. *Missionari di san Francesco di Sales,* istituiti da J, Rej e P. Mermier nel 1838 come pastorale fra i poveri e gli adolescenti, riconosciuta da Gregorio XVI nel 1843; *Società di san Francesco di Sales*, fondata da Giovanni Bisci nel 1859 e approvata da Pio IX nel 1874; *Oblati di san Francesco di Sales*, fondati da A. Brisson nel 1873 e approvati nel 1887 da Leone XIII; *Suore di don Bosco*, fondate nel 1872 da don Bosco e Maria Mazzarello con il nome di *Figlie di Maria Ausiliatrice*; *Pia Associazione dei Cooperatori Salesiani*, fondata da don Bosconnel 1850 e approvata da Pio IX nel 1876.

Santa Sede. Sede apostolica della Chiesa cattolica; giuridicamente è una persona morale di diritto pubblico che esercita la sovranità sul Vaticano ed è inscindibile dalla persona del papa.

Santità. Titolo onorifico del papa.

Santo Padre. Appellativo del papa, in riferimento alla dignità di «vicario di Cristo» in terra.

Scapolare. Una larga striscia di stoffa, che copre petto e spalle giungendo fino ai piedi; è parte dell'abito religioso di vari ordini.

Scisma. Dal greco *skhisma* «divido», vale come separazione all'interno della Chiesa e rifiuto di sottomissione al papa.

Scolopi. Appartenenti all'Ordine dei *Chierici regolari poveri della Madre di Dio delle Scuole Pie*, fondato da Giuseppe di Calasanza nel 1600, approvato da Paolo V nel 1617 come congregazione con voti semplici e da Gregorio XV nel 1621 come ordine religioso con voti solenni.

Scomunica. Pena ecclesiastica con la quale si viene esclusi dalla comunione dei fedeli.

Sede vacante. Il periodo d'intervallo tra la morte di un papa e il nuovo eletto.

Sedia gestatoria. Sedia sul quale il papa veniva trasportato nei cortei e che rappresentava un segno del suo prestigio: è stata abolita da Giovanni Paolo II.

Segnatura Apostolica. Supremo tribunale dell'ordinamento giuridico della Santa Sede.

Segretari delle Congregazioni. Sono i segretari delle 9 Congregazioni della Curia romana (v.).

Segretario del Supremo Tribunale della Segnatura Apostolica. È il vescovo che registra ufficialmente quanto stabilito dal tribunale della Segnatura Apostolica (v.) nella retta amministrazione delle giustizia nella Chiesa.

Segretario di Stato. È il cardinale che presiede la Segreteria di Stato della Santa Sede. Uomo di particolare fiducia del Sommo Pontefice e suo «primo collaboratore nel governo della Chiesa universale», secondo una defiunizione di Giovanni XXIII, è una sorta di primo ministro del papa e il massimo esponente dell'attività politica e diplomatica della Santa Sede.

Segretario della Segreteria di Stato per i Rapporti con gli Stati. È l'ecclesiastico responsabile dei rapporti della Santa Sede con gli altri Stati, in veste di "ministro degli Esteri".

Segretario Generale del Sinodo dei vescovi. È l'arcivescovo che presiede il sinodo dei vescovi (v.) in assenza del papa.

Serviti e **Servite.** Membri dell'Ordine dei *Servi di Maria*, fondato nel 1233 da sette mercanti fiorentini sulla base della regola agostiniana, approvato da Benedetto XI nel 1304; le donne risalgono alle *Serve di Maria*, istituite nel XIII secolo secondo la regola agostiniana, rinnovate nell'Ordine delle *Mantellate* fondato da Giuliana Falconieri nel 1341 e dedite principalmente all'assistenza agli ammalati.

Servizio assistenziale del Santo Padre. È l'ufficio che sovrintende alla distribuzione delle elemosine, un tempo chiamata Elemosineria.

Servus servorum Dei. Formula latina come «servo dei servi di Dio», con cui il papa firma i documenti ufficiali. Fu usata la prima volta da Gregorio Magno.

Simonia. Peccato di chi commercia cose sacre, derivante da Simon Mago e dal suo peccato nell'aver richiesto a Pietro di vendergli la capacità che egli aveva di fare miracoli.

Sinodo. Assemblea dei vescovi riuniti in tempi determinati per approfondire problemi riguardanti l'attività della Chiesa nel mondo, prestando aiuto con il proprio consiglio al papa, alla cui autorità il sinodo resta sottoposto.

Soci del Circolo San Pietro. Sono i membri effettivi del Circolo San Pietro (v.) che assistono la Prefettura della Casa pontificia nelle cerimonie pontificie; vestono in frack, con gilet nero.

Società di Vita Apostolica. Sono le associazioni di diritto pontificio, i cui membri «senza voti religiosi, perseguono il fine apostolico proprio della Società e, conducendo vita fraterna in comune secondo un proprio stile, tendono alla perfezione della carità mediante l'osservanza delle costituzioni. Fra queste vi sono società i cui membri assumono i consigli evagelici con qualche vincolo definito dalle costituzioni». Queste società sono pertanto clericali e laicali, anche di persone sposate, maschili e femminili. Rientrano in questa classificazione i neocatecumenali, i legionari di Cristo, i focolari, Comunione e Liberazione (v.).

Somaschi e **Somasche.** Appartenenti alla *Compagnia dei Servi dei poveri*, fondata nel 1528 dal laico Giorolamo Miani, con sede a Somasca, presso Bergamo, donde la qualifica data ai suoi membri, approvati come chierici da Paolo III nel 1530, fino all'approvazione della compagnia come ordine secondo la regola agostiniana da Pio V nel 1568. Il ramo femminile fu fondato nel 1680 a Genova, e opera nell'assistenza di orfani e poveri.

Sommo Pontefice della Chiesa Universale. È il primo dignitario della santa casta come Vicario di Cristo in terra; l'attuale è Benedetto XVI, al secolo Joseph Ratzinger, eletto il 19 aprile 2008. I suoi titoli sono: vescovo di Roma, successore del principe degli apostoli, primate d'Italia, arcivescovo e metropolita della Provincia Romana, sovrano dello Stato della Città del Vaticano, servo dei servi di Dio. Ha l'appellativo di Santo Padre e Papa; quest'ultimo termine deriva dal greco *pàpas* (padre), assegnato per la prima volta al vescovo di Roma Marcellino (296-304) ed evidenziato da Gregorio VII nel *Dictatus Papae* del 1075, dove la qualifica di papa è indicata come *quod hoc unicum est nomen in mundo*.

Sostituto della Segreteria di Stato. Secondo esponente della Segreteria di Stato per gli affari generali e principale coadiutore del cardinale segretario di Stato.

Sottodecano di sala. Ultimo dei Familiari del papa, vicario del decano di sala (v.) con servizio nell'anticamera pontificia.

Stato Pontificio. È lo Stato della Chiesa di Roma, la cui origine risale al patto di Quierzy del 754 tra Stefano II e il re dei Franchi Pipino; terminato il 20 settembre 1870 con la presa di Roma da parte dello Stato italiano, si ricostituì dopo i Patti Lateranensi del 1929 all'interno della Città del Vaticano, sotto la sovranità della Santa Sede, persona morale di diritto pubblico inscindibile dalla persona stessa del romano pontefice, che ovunque, in qualsiasi striscia di territorio risieda, è il capo della Chiesa universale. La Santa Sede vanta una serie di proprietà dentro Roma e in varie zone del mondo, all'interno delle quali gode della extraterritorialità.

Superiori Generali degli Ordini Mendicanti Sono i superiori degli ordini che basano la vita religiosa sulla rigorosa povertà senza l'osservanza di una residenza conventuale stabile.

Stola. Ornamento sacerdotale consistente in una lunga striscia di stoffa, che pende dal collo; fa parte delle vesti rituali.

Suore. Religiose appartenenti a una congregazione femminile.

Talare. Veste lunga dei preti che arriva fino ai calcagni, oggi sostituita dal *clergyman*.

Teatini e **Teatine.** Ordine di chierici che segue la regola agostiniana, fondato nel 1524 da Gaetano da Thiene e Gian Pietro Carafa, approvato lo stesso anno da Clemente VII. L'ordine femminile risale alla *Congregazione delle oblate della Vergine Immacolata Maria*, fondata da Ursula Benincasa nel 1583 e alla *Congregazione delle eremite* fondata nel 1617, approvate da Gregorio XV nel 1623 e riunite in aggregazione all'Ordine dei Teatini nel 1633.

Te Deum. Solenne inno liturgico di ringraziamento a Dio cantato perlopiù oggi nelle liturgie di fine anno.

Teologo della Casa Pontificia. Prelato nominato dal Santo Padre per sovrintendere agli studi teologici della Casa pontificia.

Terziari e **Terziarie.** Sono uomini e donne riuniti in associazioni e congregazioni in aggregato agli ordini religiosi come appartenenti ad un "terzo ordine" di seguito al primo maschile e al secondo femminile. Dopo il Concilio Vaticano II sono stati qualificati nel *Codice di diritto canonico* come fedeli che «conducono una vita apostolica e tendono alla perfezione cristiana partecipando nel mondo al carisma di un istituto religioso».

Tiara. Alto copricapo rigido, trapunto di gemme, detto anche *triregno* per le tre corone sovrapposte che lo caratterizzano simboleggiando le tre Chiese: l'orante, la militante e la trionfante. Lo usava il papa, ma l'ha abolito Paolo VI.

Titolo. Dal latino *titulus,* indicante la tavoletta posta all'esterno di una casa con il nome del proprietario. Per la Chiesa primitiva segnalava i proprietari dei fondi in cui vennero costruite le catacombe e i primi luoghi di culto, alcuni dei quali furono privilegiati nell'amministrazione dei sacramenti, con a capo un sacerdote chiamato *cardinalis;* di qui il Titolo cardinalizio, ossia le chiese di Roma alle quali è preposto un cardinale.

Trappisti e **Trappiste.** Monaci che risalgono all'Ordine dei *Cistercensi della stretta osservanza* fondato da Armand-Jean Le Bouthillier de Rancé nel 1664 nel monastero di Soligny-la-Trappe (Normandia), donde il loro nome, e approvato da Clemente XI nel 1705. Le monache risalgono alla *Congregazione delle Cistercensi della stretta osservanza*, fondata sempre da Le Bouthillier nel 1689 e rinnovata da Augustin de Lestrange alla fine del Settecento con la casa madre nel monastero La Sainte-Volonté-de-Dieu. Dopo la rivoluzione francese si costituirono vari monasteri maschili, riuniti da Gregorio XVI nel 1834 nella *Congregazione* *dei monaci cistercensi di Nostra Signora de la Trappe*, dalla quale sorse nel 1892 la nuova Congregazione dei Cistercensi riformati di Nostra Signora de la Trappe, approvata solo nel 1925 da Pio XI e aggiornata dopo il Concilio Vaticano II.

Triregno v. Tiara.

Uditori del Tribunale della Rota Romana. Sono i prelati che, in veste di giudici, hanno l'incarico di svolgere l'istruttoria di una causa nel Tribunale della Rota Romana (v.).

Vescovi. Sono i settimi dignitari nella gerarchia ecclesiastica e hanno l'appellativo di monsignori. Nominati dal papa, suddivisi nei tre ordini di *Diocesani*, essendo a capo di una diocesi; *Titolari* con funzione di coadiutori, ovvero di aiuto al vescovo diocesano, con diritto di successione, e ausiliari, di aiuto al vescovo diocesano ma senza facoltà speciali; *Emeriti*, quando rinunciano alla sede o raggiungono il limite di età. Alcuni Diocesani possono essere nominati *arcivescovi*, in rapporto alla sede (Arcidiocesi o Arcivescovado), ma hanno dignità pari ai vescovi. Tutti i vescovi sono riuniti in assemblee che prendono il nome di *Conferenze episcopali* nel numero di 113 nazioni; queste confluiscono in assemblee extranazionali, che hanno funzione di consultazione, le *Riunioni Internazionali di Conferenze episcopali*, distribuite nei cinque continenti. Più particolari sono i *Sinodi dei vescovi*, assemblee di vescovi scelti da varie parti del mondo e riuniti in tempi determinati per favorire un collegamento più stretto tra il papa e i vescovi stessi. La *Conferenza episcopale italiana* (CEI) è la più antica conferenza dei vescovi, perché risale alla metà dell'Ottocento; ha avuto un regolamento ufficiale nel 1889, ma con riferimento a una territorialità regionale e solo nel 1965 si è definita come riunione di tutti vescovi d'Italia, essendo poi regolata da uno statuto nel 1985. Ha sede in Roma in via Aurelia 468 per la presidenza e alla circonvallazione Aurelia 50 per gli uffici e servizi pastorali. La CEI detiene anche il centro di produzione televisivo nazionale Sat2000, sorto nel 1998, in via Aurelia 796; qui sono la redazione, gli uffici di produzione e gli studi televisivi.

Vicari apostolici. Sono ecclesiastici, in genere vescovi, in veste di governatori, a nome del papa, dei *Vicariati apostolici*, ovvero delle circoscrizioni ecclesiastiche stabilite in luoghi di missione dove non è stata ancora organizzata la gerarchia ecclesiastica.

Vice Camerlengo di Santa Romana Chiesa. È il prelato diretto collaboratore del Camerlengo (v.), come coadiutore nell'amministrazione delle temporalità pontificie.

Vincenziane. Laiche dedite all'apostolato che risalgono alla *Confrérie des Dames de la Charité* fondata nel 1617 da Vincenzo de' Paoli e da lui rinnovata nella congregazione *Figlie della Carità* nel 1634, approvata da Innocenzo X nel 1654, e chiamate anche *Figlie dell'Amore cristiano*, nonché *Sorelle della Misericordia*. Operano soprattutto negli ospedali e negli ospizi per anziani.

Visita ad limina. Visita «alle soglie» delle tombe degli apostoli Pietro e Paolo che ogni vescovo fa venendo a Roma, come simbolica visita di omaggio al papa.

Visitandine. Suore dell'Ordine della Visitazione di Maria fondato nel 1610 da santa Giovanna Francesca Frémiot de Chantal secondo la regola agostiniana e approvato da Paolo V nel 1618. Devote al Sacro Cuore di Gesù, sono dedite all'assistenza ai poveri e agli infermi, nonché alla contemplazione.

Votanti del Supremo Tribunale della Segnatura Apostolica. Prelati che coadiuvano i cardinali giudici nelle cause del tribunale della Segnatura Apostolica (v.).

Zucchetto. È il copricapo di color bianco del papa, rosso porpora dei cardinali, rosso violaceo dei vescovi.

Bibliografia

AA.VV., «L'Osservatore Romano», 1861-2007.
AA.VV., *Manifesto degli scienziati razzisti*, in «Il Giornale d'Italia», 15 luglio 1938.
AA.VV., «Jesus», gennaio 1986.
AA.VV., *L'impero del papa*, in «Limes», n. 1, Roma 2000.
AA.VV., *Annuario Pontificio 2008*, Città del Vaticano 2008.
Sergio Abbiati - Attilio Agnoletto - Maria Rosario Lazzati (a cura di), *La stregoneria*, Milano 1984.
Dante Alighieri, *La Divina Commedia* (a cura di N. Sapegno), Firenze 1959.
John Allen, *Opus Dei*, Roma 2006.
Mario Almerighi (a cura di), *I banchieri di Dio*, Roma 2002.
David Alvarez, *I servizi segreti del Vaticano*, Roma 2008.
Maria Luisa Ambrosini, *L'Archivio Segreto Vaticano*, Milano 1972.
Ammiano Marcellino, *Rerum Gestarum*, London 1939.
Gabriele Amorth, *Un esorcista racconta*, Roma 1990.
Giulio Andreotti, *La sciarada di papa Mastai*, Milano 1967.
Julio de Andres, *Anecdota graeca et latina*, Napoli 1816.
Anonimo, *Historia della Sacra Maestà di Cristina Alexandra Regina di Svetia*, Roma 1656.
Anonimo, *Contro Ratzinger*, Milano 2006.
Anonimo, *Contro Ratzinger 2*, Milano 2006.
Anonimo del '600, *Istoria degli intrighi galanti della Regina Cristina di Svezia e della sua corte durante il di lei soggiorno a Roma* (a cura di Jeanne Bignami Odier e Giorgio Morelli), Roma 1979.
Pietro Aretino, *Sonetti lussuriosi e pasquinate* (a cura di Maria Beatrice Sirolesi), Roma 1980.
Sissi Aslan, *Le Madonnelle*, Roma 1994.
Corrado Augias, *La fiamma e la ragione*, Milano 2008.
Corrado Augias - Remo Cacitti, *Inchiesta sul Cristianesimo*, Milano 2008.
Marina Baldassari, *Bande giovanili e «vizio nefando»*, Roma 2005.
Giuseppe Gioachino Belli, *Tutti i sonetti romaneschi* (a cura di Marcello Teodonio), Roma 1998.
Benedetto XVI, *Messaggio per la celebrazione della Giornata Mondiale della Pace*, Città del Vaticano, 8 dicembre 2008.
Roberto Beretta, *Chiesa padrona. Strapotere, monopolio e ingerenze nel cattolicesimo italiano*, Milano 2006.
Karl Benrath (a cura di), *Lettera a Paolo* III, in «La rivista cristiana», II, 1874.
Marco Besso, *Roma e il papa nei proverbi e nei modi di dire*, Firenze 1971.
Aurelio Bianchi Giovini, *Storia dei papi da san Pietro a Pio IX*, Milano 1864.
Michele Bocci, *Eutanasia, allarme del Vaticano*, in «la Repubblica», 29 ottobre 2008.
Giulio Boero, *Conversioni alla fede cattolica di Cristina di Svezia, di Carlo II Re d'Inghilterra e di Federico Augusto Duca ed Elettore di Sassonia*, Modena 1874.
Leonard Boff, *Un papa difficile da amare*, Roma 2005.
Francesco Bonazzi, *Otto per mille per cinque*, in «L'Espresso», 30 luglio 2007.
Ugo Boncompagni Ludovisi, *Roma nel Rinascimento*, Albano Laziale 1928.

Emilio Bonomelli, *I papi in campagna*, Roma 1953.
Charles de Brosses, *Viaggio in Italia*, Bari 1973.
Giovanni Burcardo, *Alla corte dei papi* (a cura di Luca Bianchi), Milano 1988.
Davide Canfora (a cura di), *La libertà al tempo dell'Inquisizione*, Milano 1999.
Gian Costanzo Caraccioli, *Vita del papa Benedetto* XIV *Prospero Lambertini*, Venezia 1783.
Antonio Casariego, *Los papas pecadores*, Madrid 1992.
Nigel Cawthorne, *La vita sessuale dei papi*, Milano 1997.
Filippo Ceccarelli, *Il letto e il potere*, Milano 2007.
Marino Cecchetti, *Alberoni a San Marino, 17-29 ottobre 1739*, San Marino 2003.
Agostino Chigi, *Il tempo del papa-re. Diario 1830-1855*, Roma 1966.
Filippo Clementi, *Il Carnevale di Roma*, 2 voll., Città di Castello 1939.
Jacques-Albin - Simon Collin de Plancy, *Dizionario delle reliquie e delle immagini miracolose*, Roma 1982.
Francesco Colzi, *La fortuna dei papi. Il gioco del Lotto nello Stato Pontifico tra Sette e Ottocento*, Napoli, 2004.
Giacomo Emilio Curatulo, *L'arte di Juno Lucina in Roma*, Roma 1901.
Edmondo De Amicis, *Le tre capitali*, Torino 1911.
Jean-Pierre Dedieu, *L'Inquisizione*, Cinisello Balsamo1990.
Raffaele De Cesare, *Roma e lo Stato del Papa (1850-1870)*, Milano 1970.
Italo de Feo, *Sisto* V, Milano 1987.
Delacouture abate, *Roma e l'opinione pubblica d'Europa nel fatto Mortara*, Torino 1859.
Dario Delcuratolo, *Storia della Guardia Svizzera Pontificia*, Varese 2006.
Niccolò Del Re (a cura di), *Mondo Vaticano. Passato e presente*, Città del Vaticano 2006.
Giuseppe Del Ton, *Verità su Angeli e Arcangeli*, Pisa 1985.
Karleinz Deschner, *Storia criminale del Cristianesimo*, voll. 1-8, Genova 2000-2007.
Giovanni Di Benedetto-Claudio Rendina, *Storia di Roma moderna e contemporanea*, Roma 2004.
Antonio Di Pierro, *Il sacco di Roma*, Milano 2002.
A. Di Soragnas, *Notizie su Costanza Farnese e sui suoi rapporti colla comunità di Parma*, in «AureaParma», XXVI, 1942.
Cesare D'Onofrio, *Roma val bene un'abiura*, Roma 1976.
Id., *La papessa Giovanna*, Roma 1979.
Léon Dorez, *La cour du pape Paul* III, *d'après les registres de la trésorerie secrète*, Paris 1932.
Veronique Duborgel, *In fuga dall'Opus Dei*, Milano 1982.
Léon Duchesne, *I primi tempi dello Stato pontificio*, Torino 1947.
Carlo Falconi, *I Papi del ventesimo secolo*, Milano 1967.
Id., *Storia dei papi*, Milano 1967.
Giulia Farnese, *Testamento*, in A.S.N., in «Carte farnesiane», busta 2071, fasc. 3, c.3v.
Lucien Febvre, *Martin Lutero,* Bari 1969.
Umberto Folena, *La vera questua*, Milano 2008.
Jean-Claude de Fontbrune, *Le profezie dei papi*, Milano 1986.
Barbara Frale, *Il Papato e il processo ai Templari*, Roma 2003.
Eric Frattini, *L'Entità*, Roma 2008.
Giancarlo Galli, *Finanza bianca. La Chiesa, i soldi, il potere*, Milano 2004.
Jean Gallotti, *Le palais des Papes*, Paris 1949.
Giacinto Gigli, *Diario Romano (1608-1670)*, Milano 1958.
Maria Teresa Gigliozzi, *I palazzi del papa*, Roma 2003.
Francesco Gligora-Biagia Catanzaro, *Storia dei papi*, 2 voll., Padova 1989.
Domenico Gnoli, *La Roma di Leone* X, Roma 1938.
Ferdinand Gregorovius, *Le tombe dei Papi*, Roma 1931.
Id., *Storia della città di Roma nel Medioevo*, 6 voll., Roma 1972.
Hartmann Grisar, *Lutero. La sua vita e le sue opere*, Torino 1943.
Mario Guarino, *I mercanti del Vaticano*, Milano 1998.
Id., *Santo impostore. Controstoria di Padre Pio*, Milano 2004.
Augustus Hare, *Walks in Rome*, London 1883.
Richard Hammer, *The Vatican Connection*, Roma 1983.

Kornamann Heinrich, *Linea Amoris*, Francoforte 1610
Paul Hofman, *O Vatican!*, New York 1984.
Hans Kung, *La chiesa cattolica*, Milano 2001.
Luigi Incitti, *Delitto colposo o doloso la morte di papa Luciani?*, Roma 1995.
Stefano Infessura, *Diario*, Roma 1890.
Ignazio Ingrao, *La meritocrazia entra in Vaticano*, in «Conquiste del Lavoro», 30 novembre 2007.
Orazio La Rocca, *«Avevo fame... Avevo sete». L'ostello «Don Luigi Di Liegro»*, Roma 2005.
Id., *Il conclave*, Milano 2005.
Id., *Il papa dei best seller vale 2 milioni di euro*, in «la Repubblica», 6 giugno 2008.
Id., *Rivoluzione in Vaticano*, in «la Repubblica», 4 novembre 2008.
Id., *Giovanni* XXIII. *Prego per gli Ebrei*, in «la Repubblica», 23 dicembre 2008.
Benni Lay, *Il papa non eletto*, Bari 1993.
Id., *I segreti del Vaticano da Pio XII a papa Wojtyla*, Bari 1994.
Leopold Ledl, *Per conto del Vaticano*, Napoli 1997.
Renato Lefèvre, *«Madama» Margarita d'Austria*, Roma 1986.
Gregorio Leti, *Il Puttanismo Romano* (a cura di Emanuela Bufacchi), Roma 2004.
Philippe Levillain - François Charles Uginet, *Il Vaticano o le frontiere della Grazia*, Milano 1985.
Rudolf Lill, *Il potere dei papi*, Roma-Bari, 2008.
Alfredo Lissoni, *Gli enigmi del Vaticano*, Sesto Fiorentino 2004.
Id., *Vaticano segreto*, Sesto Fiorentino 2006.
Antonio Lombatti, *Il culto delle reliquie*, Milano 2007.
Jean-Pierre Longchamp, *Il caso Galileo*, Cinisello Balsamo 1990.
Sergio Luzzatto, *Padre Pio. Miracoli e politica nell'Italia del Novecento*, Milano 2007.
Id., *Padre Pio, Il giallo delle stimmate*, in «Corriere della Sera», 24 ottobre 2007.
Costantino Maes, *Curiosità romane*, Roma 1885.
Id. (a cura di), *Il Cracas. Diario di Roma (1887-1894)*, 7 voll., Roma 1887-94.
Sandro Magister, *Chiesa extraparlamentare*, Napoli 2001.
Id., *Sua Santità il bestseller*, in «L'Espresso», 30 luglio 2007.
Curzio Maltese, *La questua*, Milano 2008.
Giuseppe Manfroni. *Sulla soglia del Vaticano. 1870-1901*, Milano 1971.
Caterina Marrone, *I geroglifici fantastici di Athanasius Kircher*, Viterbo 2002.
Arturo Martini, *Arti, mestieri e fede nella Roma dei Papi*, Bologna 1965.
Valerio Marucci (a cura di), *Pasquinate del Cinque e Seicento*, Roma 1988.
Gian Luigi Masetti Zannini (a cura di), *Il Circolo San Pietro*, Roma 1969.
Rossend Doménech Matilló, *Marcinkus. L'avventura delle Finanze Vaticane*, Napoli 1998.
Jenner Meletti, *Suore. Monastero addio*, in «la Repubblica», 24 ottobre 2008.
I Millenari, *Via col vento in Vaticano*, Milano 1999.
Id., *Fumo di Satana in Vaticano*, Milano 2001.
Robert Mickens, *Church with a Midas touch*, in «Tablet», 30 settembre 2008.
Gabrielle Mira Marq, *Preti pedofili in Brasile*, in «Isto é», 15 agosto 2007.
Georges Mollat, *Les Papes d'Avignon (1305-87)*, Paris 1964.
Michel de Montaigne, *Viaggio in Italia*, Bari 1991.
Francesco Montanari, *Il cardinale Lambertini. Benedetto* XIV *fra la leggenda e la storia*, Milano 1943.
Marina Montesano, *Le streghe*, Firenze 1996.
Charles-Louis de Secondat de Montesquieu, *Viaggio in Italia*, Roma-Bari 1990.
Gaetano Moroni, *Dizionario di erudizione storico-ecclesiastica*, 105 voll., Venezia 1840-79.
Luisa Muraro, *Guglielma e Maifreda. Storia di un'eresia femminista*, Milano 1985.
Terzo Natalini - Sergio Pagano - Aldo Marini (a cura di), *L'Archivio Segreto Vaticano*, Firenze 1991.
Silvio Negro, *Vaticano minore*, Vicenza 1963.
Id., *Seconda Roma 1850-70*, Vicenza1966.
Antonio Nibby, *Roma nell'anno 1838*, 4 voll., Roma 1838-41.
Nostradamus, *Centurie e presagi*, Milano 1982.

Domenico Orano, *Liberi pensatori bruciati in Roma*, Foggia 1980.
Corrado Pallenberg, *Le finanze del Vaticano*, Milano 1969.
Peter Partner, *Duemila anni di Cristianesimo*, Torino 2002.
Ludwig von Pastor, *Storia dei papi dalla fine del Medio Evo*, Roma 1910-34.
Federico Pastore, *La fabbrica delle streghe*, Udine 1997.
Enrico Pedemonte, *Carissimi pedofili*, in «L'Espresso», 30 luglio 2007.
Piero Petrosillo, *Il Cristianesimo dalla A alla Z*, Roma 1995.
Carlo Pietrangeli (a cura di), *Il palazzo Apostolico Lateranense*, Firenze 1991.
Ferruccio Pinotti, *Poteri forti*, Milano 2005.
Id., *Opus Dei segreta*, Milano 2006.
Platina, *Le vite de' Pontefici* (con annotazioni di Onofrio Panvinio), Venezia 1715.
Marco Politi, *Io, prete gay*, Milano 2006.
Id., *Papa Woytila. L'addio*, Brescia 2007.
Id., *I protestanti non sono Chiesa*, in «la Repubblica», 11 luglio 2007.
Id., *Intervista al cardinale Scola sul dialogo con l'Islam*, in «la Repubblica», 30 luglio 2007.
Id., *I soldi sono niente, solo Dio è sicuro*, in «la Repubblica», 7 ottobre 2008.
Id., *Caccia ai cristiani in Iraq, migliaia in fuga*, in «la Repubblica», 13 ottobre 2008.
Id., *Anche le donne annuncino il Vangelo*, in «la Repubblica», 26 ottobre 2008.
Id., *Non possumus*, in «la Repubblica», 14 dicembre 2008.
Bernard Quilliet, *Cristina regina di Svezia*, Milano 1985.
François Rabelais, *Le cinquième livre. Lettres et écrits divers*, Paris 1929.
Claudio Rendina, *I papi. Storia e segreti*, Roma 1983-2007.
Id., *Il Vaticano. Storia e segreti*, Roma 1986-2007.
Id., *Pasquino statua parlante*, Roma 1991.
Id., *La papessa Giovanna*, Roma 1994.
Id., *Mastro Titta il boja di Roma*, Roma 1994.
Id., *Il papa. Sacro e profano*, Roma 1995.
Id., *Papè Satàn*, Roma 1999.
Id., *Guida insolita ai misteri, alle curiosità, alla storia e ai luoghi di Roma dell'Anno Santo*, Roma 1999.
Id., *La Roma di Belli*, Roma 2002.
Id., *Le grandi famiglie di Roma*, Roma 2004.
Id., *Storie della città di Roma*, Roma 2005.
Id., *Cardinali e cortigiane*, Roma 2007.
Id., *Roma giorno per giorno*, Roma 2008.
Id., *La vita segreta dei papi*, Roma 2008.
Roberto Ridolfi, *Vita di Girolano Savonarola*, Firenze 1997.
Sergio Romano, *Il salario dei parroci. La storia della congrua*, in «Corriere della Sera», 2 giugno 2008.
Giovanni Ruggeri, *Gli affari del Presidente*, Milano 1994.
Agostino Saba - Carlo Castiglioni, *Storia dei papi*, 2 voll., Torino 1966.
Bernard Sache, *1350-1450. Le Siècle de Ripaille*, Montmélian 2007.
Donathien-Alphonse de Sade, *Viaggio in Italia*, Roma 1974.
Antonio Salza, *Pasquiniana. I Farnese al Tribunale di Maestro Pasquino*, in «Giornale Storico della letteratura Italiana», XLIII, 128-129, 1904.
Jane Sayers, *Innocenzo III*, Roma 1997.
Eugenio Scalfari, *Andreotti ha ceduto*, in «L'Espresso», 30 marzo 1958.
Id., *Missionario nell'Europa miscredente*, in «la Repubblica», 21 aprile 2005.
Martha Schad, *La signora del Sacro Palazzo*, Cinisello Balsamo 2008.
Francesco Saverio Seppelt - George Schwaiger, *Storia dei papi*, 3 voll., Roma 1964.
José María Serrano Ruiz, *La nuova legge sulle fonti del dirittto*, in «L'Osservatore Romano», 30 dicembre 2008.
Carmelo da Sessano, *Padre Pio, Uomo santo di Dio*, Martina Franca (Taranto), 20
Fernando e Renato Silenzi (a cura di), *Pasquino. Quattro secoli di satira romana*, Firenze 1968.
David Silvagni, *La corte e la Società romana nei secoli XVIII e XIX*, 3 voll., Roma 1881.
Lillo Spadini, in «Orizzonti», 2 novembre 1985.

Johann Theodor Sprenger, *Roma nova*, Francoforte 1660.
Stendhal, *Passeggiate romane*, Roma 1964.
Giuseppe Tomassetti, *La campagna romana antica, medioevale e moderna*, Roma 1910.
Silvio Tramontin, *Profilo di storia della Chiesa italiana dall'unità ad oggi*, Torino 1980.
Fabio Troncarelli (a cura di), *La città dei segreti*, Milano 1985.
Cesare Vaiani, *La via Crucis di san Leonardo da Porto Maurizio*, Milano, 2003.
Francesco Valesio, *Diario di Roma (1700-1742)*, 6 voll., Milano 1979.
Susan Vandiver Nicassio, *Imperial City* (preface by C. Rendina), Welwyn Garden City 2005.
Giovanni Maria Vian, *La donazione di Costantino*, Bologna 2004.
Saam Waagenaar, *Il ghetto sul Tevere. Storia degli ebrei di Roma*, Milano 1972.
Hubert Wolf, *Il papa e il diavolo*, Roma 2008.
Alain Woodrow, *I gesuiti*, Roma 1991.
Roberto Zapperi, *Tiziano, Paolo III e i suoi nipoti. Nepotismo e ritratto di Stato*, Torino 1990.
Id., *La leggenda del papa Paolo III*, Torino 1998.
Giancarlo Zizola, *L'utopia di papa Giovanni*, Roma 1976.
Id., *Nel basso dei cieli*, Milano 1985.
Id., *La restaurazione di papa Wojtyla*, Bari 1985.
Id., *Il microfono di Dio*, Milano 1990.
Id., *L'informazione in Vaticano*, Villa Verucchio 2002.
Id., *Il conclave*, Roma 2005.

Indice dei nomi*

* È escluso il riferimento alle Appendici e non sono contemplati i nomi di divinità. L'Indice è a cura di Maria Beatrice Sirolesi.

Indice

LA SANTA CASTA DEL TERZO MILLENNIO

APPENDICI